PRAXIS
행정법

PRAXIS
행정법

Administrative Law

조상희 지음

머리말

그동안 행정법은 개별 행정 각 분야의 수많은 법률, 시행령, 시행규칙 등에서 나타나는 법리를 모아서 공부하는 것으로써, 일정한 기본법이 없어서 법의 일반원칙이 적용되는 불문 법원을 주된 근거로 하고 있었다. 그러나 행정기본법(안)이 만들어져서 국회 통과를 앞둔 지금 행정법은 더 이상 불문 법원을 기초로 하지 않는다. 그래서 이제는 행정기본법, 행정절차법, 행정규제기본법, 행정조사기본법, 행정대집행법, 질서위반행위규제법, 민원처리에 관한 법률, 공공기관의 정보공개에 관한 법률, 정부조직법 등의 성문법원을 가지고 검토 조사해 보아야 한다.

물론 그동안 축적된 다양한 행정작용의 각 분야에서의 판례와 사례의 정리가 필요하며, 법리의 논리도 공부해야 한다. 그래서 이 책에서는 기본적인 판례와 사례를 관련 주제별로 정리하고, 중요 지문들을 본문에 인용하였으며, 행정기본법(안) 등 최신 자료를 소개하고 다른 관련 법령도 인용하였다.

행정법은 그 영역이 다종다양하고 새로운 영역이 나타나기 때문에 판례와 사례 속에서 헤매다 보면 한도 끝도 없다. 판례와 사례에서 추출된 법리를 간단명료하게 정리하여 그 얼개를 충분히 숙지한 후에 연결된 판례와 사례를 공부하여야 할 것이다. 이를 위해 판례를 모두 각 단원의 뒤쪽으로 정리하는 미주 형식을 취하였다. 본문을 통하여 기본적인 구조와 흐름을 익히는 것이 더 중요하기 때문이라고 생각한다. 판례의 소개도 사건명을 붙이고 사실관계를 추출하여 현장감을 느끼고 이해하기 쉽게 만들었다.

행정법의 기본적인 얼개를 보고 이해하면 그리 어려울 것도 없으리라 여겨지므로, 재미있고 편안하고 즐겁게 공부하기를 바라며 책을 만들었다.

2020년 11월

조상희 (교수, 변호사)

목차

Ⅰ. 행정법 총론

1. 행정의 법률유보와 법원(法源)

1-1. 행정의 법률유보 원칙

행정은 법적 근거 즉 법률의 직접적 근거 또는 법률의 위임에 의한 명령 등에 근거가 있어야 한다. 그런데 행정작용이 법률에 근거를 두기만 하면 충분한 것이 아니라, 국가·공동체와 그 구성원에게 기본적이고도 중요한 의미가 있는 영역, 특히 국민의 기본권실현과 관련된 영역에서는 국민의 대표자인 입법자가 그 본질적 사항에 대해서 스스로 결정하여야 한다는 요구까지 내포하고 있다 (의회유보원칙).[1] 의회유보의 경우에도 의회가 법률에 구체적인 위임범위와 내용을 정하지 않고 행정부에 포괄적으로 위임하는 법률을 정해서는 안 된다(포괄위임의 금지(nondelegation doctrine)).[2]

법률에 근거를 둔 행정이라 하더라도 법률에서 위임받은 행정부가 행정입법에서 다시 하위 대통령령이나 부령으로 위임할 수 있는 범위에 관해 학설은 침해유보설, 급부행정유보설, 중요사항유보설(본질성설) 등이 있다.

법률에서 위임받은 범위가 명확하지 않은 경우, 위임 취지에 부합하는 해석으로 범위를 확장할 수 있다.[3]

1-2. 행정의 법원(法源, sources of law)

1-2-1. 행정의 성문법원으로는 헌법, 국제법규[4], 법률, 명령, 자치법규 등이 있다. 명령에서는 긴급명령, 긴급재정경제명령, 대통령령, 총리령과 부령이 있고, 중앙선거관리위원회 규칙, 국회 규칙, 대법원 규칙, 헌법재판소 규칙, 감사원 규칙, 노동위원회 규칙 등도 헌법상 인정되는 명령이다. 자치법규에는 조례, 규칙(일반규칙, 교육규칙) 등이 있다. 지방자치단체의 조례에 관한 법률의 위임은 포괄적일 수 있다.

한편 행정 전반에 걸친 일반법으로서 성문법원이 되는 것들로는 행정기본법이 제정 절차에 들어가 있으므로 앞으로는 이 법이 성문법원으로 가장 중요한 역할을 할 것으로 보이며, 행정절차법, 행정규제기본법, 정부조직법, 권한의 위임 및 위탁에 관한 규정, 행정조사기본법, 행정대집행법, 질서위반행위규제법, 민원처리에 관한 법률, 행정효율과 협업 촉진에 관한 규정, 공공기관의 정보공개에 관한 법률, 정부공문서규정, 국가공무원법 등이 있다.

1-2-2. 불문법원

복잡다기한 행정작용을 일반적으로 규율하는 성문법이 존재하지 않기 때문에 행정의 법원으로서 불문 법원이 매우 중요한 역할을 하고 있다. 법의 일반원칙이 가장 많이 적용되며, 관습법, 조리, 판례법이 적용된다.

1-2-2-1. 법의 일반원칙

① 적법절차의 원칙 : 헌법 제12조 제1항의 적법절차 원칙은 형사소송절차에 국한되지 않고 모든 국가 작용 전반에 적용되며, 행정절차법은 이를 구체화한 것인데, 행정절차법에 규정이 없더라도 행정권 행사가 적법한 절차에 따라 행해지지 않는다면 위법하다.

> **행정기본법안**
> 제8조(법치 행정의 원칙) 행정작용은 법률에 위반되어서는 아니 되며, 국민의 권리를 제한하거나 의무를 부과하는 경우와 그 밖에 국민 생활에 중요한 영향을 미치는 경우에는 법률에 근거하여야 한다.

② 평등원칙 : 합리적 이유 없이 동일 사항을 다르게 취급해서는 안 되며(동일한 것 사이의 평등), 사정이 달라 차별 취급해야 하는 경우에도 비례원칙을 위반한 과도한 차별 취급은 안 된다(상이한 것에 대한 차별의 정도에서의 평등).

> **행정기본법안**
> 제9조(평등의 원칙) 행정청은 합리적 이유 없이 국민을 차별해서는 아니 된다.

③ 비례의 원칙 : 행정 목적과 행정수단 사이에 합리적 비례관계가 있어야 한다(과잉조치금지 원칙). 적합성(적절한 수단 선택), 필요성(최소침해 수단 선택), 상당성(사익 침해가 공익보다 작을 것, 법익 균형성)이 세부 요건이다.[5]

> **행정기본법안**
> 제10조(비례의 원칙) 행정작용은 다음 각호의 원칙에 따라야 한다.
> 1. 행정 목적을 달성하는 데 유효하고 적절할 것
> 2. 행정 목적을 달성하는 데 필요한 최소한도에 그칠 것
> 3. 행정작용으로 인한 국민의 이익 침해가 그 행정작용이 의도하는 공익보다 크지 아니할 것

④ 신의성실의 원칙 : 일반 행정 법률관계에서의 행정청의 행위에 대하여는 합법성의 원칙을 희생해서라도 처분의 상대방 신뢰를 보호함이 정의 관념에 부합하는 것으로 인정되는 특별한 사정이 있는 경우에 예외적으로 신의칙이 적용될 수 있다. 신의성실 원칙의 보호 가치와 적법성 원칙의 보호 가치를 비교 형량하여 판단한다. 행정청이 심히 부당하게 처분을 늦추고, 그 사이에 허가기준이 엄격하게 변경된 법령개정이 있고 개정된 법령에 따라 거부처분을 하는 것은 신의성실의 원칙에 반한다.

⑤ 권한 남용 금지의 원칙 : 행정기관의 권한을 법령상 정해진 공익 목적에

반하여 행사하는 것이고, 행정의 목적, 담당 공무원 내심의 의도까지 통제하는 원칙이다. 행정 권한이 사적 목적으로 행사된 것(경쟁자를 위해 영업허가를 취소하는 것), 정치적 목적으로 행사하는 것. 법률상 정해진 목적과는 전혀 다른 공익 목적을 위해 행해진 것 등이 권한 남용이다. 세무조사가 과세자료의 수집, 신고내용의 정확성 검증의 목적이 아니라 부정한 목적을 위하여 행해진 것은 위법하므로 이를 기초로 한 과세처분 역시 위법하다.6)

행정기본법안
제11조(성실의무 및 권한 남용 금지의 원칙)
① 행정청은 법령 등에 따른 의무를 성실히 수행하여야 한다.
② 행정청은 행정 권한을 남용하거나 그 권한의 범위를 넘어서는 아니 된다.

---

⑥ 신뢰 보호의 원칙 : 행정기관의 어떤 선행조치(언동)에 대해 국민이 신뢰하고 행위를 한 경우 신뢰가 보호 가치가 있다면 그 행위에 법적 보호를 준다. 선행조치에는 소극적 언동도 포함된다. 구체적 행정권의 행사이어야 하며 법령해석 회신 등 일반적 추상적 견해표명은 안 된다. 처분청 자신의 공적 견해표명일 필요가 없으며, 보조기관, 담당 공무원의 공적 견해표명도 포함된다. 확약, 공적 의사표명 이후 사실적 법률적 상태가 변경된 경우 실효된다. 선행조치에 대한 신뢰에 관계인의 귀책사유가 있어서는 안 된다. 즉 견해표명이 상대방의 사실 은폐나 사위의 방법에 따른 신청 등 부정행위에 기인하거나, 하자 있음을 알았거나 중대한 과실로 알지 못한 경우는 신뢰에 귀책사유가 있어서 적용되지 않는다. 단 공익 또는 제3자의 정당한 이익을 현저히 해할 우려가 있거나, 공익(합법성 원칙)과 충돌하는 경우 공익과 상대방의 불이익을 비교 형량하여 결정한다.7)8)9)10)

행정기본법안
제12조(신뢰 보호의 원칙)
① 행정청은 공익 또는 제3자의 이익을 현저히 해칠 우려가 있는 경우를 제외하고는 행정에 대한 국민의 정당하고 합리적인 신뢰를 보호하여야 한다.
② 행정청은 권한 행사의 기회가 있음에도 불구하고 장기간 권한을 행사하지 아니하여 국민이 그 권한이 행사되지 아니할 것으로 믿을 만한 정당한 사유가 있는 경우에는 그 권한을 행사해서는 아니 된다. 다만, 공익 또는 제3자의 이익을 현저히 해칠 우려가 있는 경우는 예외로 한다.

⑦ 부당결부 금지의 원칙 : 행정권을 행사할 때 그것과 실질적 관련성이 없는 반대급부를 결부시켜서는 안 된다. 수익적 행정행위 시의 기부채납의무 부담, 행정법규 위반 시의 관허사업의 제한(국세징수법 제7조) 등이 이에 해당하는데, 행정작용과 반대급부 사이의 실질적 관련성 여부가 판단 기준이 된다.11)12)13)14)

> **행정기본법안**
> 제13조(부당결부 금지의 원칙) 행정청은 행정작용을 할 때 상대방에게 해당 행정작용과 실질적인 관련이 없는 의무를 부과해서는 아니 된다.

⑧ 행정의 자기구속 원칙 : 행정청은 같은 사안에서 이미 제3자에게 한 선례와 같은 결정을 상대방에게 하여야 한다. 재량준칙인 행정규칙이 공표되어 있더라도 되풀이 시행되어 행정 관행이 성립하여야 한다. 그러나 행정 관행이 위법한 경우에는 자기구속력이 없다.

⑨ 실권의 법리 : 행정청이 제재, 취소. 철회 사유를 알고 있고, 제재권, 취소권, 철회권을 행사할 기회가 있음에도 장기간 행사하지 않아서 상대방에게 행정청이 더 이상 그 권리를 행사하지 않으리라고 신뢰하고 그 신뢰에 정당한 사유가 있는 경우 행정청은 권리를 행사할 수 없다.

1-2-2-2. 관습법

행정선례법(행정청의 법령 등 해석 또는 관행이 일반적으로 국민에게 받아들여진 후에는 새로운 해석 또는 관행에 의하여 소급하게 불이익하게 처리되어서는 안 된다 -예외: 공익 또는 제3자의 정당한 이익을 현저히 해할 우려가 있는 때- 행정절차법 제4조 제2항)과 민중적 관습법(관습상의 어업권, 관습상 하천수 사용권, 지하수 사용권) 등이 있다.

1) ♠ **헌법재판소 1999.5.27. 98헌바70 결정 [한국방송공사법 제3조 등 위헌소원]**
[당해 사건 서울행정법원 98구4473 텔레비전방송수신료 부과처분 취소]
텔레비전방송수신료는 대다수 국민의 재산권 보장의 측면이나 한국방송공사에 보장된
방송 자유의 측면에서 국민의 기본권실현에 관련된 영역에 속하고, 수신료 금액의 결정
은 납부의무자의 범위 등과 함께 수신료에 관한 본질적인 중요한 사항이므로 국회가 스
스로 행하여야 하는 사항에 속하는 것임에도 불구하고 한국방송공사법 제36조 제1항에
서 국회의 결정이나 관여를 배제한 채 한국방송공사로 하여금 수신료 금액을 결정해서
문화관광부 장관의 승인을 얻도록 한 것은 법률유보원칙에 위반된다.

2) The doctrine of non-delegation is the theory that one branch of government must not
authorize another entity to exercise the power or function which it is constitutionally
authorized to exercise itself. It is explicit or implicit in all written constitutions that
impose a strict structural separation of powers. It is usually applied in questions of
constitutionally improper delegations of powers of any of the three branches of
government to either of the other, to the administrative state, or to private entities.
Although it is usually constitutional for executive officials to delegate executive powers to
executive branch subordinates, there can also be improper delegations of powers within
an executive branch.

3) ♣ **대법원 2018.8.30. 선고 2017두56193 판결 [보조금반환 결정 등 처분취소]**
지방재정법은 지방재정의 건전성 확보를 위하여 보조금을 지출할 수 있는 경우를 제한
적으로 정하고 있고, 보조금 지출을 건전하고 효율적으로 운용하는 데 필요한 사항을 대
통령령에 위임하고 있는데, 위임범위에는 보조금 지출을 건전하고 효율적으로 운용하는
데 필요한 사항으로서 지급된 보조금에 대한 사후 감독, 교부 결정 취소 및 반환 명령도
포함된다고 보는 것이 그 위임 취지에 부합하는 해석이다.

♣ **대법원 2011.6.9. 선고 2011다2951 판결 [대여금]**
지방자치단체가 보조금 지급 결정을 하면서 일정 기한 내에 보조금을 반환하도록 하는
교부조건을 부가한 사안에서, 지방자치단체의 보조금관리조례 규정과 위 보조금 지급
결정이 행정청 재량이 인정되는 수익적 행정행위의 성격을 지니고 있고 경제촉진을 위
하여 다양한 형태의 보조금 행정을 시행할 필요성도 있는 점 등을 종합하여 보면, 보조
사업자의 보조금 신청 내용과 재정상태, 지방자치단체의 예산상태, 공익상·시책상 필요
성, 보조금의 교부목적 등을 고려하여 금융 이자의 부담 없이 보조금을 사용하도록 하
되, 일정 기한 내에 보조금을 반환하도록 하는 조건의 재정상 원조를 하는 것도 허용될
수 있다고 해석되며, 이 경우 보조사업자에게 수익이 발생할 경우에 한하여 보조금을
반환하게 하는 조건을 붙일 수 있다고 하는 보조금의 예산 및 관리에 관한 법률 제18
조 제2항이 유추 적용될 수는 없다.

4) ♣ **대법원 2005.9.9. 선고 2004추10 판결 [전라북도 학교급식조례 재의결 무효확인]**
'1994년 관세 및 무역에 관한 일반협정'(General Agreement on Tariffs and Trade 1994,
'GATT')은 '세계무역기구(WTO) 설립을 위한 마라케시 협정'(Agreement Establishing

the WTO) (1994.12.16. 국회의 동의를 얻어 12.23. 대통령의 비준을 거쳐 12.30. 공포되고 1995.1.1. 시행된 조약 1265호)의 부속 협정(다자 간 무역협정)이고, '정부조달에 관한 협정'(Agreement on Government Procurement, 'AGP', 1994.12.16. 국회의 동의를 얻어 1997.1.3. 공포 시행된 조약 1363호, 복수국가 간 무역협정)으로서 각 헌법 제6조 제1항에 의하여 국내법령과 동일한 효력을 가지므로 지방자치단체가 제정한 조례가 GATT나 AGP에 위반되는 경우에는 그 효력이 없다. 특정 지방자치단체의 초·중·고등학교에서 시행하는 학교급식을 위해 위 지방자치단체에서 생산되는 우수 농수축산물과 이를 재료로 사용하는 가공식품('우수농산물')을 우선하여 사용하도록 하고 그러한 우수농산물을 사용하는 자를 선별하여 식재료나 식재료 구입비 일부를 지원하며 지원을 받은 학교는 지원금을 반드시 우수농산물을 구입하는 데 사용하도록 하는 것을 내용으로 하는 위 지방자치단체의 조례안은 내국민대우원칙을 규정한 GATT에 위반되어 그 효력이 없다.

♣ 대법원 2009.1.30. 선고 2008두17936 판결 [반덤핑 관세부과 처분취소]

우리나라 타일 생산·판매업체들의 신청에 따라 무역위원회에서 원고들을 비롯한 중국산 도자기질 타일의 한국 내 수입·판매업체들의 덤핑행위 여부에 대한 조사를 시행한 결과 원고 상하이 아사 세라믹 코 엘티디(Shanghai ASA Ceramic Co. Ltd. '원고 아사')가 공급한 이 사건 타일에 대해 37.40%의 덤핑률 및 29.41%의 국내 산업 피해율을 최종 판정한 다음 그 판정에 기초하여 피고가 이 사건 타일에 대해 향후 5년간 29.41%의 덤핑방지관세를 부과하는 내용으로 제정·공포한 이 사건 규칙이 GATT 제6조의 이행에 관한 협정 중 덤핑규제 관련 규정에 위반된다고 주장한다. 그러나 <u>위 협정은 국가와 국가 사이의 권리·의무관계를 설정하는 국제협정으로, 그 내용 및 성질에 비추어 이와 관련한 법적 분쟁은 위 WTO 분쟁 해결기구에서 해결하는 것이 원칙이고, 사인(私人)에 대하여는 위 협정의 직접 효력이 미치지 아니한다고 보아야 할 것이므로,</u> 위 협정에 따른 회원국 정부의 반덤핑부과처분이 WTO 협정위반이라는 이유만으로 사인이 직접 국내 법원에 회원국 정부를 상대로 그 처분의 취소를 구하는 소를 제기하거나 위 협정위반을 처분의 독립된 취소 사유로 주장할 수는 없다.

♣ 대법원 2015.11.19. 선고 2015두295 전원합의체 판결 [영업시간 제한 등 처분취소]

원심판단
서울 동대문구청장 등이 롯데쇼핑 등에 대하여 영업시간 제한 및 의무휴업일 지정 조치를 하면서 ① 관련 공·사익의 이익형량을 전혀 하지 아니하거나 이익형량의 고려 대상에 마땅히 포함해야 할 사항을 누락함으로써 재량권을 행사하지 않았거나 해태하였고, ② <u>이 사건 각 처분으로 생겨난 원고들의 영업 자유 침해 등 불이익이 이 사건 각 처분에 의해 달성되는 공익보다 훨씬 중대하여 비례원칙을 위반하였으며, ③ '서비스 무역에 관한 일반협정(General Agreement on Trade in Services, GATS)' 및 '한-유럽 연합 자유무역협정(Free Trade Agreement, '이 사건 각 협정')'의 시장접근 제한금지 조항을 위반함으로써, 재량권을 일탈·남용하여 위법하다.</u>

대법원 판단
(1) 이 사건 각 처분의 상대방 중 원고 홈플러스 주식회사, 홈플러스스토어즈 주식회사는 네덜란드 국적 법인이 지분을 소유하고 있는 회사로서 이 사건 각 협정의 적용을 받는다.

(2) 이 사건 조항은 '대형마트로 등록된 대규모 점포와 준대규모 점포('대형마트 등')'에 대하여 시장 등에게 영업시간 제한 및 의무휴업일 지정의 규제 권한을 부여하고 있다. 또한, 유통산업발전법 제12조의 2 제4항은 영업시간 제한 및 의무휴업일 지정에 필요한 사항을 해당 지방자치단체의 조례에서 정하도록 위임하고 있다. 「동대문구 유통기업 상생발전 및 전통상업보존구역 지정 등에 관한 조례」는 이 사건 조항 등 법률규정과 동일한 내용을 규정하고 있다.

우리 헌법 전문은 자율과 조화를 바탕으로 자유민주적 기본질서를 더욱 확고히 하여 정치·경제·사회·문화의 모든 영역에 있어서 각인의 기회를 균등히 함으로써 국민 생활의 균등한 향상을 기하는 것이 국가의 기본 운영원리임을 밝히고 있다. 그에 따라 헌법 제119조는 제1항에서 "대한민국의 경제 질서는 개인과 기업의 경제상의 자유와 창의를 존중함을 기본으로 한다."라고 천명하는 한편, 제2항에서 "국가는 균형 있는 국민경제의 성장 및 안정과 적정한 소득의 분배를 유지하고, 시장의 지배와 경제력의 남용을 방지하며, 경제주체 간의 조화를 통한 경제의 민주화를 위하여 경제에 관한 규제와 조정을 할 수 있다."라고 규정하고 있다. 위와 같이 우리 헌법상 경제 질서는 '개인과 기업의 경제상의 자유와 창의의 존중'이라는 기본 원칙과 '경제의 민주화 등 헌법이 직접 규정하는 특정 목적을 위한 국가의 규제와 조정의 허용'이라는 실천원리로 구성되고, 어느 한쪽이 우월한 가치를 지닌다고 할 수는 없다. 따라서 헌법 제119조 제2항에 따라 이루어진 경제규제에 관한 입법의 해석과 적용에 관하여도, 위와 같은 기본 원칙이 훼손되지 않고 실천원리가 그 한계를 벗어나지 않으면서도 기능을 발휘할 수 있도록 하여야 한다. 그런데 경제활동에 대한 규제는 필연적으로 규제를 당하는 경제주체나 그와 같은 방향의 이해관계를 가지고 있는 이해관계인에게 불이익과 불편함을 수반하게 된다. 따라서 헌법이 지향하는 것처럼 <u>여러 경제주체가 조화롭게 공존하고 상생하는 경제 질서를 구축하고 공공복리를 실현하기 위하여 법률로써 어느 경제주체의 경제활동의 자유 등을 제한하게 되더라도 그 제한이 정당한 목적과 합리적인 수단에 의하고 있고 개인의 자유와 권리의 본질적인 내용을 침해하는 것이 아니라면 해당 경제주체는 이를 수인하여야 한다.</u>

이 사건 조항은 헌법 제119조 제2항에 따라 입법자에게 부여된 입법 재량에 기한 것으로 <u>'대형마트 등의 시장지배와 경제력 남용의 방지' 및 '대형마트 등과 중소상인 등 경제주체 간의 조화를 통한 경제의 민주화' 등 공익의 실현을 목적으로 한 경제규제에 관한 입법이라는 의미가 있다.</u> 다른 한편, 이 사건 조항에 따른 영업시간 제한 및 의무휴업일 지정의 규제는 <u>그 성질상 상대방인 대형마트 등을 운영하는 개인이나 기업이 헌법 제119조 제1항에 따라 가지는 경제상의 자유를 직접 제한할 수밖에 없다.</u> 따라서 이 사건 조항에 따른 규제는 위와 같이 <u>상반되는 공익과 사익 사이의 충돌을 수반할</u> 수밖에 없다.

그리고 위와 같은 규제의 효과는 단순히 처분상대방에게만 미치는 것이 아니라, 대형마트 등에서 종사하는 근로자, 대형마트 등에 입점하여 임대매장을 운영하는 중소상인, 대형마트 등에 납품하는 농·공·상인들의 이해관계 및 대형마트를 상시 이용하는 소비자들의 선택권에도 직·간접적인 영향을 미치게 된다.

이상에서 살펴본 바와 같은 헌법 제119조 제1항과 제2항의 상호관계, 이 사건 조항에 따른 규제에 관련된 이익 상황의 특수성 등에 비추어 보면, 이 사건 조항에 따른 <u>행정</u>

청의 영업시간 제한 및 의무휴업일 지정처분에 비례원칙 위반 등 재량권 일탈·남용의 위법이 있는지를 판단함에서는, 행정청이 위와 같은 다양한 공익과 사익의 요소들을 고려하였는지, 나아가 행정청의 규제 여부 결정 및 규제 수단 선택에 있어서 규제를 통해 달성하려는 공익 증진의 실현 가능성과 규제에 따라 수반될 상대방 등의 불이익이 정당하고 객관적으로 비교·형량 되었는지 등을 종합적으로 고려하여야 한다.

또한, 시장의 지배와 경제력 남용의 방지 등을 위한 경제규제 행정 영역에서는, 규제 대상인 경쟁 시장이 갖는 복잡 다양성과 유동성으로 인해 사전에 경제분석 등을 거쳤다 하여 장래의 규제 효과가 확실히 담보되기는 어렵고, 만약 규제의 시기가 늦춰져 시장구조가 일단 왜곡되면 그 원상회복이 어려울 뿐 아니라 그 과정에서 중소사업자들이 중대한 피해를 입을 우려가 있으므로, 장래의 불확실한 규제 효과에 대한 예측판단을 기초로 한 규제 입법 및 그에 따른 규제 행정이 이루어질 수밖에 없게 된다. 이 사건 조항도 영업시간 제한 및 의무휴업일 지정의 규제가 일반적·통상적 시장상황 아래에서는 위와 같은 공익 목적 달성에 유효적절한 수단이 될 수 있다는 정책적 판단에 따라 이루어진 규제 입법에 해당하고, 이 사건 조항은 행정청에 사실상 매우 제한된 범위 내에서 규제 수단의 선택 재량을 부여하고 있다. 따라서 행정청은 규제가 이루어지는 해당 지역 시장 상황의 특수성으로 인하여 이 사건 조항에 따른 규제가 전혀 실효성이 없다거나 불필요하다는 등의 특별한 사정이 없는 한, 대체로 유사한 내용의 규제에 이를 수밖에 없다. 이러한 여러 사정을 종합적으로 고려할 때, 행정청이 이 사건 조항에 따라 선택한 규제 수단의 실효성 등을 이유로 재량권 일탈·남용의 위법을 인정함에서는 신중을 기하여야 한다.

(3) 피고들이 이 사건 각 처분을 함에 있어 재량권을 행사하지 않았거나 해태하였다고 할 수 없고 비례원칙을 위반하였다고 할 수 없으며 나아가 이 사건 각 협정에 위반하여 재량권을 행사하였다고 할 수도 없으므로, 결국 재량권을 일탈·남용한 것으로 볼 수 없다.

① 피고들은 이 사건 각 처분에 앞서, 관련 이해당사자에 대한 의견청취 등 규제의 필요성을 판단하기 위한 절차를 모두 거쳤을 뿐만 아니라, 이 사건 각 처분으로 인해 달성되는 건전한 유통질서 확립, 대규모 점포 소속 근로자의 건강권 및 중소유통업과의 상생발전 등 공익과 그로 인해 침해되는 원고들의 영업 자유, 소비자의 선택권 등 이익을 포함한 관련 공·사익의 요소를 모두 실질적으로 고려하였다고 보인다. 이에 대하여 원고들은, 이 사건 각 조례의 제정이나 이 사건 각 처분에 앞서 행정규제 기본법에 정한 규제의 사전절차로서 규제 영향 분석이나 그에 준하는 절차를 거쳤어야 한다고 주장하나, 이 사건 조항에 정한 규제 내용을 다시 그대로 정한 것에 불과한 이 사건 각 조례의 제정이나 이 사건 조항 및 이 사건 각 조례에 정한 규제 범위 내에서 이루어진 이 사건 각 처분이 행정규제 기본법에 따라 별도의 규제 영향 분석을 거쳐야 하는 '규제의 신설이나 강화'에 해당한다고 보기 어려우므로, 위 주장은 나아가 살펴볼 필요 없이 이유 없다.

② 피고들이 원고들에 대한 영업시간 제한처분 및 의무휴업일 지정처분의 구체적 내용에 아무런 차이를 두지 않고 같은 내용의 처분을 한 것은, 서울시 내 자치구들의 생활권이 동일하므로 이를 달리 정할 경우, 규제의 실효성이 떨어지거나 형평성 시비가 있을 수 있는 점, 지역주민의 입장에서도 자치구별로 규제 내용이 제각기 다를

경우 경제활동의 혼란이 있을 수 있는 점 등을 고려한 것이지, 원고들의 구체적·개별적 사정을 고려하지 않은 채 일률적 처분을 하였다고 보기는 어렵다.

③ 유통산업 발전법이 1997. 4. 10. 법률 제5327호로 제정되면서 대형마트의 개설을 허가제에서 등록제로 변경하여 자유로운 개설 등록이 가능하도록 함으로써 소비자들의 쇼핑 편익이나 유통구조 개선, 물가안정 등에 긍정적인 효과가 나타났으나, 다른 한편으로 대형마트 등이 소규모 지역상권에까지 무차별적으로 진출하여 시장을 잠식함으로 인한 전통시장의 위축과 중소상인의 생존 위협, 24시간 영업에 따른 대형마트 소속 근로자의 일상적인 야간근무 등 부정적인 효과도 나타나게 되었다. 이러한 현상에 대한 대책으로 2012.1.17. 법률 개정을 통하여 이 사건 조항이 신설되었으니, 이와 같은 대형마트의 영업행위에 대한 규제 입법과 이에 근거하여 이루어지는 규제 행정은 앞서 본 헌법 제119조 제2항에 정한 헌법적 근거 및 정당성도 갖고 있는 것이다. 그리고 건전한 유통질서 확립, 근로자의 건강권 보호 및 중소유통업과의 상생 발전 등 이 사건 각 처분으로 달성하려는 공익은 중대할 뿐만 아니라 이를 보호하여야 할 필요성도 크다고 할 것이다.

④ 반면에 영업시간 제한 등 규제로 인하여 침해되는 원고들의 영업 자유는 직업의 자유 중 상대적으로 폭넓은 제한이 가능한 직업수행의 자유에 해당하고, 소비자들의 선택권은 헌법 제37조 제2항에 따라 '공공복리'를 위하여 필요한 경우 법률로 제한할 수 있는 기본권에 속한다. 그런데 이 사건 각 처분 중 영업시간 제한처분은 소비자의 이용빈도가 비교적 낮은 심야나 새벽 시간대의 영업만을 제한하는 것이고 의무휴업일 지정처분은 한 달에 2일의 의무휴업만을 명하는 것이어서, 그로 인하여 원고들의 영업 자유나 소비자의 선택권의 본질적 내용이 침해되었다고 보기는 어렵다.

⑤ 이 사건 각 처분으로 인한 규제의 실효성에 대하여는, 양측의 경제효과 분석 등 자료만으로 규제에 따른 전통시장과 중소상인들의 매출 증대 등 효과나 대형마트 개설자와 납품업자 등의 매출 감소 등 효과의 경중을 정확히 비교하기는 어렵다. 그리고 앞서 본 이 사건 조항에 따른 규제의 취지 등에 비추어 단순히 경제효과 분석 등에 나타난 수치 자료만으로 규제 수단의 실효성 여부를 판단할 수도 없다.

그런데 앞서 본 각 조사결과 등에 따르면, 적어도 대형마트 등의 연도별 증가 추세와 그에 대응하는 전통시장 등의 지속적 위축 현상이 일반적으로 상관관계가 있고, 실제 의무휴업일 지정의 규제로 인한 전통시장 등의 고객 수 증가나 매출액 증대 효과가 통상 예측 가능하다는 점은 확인할 수 있다. 또한, 그러한 일반적 조사결과와 달리, 특별히 피고들 관내에서만 이 사건 각 처분에서 선택된 규제 수단이 불필요한 것이라거나 전혀 실효성이 없다고 볼 만한 자료도 없다.

⑥ 이 사건 각 협정은 국가와 국가 사이의 권리·의무 관계를 설정하는 국제협정으로서, 그 내용 및 성질에 비추어 이와 관련한 법적 분쟁은 협정에서 정한 바에 따라 국가 간 분쟁 해결기구에서 해결하는 것이 원칙이고, 특별한 사정이 없는 한 사인에 대하여는 협정의 직접 효력이 미치지 아니한다. 따라서 이 사건 각 협정의 개별 조항 위반을 주장하여 사인이 직접 국내 법원에 해당 국가의 정부를 상대로 그 처분의 취소를 구하는 소를 제기하거나 협정위반을 처분의 독립된 취소 사유로 주장하는 것은 허용되지 아니한다.

나아가 위 원고들이 주장하는 이 사건 각 협정의 개별 조항의 내용을 보더라도, 이 사건 각 협정에 정한 '서비스 영업의 총수나 서비스 총산출량의 제한금지'는 국가 간 서비스 등 공급에 관한 시장접근의 관점에서 영업 및 서비스의 총량제가 실시됨을 이유로 하여 시장접근 자체를 제한하는 것을 금지하는 취지이므로, <u>이 사건 각 처분과 같이 이미 시장진입이 허용된 대규모 점포의 일부 영업행위에 대하여 내국인과 동일한 규제를 하는 것은 위와 같은 금지의 취지에 어긋난다고 보기도 어렵다.</u>

5) ♣ **대법원 2019. 2. 21. 선고 2014두12697 전원합의체 판결 [부당이득금 부과처분 취소 등]**
<쌀 소득 직불금 부정수령의 경우 추가징수의 기준액>
쌀소득 등의 보전에 관한 법률 제13조의 2 제1항 각호에 따라 지급이 제한되는 쌀 소득 등 보전 직접 지불금('직불금')을 이미 지급한 경우에는 같은 법 제13조의 2 제1항 전문에 따라 이를 반환하도록 하여야 한다. 쌀소득보전법 제13조 제1항 제1호 사유가 있는 경우에 지급이 제한되는 직불금은 '등록된 모든 농지에 대한 직불금 전액'이므로, 이 경우 이미 지급된 직불금이 있다면 그 전액이 반환 대상이 된다. 이와 달리 같은 법 제13조의 2 제1항 후문에 따른 2배의 추가징수 기준인 '지급한 금액'은 '거짓이나 그 밖의 부정한 방법으로 수령한 직불금'에 한정된다고 새겨야 한다. 거짓·부정을 이유로 하는 직불금 추가징수는 침익적 행정처분이고, <u>침익적 행정처분의 근거가 되는 행정법규는 엄격하게 해석·적용하여야 하며, 그 의미가 불명확한 경우 행정처분의 상대방에게 불리한 방향으로 해석·적용하여서는 아니 된다.</u> 따라서 위와 같이 이 사건 조항에서 말하는 '지급한 금액'의 의미가 명확하지 않은 이상, 이것이 '지급한 직불금 전액'을 의미한다고 함부로 단정할 수 없다. <u>등록된 농지 중 일부 농지에 관하여 거짓·부정이 있는 경우에도 등록된 모든 농지에 관한 직불금 전액의 2배를 추가 징수하여야 한다고 해석하게 되면,</u> 그 자체로 지나치게 가혹할 뿐 아니라 제재를 함에 있어 위반행위의 경중이 전혀 고려되지 않게 되므로, <u>비례의 원칙이나 책임의 원칙에 부합하지 않게 된다.</u> 이러한 결론은 추가징수제도 도입 취지나 이에 의하여 달성되는 공익을 고려하더라도 정당화되기 어렵다.

6) ♣ **대법원 2016.12.15. 선고 2016두47659 판결 [증여세 등 부과처분 취소]**

7) ♣ **대법원 2006.11.16. 선고 2003두12899 전원합의체판결 [불합격처분 취소]**
<변리사법 시행령 사건>
규제개혁위원회의 방침에 따라 변리사 등 전문자격사의 인원을 확대하기 위한 일환으로 변리사 제1, 2차 시험을 종전의 '상대 평가제'에서 '절대 평가제'로 전환하였다가, 2002.3.25. 다시 제1차 시험을 '절대 평가제'에서 '상대 평가제'로 환원하는 내용으로 변리사법 시행령이 개정되었다. 이에 대하여 합리적이고 정당한 신뢰에 기하여 절대 평가제가 요구하는 합격 기준에 맞추어 시험준비를 한 수험생들은 제1차 시험 실시를 불과 2개월밖에 남겨놓지 않은 시점에서 개정 시행령의 즉시 시행으로 합격 기준이 변경됨으로 인하여 시험준비에 막대한 차질을 입게 되어 위 신뢰가 크게 손상되었고, 특히 절대 평가제에 의한 합격 기준인 매 과목 40점 및 전 과목 평균 60점 이상을 득점하고도 불합격처분을 받은 수험생들의 신뢰 이익은 그 침해된 정도가 극심하며, 그 반면 개정 시행령에 의하여 상대 평가제를 도입함으로써 거둘 수 있는 공익적 목적은 개정 시행령을 즉시 시행하여 바로 임박해 있는 2002년의 변리사 제1차 시험에 적용하면서까지 이를 실현하여야 할 합리적인 이유가 있다고 보기 어려우므로, 결국 개정 시행령의 즉시 시행으로 인한 수험생들의 신뢰 이익 침해는 개정 시행령의 즉시 시행에 의하여 달성하려는 공익적 목적을 고려하더라도 정당화될 수 없을 정도로 과도하다. 나아가 개정 시행령에 따른 시험준비 방법과 기간의 조정이 2002년의 변리사 제1차 시험에 응한 수험생들에게 일률적으로 적용되었다는 이유로 위와 같은 수험생들의 신뢰 이익의 침해를 정당화할 수 없으며, 또한 수험생들이 개정 시행령의 내용에 따라 공고된 2002년의 제1차 시험에 응하였다고 하더라도 사회 통념상 그것만으로는 개정 전 시행령의 존속에 대한 일체의 신뢰 이익을 포기한 것이라고 볼 수도 없다. 따라서 <u>변리사 제1차 시험의 상대평가제를 규정한 개정 시행령 제4조 제1항을 2002년의 제1차 시험에 시행하는 것은 헌법상 신뢰 보호의 원칙에 비추어 허용될 수 없으므로,</u> 개정 시행령 부칙 중 제4조 제1항을 즉시 2002년의 변리사 제1차 시험에 대하여 시행하도록 그 시행시기를 정한 부분은 헌법에 위반되어 무효이다.

법령의 개정에 있어서 구 법령의 존속에 대한 당사자의 신뢰가 합리적이고도 정당하며, 법령의 개정으로 야기되는 당사자의 손해가 극심하여 새로운 법령으로 달성하고자 하는 공익적 목적이 그러한 신뢰의 파괴를 정당화할 수 없다면, 입법자는 경과규정을 두는 등 당사자의 신뢰를 보호할 적절한 조치를 하여야 하며, 이와 같은 적절한 조치 없이 새 법령을 그대로 시행하거나 적용하는 것은 허용될 수 없는바, 이는 헌법의 기본원리인 법치주의 원리에서 도출되는 신뢰 보호의 원칙에 위배되기 때문이다. 이러한 신뢰 보호 원칙의 위배 여부를 판단하기 위하여는 한편으로는 침해받은 이익의 보호 가치, 침해의 중한 정도, 신뢰가 손상된 정도, 신뢰침해의 방법 등과 다른 한편으로는 새 법령을 통해 실현하고자 하는 공익적 목적을 종합적으로 비교·형량하여야 한다.

<u>새로운 법령에 의한 신뢰 이익의 침해는 새로운 법령이 과거의 사실 또는 법률관계에 소급적용되는 경우에 한하여 문제 되는 것은 아니고, 과거에 발생하였지만 완성되지 않고 진행 중인 사실 또는 법률관계 등을 새로운 법령이 규율함으로써 종전에 시행되던 법령의 존속에 대한 신뢰 이익을 침해하게 되는 경우에도 신뢰 보호의 원칙이 적용될 수 있다.</u>

8) ♣ 대법원 2006. 5. 26. 선고 2003다18401 판결 [배당이의]

일반적으로 조세법률 관계에 있어서 과세관청의 행위에 대하여 신의성실의 원칙 내지 신뢰보호의 원칙이 적용되기 위한 요건으로는, 첫째 과세관청이 납세자에게 신뢰의 대상이 되는 공적인 견해표명을 하여야 하고, 둘째 과세관청의 견해표명이 정당하다고 신뢰한 데 대하여 납세자에게 귀책사유가 없어야 하며, 셋째 납세자가 그 견해표명을 신뢰하고 이에 따라 무엇인가 행위를 하여야 하고, 넷째 과세관청이 위 견해 표명에 반하는 처분을 함으로써 납세자의 이익이 침해되는 결과가 초래되어야 한다.

민법상 신의성실의 원칙은, 법률관계의 당사자는 상대방의 이익을 배려하여 형평에 어긋나거나 신뢰를 저버리는 내용 또는 방법으로 권리를 행사하거나 의무를 이행하여서는 안 된다는 추상적 규범을 말하는 것으로서, 신의성실의 원칙에 위배된다는 이유로 그 권리행사를 부정하기 위하여는 상대방에게 신의를 공여하였거나 객관적으로 보아 상대방이 신의를 가짐이 정당한 상태에 이르러야 하고 이와 같은 상대방의 신의에 반하여 권리를 행사하는 것이 정의 관념에 비추어 용인될 수 없는 정도의 상태에 이르러야 한다.
<u>납세의무자에게 징수 유예된 체납세금이 있음에도, 국가 산하 세무서장이 납세의무자에게 '징수유예 또는 체납처분유예의 내역'란을 공란으로 한 납세 증명서를 발급하였고, 납세의무자는 그 납세 증명서를 금융기관에 제출하여 금융기관이 납세의무자 소유의 부동산들에 근저당권을 설정하고 납세의무자에게 대출하였는데, 이후 금융기관의</u>

신청에 의하여 개시된 위 부동산들에 대한 임의경매 절차에서 국가가 위 징수 유예된 체납세금에 대한 교부청구를 한 사안에서, 위 금융기관은 문제가 된 조세의 납세의무자가 아니므로 조세법률 관계에 있어서 신뢰 보호의 원칙이 적용될 수 없고, 국가의 교부청구가 신의칙 위반이나 권리남용에 해당한다고 볼 수 없다.

9) ♣ **대법원 1996. 2. 23. 선고 95누3787 판결 [주차장미확보시정지시처분 취소]**

피고는 당초 이 사건 건물에 대한 옥외부설주차장의 부지이던 이 사건 제3토지가 그 주차장의 용도로 사용되지 아니한 채 전전 양도되던 중 이를 양도받은 소외 이상수에게 1988. 12. 21. 그 토지 위에 주택을 신축하도록 건축허가를 하여 주었고, 한편 피고는 1991. 11. 2. 이 사건 각 건물에 위법사항이 있다는 이유로 그 건축물관리대장상에 '위법건축물'임을 표기하여 등본발급 및 각종 인허가와 영업행위 등의 사용제한을 하여 오다가 1993. 2. 23. 위 건축물관리대장상의 표기를 주말하고 '위법건축물해제'라고 등재한 후 그 무렵 원고들에게도 위법건축물사용제한을 해제하니 관계 법규에 의거 적법 사용하라고 통보하였는데, 1994. 4. 9. 다시 이 사건 각 건물에 대하여 건축물관리대장상에 '위법건축물'임을 표기하고서 이 사건 처분하기에 이르렀다는 것인바, 사실관계가 그와 같다면 이 사건 각 건물에 대한 부설주차장 설치의무위반 사항과 관련하여 피고가 원고들에 대하여 신뢰의 대상이 되는 공적인 견해표명을 한 것으로 볼 여지가 있으나, 피고의 그 견해표명이 정당하다고 신뢰한 데에 대하여 원고들에게 귀책사유가 없다고 단정할 수 없으므로 결국 이 사건 처분이 신뢰 보호의 원칙에 반하는 것으로서 위법하다고 할 수는 없다 할 것이다.

10) ♠ **대법원 2001. 11. 9. 선고 2001두7251 판결 [병역의무부과처분 취소]**

원고가 1971. 1. 18. 일본에서 출생한 자로서 같은 해 11월 13일 일본 국내 영주권을 취득하였는데, 피고는 원고에 대하여 1991년부터 징병검사 연기 및 국외 여행허가를 해오다가 1998. 6. 11. 원고가 국내에서 계속 거주하여 왔기 때문에 징병검사 연기 및 국외 여행허가 대상자에 해당하지 않는다는 이유로 징병검사연기 및 국외 여행허가를 취소하는 처분('이 사건 처분')을 한 사실, 원고는 재일교포 2세인 조강래의 아들로 출생하여 1971. 8. 25. 가족과 함께 귀국하였으며 원고를 포함한 원고의 가족들도 일본국 영주권을 취득하였으나 국내에서 직업을 갖고 거주하면서 영주권 유지를 위하여 매년 1회 내지 2회 일본으로 출국하여 짧게는 3일 길게는 1개월 남짓 체류하다 귀국하여 온 사실, 원고는 1971. 12. 28. 자로 가족과 함께 주민등록이 이루어졌다가 1981. 2. 22. 현지이민을 이유로 주민등록이 말소되었고 원고 부모의 주민등록은 현재까지 유지되고 있는 사실, 원고는 국내에서 초·중·고등학교와 대학교를 나왔고, 1995. 3. 20. 보건복지부 장관으로부터 한의사 면허를 취득하였으며, 원심 변론종결 당시에는 국내 한방병원에 근무하면서 성균관대학교 대학원에 재학 중인 사실이 인정된다.

원고는 병역법에 의하여 병역의무가 면제된 자이므로 이 사건 처분은 위법하다고 주장한다(피고의 원고에 대한 징병검사 연기 및 국외 여행허가는 원고가 병역의무대상자임을 전제로 관련 법 규정에 따라 행해진 조치이었던바, 원고의 주장은 원고가 병역의무 면제대상자로서 당초부터 징병검사 및 국외 여행허가의 대상이 아니었고 따라서 징병검사 연기나 국외 여행허가를 받을 필요도 없었던 것이었는데 피고가 이 사건 처분을 통하여 징병검사 연기와 국외 여행허가를 취소함으로써 징병검사를 받게 하고 국외여행의 자유를 제한하는 결과로 되었으니 이는 위법이라는 취지로 보인다.).
원심은, 원고는 대한민국에 귀국한 이후에 일본국 영주권을 취득하였고 귀국 이후의 원고 및 그 가족의 생활환경에 비추어 볼 때 원고는 사실상 영주 목적으로 귀국하여 국내에 거주하면서 성장하였으니 병역의무 면제대상자라고 할 수 없다고 하여, 원고의 위 주장을 배척하였다.

한편 피고가 그동안 원고에 대한 징병검사를 연기해 왔던 이유는 피고가 원고를 일본에서 거주하는 자로 잘못 알고 연기해 왔던 것임을 알 수 있고, 비록 피고가 사정이 비슷한 원고의 형들에 대하여 제2국민역 처분을 하였다고 하더라도 이는 원고에 대한 처분이 아니므로 이러한 피고의 처분을 들어 피고가 원고의 병역의무가 면제된다는 공적 견해를 표명한 것이라고 할 수 없는바, 피고가 그와 같은 공적 견해를 표명하였다고 할 수 없는 이상, 원고가 주장하는 바와 같은 여러 사정이 있다는 점만으로 이 사건 처분이 신뢰 보호의 원칙에 반하는 행위로서 위법하다고 할 수 없다고 할 것이다. 그리고 앞에서 본 바와 같이 피고의 이 사건 처분이 법령에 따른 것으로 적법한 이상, 이 사건 처분으로 인하여 원고가 일본국으로 이주하여 제2국민역에 편입될 기회를 상실하게 된다고 하더라도 이러한 사정은 이 사건 처분 이후의 사정으로서 이를 들어 이 사건 처분이 신의칙에 위반된다고 할 수 없다.

11) ♣ **대법원 2014. 2. 21. 선고 2012다78818 판결 [부당이득반환]**
도시 및 주거환경 정비법('도시정비법') 제65조 제2항에서 말하는 정비사업의 시행으로 용도가 폐지되어 사업시행자에게 무상으로 '양도'되는 정비기반시설은 '정비구역 안에 있는 정비기반시설만을 의미하는 것으로 해석하여야 하고, 사업시행자가 정비사업의 시행으로 새로이 설치한 정비기반시설로서 국가 또는 지방자치단체에 무상으로 '귀속'되는 정비기반시설도 이와 마찬가지로 새겨야 한다. 따라서 사업시행자가 정비사업의 시행으로 새로이 설치한 정비기반시설이지만 정비구역 밖에 위치한 것은 도시정비법 제65조 제2항에 의하여 당연히 국가나 지방자치단체에 무상으로 귀속된다고 할 수 없다. 정비사업의 시행으로 정비구역 밖에 설치하는 정비기반시설이라 하더라도 사업시행 인가관청이 사업시행인가처분을 하면서 인가조건으로 시설을 설치하도록 하는 부담을 부과하고 사업시행자가 부담의 이행으로써 이를 설치한 때에는, 부관이 다른 법률의 규정에 위반되거나 부당결부 금지의 원칙이나 비례의 원칙에 반하여 위법하다고 볼 특별한 사정이 없는 한, 인가조건의 내용에 따라 당해 정비기반시설은 무상으로 또는 정산을 거쳐 시설을 관리할 국가 또는 지방자치단체에 귀속될 수 있다.

12) ♣ **대법원 2012. 8. 30. 선고 2010두24951 판결 [사업시행변경인가처분 등 일부 무효 확인]**
이 사건 시유지 등을 매입하여 공원과 주차장 등을 조성한 후 이를 기부채납하는 내용의 이 사건 인가조건이 부당결부 금지의 원칙 및 비례의 원칙 등에 위반되어 위법하다고 할 수는 있으나, 그 하자가 중대하고 명백하여 당연무효라고 보기는 어렵다. 행정처분이 당연무효라고 하기 위해서는 처분에 위법사유가 있다는 것만으로는 부족하고 그 하자가 법규의 중요한 부분을 위반한 중대한 것으로서 객관적으로 명백한 것이어야 하며 하자가 중대하고 명백한 것인지를 판별할 때에는 그 법규의 목적, 의미, 기능 등을 목적론적으로 고찰함과 동시에 구체적 사안 자체의 특수성에 관하여도 합리적으로 고찰하여야 한다. 상고이유의 주장과 같이 원심판결이 논리와 경험의 법칙에 반하여 자유심증주의의 한계를 벗어나거나, 재산권 보장 및 조세법률주의에 관한 헌법규정을 위반하고 국토의 계획 및 이용에 관한 법률 제65조 제2항 또는 당연무효 등에 관한 법리를 오해하며, 비용과 이익의 상호관련성 등에 관하여 필요한 심리를 다하지 아니하는 등의 사유로, 판결에 영향을 미친 위법이 있다고 할 수 없다.

13) ♣ 대법원 2010.1.28. 선고 2007도9331 판결[특정경제범죄가중처벌 등에 관한 법률 위반(사기)]

소외 1 주식회사는 충청남도에 지역발전협력금 25억 원을 납부하기로 하고('이 사건 증여') 골프장사업승인을 받았다는 것이고, 기록에 의하면, 그 무렵 충청남도지사로부터 골프장사업승인을 받은 7개 업체(공소외 1 주식회사 포함)가 일률적으로 충청남도에 거액의 협력기금을 증여하기로 약정하였으며(충청남도는 위 업체 중 나중에 사업승인이 취소된 3개 업체에 대하여는 증여약정의 이행을 청구하지 않고 있다), 한편 내무부 장관은 1994. 2. 21. 인허가를 조건으로 한 기부금은 기부자의 자발적인 의사가 아니므로 체육시설업 인허가 시 기부금 모집을 금지할 것을 지방자치단체에 시달하였음을 알 수 있다. 사정이 위와 같다면, 이 사건증여와 증여자가 신청한 골프장사업계획승인과 사이에 대가관계에 있음을 부인하기 어려우므로, 결국 이 사건증여는 공소외 1 주식회사가 충청남도지사로부터 골프장사업승인을 받는 대가로 충청남도에 이를 하기로 계약한 것이라고 볼 수밖에 없다.

공무원이 인허가 등 수익적 행정처분을 하면서 상대방에게 그 처분과 관련하여 이른바 부관으로서 부담을 붙일 수 있다 하더라도, 그러한 부담은 법치주의와 사유재산 존중, 조세법률주의 등 헌법의 기본원리에 비추어 비례의 원칙이나 부당결부 금지의 원칙에 위배되지 않아야만 적법한 것인바, <u>행정처분과 부관 사이에 실제적 관련성이 있다고 볼 수 없는 경우 공무원이 위와 같은 공법상의 제한을 회피할 목적으로 행정처분의 상대방과 사이에 사법상 계약을 체결하는 형식을 취하였다면 이는 법치 행정의 원리에 반하는 것으로서 위법하다고 보지 않을 수 없다.</u>

이 사건증여는 공무 수행과 결부된 금전적 대가로서 그 조건이나 동기가 사회질서에 반하는 것이어서 민법 제103조에 의해 무효라고 할 것이고, 이 사건 사업계획승인 자체는 위법·부당한 것이 아니었고 또 그 기부금을 충청남도가 수행하는 공익적 사업에 사용할 목적이었으며 사용 방법과 절차를 미리 충청남도의 내부 규정으로 정해놓았다거나, 당시 공소외 1 주식회사의 대표이사가 골프장 개발에 따른 막대한 이익을 기대하고 이 사건증여를 하였다는 등의 사정들을 감안한다 하더라도 달리 볼 수는 없다 할 것이다. 그렇다면, 위와 같은 경위로 인하여 이 사건증여가 무효인 이상 충청남도로서는 그 이행을 위해 공소외 1 주식회사로부터 발행·교부 받은 이 사건 어음금의 지급을 공소외 1 주식회사에 청구할 수 없다고 할 것이다.

14) ♣ 대법원 2009. 2. 12. 선고 2005다65500 판결 [약정금]

수익적 행정처분에서는 법령에 특별한 근거 규정이 없다고 하더라도 그 부관으로서 부담을 붙일 수 있고, 그와 같은 부담은 행정청이 행정처분을 하면서 일방적으로 부가할 수도 있지만, 부담을 부가하기 이전에 상대방과 협의하여 부담의 내용을 협약의 형식으로 미리 정한 다음, 행정처분을 하면서 이를 부가할 수도 있다.

<u>행정청이 수익적 행정처분을 하면서 부가한 부담의 위법 여부는 처분 당시 법령을 기준으로 판단하여야 하고, 부담이 처분 당시 법령을 기준으로 적법하다면 처분 후 부담의 전제가 된 주된 행정처분의 근거법령이 개정됨으로써 행정청이 더 이상 부관을 붙일 수 없게 되었다 하더라도 곧바로 위법하게 되거나 그 효력이 소멸하게 되는 것은 아니다.</u> 따라서 행정처분의 상대방이 수익적 행정처분을 얻기 위하여 행정청과 사이에 행정처분에 부가할 부담에 관한 협약을 체결하고 행정청이 수익적 행정처분을 하면서

협약상의 의무를 부담으로 부가하였으나 부담의 전제가 된 주된 행정처분의 근거법령이 개정됨으로써 행정청이 더 이상 부관을 붙일 수 없게 된 경우에도 곧바로 협약의 효력이 소멸하는 것은 아니다.

부당결부 금지의 원칙이란 행정주체가 행정작용을 하면서 상대방에게 이와 실질적인 관련이 없는 의무를 부과하거나 그 이행을 강제하여서는 아니 된다는 원칙을 말한다.

고속국도 관리청이 고속도로 부지와 접도구역에 송유관 매설을 허가하면서 상대방과 체결한 협약에 따라 송유관 시설을 이전하게 될 경우, 그 비용을 상대방에게 부담하도록 하였고, 그 후 도로법 시행규칙이 개정되어 접도구역에는 관리청의 허가 없이도 송유관을 매설할 수 있게 된 사안에서, 위 협약이 효력을 상실하지 않을 뿐만 아니라 위 협약에 포함된 부관이 부당결부 금지의 원칙에도 반하지 않는다.

2. 행정주체, 행정청 권한의 위임, 공법관계(사인의 공법행위)

2-1. 행정주체

행정주체		
국가		
공공단체	지방자치단체	지방자치법
	공공조합, 영조물 법인, 공법상 재단	
공무수탁 사인	공무대행 사인(행정보조자 포함)	정부조직법 제6조 3항 지방자치법 제104조 3항 행정 권한의 위임 및 위탁에 관한 규정 제11조
공의무부담 사인	원천징수의무자, 석유비축의무자	

※ 공공기관(공기업, 준정부기관, 기타공공기관)의 개념과 구별되는 것에 주의

2-2. 행정청 권한의 위임

2-2-1. 행정청은 행정에 관한 의사를 결정하여 표시하는 국가 또는 지방자치단체의 기관·법령 또는 자치법규에 따라 행정 권한을 가지고 있거나 위탁을 받은 공공단체나 그 기관 또는 사인을 말한다(행정심판법 제2조 제4호). 즉 행정작용법적 행정기관 중 소관 사무에 관해 의사결정하고 자기 이름으로 외부에 표시하는 권한을 가지고 있다.

행정주체 중 국가와 지방자치단체는 행정기관을 통하여 행정작용을 하고, 행정기관의 행위의 효과는 행정주체에 귀속된다. 협의의 공공단체 즉 지방자치단체는 독립된 공법인이며 대외적 행정작용 시 공공단체 자체가 행정기관이 되기도 한다.

2-2-2. 권한의 위임 : 정부조직법 제6조 제1항, 권한의 위임 및 위탁에 관한 규정에 근거가 있으며, 위임의 효과는 수임 기관의 이름으로 수임 기관에 발생한다.

권한의 대리는 직무대리규정(대통령령 - 지정대리, 서리, 협의의 법정대리)에 근거를 두고, 대리의 효과는 피대리관청에 발생한다.

권한의 대행은 대행기관에 사실상 권한 행사가 이전되나 효과는 피대행기관에 발생한다.

권한의 위탁은 정부조직법 제6조 제5항, 지방자치법 제104조 제3항, 권한의 위임 및 위탁에 관한 규정에 근거를 두고, 공무 수탁자에게 처분권과 효과가 귀속되나, 위탁기관이 지휘 감독권을 가지고 있다.

2-2-3. 상하 행정기관 간 관계로는 지휘 감독권, 훈령권, 승인권, 주관쟁의 결정권, 취소·정지권(논란이 있음), 대집행권(명문 규정이 있어야 함) 등이 있고, 대등 행정기관 간 관계로는 권한의 상호존중, 상호 협력(협의, 동의, 공동결정), 행정응원(행정절차법 제8조) 등이 있다.

2-3. 공법관계

공법관계	권력 관계	우월적 지위 공행정 수행	공정력 확정력 강제력	항고소송	행정입법 행정행위 행정강제 경찰 조세
	관리 관계 (비권력적 공행정 관계)	사인과 대등 관계 공행정 수행	예외적 공법적 규율	공법상 당사자 소송	공법상 계약 행정지도 비권력적 급부행위 공법상의 사실행위
사법관계	행정사법 관계	사법형식 공행정 수행	일정한 공법원리 적용 (평등원칙, 비례원칙, 공행정 계속성 원칙, 행정권의 기본권보장의무)	수도료 부과는 공법상 권리의무관계 수돗물 공급의무 불이행 손해배상청구는 민사소송	공기업 이용관계 철도사업 버스사업 전기 가스 사업 우편 사업 하수도관리사업 쓰레기처리사업
	국고 관계	사인과 같은 지위에서 사법상의 행위	사법 적용	민사소송	물품구매 건설도급 국유재산의 매각과 대부

입찰보증금의 국고귀속 조치 --- 사법상 행위
입찰참가 자격정지 --- 행정처분
국유·공유 잡종재산(일반재산)의 매각·대부 --- 사법상 계약
국유·공유 행정재산의 사용허가 --- 행정처분
국유·공유 재산의 무단점유에 대한 변상금부과 --- 행정처분 [1]
국유 일반재산의 대부료 지급의무 불이행에 체납처분절차가 준용되더라도 여전히 사
　　법상 의무이나 체납처분은 공법행위이고 민사소송의 대부료 지급청구가 안 됨

2-4. 사인의 공법행위

2-4-1. 자기 완결적 공법행위(수리 불필요 신고, 선거인의 투표)와 행위 요건적
공법행위(허가신청, 동의, 협의 --- 행정청의 행위가 있어야 효과 발생)로 분류된다.

2-4-2. 사인의 공법행위에는 법 규정이 없다면 원칙적으로 민법상의 의사
표시나 법률행위 규정이 적용되나, 공법행위의 특질상 수정 적용되거나 적용이
거부된다. 그래서 비진의 의사 표시가 영업 재개 신고나 사직서 제출에는 적용
되지 않는다. 다만 철회, 보정은 적용될 수 있다(공무원 사직원의 면직처분 이전 철
회 99두9971).

2-4-3. 사인의 공법행위의 하자의 효과

행위 요건적 공법행위에서 신청, 신고, 동의에 의사능력이 결여되거나, 무권대리 행위, 하자 있는 의사표시가 있는 경우 행정행위에 어떠한 영향을 미칠까? 즉 투표 후 착오 주장이 가능한지, 영업 재개 신고 후 비진의 의사 표시로 무효 주장이 가능한지, 사직서 제출 후 비진의 의사 표시로 무효 주장이 가능한지 등에 관하여 단순한 동기에 불과한 경우는 효력에 영향이 없다. 필수 전제 요건인 경우, 무효사유가 있다면 행정행위도 무효이다. 그러나 단순 위법사유라면 행정행위는 원칙적으로 유효하고 취소될 수 있는 것으로 된다. 그래서 강박에 의한 사직원 제출과 면직처분은 위법하나,2) 감사 도중 징계파면 예고와 사직 권고 종용에 따라 징계파면과 사직서 제출의 비교 형량이 있었다면 의원면직처분은 유효하다고 본다.3) 4) 5)

2-4-4. 신고

2-4-4-1. 사인이 공법적 효과의 발생을 목적으로 행정주체에 대해 일정한 사실을 알리고 통지하는 행위이다. 행정절차법 제10조 제1항은 일정한 사항을 통지나 통고함으로써 의무가 끝나는 신고만 규정하고 있다.

행정기본법안
제29조(수리 여부에 따른 신고의 효력)
① 법령 등으로 정하는 바에 따라 행정청에 일정한 사항을 의무적으로 통지하여야 하는 신고 로서 법률에 신고의 수리가 필요하다고 명시되어 있는 경우(행정기관의 내부 업무 처리 절차로서 수리를 규정한 경우는 제외한다)에는 행정청이 수리하여야 효력이 발생한다.
② 제1항에 따른 신고에 해당하지 않는 경우 그 신고의 효력은 >행정절차법」 제40조 제2항에 따른다.

2-4-4-2. 신고는 수리 불필요 신고와 수리 필요 신고로 분류된다. 수리를 요구하지 않는 신고(자기 완결적 공법행위로서의 신고)는 신고가 적법한 요건을 갖추고 신고 자체가 위법하거나 무효사유가 없는 한 신고 그 자체로서 법적 효과가 발생한다. 그래서 신고만 하면 되는 체육시설업 신고가 적법한 요건을 갖추었다면 수리처분이 필요 없이 신고 시에 효력이 발생하므로 그 후 수리가 거부

되었다고 하여 무신고 영업이 되는 것이 아니다.6)7)

건축법상 신고사항

o 담장설치신고 : 신고만 하면 건축 가능 1995.3.14. 94누99621
o 증축신고 : 신고만 하면 건축 가능, 수리행위 불필요
　　　　　　　신고 수리는 행정처분 아님, 1999.10.22. 98두18435
o 건축신고의 반려행위 : 항고소송의 대상이 된다
　　　　　　　　　　　　2010.11.18. 2008두167 (전)
o 건축착공신고의 반려행위 : 항고소송의 대상 2011.6.10. 2010두7321
o 인허가 의제효과를 수반하는 건축신고 : 수리행위가 필요하다.
　국토계획이용법상의 개발행위허가로 의제 되는 건축신고는 수리 필요 신고
　2011.1.20. 2010두14954 (전)

수리 필요 신고 (행위 요건적 공법행위로서의 신고)는 법 규정에 수리가 필요하도록 정해놓고 있는 경우나 수리를 전제로 한 효과를 규정하고 있는 경우인데, 신고요건과 심사방식을 기준으로 구별된다. 판례는 수산업법상의 어업신고8), 유흥주점 영업자 지위 승계신고9), 체육시설업자 지위 승계신고10) 등이 수리를 요구하는 신고로 보고 있다. 한편 사업양도양수가 무효인 경우, 지위 승계신고 수리도 무효이므로 양도자는 신고 수리처분의 무효확인을 구할 법률상 이익 있다고 본다.11)

---

o 납골당 설치 신고 — 수리처분이 있어야 설치 가능 2011.9.8. 2009두6766
o 건축주 명의변경신고 — 수리의무를 부과한 것이므로 수리 필요. 신고 수리 거부행위는 행정처분으로 취소소송 대상 1992.3.31. 91누4911

2-4-4-3. 사실 파악형 신고(정보 제공적 신고)와 규제적 신고(금지 해제적 신고)를 구별하여 정보 제공적 신고의 경우는 신고가 없어도 행위가 위법하지 않으므로 신고의무 위반에 대하여 형벌이 아니라 과태료를 부과하여야 한다. 그런데 집회신고에 대하여는 정보 제공적 신고라고 하면서도 형벌을 부과하고 있다. 12) 금지 해제적 신고의 경우 신고 없이 한 행위는 위법하고 행정형벌의 대상이 된다. 수리를 요구하는 신고가 이에 해당한다.

2-4-4-4. 부적법한 신고와 신고요건의 보완에 대하여 상당한 기간을 정하

여 신고인에게 보완 요구를 할 수 있고 (행정절차법 제40조 제3항), 보완 미이행의 경우 신고서를 반환한다. 부적법한 신고가 수리되어도 수리행위가 무효로 된다면 무신고 불법 영업이 된다. 다만 취소 사유인 경우는 그렇지 않다. 개별 법령상의 신고요건을 충족한 신고라도 다른 법령에 따라 신고대상 행위가 금지되는 경우에는 적법한 신고로 보지 않는다.[13)

2-4-4-5. 수리 필요 신고와 허가와의 구별

학설은 긍정설(수리 필요 신고는 형식적 심사, 허가는 실질적 심사)과 부정설(수리 필요 신고도 실질적 요건을 신고요건으로 하고 있으므로 허가와 마찬가지이다)이 있는데, 판례는 노동조합설립신고에서 설립신고 접수 당시 비근로자의 해당 여부가 문제가 된 객관적 사정이 있다면 설립신고서와 규약 내용 외의 사항에 대하여도 실질적 심사를 할 수 있다고 하며[14), 주유소설치등록신청이 법령상의 요건에 합치되어도 공익상 요건을 심사할 수 있고[15), 유료노인복지주택 설치 신고에서 적법한 입소대상자와 부적격 입소자 여부까지 심사하여 신고 수리 여부를 검토할 수 있다고 한다[16). 그러나 토지거래신고는 공익적 기준에 적합하지 않다는 이유로 수리를 거부할 수 없으며[17), 주민등록 전입신고를 거주 목적 이외의 다른 이해관계에 관한 의도가 있다는 사유로, 무허가건축물 관리 필요의 사유로 신고를 거부하는 것은 허용되지 않는다고 한다[18).

주석 [공법관제, 사인의 공법행위]

1) ♣ 대법원 2014. 9. 4. 선고 2014다203588 판결 [건물 인도 등]

국유재산의 무단점유자에 대한 변상금부과는 공권력을 가진 우월적 지위에서 행하는 행정처분이고, 그 부과처분에 의한 변상금 징수권은 공법상의 권리인 반면, 민사상 부당이득반환청구권은 국유재산의 소유자로서 가지는 사법상의 채권이다. 또한, 변상금은 부당이득 산정의 기초가 되는 대부료나 사용료의 120%에 상당하는 금액으로서 부당이득금과 액수가 다르고, 이와 같이 할증된 금액의 변상금을 부과·징수하는 목적은 국유재산의 사용·수익으로 인한 이익의 환수를 넘어 국유재산의 효율적인 보존·관리라는 공익을 실현하는 데 있다. 그리고 대부 또는 사용·수익허가 없이 국유재산을 점유하거나 사용·수익하였지만, 변상금 부과처분은 할 수 없는 때에도 민사상 부당이득반환청구권은 성립하는 경우가 있으므로, 변상금부과·징수의 요건과 민사상 부당이득반환청구권의 성립요건이 일치하는 것도 아니다.

이처럼 구 국유재산법 제51조 제1항, 제4항, 제5항에 의한 변상금부과·징수권은 민사상 부당이득반환청구권과 법적 성질을 달리하므로, 국가는 무단점유자를 상대로 변상금부과·징수권의 행사와 별도로 국유재산의 소유자로서 민사상 부당이득반환청구의 소를 제기할 수 있다. 그리고 이러한 법리는 구 국유재산법 제32조 제3항, 구 국유재산법 시행령 제33조 제2항에 의하여 국유재산 중 잡종재산(현행 국유재산법상의 일반재산에 해당한다)의 관리·처분에 관한 사무를 위탁받은 한국자산관리공사의 경우에도 마찬가지로 적용된다.

부당이득반환의 경우 수익자가 반환하여야 할 이득의 범위는 손실자가 입은 손해의 범위에 한정되고, 손실자의 손해는 사회 통념상 손실자가 당해 재산으로부터 통상 수익할 수 있을 것으로 예상되는 이익 상당액이다. 그런데 국가가 잡종재산으로부터 통상 수익할 수 있는 이익은 그에 관하여 대부계약이 체결되는 경우의 대부료이므로, 잡종재산의 무단점유자가 반환하여야 할 부당이득은 특별한 사정이 없는 한 국유재산 관련 법령에서 정한 대부료 상당액이다. 나아가 ① 구 국유재산법 제38조 제1항, 제25조의 2 제1항의 문언에 의하더라도, 1년을 초과하여 계속 점유하거나 사용·수익한 사람에 대하여 행하는 대부료의 감액 조정('조정대부료')은 의무적인 것이 아니고 행정청의 재량에 의하여 정할 수 있게 되어 있는 점, ② 대부료의 감액 조정은 적법하게 대부계약을 체결한 후 1년을 초과하여 잡종재산을 점유 또는 사용·수익하는 성실한 대부계약자를 위한 제도인바, 무단점유자에 대하여도 같은 기준을 적용하여 부당이득을 산정하는 것은 대부료 조정제도의 취지에 부합하지 아니하는 점, ③ 무단점유자가 1년을 초과하여 점유한 경우 조정대부료를 기준으로 부당이득을 산정하면, 장기간의 무단점유자가 오히려 대부 기간의 제한을 받는 적법한 대부계약자나 단기간의 무단점유자에 비하여 이익을 얻는 셈이어서 형평에 반하는 점 등을 고려하면, 부당이득 산정의 기초가 되는 대부료는 조정대부료가 아니라 구 국유재산법 제38조 제1항, 제25조 제1항이 정한 방법에 따라 산출되는 대부료라고 보아야 한다.

국유재산법 제42조 제1항, 제73조 제2항 제2호에 따르면, 국유 일반재산의 관리·처분에 관한 사무를 위탁받은 자는 국유 일반재산의 대부료 등이 납부기한까지 납부되지 아니한 경우에는 국세징수법 제23조와 같은 법의 체납처분에 관한 규정을 준용하여 대부료 등을 징수할 수 있다. 이와 같이 국유 일반재산의 대부료 등의 징수에 관하여는 국세징수법 규정을 준용한 간이하고 경제적인 특별구제절차가 마련되어 있으므로, 특별한 사정이 없는 한 민사소송의 방법으로 그 대부료 등의 지급을 구하는 것은 허용되지 아니한다. 이 사건 소 중 원고가 국유 일반재산인 이 사건 부동산에 관한 대부계약에 따른 대부료 등의 지급을 구하는 부분은 권리보호의 이익이 없어 부적법하다.

2) ♣ 대법원 1968.3.10. 선고 67누164 판결 [면직처분 취소]

3) ♣ 대법원 1997.12.12. 선고 97누13962 판결 [의원면직처분 취소]

4) ♣ 대법원 2001.8.24. 선고 99두9971 판결 [면직 무효확인 등]
이른바 1980년의 공직자 숙정 계획의 일환으로 일괄사표의 제출과 선별 수리의 형식으로 공무원에 대한 의원면직처분이 이루어진 경우, 사직원 제출행위가 강압에 의하여 의사결정의 자유를 박탈당한 상태에서 이루어진 것이라고 할 수 없고 민법상 비진의 의사 표시의 무효에 관한 규정은 사인의 공법행위에 적용되지 않으므로 그 의원면직처분을 당연무효라고 할 수 없다. 공무원이 한 사직 의사표시의 철회나 취소는 그에 터잡은 의원면직처분이 있을 때까지 할 수 있는 것이고, 일단 면직처분이 있고 난 이후에는 철회나 취소할 여지가 없다.

5) ♣ 대법원 2014.7.10. 선고 2013두7025 [도시계획시설사업시행자지정 및 실시계획인가 취소처분 취소]
국토의 계획 및 이용에 관한 법률('국토계획법') 제86조 제7항 및 그 시행령 제96조 제2항은 도시계획시설사업의 시행자로 지정을 받기 위한 동의요건으로서 토지소유자 총수의 2분의 1 이상에 해당하는 자의 동의를 얻어야 함을 규정하면서 동의요건 판단의 기준 시기나 동의율의 산정 방법에 관하여는 아무런 규정을 두고 있지 않다. 그런데 사인의 공법상 행위는 명문으로 금지되거나 성질상 불가능한 경우가 아닌 한 그에 따른 행정행위가 행하여질 때까지 자유로이 철회하거나 보정할 수 있으므로 사업시행자 지정처분이 행하여질 때까지 토지소유자는 새로이 동의하거나 동의를 철회할 수 있다고 보아야 하는 점, 사업시행자로 지정받은 민간기업이 실시계획 인가를 받으면 도시계획시설사업의 대상인 토지를 수용할 수 있게 되는데, 동의요건은 이러한 민간기업에 대한 수용권 부여를 정당화하는 근거로써 의미가 있으므로 도시계획시설 결정 또는 사업시행자 지정 신청이 있었던 후라도 사업시행자 지정처분이 행하여질 때까지 권리변동이나 사정변경이 있는 경우에는 그 의사에 반하여 소유권을 상실하게 되는 해당 권리자의 의사를 존중하는 것이 국토계획법의 취지에 부합하는 점 등을 종합해 보면, 동의요건의 충족 여부를 판단하는 기준 시기는 사업시행자 지정처분 시로 보아야 한다. 그리고 관련 법령에서 공유자들을 1인의 토지소유자로 산정하여야 한다는 특별한 규정을 두고 있지 않은 데다가 수용절차의 토대가 되는 사업시행자 지정에 대한 동의 권한 행사에 관하여 공유자들 각자가 독자적인 이익을 가지므로, 원칙적으로 공유자들 각각을 토지소유자로 산정하여야 한다.

6) ♣ 대법원 1998. 4. 24. 선고 97도3121 판결 [체육시설의 설치·이용에 관한 법률 위반]
체육시설의 설치·이용에 관한 법률 제10조, 제11조, 제22조, 같은 법 시행규칙 제8조 및 제25조의 각 규정에 의하면, 체육시설업은 등록 체육시설업과 신고 체육시설업으로 나누어지고, 당구장업과 같은 신고 체육시설업을 하고자 하는 자는 체육시설업의 종류별로 같은 법 시행규칙이 정하는 해당 시설을 갖추어 소정의 양식에 따라 신고서를 제출하는 방식으로 시·도지사에 신고하도록 규정하고 있으므로, 소정의 시설을 갖추지 못한 체육시설업의 신고는 부적법한 것으로 그 수리가 거부될 수밖에 없고 그러한 상태에서 신고 체육시설업의 영업행위를 계속하는 것은 무신고 영업행위에 해당할 것이지만, 이에 반하여 적법한 요건을 갖춘 신고의 경우에는 행정청의 수리처분 등 별단의 조처를 기다릴 필요 없이 그 접수 시에 신고의 효력이 발생하는 것이므로 그 수리가 거부되었다고 하여 무신고 영업이 되는 것은 아니다.

7) ♣ **대법원 1999.12.24. 선고 98다57419 판결 [보상금] 수산제조업 신고**
행정관청에 대한 신고는 일정한 법률사실 또는 법률관계에 관하여 관계 행정관청에 일방적인 통고를 하는 것을 뜻하는 것으로 법령에 별도의 규정이 있거나 다른 특별한 사정이 없는 한 행정관청에 대한 통고로써 그치는 것이고, 그에 대한 행정관청의 반사적 결정을 기다릴 필요가 없는 것인바, 수산업법, 수산업법 시행령, 수산제조업의 허가 등에 관한 규칙(수산물가공업허가 등에 관한 규칙으로 개정)의 각 규정에도 수산제조업의 신고를 하고자 하는 자는 그 규칙에서 정한 양식에 따른 수산제조업 신고서에 주요 기기의 명칭·수량 및 능력에 관한 서류, 제조공정에 관한 서류를 첨부하여 시장·군수·구청장에게 제출하면 되고, 시장·군수·구청장에게 수산제조업 신고에 대한 실질적인 검토를 허용하고 있다고 볼 만한 규정을 두고 있지 아니하고 있으므로, 수산제조업의 신고를 하고자 하는 자가 그 신고서를 구비서류까지 첨부하여 제출한 경우 시장·군수·구청장으로서는 형식적 요건에 하자가 없는 한 수리하여야 할 것이고, 나아가 관할 관청에 신고업의 신고서가 제출되었다면 담당 공무원이 법령에 규정되지 아니한 다른 사유를 들어 그 신고를 수리하지 아니하고 반려하였다고 하더라도, 그 신고서가 제출된 때에 신고가 있었다고 볼 것이다 --- 김가공업이 자유업에서 신고업으로 전환되고 매립면허 고시일 이전에 수산제조업 신고를 하였으나 담당 공무원이 법령에 규정되지 않은 사유인 김가공공장건물이 건축물관리대장상 창고로 등재되었다는 이유로 반송 — 보상대상이 된다.

8) ♣ **대법원 2000. 5. 26. 선고 99다37382 판결 [손해배상(기)]_수산업법상의 어업신고**
어업의 신고에 관하여 유효기간을 설정하면서 그 기산점을「수리한 날」로 규정하고, 나아가 필요한 경우에는 그 유효기간을 단축할 수 있도록까지 하는 수산업법 제44조 제2항의 규정 취지 및 어업의 신고를 한 자가 공익상 필요에 의하여 한 행정청의 조치에 위반한 경우에 어업의 신고를 수리한 때에 교부한 어업신고 필증을 회수하도록 하는 수산업법 시행령 제33조 제1항의 규정 취지에 비추어 보면, 수산업법 제44조 소정의 어업의 신고는 행정청의 수리에 의하여 비로소 그 효과가 발생하는 이른바「수리를 요하는 신고」라고 할 것이고, 따라서 설사 관할 관청이 어업신고를 수리하면서 공유수면 매립구역을 조업구역에서 제외한 것이 위법하다고 하더라도, 그 제외된 구역에 관하여 관할 관청의 적법한 수리가 없었던 것이 분명한 이상 그 구역에 관하여는 같은 법 제44조 소정의 적법한 어업신고가 있는 것으로 볼 수 없다.

9) ♣ **대법원 2003.2.14. 선고 2001두7015 판결 [유흥주점영업자 지위 승계 수리처분 취소]**
유흥주점영업자 지위 승계신고는 식품위생법상의 수리 필요 규정이고 양도자의 사업허가취소와 양수자의 사업권리 설정이라는 행위로서 수리가 필요하다. 행정절차법 제21조 제1항, 제22조 제3항 및 제2조 제4호의 각 규정에 의하면, 행정청이 당사자에게 의무를 과하거나 권익을 제한하는 처분을 함에는 당사자 등에게 처분의 사전통지를 하고 의견 제출의 기회를 주어야 하며, 여기서 당사자란 행정청의 처분에 대하여 직접 그 상대가 되는 자를 의미한다 할 것이고, 한편 식품위생법 제25조 제2항, 제3항의 각 규정에 의하면, 지방세법에 의한 압류재산 매각절차에 따라 영업시설 전부를 인수함으로써 그 영업자의 지위를 승계한 자가 관계 행정청에 이를 신고하여 행정청이 이를 수리하는 경우에는 종전의 영업자에 대한 영업허가 등은 그 효력을 잃는다 할 것인데, 위 규정들을 종합하면 위 행정청이 구 식품위생법 규정에 의하여 영업자 지위 승계신고를 수리하는 처분은 종전의 영업자 권익을 제한하는 처분이라 할 것이고 따라서 종전의 영업자는 그 처분에 대하여 직접 그 상대가 되는 자에 해당한다고 봄이 상당하므로, 행정청으로서는 위 신고를 수리하는 처분을 하면서 행정절차법 규정 소정의 당사자에 해당하는 종전의 영업자에 대하여 위 규정 소정의 행정절차를 실시하고 처분을 하여야 한다.

10) ♣ 대법원 2012.12.13. 선고 2011두29144 판결 [유원시설업 허가처분 등 취소]

유원시설업자, 체육시설업자 지위 승계신고. 공매 등의 절차에 따라 문화체육관광부령으로 정하는 주요한 유원시설업 시설의 전부 또는 체육시설업의 시설기준에 따른 필수시설을 인수함으로써 유원시설업자 또는 체육시설업자의 지위를 승계한 자가 관계 행정청에 이를 신고하여 행정청이 수리하는 경우에는 종전 유원시설업자에 대한 허가는 효력을 잃고, 종전 체육시설업자는 적법한 신고를 마친 체육시설업자의 지위를 부인당할 불안정한 상태에 놓이게 된다. 따라서 행정청이 구 관광진흥법 또는 구 체육시설법의 규정에 의하여 유원시설업자 또는 체육시설업자 지위 승계신고를 수리하는 처분은 종전 유원시설업자 또는 체육시설업자의 권익을 제한하는 처분이고, 종전 유원시설업자 또는 체육시설업자는 그 처분에 대하여 직접 그 상대가 되는 자에 해당한다고 보는 것이 타당하므로, 행정청이 그 신고를 수리하는 처분을 할 때는 행정절차법 규정에서 정한 당사자에 해당하는 종전 유원시설업자 또는 체육시설업자에 대하여 위 규정에서 정한 행정절차를 실시하고 처분을 하여야 한다.

11) ♣ 대법원 2005.12.23. 선고 2005두3554 판결 [채석허가 수허가자 변경신고 수리처분 취소]

사업양도·양수에 따른 허가관청의 지위 승계신고의 수리는 적법한 사업의 양도·양수가 있었음을 전제로 하는 것이므로 그 수리대상인 사업양도·양수가 존재하지 아니하거나 무효일 때는 수리를 하였다 하더라도 그 수리는 유효한 대상이 없는 것으로서 당연히 무효라 할 것이고, 사업의 양도행위가 무효라고 주장하는 양도자는 민사쟁송으로 양도·양수행위의 무효를 구함이 없이 막 바로 허가관청을 상대로 하여 행정소송으로 위 신고 수리처분의 무효확인을 구할 법률상 이익이 있다. 하자 있는 행정처분을 놓고 이를 무효로 볼 것인지 아니면 단순히 취소할 수 있는 처분으로 볼 것인지는 동일한 사실관계를 토대로 한 법률적 평가의 문제에 불과하고, 행정처분의 무효확인을 구하는 소에는 특단의 사정이 없는 한 그 취소를 구하는 취지도 포함되어 있다고 보아야 하는 점 등에 비추어 볼 때, 동일한 행정처분에 관하여 무효확인의 소를 제기하였다가 그 후 그 처분의 취소를 구하는 소를 추가로 병합한 경우, 주된 청구인 무효확인의 소가 적법한 제소 기간 내에 제기되었다면 추가로 병합된 취소청구의 소도 적법하게 제기된 것으로 봄이 상당하다.

12) ♣ 대법원 2012. 4. 19. 선고 2010도6388 전원합의체 판결 [국가공무원법 위반·집회 및 시위에 관한 법률 위반]

집회의 자유가 가지는 헌법적 가치와 기능, 집회에 대한 허가 금지를 선언한 헌법정신, 옥외집회 및 시위에 관한 사전신고제의 취지 등을 종합하여 보면, 신고는 행정관청에 집회에 관한 구체적인 정보를 제공함으로써 공공질서의 유지에 협력하도록 하는 데 의의가 있는 것으로 집회의 허가를 구하는 신청으로 변질되어서는 아니 되므로, 신고하지 아니하였다는 이유만으로 옥외집회 또는 시위를 헌법의 보호 범위를 벗어나 개최가 허용되지 않는 집회 또는 시위라고 단정할 수 없다. 따라서 집회 및 시위에 관한 법률 (이하 '집시법'이라고 한다) 제20조 제1항 제2호가 미신고 옥외집회 또는 시위를 해산 명령 대상으로 하면서 별도의 해산 요건을 정하고 있지 않더라도, 그 옥외집회 또는 시위로 인하여 타인의 법익이나 공공의 안녕질서에 대한 직접적인 위험이 명백하게 초래된 경우에 한하여 위 조항에 기하여 해산을 명할 수 있고, 이러한 요건을 갖춘 해산 명령에 불응하는 경우에만 집시법 제24조 제5호에 의하여 처벌할 수 있다고 보아야 한다.

13) ♣ 대법원 2008. 12. 24. 선고 2007두17076 판결 [비산먼지 발생사업 변경신고 불가 처분 취소]

비산먼지 배출사업을 하고자 하는 사람이 대기환경 보전법 등에 정한 형식적 요건을 모두 갖춘 사업신고서를 제출한 경우, 비산먼지 배출사업을 하는 것 자체가 다른 법령에 의하여 허용되지 않을 때 행정청이 그 신고의 수리를 거부할 수 있다. 국토의 계획 및 이용에 관한 법률상의 제2종 지구단위계획구역 안에서 비산먼지 발생사업을 하고자 하는 자가 대기환경 보전법에 정한 요건을 모두 갖추어 비산먼지 발생사업신고를 한 경우, 제2종 지구단위계획이 수립될 당시 비산먼지 발생사업을 예상하지 못하였다고 하여 그 신고를 거부할 수는 없다.

14) ♣ 대법원 2014. 4. 10. 선고 2011두6998 판결 [노동조합설립신고반려처분 취소]

노동조합법이 행정관청으로 하여금 설립신고를 한 단체에 대하여 같은 법 제2조 제4호 각 목에 해당하는지를 심사하도록 한 취지가 노동조합으로서의 실질적 요건을 갖추지 못한 노동조합의 난립을 방지함으로써 근로자의 자주적이고 민주적인 단결권 행사를 보장하려는 데 있는 점을 고려하면, 행정관청은 해당 단체가 노동조합법 제2조 제4호 각 목(노동조합법 제2조 제4호 (라)목 본문은 근로자가 아닌 자의 가입을 허용하는 경우에는 노동조합으로 보지 아니한다고 규정)에 해당하는지를 실질적으로 심사할 수 있다고 할 것이다. 다만 행정관청에 광범위한 심사 권한을 인정할 경우 행정관청의 심사가 자의적으로 이루어져 신고제가 사실상 허가제로 변질될 우려가 있는 점, 노동조합법은 설립신고 당시 제출하여야 할 서류로 설립신고서와 규약만을 정하고 있고(제10조 제1항), 행정관청으로 하여금 보완 사유나 반려 사유가 있는 경우를 제외하고는 설립신고서를 접수한 때로부터 3일 이내에 신고증을 교부하도록 정한 점(제12조 제1항) 등을 고려하면, 행정관청은 일단 제출된 설립신고서와 규약의 내용을 기준으로 노동조합법 제2조 제4호 각 목의 해당 여부를 심사하되, 설립신고서를 접수할 당시 그 해당 여부가 문제 된다고 볼 만한 객관적인 사정이 있는 경우에 한하여 설립신고서와 규약 내용 외의 사항에 대하여 실질적인 심사를 거쳐 반려 여부를 결정할 수 있다고 보아야 한다.

한편 노동조합법 제2조 제4호 (라)목 본문은 공무원의 노동조합 설립 및 운영 등에 관한 법률('공무원노동조합법') 제17조 제2항에 의하여 공무원의 노동조합에 적용되고 이 경우 '근로자'는 '공무원'으로 보며, 공무원노동조합법 제6조 제3항은 공무원이 면직·파면 또는 해임되어 노동위원회에 부당노동행위의 구제신청을 할 때는 중앙노동위원회의 재심판정이 있을 때까지는 노동조합원의 지위를 상실하지 않는다고 규정하고 있다.

이상의 규정들을 종합하면, 공무원노동조합과 관련하여 노동조합법 제2조 제4호 (라)

목에 규정된 '근로자'는 원칙적으로 '공무원 자격을 유지하고 있는 자'로 한정되고, 면직·파면 또는 해임된 공무원은 노동위원회에 부당노동행위 구제신청을 한 경우를 제외하고는 '근로자가 아닌 자'에 해당하는 것으로 보아야 한다. 원고는 전국공무원노동조합('구 전공노')과 전국민주공무원노동조합, 법원 공무원노동조합의 합병결의를 통해 신설된 공무원노동조합인 사실, 위 합병결의를 전후하여 피고는 구 전공노 소속 조합원 중에 면직·파면 또는 해임된 공무원('해직 공무원')이 있음을 파악하여 구 전공노에 그 시정을 요구하였고, 이후 시정요구 미이행을 이유로 노동조합법 시행령 제9조 제2항에 따라 구 전공노를 공무원노동조합법에 따른 노동조합으로 보지 아니한다는 통보를 한 사실, 이러한 상황에서 원고가 2010. 2. 25. 설립신고서를 제출하자, 피고는 구 전공노 소속 조합원이었던 해직 공무원이 신설합병 노동조합인 원고의 조합원으로 가입되어 있는지를 심사한 다음 이 사건 반려처분을 하였다. 피고가 구 전공노에 대하여 해직 공무원의 가입을 이유로 공무원노동조합법상 노동조합으로 보지 아니한다는 통보를 한 상황에서 구 전공노를 합병한 원고로부터 이 사건 설립신고서를 제출받게 된 사정을 고려할 때, 피고로서는 구 전공노의 조합원이었던 해직 공무원이 합병의 효력으로 원고 조합원의 자격을 취득하여 여전히 조합원으로 남아있는지에 대하여 심사를 할 수 있다고 볼 것이고, 이처럼 피고가 이 사건 설립신고 당시 이미 파악하고 있던 해직 공무원에 관한 정보를 기초로 해직 공무원의 가입 여부를 심사한 것은 조합원 전부를 대상으로 광범위하고 전면적인 심사를 한 것과는 달리 평가하여야 하므로, 피고가 설립신고서와 규약 내용 외에 실제 해직 공무원이 원고 조합원으로 가입되어 있어 노동조합법 제2조 제4호 (라)목에 해당하는지를 실질적으로 심사한 것은 적법하다.

15) ♣ **대법원 1998. 9. 25. 선고 98두7503 판결 [석유판매업등록거부처분 취소]**
석유사업법 제9조 제1항, 제3항, 석유사업법 시행령 제15조[별표 2]의 각 규정에 따라 전라남도지사는 <u>전라남도주유소등록요건에 관한 고시</u>(전라남도 1997-32) 제2조 제2항 [별표 1]에서 주유소의 진출입로는 도로상의 횡단보도로부터 10m 이상 이격되게 설치하여야 한다고 규정하였는바, 위 고시는 석유사업법 및 그 시행령의 위의 규정이 도지사에게 그 법령 내용의 구체적인 사항을 정할 수 있는 권한을 부여하면서 그 권한 행사의 절차나 방법을 정하지 아니하고 있는 관계로 도지사가 규칙의 형식으로 그 법령의 내용이 될 사항을 구체적으로 규정한 것으로서, <u>이는 당해 석유사업법 및 그 시행령의 위임 한계를 벗어나지 아니하는 한 그 법령의 규정과 결합하여 대외적인 구속력이 있는 법규명령의 효력을 갖게 된다고</u> 할 것이고, 따라서 위 전라남도 고시에 정하여진 등록요건에 맞지 아니하는 석유판매업등록신청에 대하여 그 등록을 거부한 행정처분은 적법하다. 주유소등록신청을 받은 행정청은 주유소설치등록신청이 석유사업법, 같은 법 시행령, 혹은 위 시행령의 위임을 받은 시·지사의 고시 등 <u>관계 법규에 정하는 제한에 배치되지 않고, 그 신청이 법정등록 요건에 합치되는 경우에는</u> 특별한 사정이 없는 한 <u>이를 수리하여야 하고, 관계 법령에서 정하는 제한 사유 이외의 사유를 들어 등록을 거부할 수는 없으나, 심사결과 관계 법령상의 제한 이외의 중대한 공익상 필요가 있는 경우에는 그 수리를 거부할 수 있다.</u>

16) ♠ **대법원 2007.1.11. 선고 2006두14537 판결 [노인주거복지시설설치 신고반려처분 취소]**
유료노인복지주택의 설치 신고의 경우 노인복지법의 목적과 노인주거복지시설의 설치에 관한 법령의 각 규정 및 노인복지시설에 대하여 각종 보조와 혜택이 주어지는 점 등을 종합하여 보면, 노인복지시설을 건축한다는 이유로 건축부지 취득에 관한 조세를 감면받고 일반 공동주택보다 완화된 부대시설 설치기준을 적용받아 건축허가를 받은 자로서는 당연히 그 노인복지시설에 관한 설치 신고 당시에도 당해 시설이 노인복지시설로 운영될 수 있도록 조치하여야 할 의무가 있고, 행정관청으로서는 그 유료노인복지주택의 시설 및 운영기준이 위 법령에 부합하는지와 아울러 그 유료노인복지주택이 적법한 입소대상자에게 분양되었는지와 설치 신고 당시 부적격자들이 입소하고 있지는 않은지 여부까지 심사하여 그 신고의 수리 여부를 결정할 수 있다.

17) ♣ 대법원 1997. 8. 29. 선고 96누6646 판결 [토지거래신고 불수리처분 취소]
토지거래신고가 국토이용관리법 제21조의 7, 국토이용관리법 시행령 제28조, 국토이용관리법 시행규칙 제11조 소정의 형식적 요건을 모두 갖춘 것이라면 시장·군수·구청장은 일단 이를 수리하여야 하고, 만일 신고된 토지의 이용목적이 국토이용계획이나 자연환경보전 등의 공익적 기준에 적합하지 아니하다고 판단되거나 신고된 토지가 공익사업용 토지에 해당하여 국가 등이 매수를 원하는 경우이면 국토이용관리법 제21조의 8, 제21조의 14의 규정이 정하는 바에 따라 토지거래계약체결의 중지 등을 권고하거나 선매자를 지정하여 당해 토지를 협의 매수하도록 알선을 할 수 있을 뿐이지, 위와 같이 공익적 기준에 적합하지 않는다는 등의 실체적 사유를 들어 토지거래신고의 수리 자체를 거부할 수 없다.

18) ♣ 대법원 2009.6.18. 선고 2008두10997 전원합의체 판결 [주민등록 전입신고 수리거부처분 취소]
주민들의 거주지 이동에 따른 주민등록 전입신고에 대하여 행정청이 이를 심사하여 그 수리를 거부할 수는 있다고 하더라도, 그러한 행위는 자칫 헌법상 보장된 국민의 거주·이전의 자유를 침해하는 결과를 가져올 수도 있으므로, 시장·군수 또는 구청장의 주민등록 전입신고 수리 여부에 대한 심사는 주민등록법의 입법 목적 범위 내에서 제한적으로 이루어져야 한다. 한편, 주민등록법의 입법 목적에 관한 제1조 및 주민등록 대상자에 관한 제6조의 규정을 고려해 보면, 전입신고를 받은 시장·군수 또는 구청장의 심사 대상은 전입 신고자가 30일 이상 생활의 근거로 거주할 목적으로 거주지를 옮기는지 여부만으로 제한된다고 보아야 한다. 따라서 전입 신고자가 거주의 목적 이외에 다른 이해관계에 관한 의도를 가지고 있는지 여부, 무허가건축물의 관리, 전입신고를 수리함으로써 당해 지방자치단체에 미치는 영향 등과 같은 사유는 주민등록법이 아닌 다른 법률에 의하여 규율되어야 하고, 주민등록 전입신고의 수리 여부를 심사하는 단계에서는 고려 대상이 될 수 없다. 무허가건축물을 실제 생활의 근거지로 3아 10년 이상 거주해 온 사람의 주민등록 전입신고를 거부한 사안에서, 부동산투기나 이주대책 요구 등을 방지할 목적으로 주민등록 전입신고를 거부하는 것은 주민등록법의 입법 목적과 취지 등에 비추어 허용될 수 없다.

3. 공권

3-1. 공권이란 공법관계에서 직접 자기를 위하여 일정한 이익을 주장할 수 있는 법률상의 힘을 말한다. 국가적 공권(행정주체가 우월한 의사의 주체로서 행정객체에 대하여 가지는 권리)과 개인적 공권(개인이 직접 자기의 이익을 위하여 행정주체에 일정한 행위를 하라고 요구할 수 있는 공법상의 힘)으로 구별되는데, 개인적 공권은 법률상 보호되는 이익에 포섭된다.

3-2. 개인적 공권이 인정되기 위해서는 그 근거 법규가 강행 법규성(강행법규에 행정주체에 일정한 행위를 하여야 할 의무가 부과되어 있어야 하며, 헌법상의 기본권규정도 개인적 공권의 보충적 근거 규정이 될 수 있음)을 띠고 있고[1], 아울러 사익보호성(그 법규가 공익의 보호와 함께 사익의 보호를 목적으로 하고 있어야 함)도 목적으로 하여야 한다.

3-3. 공권(법적 이익)과 반사적 이익

반사적 이익(non-litigable interest)이란 법률이 공익을 위하여 행정주체나 객체에 일정한 의무를 부과하거나 행정주체가 어떤 행정시설을 운영함으로써 결과적으로 개인이 반사적으로 받게 되는 이익으로 재판을 통한 구제권이 부인된다. 이웃의 채광을 보호하는 건축법 규정에서 채광의 이익은 공권이 되나, 미관을 보호하는 건축물의 색채 규정에서 미관의 이익은 반사적 이익에 지나지 않는다.

3-4. 공권의 확대

종래 반사적 이익으로 보는 것들이 사회권과 환경권의 보호 경향에 따라 보호 이익(공권)화되고 있어서 행정소송에서 원고적격이 인정되고 내용상으로 권리 보호를 받게 되었다. 즉 경쟁자소송(경업자競業者소송), 경원자(競願者)소송, 이웃소송(隣人소송)으로 확대 적용되고 있다.2)

3-5. 무하자 재량행사 청구권의 인정 여부에 대해 재량행위에도 공권이 인정될 수 있고, 의무이행심판이나 소송에서 적법 재량행사를 명하는 재결·판결의 실체법적 근거가 되므로 처분의무와 사익보호성이 인정되는 경우 실익이 있다고 학설은 말한다. 판례는 응답 의무가 인정되는 경우 재량권의 남용 여부를 심사할 수 있다고 한다.3)

3-6. 행정개입청구권이란 사인이 자기의 이익을 위하여 제3자에 대하여 행정권의 발동을 촉구하는 권리(자기에 대하여 행정권의 발동을 촉구하는 행정 행위발급청구권 포함)인데, 재량이 0으로 수축되는 경우 무하자 재량행사 청구권이 행정개입청구권으로 전환되며 (0으로의 수축의 판단 기준은 생명·건강 등 중대한 법익의 침해와 보충성의 원칙이 작용할 수 있음), 강행 법규성, 개입의무, 사익보호성이 충족되어야 한다.4)

주석 [공권]

1) ♠ **헌법재판소 1998. 4. 30. 선고 97헌마141 전원재판부 [특별소비세법 시행령 제37조 제3항 등 위헌확인]**

고시 또는 공고의 법적 성질은 일률적으로 판단될 것이 아니라 고시에 담긴 내용에 따라 구체적인 경우마다 달리 결정된다고 보아야 한다. 즉, 고시가 일반·추상적 성격을 가질 때는 법규명령 또는 행정규칙에 해당하지만, 고시가 구체적인 규율의 성격을 갖는다면 행정처분에 해당한다. 이 사건 국세청 고시는 특정 사업자를 납세 병마개 제조자로 지정하였다는 행정처분의 내용을 모든 병마개 제조자에게 알리는 통지수단에 불과하므로, 청구인의 이 사건 국세청 고시에 대한 헌법소원심판청구는 고시 그 자체가 아니라 고시의 실질적 내용을 이루는 국세청장의 위 납세 병마개 제조자 지정처분에 대한 것으로 해석함이 타당하다. 행정처분의 직접 상대방이 아닌 제3자라도 당해 처분의 취소를 구할 법률상 이익이 있는 경우에는 행정소송을 제기할 수 있다. 이 사건에서 보건대, 설사 국세청장 지정행위의 근거 규범인 이 사건 조항들이 단지 공익만을 추구할 뿐 청구인 개인의 이익을 보호하려는 것이 아니라는 이유로 청구인에게 취소소송을 제기할 법률상 이익을 부정한다고 하더라도, 청구인의 기본권인 경쟁의 자유가 바로 행정청 지정행위의 취소를 구할 법률상 이익이 된다 할 것이다.

2)

인인(隣人) 소송 (인근 주민의 이익)	o 자동차 LPG 충전사업소설치허가와 인근 주민 (83누59) o 환경영향평가 대상 지역 안의 주민(97누19571) o 연탄공장건축허가처분 취소(73누96,97) o 공유수면매립면허처분 취소(2006두330 全) o 상수원 보호구역과 상수원에서 급수를 받는 주민(?) (94누14544) -- 불인정
경쟁자소송 (이미 영업허가를 받은 경쟁 관계에 있는 자들 사이에서 특정인에 대한 수익적 행정행위가 제3자에게는 법률상 불이익을 초래하는 경우)	o 노선연장인가처분 취소(73누173)
경원자소송 (일방에 대한 면허나 인허가 등의 행정처분이 타방에 대한 불면허 불인가 불허가로 귀결될 수밖에 없는 경우 그 불이익을 다투는 소송)	o 항만공사시행허가 신청(98두7272)

3) ♣ **대법원 1991.2.12. 선고90누5825 판결 [검사임용거부처분 취소]**

검사 지원자 중 한정된 수의 임용대상자에 대한 임용 결정은 한편으로는 그 임용대상에서 제외한 자에 대한 임용거부 결정이라는 양면성을 지니는 것이므로 임용대상자에 대한 임용의 의사표시는 동시에 임용대상에서 제외한 자에 대한 임용거부의 의사표시를 포함한 것으로 볼 수 있고, 이러한 임용거부의 의사표시는 본인에게 직접 고지되지 않았다고 하여도 본인이 이를 알았거나 알 수 있었을 때 그 효력이 발생한 것으로 보아야 한다.

검사의 임용 여부는 임용권자의 자유재량에 속하는 사항이나, 임용권자가 동일한 검사

신규임용의 기회에 원고를 비롯한 다수의 검사 지원자들로부터 임용 신청을 받아 전형을 거쳐 자체에서 정한 임용기준에 따라 이들 일부만을 선정하여 검사로 임용하는 경우에서 법령상 검사임용 신청 및 그 처리의 제도에 관한 명문 규정이 없다고 하여도 조리상 임용권자는 임용신청자들에게 전형의 결과인 임용 여부의 응답을 해줄 의무가 있다고 할 것이며, 응답할 것인지조차도 임용권자의 편의 재량사항이라고는 할 수 없다.

검사의 임용에 있어서 임용권자가 임용 여부에 관하여 어떠한 내용의 응답을 할 것인지는 임용권자의 자유재량에 속하므로 일단 임용거부라는 응답을 한 이상 설사 그 응답 내용이 부당하다고 하여도 사법심사의 대상으로 삼을 수 없는 것이 원칙이나, 적어도 재량권의 한계 일탈이나 남용이 없는 위법하지 않은 응답을 할 의무가 임용권자에게 있고 이에 대응하여 임용신청자로서도 재량권의 한계 일탈이나 남용이 없는 적법한 응답을 요구할 권리가 있다고 할 것이며, 이러한 응답신청권에 기하여 재량권 남용의 위법한 거부처분에 대하여는 항고소송으로서 그 취소를 구할 수 있다고 보아야 하므로 임용신청자가 임용거부처분이 재량권을 남용한 위법한 처분이라고 주장하면서 그 취소를 구하는 경우에는 법원은 재량권 남용 여부를 심리하여 본안에 관한 판단으로서 청구의 인용 여부를 가려야 한다.

4) ♣ 대법원 1999. 12. 7. 선고 97누17568 판결 [건축허가 및 준공검사 취소 등에 대한 거부처분 취소]

국민의 신청에 대한 행정청의 거부행위가 항고소송의 대상이 되는 행정처분에 해당하기 위하여는 국민이 행정청에 대하여 그 신청에 따른 행정행위를 하여 줄 것을 요구할 수 있는 법규상 또는 조리상의 권리가 있어야 하고, 또한 부작위 위법확인의 소에 있어 당사자가 행정청에 대하여 어떠한 행정행위를 하여 줄 것을 요구할 수 있는 법규상 또는 조리상 권리를 갖고 있지 아니한 경우에는 원고적격이 없거나 항고소송의 대상인 위법한 부작위가 있다고 볼 수 없어 그 부작위 위법확인의 소는 부적법하다.

한편 건축법 및 기타 관계 법령에 국민이 행정청에 대하여 제3자에 대한 건축허가의 취소나 준공검사의 취소 또는 제3자 소유의 건축물에 대한 철거 등의 조치를 요구할 수 있다는 취지의 규정이 없고, 건축법 제69조 제1항 및 제70조 제1항은 각 조항 소정의 사유가 있는 경우에 시장·군수·구청장에게 건축허가 등을 취소하거나 건축물의 철거 등 필요한 조치를 명할 수 있는 권한 또는 권능을 부여한 것에 불과할 뿐, 시장·군수·구청장에게 그러한 의무가 있음을 규정한 것은 아니므로 위 조항들도 그 근거 규정이 될 수 없으며 그 밖에 조리상 이러한 권리가 인정된다고 볼 수도 없다.

삼광화학이 진해시장에 대하여 이웃하고 있는 이 사건 공동주택에 대한 건축허가와 준공검사를 취소하여 달라거나 철거 명령을 하여 달라고 요구할 수 있는 법규상 또는 조리상 권리가 없다는 이유로, 이 사건 회신이 행정처분에 해당함을 전제로 이 사건 회신의 취소를 구하는 이 사건 주위적 청구의 소와 이 사건 공동주택에 대한 건축허가 및 준공검사를 취소하지 아니하고 철거 명령을 하지 아니하는 피고의 부작위에 대한 위법확인을 구하는 이 사건 예비적 청구의 소는 모두 부적법하고, 건축법 제70조가 원고가 피고에 대하여 건축허가 및 준공검사의 취소와 철거 명령 등을 요구할 수 있는 권리의 근거 규정이 되지 아니한다.

4. 행정입법

  4-1. 행정입법이란 행정기관의 일반적 추상적 규범 정립 작용을 말하는데, 국가 행정기관은 대통령령, 총리령, 부령, 긴급명령 등을, 지방자치단체 기관은 조례, 규칙, 교육규칙 등을 만들 수 있다.

  4-2. 행정입법의 법적 성질에 관해서는 그 명칭과 관계없이 법규명령과 행정규칙으로 구별한다(시행규칙은 부령으로 정해지는 법규명령이므로 명칭과 법적 성질의 분류로 인한 혼동이 없어야 한다). 법규명령은 행정청, 국민, 법원을 기속하는 대외적 구속력을 가지나, 행정규칙은 행정조직 내부의 조직과 활동에 대한 행정사무 처리기준을 정한 것으로 대외적 구속력이 없다.

4-3. 법규명령

  4-3-1. 행정기관이 상위 법령의 위임에 따라 제정하고 국민에 대한 구속력이 있다. 외부적 형식으로 시행령, 시행규칙, 규칙, 규정 등으로 나타난다. 대통령의 긴급명령, 긴급재정경제명령(헌법 제76조), 대통령령(헌법 제75조), 총리령, 부령(헌법 제95조), 중앙선거관리위원회 규칙(헌법 제114조), 감사원 규칙(감사원법 제52조) 등이 있다.

내용상으로는 위임명령(법률보충사항), 집행명령(법률 시행의 세부적 기술적 사항), 해석 명령(법률의 해석 기준)으로 구별되나, 보통 하나의 명령에 함께 제정된다. 법규명령 규정이 위임 한계를 벗어난 경우는 무효이다.[1]

4-3-2. 법규명령은 상위 법령의 수권과 그 범위 내에서 (단 집행명령은 위임 없어도 됨) 규정되어야 한다. 일반적 포괄적 위임은 금지되며, 구체적인 위임만 가능하다. 국민의 기본권을 제한하거나 침해할 소지가 있는 사항에 관한 위임 에서는 구체성 또는 명확성이 더욱 엄격하게 요구된다. 다만 대통령령에 위임 된 부분의 대강 즉 규정될 내용 및 범위의 기본사항이 규정되어 있어 국민이 예측할 수 있을 정도의 예측 가능성이 있다고 판단되면 유효하다[2]. 법규명령이 다시 재위임하는 경우 전면적 재위임(위임받은 사항을 규정하지 않고 그대로 재위임 하는 것)은 안 된다. 대강을 정하고 그중 특정 사항을 범위를 정하여 하위법령 에 재위임해야 한다. 수권 규정에서 사용되는 용어의 의미를 넘어 그 범위를 확장하거나 축소하는 것은 위임내용을 구체화하는 단계를 벗어나 새로운 입법 이므로 한계를 위반한 것이다[3]. 다만 자치조례, 공법적 단체의 정관에 대한 위 임 등 자치법적 위임사항에서는 포괄위임금지가 적용되지 않는다. 조례가 지방 자치법 제22조 단서에 따라 주민의 권리 제한 또는 의무 부과에 관한 사항을 법률로부터 위임받은 후, 이를 다시 지방자치단체장이 정하는 '규칙'이나 '고 시' 등에 재위임하는 경우에도 위임받은 사항에 관하여 대강을 정하고 그중의 특정 사항을 범위를 정하여 재위임하는 것이 허용된다.[4] [5] [6]

공동체나 국민에게 본질적인 사항은 의회에서 정해야 하며 위임이 안 된다 (의회유보). 형벌규정은 위임이 금지된다(죄형법정주의. 단 형벌의 종류와 상한을 정하 고 그 범위 내에서 구체적 사항을 위임하는 것은 허용된다).[7] 근거가 되는 상위 법령 이 위법이면 법규명령도 위법하다. 입법예고 등 행정입법절차를 거쳐야 한다.

4-3-3. 법규명령이 상위 법령에 위배되어 위법하다고 할 때 그 위법의 의미 에 관해 학설은 취소·무효 구별설(하자가 중대 명백한 경우 무효, 그렇지 않은 경우,

선결문제로 쟁송 가능), 무효설(모두 무효), 상대적 무효설(무효이나, 당해 사건에 한해 적용되지 못하고 그대로 유효) 등이 있는데, 행정행위의 하자론과는 다르게 무효라고 보아야 한다.

4-3-4. 대통령령, 총리령, 부령 등이 법규명령 형식이나 실질적으로 행정처분의 성질을 가지는 경우를 처분적 법규명령이라 한다. 월드컵 개막식 날 서울지역 주점의 영업시간을 제한하는 총리령이 그 예인데, 항고소송의 대상이 된다. 이 법리는 처분적 고시, 처분적 조례에도 동일하게 적용된다(95누8000 두밀분교 폐지조례, 2005두2506 약제 급여 상한금액 고시 --- 실질적으로 보험약가 인하처분).[8]

4-3-5. 법규명령에 대한 통제는 ① 행정 내부적 통제(절차적 통제 --- 입법예고, 법제처 심사(정부조직법 제20조), 국무회의심의, 중앙행정심판위원회의 시정조치요청권(행정심판법 제59조)), ② 국회의 통제(법규명령의 국회 소관 상임위원회 제출과 국회의 법률 위반 여부 검토 통보 절차(국회법 제98조의 2)), ③ 법원에 의한 통제(법규명령에 기한 행정행위에 대한 항고소송(헌법 제107조 제2항) --- 구체적 규범통제로 이루어지며, 법원은 선결문제로서 위헌·위법 여부 판단할 수 있고, 당해 사건에 한해 적용(개별적 효력설), 행정행위는 위법판단 전까지는 취소 대상으로 된다(하자가 중대하나 객관적으로 명백하지 않음)).[9] ④ 헌법재판소에 의한 통제(헌법재판소법 제68조 제1항과 헌법 제107조 제2항의 해석과 관련하여 재판의 전제가 되지 않는 법규명령이 별도의 집행행위를 기다리지 않고 직접 기본권을 침해하는 경우 헌법소원 가능, 94헌마33 보건복지부 장관 고시 생활보호사업 지침상의 "94년 생계 보호 기준 보건복지부 장관의 생계 보호 급여의 기준") 등의 방법이 있다.[10]

4-4. 행정규칙

4-4-1. 행정조직 내부의 조직과 활동에 대한 행정사무 처리기준으로, 조직규칙(직무대리규정), 영조물 규칙, 법령해석규칙, 재량준칙, 법률 대체적 규칙(보조금 지급기준) 등이 있다. 다만 법령보충 행정규칙(재산제세사무처리규정 --- 국세청 훈령, 택지개발업무처리지침 --- 건설교통부 장관 지침)은 상위 법령의 위임에 따른

것으로 대외적 구속력이 있다. 법률 보충적 고시는 상위 법령과 결합하여 대외적 구속력이 인정되어 법규명령의 효력을 가진다. 행정규칙은 개별법상의 근거가 필요하지 않다.

고시, 훈령(행정효율과 협업 촉진에 관한 규정, 동 시행규칙 - 훈령, 지시, 예규, 일일명령), 통첩, 지침, 규정 등의 형태로 나타난다.

4-4-2. 행정규칙은 원칙적으로 내부적 효력 즉 행정조직 내부에서의 명령에 지나지 않으므로 상위법에서 보장된 행정청의 재량권을 기속할 수 없다. 처분이 행정규칙에 위배되어도 위법의 문제는 생기지 않으며, 규칙에 적합하다 하여도 바로 적법한 것으로 되지는 않는다. 처분의 적법 여부는 규칙 적합 여부가 아니라 관계 법령의 규정과 취지의 적합성 검토와 공익성 비교 형량을 거쳐서 재량권의 남용 여부에 의해 판단되어야 한다(보건사회부 장관 훈령 제236호 식품 등의 위생관리업무처리규정, 교통부 훈령 제680호 자동차운수사업법 제31조 등에 관한 처분요령 별표 "2"의 행정처분의 기준, 국가보훈처 훈령 국립묘지안장대상심의위원회 운영규정, 환경부 장관의 사육 곰 용도변경 시의 유의사항 통보, 국토해양부 장관이 제정한 버스·택시 유류구매 카드제 시행지침).11)12)

4-4-3. 행정규칙은 외부적 효력이 없으나, 재량준칙의 반복시행으로 인한 행정 관행이 이루어지면 평등원칙, 신뢰 보호 원칙, 행정의 자기구속원칙 등을 매개로 대외적 구속력이 인정되는 경우가 있다.13) 행정규칙에 따른 불문 경고 조치가 법률상의 징계처분은 아니나 징계 감경 사유의 사용 불허 혹은 인사기록카드 등재 등의 불이익 효과가 있어서 항고소송의 대상이 된다고 한다.14)

4-5. 행정입법의 형식과 내용의 불일치

4-5-1. 형식은 법규명령(대통령령, 총리령, 부령)이나 내용은 제재적 처분의 기준(재량준칙)을 정하고 있는 경우에 학설은 법규명령설(처분기준 기속설, 처분기준 최고한도설), 행정규칙설, 수권여부기준설 등이 있는데, 판례는 구체적 개별

적으로 판단하고 있다. 즉 대통령령으로 정한 처분기준은 법규명령으로 보고 재량의 여지가 없다고 하거나 (주택건설촉진법 시행령상의 영업정지처분기준 97누15418), 최고한도를 정한 것으로 보기도 하고 (청소년보호법 시행령상의 과징금처분기준 99두5207)[15], 법령의 위임내용인 처분요건 사항을 부령에서 변경하여 규정한 것은 상위 법령의 위임이 없이 규정한 것으로 행정기관 내부의 사무처리준칙으로 보아야 한다고 하며 (기획재정부령으로 제정된 '공기업·준정부기관 계약사무규칙')[16], 부령이라 하더라도 처분기준은 행정규칙에 지나지 않아 법령의 취지에 따라 판단할 수 있고 (식품위생법 시행규칙(보건사회부령) 제53조와 [별표 15]로 정한 식품위생법 제58조에 따른 행정처분의 기준)[17], 부령으로 정한 처분기준은 행정규칙으로 보고 재량권의 남용을 판단할 수 있지만, 현저히 부당하다고 할 만한 합리적 이유가 없다면 재량권의 일탈 남용을 판단해서는 안 된다고 한다(약사법 시행규칙 행정처분기준 2007두6946, 도로교통법 시행 규칙상의 운전면허 행정처분기준 99누14148全, 환경영향평가법 시행 규칙상의 영업정지처분기준 2003두1684全). 행정규칙에 개별적인 중복 처분의 기준이 있다 하여도 수 개의 위반행위는 가장 무거운 제한기준으로 한다는 관련 타법 시행규칙(부령, 법규명령)의 취지를 고려하여 가장 중한 처분으로 하여야지 중복 처분을 하여서는 안 된다고 한다.[18]

그리고 행정처분의 기준으로 정한 내용 즉 업종구분에 기반을 둔 영업질서 위해·업태 위반을 금지의무의 근거 규정으로 해석할 수 없고, 업종별 시설기준 위반으로 바로 연결되지 않는다고 한다.[19]

4-5-2. 법률에서 일정한 사항을 장관이 부령으로 정하도록 하고 있는데도, 장관이 부령이 아니라 고시나 훈령으로 그 사항을 정한 경우 이 행정규칙을 법령보충규칙이라 하는데, 판례는 상위 법령의 위임과 상위 법령의 내용을 보충하고 구체화하는 기능이 있고 위임범위 내인 경우, 상위 법령과 결합하여 대외적 효력이 인정되는 법규명령으로 보고 대외적 효력을 인정하고 있다(국세청장 훈령 형식의 재산제세사무처리규정, 건설교통부 장관의 택지개발업무처리지침(2006두3742, 3759) --- 택지개발예정지구의 지정 변경 해제 고시는 택지개발촉진법에 따른 효력

인정, 건설교통부 장관의 산업입지개발에 관한 통합지침(2009두23822), 총무처의 대우공무원선발예규(91헌마25)).

행정규제기본법 제4조 제2항 단서는 법령에서 전문적 기술적 사항이나 경미한 사항으로서 업무의 성질상 위임이 불가피한 사항에 관하여 구체적으로 범위를 정하여 위임한 경우에는 고시 등으로 정할 수 있다고 규정한다.

1) ♣ **대법원 2017. 4. 20. 선고 2015두45700 전원합의체 판결 [증여세부과처분 취소]**

조세법률주의 원칙은 과세요건 등 국민의 납세의무에 관한 사항을 국민의 대표기관인 국회가 제정한 법률로써 규정하여야 하고, 법률을 집행하는 경우에도 이를 엄격하게 해석·적용하여야 하며, 행정 편의적인 확장해석이나 유추 적용을 허용하지 아니함을 뜻한다. 그러므로 법률의 위임 없이 명령 또는 규칙 등의 행정입법으로 과세요건 등에 관한 사항을 규정하거나 법률에 규정된 내용을 함부로 유추·확장하는 내용의 해석규정을 마련하는 것은 조세법률주의 원칙에 위배된다. 일반적으로 법률의 위임에 따라 효력을 갖는 법규명령의 경우에 위임의 근거가 없어 무효였더라도 나중에 법 개정으로 위임의 근거가 부여되면 그때부터는 유효한 법규명령으로 볼 수 있다. 그러나 법규명령이 개정된 법률에 규정된 내용을 함부로 유추·확장하는 내용의 해석규정이어서 위임의 한계를 벗어난 것으로 인정될 경우에는 법규명령은 여전히 무효이다.

구 상속세 및 증여세법(2003.12.30. 법률 제7010호로 개정되어 2010.1.1. 법률 제9916호로 개정되기 전의 것, '상증세법') 제41조 제1항('개정 전 법률 조항')은 특정 법인과의 일정한 거래를 통하여 최대주주 등이 '이익을 얻은 경우'에 이를 전제로 '이익의 계산'만을 시행령에 위임하고 있음에도 구 상증세법 시행령(2003.12.30. 대통령령 제18177호로 개정되어 2014.2.21. 대통령령 제25195호로 개정되기 전의 것) 제31조 제6항('시행령 조항')은 특정 법인이 얻은 이익이 바로 '주주 등이 얻은 이익'이 된다고 보아 증여재산가액을 계산하도록 하였다. 또한, 개정 전 법률 조항에 의하면 특정 법인에 대한 재산의 무상제공 등이 있더라도 주주 등이 '실제로 얻은 이익이 없다면' 증여세 부과 대상에서 제외될 수 있으나, 시행령 조항에 의하면 특정 법인에 재산의 무상제공 등이 있는 경우 그 자체로 주주 등이 이익을 얻은 것으로 간주 되어 증여세 납세의무를 부담하게 된다. 결국, 시행령 조항은 모법인 개정 전 법률 조항의 규정 취지에 반할 뿐만 아니라 위임 범위를 벗어난 것이다.

한편 2010.1.1. 법률 제9916호로 개정된 구 상증세법(2011.12.31. 법률 제11130호로 개정되기 전의 것, '상증세법') 제41조 제1항('개정 법률 조항')은 종전에 특정 법인의 주주 등이 '이익을 얻은 경우'라고만 하던 것을 '대통령령으로 정하는 이익을 얻은 경우'로 문언이 일부 변경되었으나, 시행령 조항은 2014. 2. 21. 대통령령 제25195호로 개정되기 전까지 그대로 존치되었다.

증여세는 증여재산의 경제적 또는 재산적 가치를 정당하게 산정한 가액을 기초로 하여 과세하여야 하고, 납세의무자가 증여로 인하여 아무런 경제적·재산적 이익을 얻지 못하였다면 원칙적으로 증여세를 부과할 수 없다고 보아야 한다.

개정 법률 조항은 결손금이 있는 특정 법인의 주주 등과 특수관계에 있는 자가 특정 법인에 재산을 증여하는 등 일정한 거래를 함으로써 특정 법인은 증여가액을 결손금으로 상쇄하여 증여가액에 대한 법인세를 부담하지 않도록 하면서도 특정 법인의 주주 등에게는 이익을 얻게 하는 변칙증여에 대하여 증여세를 과세하기 위한 것이다. 그런데 증여세의 과세체계와 증여 및 증여재산의 개념 등에 비추어 볼 때 이는 여전히 특정 법인에 대한 재산의 무상제공 등으로 인하여 주주 등이 상증세법상 증여재산에 해당하는 이익을 얻었음을 전제로 하는 규정으로 보아야 하고, 재산의 무상제공 등의 상대방이 특정 법인인 이상 그로 인하여 주주 등이 얻을 수 있는 '이익'은 그가 보유하고 있는 특정 법인 주식 등의 가액 증가분 외에 다른 것을 상정하기 어렵다. 따라서 개정 법률 조항은 문언의 일부 개정에도 불구하고 개정 전 법률 조항과 마찬가지로 재산의 무상제공 등 특정 법인과의 거래를 통하여 특정 법인의 주주 등이 이익을 얻었음을 전제로 하여 그 이익, 즉 '주주 등이 보유한 특정 법인 주식 등의 가액 증가분'의 정당한 계산방법에 관한 사항만을 대통령령에 위임한 규정이라고 볼 것이다. 따라서 특정 법인의 주주 등과 특수관계에 있는 자가 특정 법인에 재산을 증여하는 거래를 하였더라도 거래를 전후하여 주주 등이 보유한 주식 등의 가액이 증가하지 않은 경우에는 그로 인하여 주주 등이 얻은 증여 이익이 없으므로 개정 법률 조항에 근거하여 증여세를 부과할 수는 없다고 보아야 한다.

그런데 시행령 조항은 특정 법인에 재산의 무상제공 등이 있으면 그 자체로 주주 등이 이익을 얻은 것으로 간주함으로써, 주주 등이 실제로 얻은 이익의 유무나 다과와 무관하게 증여세 납세의무를 부담하도록 정하고 있으므로, 결국 시행령 조항은 모법인 개정 법률 조항의 규정 취지에 반할 뿐만 아니라 위임범위를 벗어난 것으로서 2010.1.1. 상증세법 개정에도 불구하고 여전히 무효이다.

2) ♣ 대법원 2019.5.16. 선고 2017두45698 판결 [표시정지 및 판매정지 처분취소]
서울행법 2016. 10. 27. 선고 2016구합50457 판결, 서울고등법원 2017.04.19. 선고 2016누75694 판결 항소기각
하위법령의 규정이 상위 법령의 규정에 저촉되는지가 명백하지 아니한 경우에, 관련 법령의 내용과 입법 취지 및 연혁 등을 종합적으로 살펴 하위법령의 의미를 상위 법령에 합치되는 것으로 해석하는 것도 가능한 경우라면, 하위법령이 상위 법령에 위반된다는 이유로 쉽게 무효를 선언할 것은 아니다. 이러한 법리를 기초로 구 산업표준화법 시행규칙(2016. 9. 6. 산업통상자원부령 제216호로 개정되기 전의 것) 제17조 [별표 9] 제5호, 제2호 (가)목 단서를 관련 산업표준화법령 해석에 비추어 살펴보면, 위 시행규칙 조항은 모법의 위임범위를 벗어나 새로운 시판품 조사의 방법을 창설한 것이 아니라, 제품제조공장에서 시료 채취가 곤란한 경우 시판품 조사로서가 아니라 현장조사로서 제품의 생산과 관련된 서류의 비교·분석을 통하여 제품의 품질을 심사할 수 있음을 규정한 것으로 본다.

3) ♣ 대법원 2015. 6. 25. 선고 2007두4995 전원합의체 판결 [노동조합설립신고서 반려처분취소]
노동조합 및 노동관계조정법('노동조합법') 제10조 제1항, 제12조 제2항, 제3항 제2호, 노동조합 및 노동관계조정법 시행규칙(2007.12.26. 노동부령 제286호로 개정되기 전의 것, '노동조합법 시행규칙') 제2조의 내용이나 체계, 취지 등을 종합하면, 구 노동조합법 시행규칙이 제2조 제4호(2010.8.9. 고용노동부령 제2호로 삭제되었다)에서 설립신고의 대상이 되는 노동조합이 '2 이상의 사업 또는 사업장의 근로자로 구성된 단위노동조합인 경우, 사업 또는 사업장별 명칭, 조합원 수, 대표자의 성명'에 관한 서류를 설립신고서에 첨부하여 제출하도록 규정한 것은 상위 법령의 위임 없이 규정한 것이어서, 일반 국민에 대하여 구속력을 가지는 법규명령의 효력은 없다. 따라서 행정관청은 구 노동조합법 시행규칙 제2조 제4호가 정한 사항에 관한 보완이 이루어지지 아니하였다는 사유를 들어 설립신고서를 반려할 수는 없다.

노동조합법 제2조 제1호, 제5조, 제9조, 구 출입국관리법(2010.5.14. 법률 제10282호로 개정되기 전의 것)의 내용이나 체계, 취지 등을 종합하면, 노동조합법상 근로자란 타인과의 사용종속 관계하에서 근로를 제공하고 그 대가로 임금 등을 받아 생활하는 사람을 의미하며, 특정한 사용자에게 고용되어 현실적으로 취업하고 있는 사람뿐만 아니라 일시적으로 실업 상태에 있는 사람이나 구직 중인 사람을 포함하여 노동3권을 보장할 필요성이 있는 사람도 여기에 포함되는 것으로 보아야 한다. 그리고 출입국관리 법령에서 외국인고용제한규정을 두고 있는 것은 취업 활동을 할 수 있는 체류자격('취업자격') 없는 외국인의 고용이라는 사실적 행위 자체를 금지하고자 하는 것뿐이지, 나아가 <u>취업자격 없는 외국인이 사실상 제공한 근로에 따른 권리나 이미 형성된 근로관계에서 근로자로서의 신분에 따른 노동관계법상의 제반 권리 등의 법률효과까지 금지하려는 것으로 보기는 어렵다.</u> 따라서 타인과의 사용종속 관계하에서 근로를 제공하고 그 대가로 임금 등을 받아 생활하는 사람은 노동조합법상 근로자에 해당하고, 노동조합법상의 근로자성이 인정되는 한, 그러한 근로자가 <u>외국인 여부나 취업자격의 유무에 따라 노동조합법상 근로자의 범위에 포함되지 아니한다고 볼 수는 없다.</u>

4) ♣ 대법원 2015. 1. 15. 선고 2013두14238 판결 [건축불허가처분 취소]

5) ♣ 대법원 1989.9.26. 선고 88누12127 판결 [자동차정류장 사용료 인가처분 무효확인]
정부조직법 제5조 제1항 단서에 의하면 행정기관으로부터 권한의 위임을 받은 수임 기관은 특히 필요한 때에는 법령이 정하는 바에 의하여 위임받은 사무 일부를 보조기관 또는 하급행정기관에 재위임할 수 있다고 하여 법령상의 근거가 있다면 권한의 재위임이 가능함을 천명하고 있고, 행정 권한의 위임 및 위탁에 관한 규정 제4조는 서울특별시장, 직할시장 또는 도지사(서울특별시, 직할시, 도교육위원회의 교육감을 포함한다)는 행정의 능률향상과 주민의 편의를 위하여 필요하다고 인정할 때에는 <u>수임 사무의 일부를 위임기관의 장의 승인을 얻어 규칙이 정하는 바에 따라 구청장, 시장, 군수(교육구청장, 교육장을 포함한다) 기타 소속기관의 장에게 다시 위임할 수 있다</u>고 하여 수임기관이 서울특별시장, 직할시장, 도지사, 교육감인 경우에는 <u>위임기관의 장의 승인을 얻은 후 규칙에 의하여 권한의 재위임을 할 수 있도록 규정</u>하고 있으므로 이 사건에서 경상남도지사가 자기의 수임 권한을 위임기관인 교통부 장관의 승인을 얻은 후 경상남도 사무위임규칙에 따라 군수에게 재위임하였다는 피고의 주장이 사실이라면 이는 결국 정부조직법 제5조 제1항 단서 및 행정 권한의 위임 및 위탁에 관한 규정 제4조에 근거를 둔 것으로 적법한 권한의 재위임에 해당한다 할 것이다. 그렇다면 원심으로서는 마땅히 경상남도지사가 자기의 수임 권한인 이 사건 사용요금 인가 권한을 교통부 장관의 승인을 얻어 규칙이 정하는 바에 의하여 피고에게 재위임하였는지 살펴본 후에 피고의 권한 유무를 판단하였어야 할 터인데, 이에 이르지 아니한 채 위의 권한이 피고에게 재위임되었다고 볼 법령상의 근거가 없다고 단정하고 말았으니 이는 권한의 재위임에 관한 근거법령에 관한 법리를 오해한 나머지 이 점에 관한 심리를 미진하여 판결에 영향을 미친 위법을 범한 것이다.

6) ♣ 대법원 2000. 11. 10. 선고 2000추36 판결 [인천광역시 동구 주민자치센터설치 및 운영 조례안 재의결 무효확인청구]
동장이 주민자치센터의 운영을 다시 민간에 위탁하는 것은 그 수임 사무의 재위탁에 해당하는 것이므로 그에 관하여는 별도의 법령상 근거가 필요하다고 할 것인데, 지방자치법 제95조 제3항은 소정 사무의 민간위탁은 지방자치단체의 장이 할 수 있는 것으로 규정하고 있을 뿐 동장과 같은 하부행정기관이 할 수 있는 것으로는 규정하고 있지 아니하고, 행정 권한의 위임 및 위탁에 관한 규정 제4조 역시 동장이 자치사무에 관한 수임 권한을 재위임 또는 재위탁할 수 있는 근거가 될 수 없음은 그 규정 내용상 분명하며, 달리 동장이 그 수임 권한을 재위임 또는 재위탁할 수 있도록 규정하고 있는 근거법령이 없으므로, 지방의회가 재의결한 조례안에서 동장이 주민자치센터의 운영을 다시 민간에 위탁할 수 있는 것으로 규정하고 있는 것은 결국 법령상의 근거 없이 동장이 그 수임 사무를 재위탁할 수 있는 것으로 규정하고 있는 것이어서 법령에 위반된 규정이다. 지방자치법상 지방자치단체의 집행기관과 지방의회는 서로 분립하여 제각각 그 고유권한을 행사하되 상호견제의 범위 내에서 상대방의 권한 행사에 대한 관여가 허용되는 것이므로, 집행기관의 고유권한에 속하는 인사권의 행사에서도 지방의회는 견제의 범위 내에서 소극적·사후적으로 개입할 수 있을 뿐 사전에 적극적으로 개입하는 것은 허용되지 아니하고, 또 집행기관을 비판·감시·견제하기 위한 의결권·승인권·동의권 등의 권한도 지방자치법상 의결기관인 지방의회에 있는 것이지 의원 개인에게 있는 것이 아니므로, 지방의회가 재의결한 조례안에서 구청장이 주민자치위원회 위원을 위촉하면서 동장과 당해 지역 구의원 개인과의 사전협의 절차가 필요한 것으로 규정함으로써 지방의회 의원 개인이 구청장의 고유권한인 인사권 행사에 사전 관여할 수 있도록 규정하고 있는 것 또한 지방자치법상 허용되지 아니하는 것이다

7) ♣ 대법원 2000. 10. 27. 선고 2000도1007 판결 [식품위생법 위반]
사회현상의 복잡다기화와 국회의 전문적·기술적 능력의 한계 및 시간적 적응능력의 한계로 인하여 형사처분에 관련된 모든 법규를 예외 없이 형식적 의미의 법률에 따라 규정한다는 것은 사실상 불가능할 뿐만 아니라 실제에 적합하지도 아니하기 때문에, 특히 긴급한 필요가 있거나 미리 법률로써 자세히 정할 수 없는 부득이한 사정이 있는 때에 한하여 수권법률(위임법률)이 구성요건의 점에서는 처벌 대상인 행위가 어떠한 것인지 이를 예측할 수 있을 정도로 구체적으로 정하고, 형벌의 점에서는 형벌의 종류 및 그 상한과 폭을 명확히 규정하는 것을 전제로 위임입법이 허용된다.

8) ♣ 대법원 2006.9.22. 선고 2005두2506 판결 [보험약가 인하처분 취소]
어떠한 고시가 일반적·추상적 성격을 가질 때는 법규명령 또는 행정규칙에 해당할 것이지만, 다른 집행행위의 매개 없이 그 자체로서 직접 국민의 구체적인 권리 의무나 법률관계를 규율하는 성격을 가질 때는 행정처분에 해당한다. 보건복지부 고시인 약제 급여·비급여목록 및 급여 상한금액표(보건복지부 고시 제2002-46호로 개정된 것, "이건 보건복지부 고시")는 다른 집행행위의 매개 없이 그 자체로서 국민건강보험가입자, 국민건강보험공단, 요양기관 등의 법률관계를 직접 규율하는 성격을 가지므로 항고소송의 대상이 되는 행정처분에 해당한다. 제약회사가 자신이 공급하는 약제에 관하여 국민건강보험법, 같은 법 시행령, 국민건강보험 요양급여의 기준에 관한 규칙(보건복지부령) 등 약제 상한금액 고시의 근거법령에 따라 보호되는 직접적이고 구체적인 이익을 향유하는데, 이건 보건복지부 고시로 인하여 자신이 제조·공급하는 약재의 상한금액이 인하됨에 따라 위와 같이 보호되는 법률상 이익이 침해당할 경우, 제약회사는 위 고시의 취소를 구할 원고적격이 있다. 행정처분이 위법한 경우에는 이를 취소하는 것이 원칙이나, 예외적으로 그 위법한 처분을 취소·변경하는 것이 도리어 현저히 공공복리에 적합하지 아니하는 때에는 그 취소를 허용하지 아니하는 사정판결을 할 수 있다. 이러한 사정판결은 당사자의 명백한 주장이 없는 경우에도 기록에 나타난 여러 사정을 기초로 직권으로 할 수 있으나, 그 요건인 현저히 공공복리에 적합한지 아닌지는 위법한 행정처분을 취소·변경하여야 할 필요와 그 취소·변경으로 인하여 발생할 수 있는 공공복리에 반하는 사태 등을 비교·교량 하여 판단하여야 한다.

9) ♣ **대법원 1994. 4. 26. 자 93부32 결정 [위법 여부 심사청구]**

헌법 제107조 제2항의 규정에 따르면 행정입법의 심사는 일반적인 재판절차에 의하여 구체적 규범통제의 방법에 따르도록 명시하고 있으므로, 당사자는 구체적 사건의 심판을 위한 선결문제로서 행정입법의 위법성을 주장하여 법원에 대하여 당해 사건에 대한 적용 여부의 판단을 구할 수 있을 뿐 행정입법 자체의 합법성 심사를 목적으로 하는 독립한 신청을 제기할 수는 없다.

10) ♣ **헌법소원심판의 실체적 요건** --- ① 공권력의 행사 또는 불행사, ② 기본권 침해, ③ 기본권 침해의 자기 관련성, 현재성, 직접성, ④ 보충성, ⑤ 권리 보호 필요성

11) ♣ **대법원 2013. 5. 23. 선고 2013두3207 판결 [유가보조금환수처분 취소]**

구 여객자동차 운수사업법, 구 여객자동차 운수사업법 시행규칙에 따른 보조금 지급절차를 간소화·투명화하기 위한 카드제 도입과 관련하여 국토해양부 장관이 제정한 구 버스·택시 유류구매 카드제 시행지침은 운송사업자가 운수종사자에게 자신이 지정한 주유소 또는 충전소에서만 주유 받도록 강요하는 행위(다만, 노사 간에 합의를 통하여 지정 주유소를 운영하는 경우 제외)를 금지하면서, 이를 위반한 사실이 적발될 경우 지급된 유가보조금 전액을 환수 조치하도록 규정하고 있다. 그런데 위 시행지침은 상위 법령의 위임이 없을 뿐만 아니라 그 목적과 내용이 유류구매 카드의 사용 및 발급 절차 등을 규정하기 위한 것인 점 등에 비추어 볼 때, 유류구매 카드제의 시행에 관한 행정청 내부의 사무처리준칙을 정한 것에 불과하고 대내적으로 행정청을 기속함은 별론으로 하되 대외적으로 법원이나 일반 국민을 기속하는 효력은 없다. 따라서 운수사업자가 위 금지 규정을 위반하였다고 하여 바로 구 운수사업법 제51조 제3항이 정한 거짓이나 부정한 방법으로 보조금을 받은 경우에 해당하는 것은 아니고, 그에 해당하는지는 구 운수사업법 등 관계 법령의 규정 내용과 취지 등에 따라 별도로 판단되어야 한다.

12) ♣ **대법원 2011. 1. 27. 선고 2010두23033 판결 [국제멸종위기종 용도변경승인신청 반려처분 취소]**

야생 동·식물보호법 제16조 제3항과 같은 법 시행규칙 제22조 제1항, 환경부 장관이 지방환경 관서의 장에게 보낸 '사육 곰 용도변경 시의 유의사항 통보'는 원칙적으로 국제적 멸종위기종 및 그 가공품의 수입 또는 반입 목적 외 용도로의 사용을 금지하면서 용도변경이 불가피한 경우로서 환경부 장관의 용도변경승인을 받은 경우에 한하여 용도변경을 허용하도록 하고, 용도변경이 불가피한 경우를 웅담 등을 약재로 사용하는 경우로 제한하는 기준을 제시한 것으로 보인다. 법 제16조 제3항에 의한 용도변경승인은 특정인에게만 용도 외의 사용을 허용해주는 권리나 이익을 부여하는 이른바 수익적 행정행위로서 법령에 특별한 규정이 없는 한 재량행위이고, 위 법 제16조 제3항이 용도변경이 불가피한 경우에만 용도변경을 할 수 있도록 제한하는 규정을 두면서도 <u>시행규칙 제22조에서 용도변경 신청을 할 수 있는 경우에 대하여만 확정적 규정을 두고 있을 뿐 용도변경이 불가피한 경우에 대하여는 아무런 규정을 두지 아니하여 용도변경 승인을 할 수 있는 용도변경의 불가피성에 관한 판단에 있어 재량의 여지를 남겨두고 있는 이상, 용도변경을 승인하기 위한 요건으로서의 용도변경의 불가피성에 관한 판단에 필요한 기준을 정하는 것도 역시 행정청의 재량에 속하는 것이므로,</u> 그 설정된 기준이 객관적으로 합리적이 아니라거나 타당하지 않다고 볼 만한 다른 특별한 사정이 없는 이상 행정청의 의사는 가능한 한 존중되어야 한다. 곰의 웅지를 추출하여 비누, 화장품 등의 재료로 사용할 목적으로 곰의 용도를 '사육 곰'에서 '식·가공품 및

약용 재료'로 변경하겠다는 내용의 국제적 멸종위기종의 용도변경 승인신청에 대하여, 한강유역환경청장이 '웅담 등을 약재로 사용하는 경우' 외에는 용도변경을 해줄 수 없다며 위 용도변경신청을 거부한 사안에서, 환경부 장관이 지방환경 관서의 장에게 보낸 '사육 곰 용도변경 시의 유의사항 통보'는 용도변경이 불가피한 경우를 웅담 등을 약재로 사용하는 경우로 제한하는 기준을 제시한 것으로 보이고, 그 설정된 기준이 법의 목적이나 취지에 비추어 객관적으로 합리적이 아니라거나 타당하지 않다고 볼 만한 다른 특별한 사정이 없으므로, 이러한 통보에 따른 위 처분은 적법함에도 이와 달리 본 원심판결에 법리를 오해한 위법이 있다.

13) ♣ 대법원 2013. 11. 14. 선고 2011두28783 판결 [과징금감경 결정 취소청구]
'부당한 공동행위 자진신고자 등에 대한 시정조치 등 감면제도 운영고시'(공정거래위원회 고시) 제16조 제1항, 제2항은 그 형식 및 내용에 비추어 재량권 행사의 기준으로 마련된 행정청 내부의 사무처리준칙 즉 재량준칙이라 할 것이고, '독점규제 및 공정거래에 관한 법률 시행령'(대통령령) 제35조 제1항 제4호에 의한 추가감면 신청 시 그에 필요한 기준을 정하는 것은 행정청의 재량에 속하므로 그 기준이 객관적으로 보아 합리적이 아니라든가 타당하지 아니하여 재량권을 남용한 것이라고 인정되지 않는 이상 행정청의 의사는 가능한 한 존중되어야 한다. 이러한 재량준칙은 일반적으로 행정조직 내부에서만 효력을 가질 뿐 대외적인 구속력을 갖는 것은 아니므로 행정처분이 이를 위반하였다고 하여 그러한 사정만으로 곧바로 위법하게 되는 것은 아니고, 다만 그 재량준칙이 정한 바에 따라 되풀이 시행되어 행정 관행이 이루어지게 되면 평등의 원칙이나 신뢰 보호의 원칙에 따라 행정기관은 상대방에 대한 관계에서 그 규칙에 따라야 할 자기구속을 당하게 되므로, 이러한 경우에는 특별한 사정이 없는 한 그에 반하는 처분은 평등의 원칙이나 신뢰 보호의 원칙에 어긋나 재량권을 일탈·남용한 위법한 처분이 된다. 대통령령 제35조 제1항 제4호를 근거로 한 추가감면 신청에서 당해 공동행위와 다른 공동행위가 모두 여럿인 경우, 감경률 등을 어떻게 정할 것인지에 관하여 구체적인 규정이 없는 상태에서 공정거래위원회가 과징금 부과처분을 하면서 적용한 기준이 과징금제도와 추가감면제도의 입법 취지에 반하지 않고 불합리하거나 자의적이지 않으며, 나아가 그러한 기준을 적용한 과징금 부과처분에 과징금 부과의 기초가 되는 사실을 오인하였거나 비례·평등의 원칙에 위배되는 등의 사유가 없다면, 그 과징금 부과처분에 재량권을 일탈·남용한 위법이 있다고 보기 어렵다.

14) ♣ 대법원 2002. 7. 26. 선고 2001두3532 판결 [견책처분 취소]
항고소송의 대상이 되는 행정처분이란 원칙적으로 행정청의 공법상 행위로서 특정 사항에 대하여 법규에 따른 권리의 설정 또는 의무의 부담을 명하거나 기타 법률상 효과를 발생하게 하는 등으로 일반 국민의 권리 의무에 직접 영향을 미치는 행위를 가리키는 것이지만, 어떠한 처분의 근거나 법적인 효과가 행정규칙에 규정되어 있다고 하더라도, 그 처분이 행정규칙의 내부적 구속력에 의하여 상대방에게 권리의 설정 또는 의무의 부담을 명하거나 기타 법적인 효과를 발생하게 하는 등으로 그 상대방의 권리 의무에 직접 영향을 미치는 행위라면, 이 경우에도 항고소송의 대상이 되는 행정처분에 해당한다.

행정규칙에 따른 「불문 경고 조치」가 비록 법률상의 징계처분은 아니지만 위 처분을 받지 아니하였다면 차후 다른 징계처분이나 경고를 받게 될 경우, 징계 감경 사유로 사용될 수 있었던 표창 공적의 사용 가능성을 소멸시키는 효과와 1년 동안 인사기록카드에 등재됨으로써 그동안은 장관 표창이나 도지사 표창 대상자에서 제외하는 효과 등이 있다는 이유로 항고소송의 대상이 되는 행정처분에 해당한다.

15) ♣ 대법원 2001. 3. 9. 선고 99두5207 판결 [과징금부과처분 취소]
청소년 보호법 제49조 제1항, 제2항에 따른 같은 법 시행령(대통령령) 제40조[별표 6]
의 위반행위의 종별에 따른 과징금처분기준은 법규명령이기는 하나 모법의 위임규정
의 내용과 취지 및 헌법상 과잉금지의 원칙과 평등의 원칙 등에 비추어 같은 유형의
위반행위라 하더라도 그 규모나 기간·사회적 비난 정도·위반행위로 인하여 다른 법
률에 의하여 처벌받은 다른 사정·행위자의 개인적 사정 및 위반행위로 얻은 불법이익
의 규모 등 여러 요소를 종합적으로 고려하여 사안에 따라 적정한 과징금의 액수를 정
하여야 할 것이므로 그 수액은 정액이 아니라 최고한도액이다.

16) ♣ 대법원 2013. 9. 12. 선고 2011두10584 판결 [부정당업자 제재처분 취소]
법령에서 행정처분의 요건 중 일부 사항을 부령으로 정할 것을 위임한 데 따라 시행규
칙 등 부령에서 이를 정한 경우에 그 부령의 규정은 국민에 대해서도 구속력이 있는
법규명령에 해당한다고 할 것이지만, 법령의 위임이 없음에도 법령에 규정된 처분요
건에 해당하는 사항을 부령에서 변경하여 규정한 경우에는 그 부령의 규정은 행정청
내부의 사무처리 기준 등을 정한 것으로서 행정조직 내에서 적용되는 행정명령의 성
격을 지닐 뿐 국민에 대한 대외적 구속력은 없다고 보아야 한다. 따라서 어떤 행정처
분이 그와 같이 법규성이 없는 시행규칙 등의 규정에 위배된다고 하더라도 그 이유만
으로 처분이 위법하게 되는 것은 아니라 할 것이고, 또 그 규칙 등에서 정한 요건에
부합한다고 하여 반드시 그 처분이 적법한 것이라고 할 수도 없다. 이 경우 처분의 적
법 여부는 그러한 규칙 등에서 정한 요건에 합치하는지가 아니라 일반 국민에 대하여
구속력을 가지는 법률 등 법규성이 있는 관계 법령의 규정을 기준으로 판단하여야 한
다. 공공기관의 운영에 관한 법률 제39조 제2항, 제3항 및 그 위임에 따라 기획재정부
령으로 제정된 '공기업·준정부기관 계약사무규칙' 제15조 제1항의 내용을 대비해 보
면, 입찰참가자격 제한의 요건을 공공기관법에서는 '공정한 경쟁이나 계약의 적정한
이행을 해칠 것이 명백할 것'을 규정하고 있는 반면, 이 사건 규칙 조항에서는 '경쟁의
공정한 집행이나 계약의 적정한 이행을 해칠 우려가 있거나 입찰에 참가시키는 것이
부적합하다고 인정되는 자'라고 규정함으로써, 이 사건 규칙 조항이 법률에 규정된 것
보다 한층 완화된 처분요건을 규정하여 그 처분대상을 확대하고 있다. 그러나 공공기
관법 제39조 제3항에서 부령에 위임한 것은 '입찰참가자격의 제한기준 등에 관하여 필
요한 사항'일 뿐이고, 이는 그 규정의 문언상 입찰참가자격을 제한하면서 그 기간의 정
도와 가중·감경 등에 관한 사항을 의미하는 것이지 처분의 요건까지를 위임한 것이라
고 볼 수는 없다. 따라서 이 사건 규칙 조항에서 위와 같이 처분의 요건을 완화하여
정한 것은 상위 법령의 위임 없이 규정한 것이므로 이는 행정기관 내부의 사무처리준
칙을 정한 것에 지나지 않는다.

17) ♣ 대법원 1995. 3. 28. 선고 94누6925 판결 [영업정지처분취소]
영업허가의 취소처분이 있었다고 하더라도 그에 관한 쟁송의 수단이 남아있는 한, 그
전에 이루어진 영업정지 처분에 대하여도 행정소송으로 그 취소를 구할 이익이 있다고
할 것이므로, 영업허가취소처분에 관하여 불복하여 행정소송을 제기하고 있다면, 영업
허가가 취소되었다는 사정만으로 영업정지 처분의 취소를 구하는 소송이 소의 이익이
없어 부적법하게 된다고 할 수는 없다. 식품위생법 시행규칙(보건사회부령) 제53조와
[별표 15]로 정한 식품위생법 제58조에 따른 행정처분의 기준은 형식만 부령으로 되
어 있을 뿐, 그 성질은 행정기관 내부의 사무처리준칙을 정한 것으로서 행정명령의 성
질을 가지는 것이고, 대외적으로 국민이나 법원을 기속하는 힘이 있는 것은 아니므로
같은 법 제58조 제1항에 의한 처분의 적법 여부는 같은 법 시행규칙에 적합한 것인가

의 여부에 따라 판단할 것이 아니라 같은 법의 규정 및 그 취지에 적합한 것인가의 여부에 따라 판단하여야 한다.

18) ♣ 대법원 2014. 11. 27. 선고 2013두18964 판결 [부정당업자 제재처분 취소]
공공기관의 운영에 관한 법률 제39조 제2항, 제3항에 따라 입찰참가자격 제한기준을 정하고 있는 공기업·준정부기관 계약사무규칙(기획재정부령) 제15조 제2항, 국가를 당사자로 하는 계약에 관한 법률 시행규칙 제76조 제1항 [별표 2], 제3항 등은 비록 부령의 형식으로 되어 있으나 규정의 성질과 내용이 공기업·준정부기관이 행하는 입찰참가자격 제한처분에 관한 행정청 내부의 재량준칙을 정한 것에 지나지 아니하여 대외적으로 국민이나 법원을 기속하는 효력이 없다. 입찰참가자격 제한처분이 적법한지 여부는 이러한 규칙에서 정한 기준에 적합한지 여부만에 따라 판단할 것이 아니라 법률상 입찰참가자격 제한처분에 관한 규정과 그 취지에 적합한지 여부에 따라 판단하여야 한다. 다만 그 재량준칙이 정한 바에 따라 되풀이 시행되어 행정 관행이 이루어지게 되면 평등의 원칙이나 신뢰 보호의 원칙에 따라 행정청은 상대방에 대한 관계에서 그 규칙에 따라야 할 자기구속을 당하게 되므로, 이러한 경우에는 특별한 사정이 없는 한 그에 반하는 처분은 평등의 원칙이나 신뢰 보호의 원칙에 어긋나 재량권을 일탈·남용한 위법한 처분이 된다. 한국전력공사가, 갑 주식회사가 광섬유 복합가공지선 구매 입찰에서 담합행위(1차 위반행위)를 하였다는 이유로 6개월의 입찰참가자격 제한처분(1차 처분)을 한 다음, 1차 처분이 있기 전에 전력선 구매 입찰에서 담합행위(2차 위반행위)를 하였다는 이유로 갑 회사에 다시 6개월의 입찰참가자격 제한처분(2차 처분)을 한 사안에서, 수 개의 위반행위에 대하여 그중 가장 무거운 제한기준에 의하여 제재처분을 하도록 규정한 위 시행규칙 규정의 취지를 고려할 때, 공기업·준정부기관이 입찰참가자격 제한처분을 한 후 그 처분 전의 위반행위를 알게 되어 다시 입찰참가자격 제한처분을 하는 경우에도 적용된다고 보아야 하고, 1차 위반행위와 2차 위반행위의 제한기준이 동일하며, 행정청 내부의 사무처리 기준상 1차 처분 전의 2차 위반행위에 대하여는 추가로 제재할 수 없다는 이유로, 갑 회사에 대한 2차 처분은 재량권을 일탈·남용하여 위법하다.

19) ♣ 대법원 2015. 7. 9. 선고 2014두47853 판결 [시설개수 명령처분 취소]
식품위생법 시행규칙(총리령) 제36조 [별표 14]에 규정된 업종별 시설기준의 위반은 시설개수 명령[식품위생법 제74조 제1항]이나 영업정지 및 영업소폐쇄 등(법 제75조 제1항 제6호) 행정처분의 대상이 될 뿐만 아니라 곧바로 형사처분의 대상도 되므로(법 제97조 제4호), 업종별 시설기준은 식품위생법상 각 영업의 종류에 따라 필수적으로 요구되는 시설의 기준을 제한적으로 열거한 것이다. 그리고 시행규칙 조항은 침익적 행정행위의 근거가 되는 행정법규에 해당하므로 엄격하게 해석·적용하여야 하고 행정행위의 상대방에게 불리한 방향으로 지나치게 확장해석하거나 유추 해석해서는 안 되며, 입법 취지와 목적 등을 고려한 목적론적 해석이 전적으로 배제되는 것은 아니라고 하더라도 해석이 문언의 통상적인 의미를 벗어나서는 아니 된다. 그런데 시행규칙 조항에는 일반음식점에서 손님들이 춤을 출 수 있도록 하는 시설('무도장')을 설치해서는 안 된다는 내용이 명시적으로 규정되어 있지 않고, 다만 시행규칙 제89조가 법 제74조에 따른 행정처분의 기준으로 마련한 [별표 23] 제3호 8. 라. 1)에서 위반사항을 '유흥주점 외의 영업장에 무도장을 설치한 경우'로 한 행정처분 기준을 규정하고 있을 뿐이다. 그러나 이러한 행정처분 기준은 행정청 내부의 재량준칙에 불과하므로, 재량준칙에서 위반사항의 하나로 '유흥주점 외의 영업장에 무도장을 설치한 경우'를 들고 있다고 하여 이를 위반의 대상이 된 금지의무의 근거 규정이라고 해석할 수는 없다. 또한, 업종별 시설기준에 관한 시행규칙 조항의 '8. 식품접객업의 시설기준'의 구체적 내용을 살펴보더라도, 시설기준 위반의 하나로서 '유흥주점 외의 영업장에 무도장을 설치한 경우'를 금지하고 있다고 해석할 만한 규정이 없고, 달리 식품위생법령에 이러한 내용의 시설기준 위반 금지의무를 부과하고 있는 규정을 찾아보기 어렵다. 그리고 법 제37조 제1항, 제4항, 식품위생법 시행령 제21조가 식품접객업의 구체적 종류로 허가 대상인 유흥주점영업과 신고 대상인 일반음식점영업을 구분하고 있지만, <u>업종구분에 기반을 둔 영업질서를 해치는 위반행위를 반드시 업종별 시설기준 위반으로 규제해야 하는 것은 아니고,</u> 이를 업태 위반(법 제94조 제1항 제3호)이나 식품접객영업자의 준수사항 위반(법 제44조 제1항, 제75조 제1항 제13호)으로도 규제할 수 있는 것이므로, 이러한 식품위생법상 업종구분만으로 일반음식점에 무도장을 설치하는 것이 업종별 시설기준을 위반한 것이라고 볼 수는 없다. 또한, 업종별 시설기준은 각 영업의 종류에 따라 갖추어야 할 최소한의 기준을 정한 것일 뿐이므로, 업종별 시설기준에서 명시적으로 설치를 금지하지 아니한 개개 시설의 이용 형태나 이용 범위를 제한하는 것은 본질적으로 업태 위반이나 식품접객영업자의 준수사항 위반으로 규율해야 할 영역이라고 보인다. 이상과 같은 여러 사정과 식품위생법령의 전반적인 체계 및 내용을 종합하면, 업종별 시설기준에 관한 시행규칙 조항에서 '유흥주점 외의 영업장에 무도장을 설치한 것'을 금지하고 있다고 보기 어려우므로, <u>일반음식점 내 무도장의 설치·운영행위가 업태 위반으로 형사처분의 대상이 되는 등은 별론으로 하더라도, 이러한 행위가 시행규칙 조항에 정한 업종별 시설기준 위반에 해당하여 시설개수 명령의 대상이 된다고 볼 수는 없다.</u>

5. 행정행위

행정청이 구체적 사실에 관한 법 집행으로서 하는 권력적 단독행위의 공법 행위로 강학상 개념이며 실무상 처분, 행정처분으로 사용된다.

5-1. 분류

5-1-1. 침해(익)적 행정행위와 수익적 행정행위, 대인적 행정행위와 대물적 행정행위(건축허가, 건축물사용승인, 문화재지정처분, 위생업소폐쇄 명령)로 크게 분류된다. 대물적 수익적 행정행위는 그 효과가 승계된다. 대물적 허가·등록은 명문의 규정이 없어도 양도 가능하며, 신고를 요하는 경우도 있다. 대물적 침해적 행정행위(위법건축물의 철거 명령)의 효과는 제3자에게 승계된다(허가받은 영업의 양도에서 양도인의 사업 수행상의 의무위반으로 인한 제재처분이 양수인에게 승계된다(86 누203, 2003두8005)).

5-1-2. 처분은 일반처분과 개별처분으로 분류된다. 일반처분은 불특정다수인을 상대로 한 1회적 구체적 행정행위인데 항고소송의 대상이다(특정 지역에서의 집회금지 명령, 개발제한구역지정처분, 공물로서 도로 공용개시행위, 박물관 도서관 이용규율, 교통신호기 설치, 교통표지판에 의한 교통 제한표시).[1]

5-1-3. 법률 행위적 행정행위와 준법률행위적 행정행위로 분류된다. 법률 행위적 행정행위는 명령적 행정행위(하명, 허가, 면제 --- 자연적 자유의 규율)와 형성적 행정행위(특허, 인가, 공법상 대리 --- 권리나 능력 창설)로 분류된다. 준법률행위적 행정행위에는 확인, 통지, 공증, 수리 등이 있다.

5-2. 재량권과 재량행위

5-2-1. 재량권(discretion)이란 행정권을 행사하면서 둘 이상의 다른 내용의 결정 또는 형태 중에서 선택할 수 있는 권한을 말한다. 구체적 타당성(합목적성)이 있는 행정을 위하여 입법자에 의해 행정권에 부여된다. 결정재량과 선택 재량이 있다.

5-2-2. 재량행위와 기속행위

5-2-2-1. 재량행위는 행정청에 결정재량과 선택 재량이 있어서 완전한 자유가 주어지는 것이고, 기속행위는 행정행위의 요건, 효과가 일의적으로 명확하게 규정되어 있어 행정청에 어떤 선택의 자유가 인정되지 않는 것이다. 구별기준에 관해 학설은 요건재량설, 효과재량설, 기본권기준설, 종합설 등이 있는데, 효과규정에서 "행정청은‥‥‥‥‥할 수 있다"라고 되어 있으면 재량행위이고, "행정청은‥‥‥‥‥하여야 한다"라면 기속행위로 본다. 그리고 새로운 권리설정 규정은 재량행위로, 자연적 자유 회복의미의 허가나 자유권 등 기본권과 관련되는 경우는 기속행위로 보고 있다. 요건 규정이 공백규정이거나 이익형량이 예정되어 있거나, 공익만이 요건인 경우는 재량행위이다. 다만 공익만이 요건이라도 행정의 중간목적이 특정될 수 있는 때는 기속행위로 본다(공익 목적의 경찰권발동이라도 질서유지를 위해서만 발동되어야 함).

5-2-2-2. 한편 기속재량이라고 하여 규정상 기속행위이나 예외적으로 중대한 공익을 이유로 혹은 공익과 사익과의 이익형량이 필요한 경우 재량을 부여하여 거부할 수 있는 행위를 따로 취급한다. 즉 순수 건축허가(개발행위허가가 의제 않

거나 토지형질변경 수반하지 않는 경우, 2010두22962 全), 약사법상 의약품제조업허가사항 변경허가(85누674), 채광계획인가(2001두151, 96누12269), 불법전용산림신고지산림형질변경허가처분(97누19564), 구 사설납골당설치허가(94누3544), 납골당(봉안당)설치신고 (2008두22631), 주유소등록(98두7503), 환경보호, 문화재보호 등 이익형량 필요한 경우(2005두9736) 등이 그 예이다.

5-2-2-3. 재량행위와 기속행위의 구별실익은 다음과 같다. ① 사법심사 방식에서 차이가 나는데, 기속행위에 대해서는 완전심사 및 판단 대체방식으로 하여 판단과 결정을 모두 심사하고 법원 판단으로 대체하여 위법 심사할 수 있고, 기속재량 행위와 재량행위의 경우 제한심사 방식으로 공익판단에서 재량권의 일탈 남용이 있거나 판단이 심히 부당한 경우가 아니면 위법하다고 판단하지 않는다.2) ② 부관 부가 여부에 대해서 재량행위는 법률의 명시적 근거가 없어도 부관 부가가 가능하다. ③ 재량행위는 요건이 충족되어도 법령의 취지와 공익과의 비교형량을 통해 효과를 부여하지 않을 수도 있다(경원競願 관계에서 선원주의 적용 안 될 수도 있다).

5-2-2-4. 재량권에도 한계가 있는데 이를 재량권의 일탈·남용이라고 한다(abuse of discretion). 즉 행정청에 재량이 부여된 경우에도 무한정하지 않고 일정한 법적 한계가 있다. 외적 한계(법적 객관적 한계)를 벗어나면 일탈, 내적 한계(부여된 내재적 목적)를 벗어나면 남용이라고 하는데, 판례는 일탈과 남용을 엄격하게 구별하지 않고 있다. 재량의 일탈과 남용이 되는 경우로는 법 규정 위반, 사실오인(99두2970), 평등원칙 위반, 자기구속 원칙 위반(행정 관행 존재와 다른 재량권 행사), 비례원칙 위반, 절차위반, 재량권 불행사(고려사항 불고려) 또는 재량의 해태(충분히 고려하지 않음, 2014두45956), 목적위반(법률에서 정한 목적과 다르게 사적 목적, 불법 동기, 다른 공익을 위해 다르게 행사), 명백히 불합리한 행사(사회 통념상 현저히 타당성을 잃은 경우) 등이 있다.

5-2-2-5. 재량이 축소되는 경우도 있는데, 국민의 권익 보호를 위해 결정 재량은 없어지고 선택 재량만 남을 수 있고, 선택 재량만 있어도 일부 축소될 수도 있다. 그리고 재량권이 0으로 수축할 수도 있는데 이 경우 행정개입청구권으로 전환된다(경찰관 직무집행법 제4조 제1항 --- 응급구호 필요 사람 발견한 경우 긴급구호 요청이나 보호조치를 할 수 있다고 되어 있으나, 겨울철 취객이 도로에 쓰러져 있는 경우 반드시 적절한 보호조치를 하여야 하며 그렇지 않은 경우 위법).

5-2-3. 판단 여지(Beurteilungsspielraum)라는 개념은 법률이 요건 규정에 불확정한 개념(자체로는 의미가 명확하지 않고 해석의 여지가 있는 개념; 공공안녕과 질서, 중대한 사유, 식품의 안전, 환경의 보전)을 사용하고 있는 경우 둘 이상의 판단이 모두 적법한 것으로 볼 가능성이 있다. 이때 법원은 행정청의 전문성과 책임성을 존중하여 판단 여지 내에서의 결정을 수용한다. 고도로 전문적이고 기술적인 판단, 고도로 정책적인 판단에 속하는 불확정개념의 적용 시 인정된다. 현재 판례는 판단 여지와 재량을 구별하지 않고 있다(공무원임용 면접 전형에서의 임용신청자의 적격성이나 능력 판단, 감정평가사시험 합격 기준, 사법시험출제, 교과서검정처분, 토지형질변경허가요건).

5-3. 법률 행위적 행정행위 : 명령적 행정행위와 형성적 행정행위

5-3-1. 명령적 행정행위 : 하명, 허가, 면제

5-3-1-1. 하명(administrative order)이란 작위, 부작위, 급부, 수인 등 의무를 명하는 행정행위이다. 개별적 처분의 형태가 아니라 법규 하명(법 규정 자체로 하명 효과 발생 --- 도로교통법 제58조; 이륜자동차의 고속도로 통행금지)도 있다. 의무불이행자에 대하여 행정상 강제집행과 행정벌을 가하여 하명을 실현할 수 있다.

단 의무불이행자의 행위의 사법상 효과는 원칙적으로 부인되지 않는다고 보지만, 무효 규정을 둔 경우는 예외이다.

5-3-1-2. 허가(license, permit)란 개인의 자유권을 공익목적(위험 방지, 질서유지)상 제한하고 일정한 요건을 갖춘 경우, 회복시켜 주는 것이다. 일반적 상대적 금지 즉 해제가 예정된 금지의 해제를 말하는데 건축허가, 운전면허, 주류판매업 면허, 기부 금품모집허가, 어업허가 등이 해당한다. 강학상 개념으로 실제로는 허가, 면허, 인허, 승인 등 용어로 사용되며, 실제 허가 용어 중에는 특허나 인가로 해석되어야 하는 경우도 있다.

대인적 허가, 대물적 허가, 혼합적 허가로 분류되며, 기속행위(대중음식점영업허가 --- 제한 사유 이외의 사유로 거부 안 됨)나, 기속 재량행위(건축허가 --- 심히 중대한 공익상 필요 제한) 혹은 재량행위(산림 훼손 허가, 토지형질변경허가 --- 법 규정상 중대한 공익상의 고려가 필요함)로 해석될 수 있다.

허가의 효과로는 적법하게 일정한 행위를 할 수 있는 권리 또는 법률상 이익이 생기므로 허가가 취소된 경우나 허가요건이 구비된 자의 허가거부도 취소소송의 대상이다. 단 허가로 누리는 경제적 이익은 원칙적으로 반사적 이익이다. 다만 허가요건 중 거리 제한, 영업구역 제한 등 규정으로 인한 상대적 독점적 이익은 법률상 이익으로도 본다(87누873).

일반적으로 금지이나 예외적으로 해제하여 허가하는 예외적 허가가 있는데, 공익사업토지보상법상 타인의 토지에의 출입허가, 학교보건법상의 학교환경위생정화구역 내의 금지해제조치, 개발제한구역 내의 건축허가나 용도변경 등이 해당한다.

허가영업의 양도와 양도인에 대한 제재 사유의 승계에 관하여 학설은 1설(원래의 허가가 대인적인지 대물적인지 구별하여 대물적 허가라면 승계, 운전면허와 영업허가), 2설(제재처분의 사유가 대인적인지 대물적인지 구별하여 대물적 제재 사유라면 승계, 부정영업과 무허가시설), 3설(제재처분의 성질이 대인적인지 대물적인지 구별하여 대물적 처분은 승계, 자격정지와 영업정지) 등이 있다. 1설은 허가처분 자체의 양도 가능성 문제와 혼동하고 있고, 3설은 제재처분 부과 후 양도의 문제와 혼동하여 문제가 있다.3)4)

5-3-1-3. 면제란 작위, 부작위, 급부, 수인 등 의무를 해제하여 주는 행정행위이다.

5-3-2. 형성적 행정행위 : 특허, 인가, 공법상 대리

5-3-2-1. 특허란 행정청이 직접 권리, 능력, 법적 지위, 포괄적 법률관계를 설정하는 것이다. 버스운송 사업면허, 국제항공운송 사업면허, 통신사업허가, 폐기물처리업허가, 광업허가, 도로점용허가, 공유수면 점용허가, 어업면허, 재건축정비조합설립허가, 공무원임명, 귀화허가 등이 있는데, 실제 용어는 특허라는 강학상 개념이 잘 쓰이지 않는다. 원칙적으로 재량행위이다.

특허가 취소되는 경우 법률상 이익의 침해로 되며, 특허사업으로 인한 독점적 이익은 법률상 이익으로 본다(동일 구간에 다른 자에게 마을버스 운송사업 면허 2001두10028).

5-3-2-2. 인가란 행정청이 사인 간의 제3자의 기본행위를 보충하여 법률적 효력을 완성하는 것이다. 사립대학 설립인가, 사립학교법인 임원취임승인, 토지거래계약허가, 재건축조합 정관변경 인가 등이 있다.

기본행위가 무효라면 인가도 효력이 발생하지 않는다. 그러나 기본행위의 하자를 이유로 인가처분의 취소나 무효확인을 구할 법률상 이익은 없다.

5-3-2-3. 공법상 대리란 행정기관이 국민을 대신하여 행위하고 효과를

그 국민에게 발생시키는 것이다. 감독적 입장(감독청에 의한 공법인 임원 임명), 당사자 협의 불성립(토지수용위원회의 수용재결), 실효성 확보(체납처분절차에서의 압류재산의 공매처분, 행려병자의 유류품 처분) 등의 목적으로 실행된다.

5-4. 준법률행위적 행정행위 : 확인, 공증, 통지, 수리

5-4-1. 확인이란 사실관계 법률관계의 존부 또는 정부(正否)에 의문 다툼이 있는 경우 공권적으로 판단 확정하는 것이다. 당선인 결정, 장애 등급 결정, 국가유공자등록, 국가시험합격자 결정, 친일재산 국가귀속 결정 등이 있다(친일반민족행위자의 재산은 그 원인 행위 시에 국가 소유로 귀속되고, 위원회의 귀속 결정은 사실 확인행위이다. 2008두13941).

5-4-2. 공증이란 특정 사실 또는 법률관계의 존재를 공적으로 증명하고 공적인 증거력을 부여하는 것이다. 의문이나 분쟁을 전제로 하지 않는다. 각종 공적 장부에의 등재(부동산등기, 선거인명부등록, 광업원부등록), 각종 증명서(합격증서, 졸업증서)의 발급, 각종 허가증, 여권, 영수증의 발행 등이 있다. 판례는 건축물대장 직권말소 (2008두22655), 지적 공부상 지목변경신청반려(2003두9015 全)는 행정행위이나, 건설업면허증 및 건설업 면허 수첩의 재교부(93누21231), 자동차운전면허 대장 등재(91누1400), 무허가건물관리 대장 삭제 행위(2008두11525)는 행정행위가 아니라고 한다.

5-4-3. 통지란 특정인 혹은 불특정다수인에게 특정 사실을 알리는 행위이다. 특허권출원공고, 귀화 고시, 대집행계고, 납세의 독촉, 국공립대학교 교수에 대한 임용 기간만료의 통지 등이 있다.

통지 자체가 행정행위로 되는 경우와 행정행위의 성립요건으로 되는 통지는 구별되어야 한다. 당연퇴직 통보(95누2036), 국세환급거부 결정 통보 등이 그 예이다.

5-4-4. 수리란 수리의무가 있는 경우 신고, 신청 등을 유효한 것으로 판단하여 받아들이는 행위이다. 사직서 수리, 행정심판청구서 수리, 혼인신고서 수리 등이 있다. 신고에 대한 단순한 접수행위(자기 완결적 신고에서의 수리)와는 구별되어야 한다.

5-5. 행정행위의 부관 (licensing condition, permit condition)

5-5-1. 부관이란 주된 행정행위에 부가된 종된 규율을 말하는데, 법정 부관(법령에 직접 행정행위의 효력 범위를 정하고 있음)과는 구별된다. 주된 행정행위에 대한 부종성이 있는데, 주된 행정행위의 존재와 효력의 유무에 의존하고, 내용상으로 실질적 관련성이 있어야 한다는 것이다. 부관의 위법성의 판단 시점은 부관 부가발령 시의 법령을 기준으로 한다(2005다65500).

5-5-2. 부관의 종류 : 조건, 기한, 부담

5-5-2-1. 조건은 행정행위의 효력 발생을 장래의 불확실한 사실에 종속시키는 것이다. 정지조건(주차장확보를 조건으로 한 여객자동차운수사업면허)과 해제조건(상수원 보호구역 지정의 효력이 상실되는 것을 조건으로 한 내수면어업허가)이 있다.

5-5-2-2. 기한은 행정행위의 효력 발생을 장래의 확실한 사실에 종속시키는 것으로, 시기(始期), 종기(終期), 확정기한, 불확정기한 등이 있다. 일정한 행정행위의 존속기간을 예정하고 있는 경우에 행정행위 자체의 존속기간인지 행정행위의 조건의 존속기간(갱신 기간)인지 구별할 필요가 있다. 갱신 기간 내 적법한 갱신신청이 있다면 유효기간이 지나도 행정행위의 효력이 유지되며, 갱신신청이 없다면 새로운 허가신청으로 허가요건 충족 여부를 새로 판단해야 한다(94누11866). 장기간 계속되는 것을 예상하는 행정행위에 단기의 유효기간이 부가된 경우 그 유효기간은 조건의 존속기간으로 보아야 한다고 한다(94누11866).

5-5-2-3. 부담이란 주된 내용에 작위, 부작위, 급부, 수인 의무를 부과하는

것이다, 부담은 행정행위 일부분이 아니라 독립된 행정행위이다. 정지조건과 구별이 불분명한 경우는 부담으로 해석한다. 부담의 불이행은 행정행위의 철회 사유가 될 뿐이고 행정행위의 효력이 상실되지는 않는다.

부담은 주된 행정행위의 내용과 실질적 관련성이 있어야 하며, 전혀 다른 내용으로 부과하는 경우 부당결부금지 원칙에 위배된다. 택지개발사업승인과 기부채납도 주된 행정행위의 내용과 실질적 관련성이 있어야 한다. 수익적 행정처분에서는 법령에 특별한 규정이 없어도 부담이라는 부관을 부과할 수 있다(2008다56262). 행정행위의 발령 후 따로 부관을 부가하는 것은 상대방 동의가 있어야 하는 것이 원칙이고, 사정변경이 발생하여 불가피한 경우는 예외적으로 허용된다(2006두7973).

행정행위의 발령 시에 부담의 사후변경 유보나, 사후부담의 유보 조항을 둘 수 있다.

5-5-2-4. 철회권 또는 변경권의 유보도 부관에 해당한다.

5-5-3. 위법한 부관과 권리구제

부담 이외의 부관에 대해서는 독립쟁송이 불가능하다. 부관부 행정행위 전체를 대상으로 하든지(99두509), 부관 없는 처분으로 변경 청구하고 그 거부처분에 대한 취소소송을 하든지 해야 한다(89누6808).

부관에 대해서만 취소청구가 있는 경우 기속행위에 법령상 근거 없이 부관을 부가하였거나 재량행위에서 부관이 주된 행정행위의 비본질적 부분이라면 부관만 취소가 가능하다.

부관에 대해서만 취소청구하면서 집행정지 신청하는 경우 주된 행정행위에는 영향이 없다.

부관부 행정행위에서 부관이 취소된 경우 부관에 따른 사법상 행위(기부채납=증여)의 효력에 대해서 학설은 종속설(부관구속설), 독립설(부관비구속설), 부담의 무효·단순위법 구별설 등이 있는데, 판례는 독립설(부관비구속설)의 입장에 있다(98다53134, 2006다18174).

행정기본법안
제17조(부관)
① 행정청은 처분에 재량이 있는 경우에는 부관(조건, 기한, 부담, 철회권의 유보 등을 말한다. 이하 같다)을 붙일 수 있다.
② 행정청은 처분에 재량이 없는 경우에는 법률에 근거가 있거나 처분의 요건을 충족시키기 위한 경우에 부관을 붙일 수 있다.
③ 행정청은 부관을 붙일 수 있는 처분이 다음 각호의 어느 하나에 해당하는 경우에는 그 처분 후에도 부관을 새로 붙이거나 종전의 부관을 변경할 수 있다.
  1. 법률에 근거가 있는 경우
  2. 당사자가 동의하는 경우
  3. 사정이 변경되어 부관을 새로 붙이거나 종전의 부관을 변경하지 않으면 해당 처분의 목적을 달성할 수 없다고 인정되는 경우
④ 부관은 다음 각호의 요건에 적합하여야 한다.
  1. 해당 처분의 목적에 위배되지 아니할 것
  2. 해당 처분과 실질적인 관련이 있을 것
  3. 해당 처분의 목적을 달성하기 위하여 필요한 최소한의 범위일 것

5-6. 행정행위의 성립과 효력

5-6-1. 행정행위는 내부적 결정 이후 외부적으로 표시되어야 효력이 발생한다(2016두35120). 외부적 표시는 상대방에게 통지되어 도달되어야 하는데, 통지는 송달 방법으로, 도달은 상대방이 알 수 있는 상태에 두어지면 충분하고 현실적으로 수령하여 알았을 것은 아니다(2016두60577). 내용증명우편이나 등기우편이 아닌 보통우편은 상당한 기간 내에 도달하였다고 추정할 수 없고 주장자가 증거로 입증하여야 한다(2007두20140). 통지 상대방이 불특정다수인이거나 상대방 주소 확인 불능으로 송달 불가능한 경우 고시, 공고의 방법으로 한다(행정절차법 제14조, 제15조 --- 공고일부터 14일 경과한 때, 행정효율과 협업 촉진에 관한 규정 제8조 제2항 --- 고시, 공고 후 5일 경과한 날(94누5694소)).

5-6-2. 행정행위의 효력 : 구속력, 공정력, 구성요건적 효력, 존속력, 강제력

① 구속력이란 상대방에게 의무를 발생시키고, 처분청도 자기구속이 되는 것이다.

② 공정력이란 행정행위에 하자가 있더라도 취소되기 전까지는 효력을 부정할 수 없다는 것이며, 행정의 안정성과 실효성 확보를 위한 잠정적 통용력이다. 상대방과 이해관계인에게 미치고, 무효인 행위에는 인정되지 않는다.

> **행정기본법안**
> 제15조(처분의 효력) 처분은 권한이 있는 기관이 취소 또는 철회하거나 기간의 경과 등으로 소멸되기 전까지는 유효한 것으로 통용된다. 다만, 무효인 처분은 처음부터 그 효력이 발생하지 아니한다.

③ 구성요건적 효력이란 하자가 있더라도 다른 행정기관은 존재, 내용, 유효성을 존중하여야 한다는 것 즉 판단의 구성요건으로 삼아야 한다는 것인데, 모든 국가기관(지자체, 행정기관, 법원)에 대해서 작용한다(국가기관 간 상호존중의 원칙). 그러나 무효인 행위에는 적용되지 않는다.

그런데 법원이 민사소송에서 그 선결문제로 된 행정행위의 무효 여부를 판단할 수 있는가에 대하여 행정소송법 제11조는 민사소송의 선결문제로 민사법원이 심리 판단할 수 있다고 하므로, 법원은 민사소송에서 행정행위의 무효 여부를 판단할 수 있다(2009다90092). 행정행위의 위법 여부도 취소판결이 없어도 판단할 수 있다(72다337).[5] 형사소송에서 행정행위가 무효임을 전제로 범죄성립 여부를 판단할 수 있고, 취소 사유로 되는 단순위법인 경우는 위법성을 확인할 수 있으나, 취소되기 전까지 행정행위의 효력을 부인하는 것은 안 된다(71도742, 2011도11109, 98도4239, 80도2646).[6][7]

④ 존속력이란 일정 기간 취소될 수 없는 확정력을 말한다. 불가쟁력(형식적확정력 --- 쟁송 기간의 경과, 법적 구제수단의 포기, 판결 확정)과 불가변력(실질적확정력 --- 행정청이 당해 행정행위를 취소 변경할 수 없는 힘)이 있다. 행정심판 재결, 토지수용재결, 과세처분 이의신청 후 직권취소(2009두1020) 등은 불가변

력을 발생시킨다. 확인행위는 불가변력이라기보다 취소권이 제한되는 경우로 보아야 한다.

⑤ 강제력은 행정행위를 실행시키기 위한 자력집행력(행정대집행, 국세징수법)과 제재력(행정형벌, 행정질서벌)을 말한다.

5-7. 행정행위의 하자

5-7-1. 행정행위에 위법성과 부당성이 존재하는 경우를 하자가 있다고 하고 그 하자가 내용상 중대하고 외관상 명백한 경우에 그 행정행위는 무효이다(95다46722). 부당성이란 공익 혹은 합목적성의 판단을 잘못한 것이고, 위법성이란 법률에 위반되는 형식상 하자(주체, 절차, 형식)와 내용상 하자가 있을 수 있다.

위법 여부의 판단 시점은 처분 시의 법령 및 사실 상태 기준으로 하되, 신청 시와 처분 시 사이 법령의 변경이 있는 경우는 처분 시를 적용한다. 단 개정 전 법령에 대한 국민의 신뢰가 개정 법령의 적용이라는 공익요구보다 더 보호 가치가 있다면 신청 시 적용이 가능하다(97누13818). 그리고 부당하게 처분을 늦추는 사이에 허가기준이 변경되었다면 개정 전 법령을 적용한다.

행정기본법안
제14조(법 적용의 기준)
① 새로운 법령 등은 법령 등에 특별한 규정이 있는 경우를 제외하고는 그 법령 등의 효력 발생 전에 완성되거나 종결된 사실관계 또는 법률관계에 대해서는 적용되지 아니한다.
② 당사자의 신청에 따른 처분은 법령 등에 특별한 규정이 있거나 처분 당시의 법령 등을 적용하기 곤란한 특별한 사정이 있는 경우를 제외하고는 처분 당시의 법령 등에 따른다.
③ 법령 등을 위반한 행위의 성립과 이에 대한 제재처분은 법령 등에 특별한 규정이 있는 경우를 제외하고는 법령 등을 위반한 행위 당시의 법령 등에 따른다.
④ 법령 등을 위반한 행위를 한 후 법령 등이 변경되어 그 행위가 법령 등을 위반한 행위에 해당하지 아니하게 되거나 제재처분 기준이 가벼워진 경우에는 해당 법령 등에 특별한 규정이 있는 경우를 제외하고는 변경된 법령 등을 적용한다.

처분의 내용은 처분 문언에 의해서 확정하여야 하며, 처분 경위, 처분 이후 상대방 태도 등 다른 사정을 고려하는 것은 안 된다(2016두44186).

5-7-2. 행정행위의 하자 승계

불가쟁력이 발생한 선행행위에 취소 사유인 위법이 있다는 이유로 적법한 후행 행위에 대해 위법을 주장하거나 그 취소를 할 수 있는지에 대하여 선후 행정행위가 결합하여 하나의 법적 효과를 발생시키는 경우에 하자의 승계가 되며, 예외적으로 선후 행정행위가 독립적이고 별개의 효과를 목적으로 하더라도 예측 가능성과 수인 가능성이 없다면 선행행위의 위법을 후행 행위의 위법사유로 주장할 수 있다고 한다(96누0659). 즉 선행행위의 불가쟁력이나 구속력이 그로 인해 불이익을 입게 되는 자에게 수인한도를 넘는 가혹함을 가져오고, 그 결과가 당사자에게 예측 가능한 것이 아닌 경우이어야 한다.

승계 인정 판례	예외적 승계 인정 판례	승계 부정 판례
o 계고처분과 대집행 영장발부 통보처분(95누12502) o 개별공시지가 결정과 양도소득세부과처분(93누8542) o 선행 분묘개장 명령과 후행 계고처분(1961.2.21. 4293행상31) o 계고처분과 대집행 비용납부 명령(93누14271) o 국세징수법상의 독촉과 가산금징수처분(86누147)	o 개별공시지가 결정과 양도소득 세부과처분(93누8542) --- 수인성 평가 o 비교표준지공시지가 결정과 증액취지 수용재결 이의(2007두13845) --- 수인성 평가 o 통지 못 받은 친일반민족행위자 결정과 독립유공자 예우 적용배제 결정(2012두6964) --- 수인성 평가	o 선행 과세처분과 후행 체납처분 (1961.10.26. 4292행상73) o 건물철거 명령과 대집행(계고처분) (97누20502) o 선행 직위해제처분과 후행 직권면직처분(71누96) o 선행 변상판정과 후행 변상명령 (63누65) o 선행 사업인정과 후행 수용재결 (91누2342) o 표준지공시지가와 개별공시지가 (94누12920) o 표준지공시지가와 토지초과이득세부과 처분(96누7649 --- 표준지공시지가 결정과 수용재결 2007두13845로 변경) o 불복패소 확정된 개별공시지가 결정과 과세처분(96누6059)

5-7-3. 하자 있는 행정행위의 치유와 전환

5-7-3-1. 하자의 치유란 행정행위 성립 당시 위법한 것이어도 사후에 그 하자가 보완되면 적법한 행위로 취급할 수 있다는 것이다. 원칙적으로 인정되지 않으나, 예외적으로 행정행위의 무용한 반복을 피하고 당사자의 법적 안정성을 위해서 국민의 권리와 이익을 침해하지 않는 범위에서 합목적적으로 인정한다

(2001두10684). 그러나 무효인 행정행위의 하자 치유는 인정되지 않는다(96누5308). 수익적 행정행위의 하자는 보정되면 치유가 인정된다. 의견진술 절차의 하자는 치유 되지 않으나, 의견진술 통지 기간 불준수의 경우는 방어 기회를 보장했다면 하자가 치유된다(92누844). 이유 불제시의 하자는 행정쟁송 제기 전 불복 여부 결정 및 불복신청에 편의를 줄 수 있는 상당한 기간 내에 제시되었다면 치유된다(82누420). 내용상 하자는 치유 불가능하다(90누1359).[8]

5-7-3-2. 하자 있는 행정행위의 전환이란 본래의 행정행위로는 무효이나 다른 행정행위로 보면 그 요건이 충족되는 경우 다른 행정행위로 인정하는 것이다(사망자에 대한 귀속재산 불하 처분을 상속인에 대한 처분으로 전환). 하자 있는 행정행위를 한 행정청의 의도에 반하는 것이 아니어야 한다. 즉 위법성을 알았더라면 전환되는 행정행위와 같은 내용의 처분을 하였을 것이라고 인정되어야 한다. 무효인 행정행위에 대하여만 인정된다는 것이 다수견해다. 새로운 행정행위의 효력은 당초 하자 있는 행정행위의 발령 시점으로 소급한다.

5-8. 행정행위의 취소와 철회, 행정행위의 실효

5-8-1. 행정행위의 취소란 행정청이 위법 부당한 행정행위를 직권으로 취소하는 것이다. 따로 법적 근거가 필요 없다(2001두9653). 당해 행정처분을 한 행정청이 취소권자이며, 적법한 권한 있는 행정청이 아니다(84누463). 감독청은 법적 근거가 있는 경우 취소권이 인정된다(행정 권한의 위임 및 위탁 규정: 감독청인 위임청이 처분청인 수임청의 처분 취소권 가짐).

이익형량(취소로 달성될 이익과 취소로 박탈되는 이익), 신뢰 보호 원칙, 비례원칙 등이 적용되며, 행정절차법상 수익적 행정행위 취소 시 사전통지와 의견제출기회를 부여해야 하며(제21조), 개별법상 청문 절차나 공청회 규정이 있으면 그것으로 대체할 수 있다. 수익적 행정행위의 취소는 상대방에게 침익적이므로 장래효만 있다.

취소의 취소가 가능한가에 대하여 침익적 행정행위 취소의 취소는 불가능하며(2001두9653), 원처분과 동일내용의 행정행위를 다시 해야 한다. 수익적 행정행위 취소의 취소는 가능하며 원처분의 효과가 소생된다(93누3401). 단 이해관계인에 대한 침익적 효과로 제한을 받는다.

급부처분의 직권취소와 환수처분에 대하여 잘못 지급된 보상금, 연금 환수를 위해서는 별도의 환수처분을 하여야 하는 규정이 있다면, 환수 처분하여야 하며(2012두17186), 급부처분의 취소가 적법하다고 하여 환수처분이 반드시 적법하다고 판단되어야 하는 것은 아니다(2015두43971).

5-8-2. 행정행위의 철회란 하자 없는 행정행위인데 성립 후 근거법령의 변경, 사실관계의 변경, 중대한 공익상의 필요 등 새로운 사정이 생긴 경우 장래에 한하여 효력 상실시키는 것으로 법적 근거가 필요 없다(88누4782). 처분청만 철회권자이며, 상급청이 감독권에 의해 철회권을 대신 행사하는 것은 안 된다.

일부 철회도 가능하며, 일부만 위반했음에도 전부 철회한 것은 재량위반이 된다(86누276, 2003두1288). 그리고 철회 사유와 관련이 있는 한도 내에서 복수 행정행위의 철회도 가능하다. 취소(철회 의미)의 사유가 특정의 면허에 관한 것이 아니고 다른 면허와 공통된 것이거나 면허를 받은 사람에 관한 것일 경우 여러 면허를 전부 취소할 수도 있다(98두1031, 2012두1891, 2011두 358, 95누8850소).

행정기본법안
제18조(위법·부당한 처분의 취소)
① 행정청은 위법 또는 부당한 처분의 전부 또는 일부를 소급하여 또는 장래를 향하여 취소할 수 있다.
② 행정청은 제1항에 따라 처분을 취소하려는 경우에는 취소로 인하여 당사자가 입게 될 불이익을 취소로 달성되는 공익과 비교·형량(衡量)하여야 한다. 다만, 다음 각호의 어느 하나에 해당하는 경우에는 그러하지 아니하다.
1. 거짓이나 그 밖의 부정한 방법으로 처분을 받은 경우
2. 당사자가 처분의 위법성을 알고 있었거나 중대한 과실로 알지 못한 경우
제19조(적법한 처분의 철회)
① 행정청은 적법한 처분이 다음 각호의 어느 하나에 해당하는 경우에는 그 처분의 전부 또는 일부를 장래를 향하여 철회할 수 있다.

5-8-3. 행정행위의 실효란 유효한 행정행위가 일정한 사실의 발생으로 장래에 향하여 소멸되는 것으로, 행정행위 대상의 소멸, 해제조건의 성취, 종기의 도래, 목적의 달성, 목적 달성의 불가능 등의 사유로 발생한다.

5-9. 단계적 행정행위

5-9-1. 많은 자본 투자되는 사업의 본처분의 가부에 대한 예측성, 공사 기간이 장기적으로 소요되는 경우 일부 공사를 미리 시행할 필요, 기술의 발달에 따른 법적 규제의 단계적 정비 등의 경우에 필요에 대응하여 여러 단계의 행정행위가 이루어지는 것이다.

5-9-2. 확약이란 행정행위의 발령, 불발령에 대한 약속을 말한다. 공무원임명 내정, 내 허가, 내 인가, 자진신고자 세율인하 약속, 무허가건물 자진철거자 입주권 부여 약속, 주민에 대한 개발사업 약속, 어업권 면허 전 우선순위 결정, 증권업 예비인허가 등이 있다. 판례는 행정처분이 아니어서 공정력, 불가쟁력이 없다고 한다(94누6529). 그리고 본처분의 권한자는 따로 법적 근거가 없어도 확약 권한까지 있다.

확약의 효력은 구속력이 있다. 그래서 확약내용의 이행청구권이 인정된다. 단 사실적 법률적 상태의 변경이 있거나, 유효 신청 기간 내에 신청이 없으면 확약은 실효된다(95누10877).

② 행정청은 다른 행정청과의 협의 등의 절차를 거쳐야 하는 처분에 대하여 확약을 하려는 경우에는 확약하기 전에 그 절차를 거쳐야 한다.
③ 행정청은 다음 각호의 어느 하나에 해당하는 경우에는 확약에 기속되지 아니한다.
  1. 확약한 후에 확약의 내용을 이행할 수 없을 정도로 법령 등이나 사정이 변경된 경우
  2. 확약이 위법한 경우
④ 행정청은 확약이 제3항 각호의 사유에 해당하거나 그 밖의 사유로 확약을 이행할 수 없는 경우에는 지체 없이 당사자에게 그 사실을 통지하여야 한다.

5-9-3. 가행정행위(잠정적 행정행위)란 사실관계, 법률관계의 계속적 심사를 전제로 잠정적으로 일부를 확정하는 것으로 행정행위로 본다. 징계의결요구 중인 공무원에 대한 잠정적 직위해제, 신고 후 잠정적 세액 결정, 수입신고 후 잠정적 세액 결정, 환경 영향조사서 제출 조건 샘물 개발 가허가 등이 있다. 본행정행위가 있으면 대체되고 효력 상실된다. 취소소송의 대상이 되나, 소송 도중 본행정행위가 있으면 소 변경 처리한다(2013두987). 수익적 본행정행위를 하지 않는 경우 의무이행심판이나 부작위 위법확인소송이 가능하다.

5-9-4. 사전결정이란 최종 행정 결정의 요건 중 일부에 대해 종국적 판단으로 하는 행정행위이다. 건축 관련 입지와 규모의 사전결정(건축법 제10조 제1항, 사전결정 신청자는 사전결정을 통지받은 날부터 2년 이내에 제11조에 따른 건축허가를 신청하여야 하며, 이 기간에 건축허가를 신청하지 아니하면 사전결정의 효력이 상실된다.), 폐기물 처리업 허가 전 사업계획 적정통보(97누21086), 항공사업법 제16조의 운수권 배분처분(2003두10251), 원자력안전법상의 사전부지승인(97누19588) 등이 있다. 사전결정의 효력에 관해 학설은 구속력인정설, 신뢰보호적 이익 인정설 등이 있는데, 판례는 사전결정의 구속력을 인정하지 않고 사전결정 시 재량권을 행사하였더라도 최종 처분 시 다시 재량권 행사가 가능하다고 한다(97누1501). 최종 행정행위에 흡수된다.

5-9-5. 부분허가란 복잡한 사업과 이에 대한 행정행위가 단계적으로 이루어지는 경우 특정 부분에 대해서만 허가 등 행정행위를 하는 것이다. 분할사용검사, 동별사용검사 등이 있다. 전체 허가에 대한 잠정적, 긍정적 판단이 전제되어야 하며, 기술적 수준의 변화나 상황의 변화에 대응하는 범위에서 수정, 변경이 가능하다.

1) 지방경찰청장의 횡단보도 설치행위는 보행자의 통행방법을 규제하는 것으로 국민의 권리 의무와 직접적 관계가 있는 행위 항고소송의 대상인 처분(98두8964).

청소년 보호법에 따른 청소년 유해 매체물 결정 및 고시 처분은 일반 불특정다수인을 상대방으로 하여 일률적으로 표시의무, 포장의무, 청소년에 대한 판매 대여 금지의무 등을 발생시키는 행정처분이므로, 정보통신윤리위원회가 특정 인터넷 웹사이트를 청소년 유해 매체물로 결정하고 청소년보호위원회가 효력 발생 시기를 명시하여 고시함으로써 그 명시된 시점에 효력이 발생함. 웹사이트 운영자에게 통지하지 않았다고 하여 효력 자체가 발생하지 않는 것이 아님. (2004두619)

2) ♣ 대법원 2017. 10. 31. 선고 2017두46783 판결 [건설폐기물처리사업계획서 부적합통보처분 취소]

건설폐기물 재활용촉진에 관한 법률('법') 제21조와 건설폐기물 재활용촉진에 관한 법률시행규칙('규칙') 제12조 제2항은 폐기물 처리업의 허가 등에 관하여 상세하게 규정하고 있다. 건설폐기물 처리업을 하려는 자는 허가신청에 앞서 사업의 개요와 시설·장비 설치 내역을 기재한 건설폐기물 처리 사업계획서와 함께 건설폐기물의 수집·운반 또는 중간처리계획서(시설설치계획, 장비·기술능력·사업장 부지의 확보계획 포함)를 첨부하여 시·도지사에게 제출하여야 한다(법 제21조 제1항, 규칙 제12조 제2항). 시·도지사는 서류를 제출받아 '건설폐기물 처리 사업계획서상의 시설, 장비, 기술능력 등이 허가기준에 맞는지 여부', '건설폐기물 처리시설을 설치·운영하는 경우 환경정책기본법 제12조에 따른 환경기준의 유지를 곤란하게 하는지 여부' 등 법 제21조 제2항 각호가 정한 여러 사항을 검토한 다음 적합 여부를 결정하여 통보하여야 한다(법 제21조 제2항). 이러한 절차에 따라 적합 통보를 받은 자는 비로소 환경부령으로 정하는 건물 또는 시설 등 기준을 갖추어 건설폐기물 처리업 허가를 받을 수 있다(법 제21조 제3항). 이처럼 건설폐기물 처리업에 관한 법규는 허가요건을 일률적·확정적으로 규정하는 형식을 취하지 않고 최소한도만을 정하고 있다. 법 제21조 제2항 각호가 정한 검토 사항은 단순한 행정처분의 발령요건을 정한 것이라기보다는 위 적합 여부 판단·결정에 관한 재량권행사에서 고려해야 할 다양한 사항의 범위와 기준을 좀 더 구체적이고 명확하게 정한 것으로 볼 수 있다. 그 취지는 건설폐기물 처리업 허가의 사전결정절차로서 중요한 의미가 있는 폐기물 처리 사업계획서 적합 여부의 통보에 관한 행정작용의 투명성과 적법성을 제고하려는 데 있다.

행정청이 건설폐기물 처리 사업계획서의 적합 여부 결정을 위하여 '환경기준의 유지를 곤란하게 하는지 아닌지'를 검토할 때에는 사람의 건강이나 주변 환경에 영향을 미치는지 등 생활환경과 자연환경에 미치는 영향을 두루 검토하여 적합 여부를 판단할 수 있다. 이것이 법률의 문언이나 입법 목적에 부합할 뿐만 아니라 헌법규정과 관련 법령의 취지에도 합치된다.

행정청의 건설폐기물 처리 사업계획서에 대한 적합 여부 결정('적합 여부 결정')은 공익에 관한 판단을 해야 하는 것으로서 행정청에 광범위한 재량권이 인정된다. 적합 여부 결정과 관련한 재량권의 일탈·남용 여부를 심사할 때에는, 해당 지역의 자연환경, 주민들의 생활환경 등 구체적 지역 상황, 상반되는 이익을 가진 이해관계자들 사이의 권익 균형과 환경권의 보호에 관한 각종 규정의 입법 취지 등을 종합하여 신중하게 판단하여야 한다. 따라서 '자연환경·생활환경에 미치는 영향'과 같이 장래에 발생할 불확실한 상황과 파급효과에 대한 예측이 필요한 요건에 관한 행정청의 재량적 판단은 내용이 현저히 합리적이지 않다거나 상반되는 이익이나 가치를 대비해 볼 때 형평이나 비례의 원칙에 뚜렷하게 배치되는 등의 사정이 없는 한 폭넓게 존중될 필요가 있다. 이러한 사항은 적합 여부 결정에 관한 재량권의 일탈·남용 여부를 심사하여 판단할 때에도 고려하여야 한다.

3) ♣ 대법원 2001.6.29. 선고 2001두1611 판결 [영업정지처분취소]
구 공중위생관리법 제11조 제5항에서, 영업소폐쇄 명령을 받은 후 6월이 지나지 아니한 경우에는 동일한 장소에서는 그 폐쇄 명령을 받은 영업과 같은 종류의 영업을 할 수 없다고 규정하고 있고, 같은 법 시행규칙 제19조 [별표 7] 행정처분기준 Ⅱ. 개별기준 3. 이용업에서 업주의 위반사항에 대하여 3차 또는 4차 위반 시(다만, 영업정지 처분을 받고 그 영업정지 기간 중 영업을 한 경우는 1차 위반 시)에는 영업장폐쇄 명령을 하고, 그보다 위반횟수가 적을 경우에는 영업정지, 개선 명령 등을 하게 되며, 일정한 경우 하나의 위반행위에 대하여 영업소에 대한 영업정지 또는 영업장폐쇄 명령을, 이용사(업주)에 대한 업무 정지 또는 면허취소 처분을 동시에 할 수 있다고 규정하고 있는 점 등을 고려하여 볼 때, 영업정지나 영업장폐쇄 명령 모두 대물적 처분으로 보아야 할 이치이고, 아울러 구 공중위생관리법 제3조 제1항에서 보건복지부 장관은 공중위생영업자에게 일정한 시설 및 설비를 갖추고 이를 유지·관리하게 할 수 있으며, 제2항에서 공중위생영업자가 영업소를 개설한 후 시장 등에게 영업소개설 사실을 통보하도록 규정하는 외에 공중위생영업에 대한 어떠한 제한규정도 두고 있지 아니한 것은 공중위생영업의 양도가 가능함을 전제로 한 것이라 할 것이므로, 양수인이 그 양수 후 행정청에 새로운 영업소개설통보를 하였다 하더라도, 그로 인하여 영업양도·양수로 영업소에 관한 권리 의무가 양수인에게 이전하는 법률효과까지 부정되는 것은 아니라 할 것인바, 만일 어떠한 공중위생영업에 대하여 그 영업을 정지할 위법사유가 있다면, 관할 행정청은 그 영업이 양도·양수되었다 하더라도 그 업소의 양수인에 대하여 영업정지 처분을 할 수 있다고 봄이 상당하다.

4) ♣ 대법원 2003. 10. 23. 선고 2003두8005 판결 [과징금부과처분 취소]
석유사업법 제9조 제3항 및 그 시행령이 규정하는 석유판매업의 적극적 등록요건과 제9조 제4항, 제5조가 규정하는 소극적 결격사유 및 제9조 제4항, 제7조가 석유판매업자의 영업양도, 사망, 합병의 경우뿐만 아니라 경매 등의 절차에 따라 단순히 석유판매시설만의 인수가 이루어진 경우에도 석유판매업자의 지위 승계를 인정하고 있는 점을 종합하여 보면, 석유판매업 등록은 원칙적으로 대물적 허가의 성격을 갖고, 또 석유판매업자가 같은 법 제26조의 유사석유제품 판매금지를 위반함으로써 같은 법 제13조 제3항 제6호, 제1항 제11호에 따라 받게 되는 사업정지 등의 제재처분은 사업자 개인의 자격에 대한 제재가 아니라 사업 전부나 일부에 대한 것으로서 대물적 처분의 성격을 갖고 있으므로, 위와 같은 지위 승계에는 종전 석유판매업자가 유사석유제품을 판매함으로써 받게 되는 사업정지 등 제재처분의 승계가 포함되어 그 지위를 승계한 자에 대하여 사업정지 등의 제재처분을 취할 수 있다고 보아야 하고, 같은 법 제14조 제1항 소정의 과징금은 해당 사업자에게 경제적 부담을 주어 행정상의 제재 및 감독의 효과를 달성함과 동시에 그 사업자와 거래 관계에 있는 일반 국민의 불편을 해소해 준다는 취지에서 사업정지 처분에 갈음하여 부과되는 것일 뿐이므로, 지위 승계의 효과에 있어서 과징금부 과처분을 사업정지 처분과 달리 볼 이유가 없다.

5) ♣ **대법원 1972. 4. 28. 선고 72다337 판결 [손해배상]**
피고가 1969.11.10 원고가 건축한 본건 건물의 구조 및 위치가 건축허가에 위반하였다는 이유로 본건 건축허가를 취소함과 동시에 자진철거를 명하고, 같은 날 원고에게 그 건물을 2일 이내에 자진 철거하지 않으면 대집행하겠다는 계고처분을 하고, 같은 달 12일 대집행 영장에 의하여 본건 건물의 철거가 이루어졌다. 피고의 본건 계고처분 및 대집행처분들이 당연무효의 처분이라고는 할 수 없고, 본건 계고처분 또는 행정대집행 영장에 의한 통지와 같은 행정처분이 위법인 경우에는 그 각 처분의 무효확인 또는 취소를 소구할 수 있으나 행정대집행이 완료한 후에는 그 처분의 무효확인 또는 취소를 구할 소익이 없다 할 것이다. 본건 계고처분 행정처분이 위법임을 이유로 배상을 청구하는 취지인 본건에 있어 미리 그 행정처분의 취소판결이 있어야만 그 행정처분의 위법임을 이유로 피고에게 배상을 청구할 수 있는 것은 아니라고 해석함이 상당할 것이다.

6) ♣ **대법원 1989. 3. 28. 선고 89도149 판결 [특정범죄가중처벌등에관한법률위반]**
생사의 수입승인을 얻는데 필요한 한국섬유직물수출조합 이사장 명의의 외화획득용 원료수입추천서를 위조하는 등의 부정한 방법으로 외국환 은행장의 수입승인을 얻어 가지고 세관장에게 수입신고를 할 때 이를 함께 제출하여 수입면허를 받았다고 하더라도, 그 수입면허가 중대하고도 명백한 하자가 있는 행정행위이어서 당연무효라고는 볼 수 없다. 물품을 수입하고자 하는 자가 일단 세관장에게 수입신고를 하여 그 면허를 받고 물품을 통관한 경우에는, 세관장의 수입면허가 중대하고도 명백한 하자가 있는 행정행위이어서 당연무효가 아닌 한 관세법 제181조 소정의 무면허 수입죄가 성립될 수 없다.

7) ♣ **대법원 2017. 9. 21. 선고 2017도7321 판결 [개발제한구역의 지정 및 관리에 관한 특별조치법 위반·폐기물관리법 위반]**
피고인 갑 주식회사의 대표이사 피고인 을이 개발제한구역 내에 무단으로 고철을 쌓아 놓은 행위 등에 대하여 관할관청으로부터 원상복구를 명하는 시정명령을 받고도 이행하지 아니하였다고 하여 개발제한구역의 지정 및 관리에 관한 특별조치법('개발제한구역법') 위반으로 기소된 사안에서, 관할관청이 침해적 행정처분인 시정명령을 하면서 피고인 을에게 행정절차법 제21조, 제22조에 따른 적법한 사전통지를 하거나 의견제출 기회를 부여하지 않았고 이를 정당화할 사유도 없으므로 <u>시정명령은 절차적 하자가 있어 위법하고, 시정명령이 당연무효가 아니더라도 위법한 것으로 인정되는 이상 피고인 을이 시정명령을 이행하지 아니하였더라도 피고인 을에 대하여 개발제한구역법 제32조 제2호 위반죄가 성립하지 아니함에도</u>, 이와 달리 보아 피고인들에게 유죄를 인정한 원심판단에 행정행위의 공정력과 선결문제, 개발제한구역법 제32조의 시정명령 위반죄에 관한 법리오해의 위법이 있다.

8) ♣ **대법원 2001.6.26. 선고 99두11592 판결**
선행 개별공시지가 결정의 위법으로 후행 개발부담금부과처분도 위법하게 되었는데, 그 후 적법한 절차를 거친 개별공시지가 결정이 위법한 선행 결정과 내용이 동일하게 되었다 하더라도 개발부담금부과처분의 하자가 치유되지 않는다

6. 행정계획, 행정조사, 행정지도, 행정상 사실행위

6-1. 행정계획

6-1-1. 행정계획이란 행정에 관한 전문적·기술적 판단을 기초로 하여 도시의 건설·정비·개량 등과 같은 특정한 행정목표를 달성하기 위하여 서로 관련되는 행정수단을 종합·조정함으로써 장래의 일정한 시점에 있어서 일정한 질서를 실현하기 위한 활동기준으로 설정된 것으로서, 관계 법령에는 추상적인 행정목표와 절차만이 규정되어 있을 뿐 행정계획의 내용에 관하여는 별다른 규정을 두고 있지 아니하므로, 행정주체는 구체적인 행정계획을 입안·결정함에 있어서 비교적 광범위한 형성의 자유를 가진다.

행정목표의 설정과 수단의 조정과 종합화를 위해 행정계획을 수립하는데, 형식은 법령, 행정행위, 내부지침 등으로 나타난다. 법적 성질에 관해 입법행위설, 행정행위설, 독자성설 등이 있다. 판례는 도시계획법 제12조의 도시계획 결정(도시·군 관리계획)은 행정처분으로 항고소송 대상이며(80누105), 도시기본계획은 도시계획 입안의 지침에 불과하여 일반 국민에 대해 직접적 구속력이 없다고 하고(2000두8226), 재건축조합의 사업시행계획과 관리처분계획은 조합원의 재산상의 권리 의무에 구체적 직접적 영향을 미치므로 항고소송 대상이라고 한다(2007다2428). 행정계획의 절차에 대한 통일적 규정은 없고 개별 법률에 있으나 절차적 통제에 중요한 의미를 두고 있다.

> 행정기본법안 --- 최종안에서는 삭제되었으나 참고용으로 표시한다.
> 제00조(행정계획)
> ① 행정청은 행정계획 중 국민의 권리 의무에 직접적인 영향을 미치는 계획을 수립하거나 변경·폐지할 때 관련된 여러 이익을 정당하게 형량하여야 한다.
> ② 행정계획의 수립 절차 등에 관하여 필요한 사항은 따로 법률로 정한다.

6-1-2. 계획재량과 통제

6-1-2-1. 행정계획의 입안 결정에서 광범위한 형성의 자유를 가지는 재량을 계획재량이라고 하는데, 비교적 광범위한 형성의 자유를 가진다. 개발제한구역지정처분은 계획재량처분이다(96누1313).

그러나 계획재량에 대해서도 무제한의 형성 자유가 아니라 일정한 통제를 두어야 한다고 하며, 행정계획에 관련되는 자들의 이익을 공익과 사익 사이에서는 물론이고 공익 상호 간과 사익 상호 간에도 정당하게 비교교량하여야 한다는 제한이 있고, 행정주체가 행정계획을 입안·결정함에 있어서 이익형량을 전혀 행하지 아니하거나, 이익형량의 고려 대상에 마땅히 포함해야 할 사항을 누락한 경우 또는 이익형량을 하였으나 정당성과 객관성이 결여된 경우에는 그 행정계획 결정은 형량에 하자가 있어 위법하게 된다고 한다.[1]

형량 명령(Abwagungsgebot)이란 계획수립 시 관련된 모든 이익을 정당하게 형량하여야 한다는 것으로 비례원칙의 행정계획 분야에의 적용이며, 조사의 결함, 형량의 흠결, 평가의 과오, 형량불비례 등을 형량 하자로 본다.

6-1-2-2. 계획보장청구권은 행정계획에 대한 신뢰를 보호하기 위한 권리인데, 행정계획의 폐지나 변경의 경우 당사자가 신뢰 보호를 주장할 수 있는 다양한 권리를 포괄한 것으로, 계획 존속청구권, 계획이행청구권, 경과조치 청구권, 손해배상청구권 등이 포함된다.

6-1-2-3. 행정계획의 공익성을 고려할 때 사인에게 계획의 변경을 구할 수 있는 권리가 인정되지 않지만, 예외적으로 법규상 또는 조리상 계획변경신청권이 인정되는 때가 있다. 판례는 도시계획구역 내 토지 소유 주민이 도시계획 입안제안을 할 수 있고. 입안권자는 처리결과를 제안자에게 통보하여야 하므로 도시계획 입안권자에게 도시계획 입안을 요구하는 경우(2003두1806), 문화재 보호구역 내의 토지소유자가 문화재 보호구역의 지정해제를 신청하는 경우(2003두8821), 산업단지개발 계획상 산업단지 안의 토지소유자로서 산업단지개발계획에 적합한 시설을 설치하여 입주하려고 그 계획의 변경을 요청하는 경우(2016두44186), 장기간 미집행 도시계획시설의 변경 신청(2010두5806, 완충녹지지정의 해제신청 거부처분 취소), 폐기물처리사업계획의 적정통보를 받은 자가 신청한 국토이용계획변경 신청(2001두10936) 등에서 인정하고 있다.[2]

6-2. 행정조사

6-2-1. 행정청이 사인으로부터 행정상 필요한 자료나 정보를 수집하기 위하여 행하는 일체의 행정작용인데, 행정행위 형식(보고서 요구 명령, 장부·서류 제출명령, 출두명령)과 사실행위 형식(질문, 출입검사, 실시조사, 진찰, 검진, 앙케트조사)으로 나타난다. 세무조사 결정은 공권력의 행사로 항고소송의 대상이다(2009두23617).

행정조사 기본법은 출석, 진술 요구, 보고요구, 자료제출요구, 현장조사, 시료채취, 자료 등 영치, 공동조사, 자율신고제도 등에 관해 규정하고 있다.[3]

6-2-2. 강제조사 중 조사 상대방이 조사를 거부하는 경우 벌칙을 가할 수 있다는 규정이 있는 경우 벌칙 제재 이외에 직접 실력행사를 할 수 있는가에 대하여 국민의 신체와 재산에 대한 실력행사는 벌칙 규정 이외에 명문의 근거가 있어야 한다고 본다.

행정조사는 절차적 규정을 준수해야 하는 적법절차 원칙(조사 사전통지, 조사 연기신청, 제3자에 대한 보충조사, 의견제출, 조사원 교체신청, 조사권 행사의 제한, 조사 결과의 통지 등)에 따라야 한다. 행정조사를 위해 압수·수색이 필요한 경우와 행정조사에서 나아가 범죄 수사를 하는 경우는 압수·수색영장이 필요하다.4)

행정조사를 통해 획득한 정보가 내용상으로는 정확한데 그 조사가 실체법상 또는 절차법상 위법한 경우 그 행정조사를 통해 수집한 정보를 근거로 내려진 행정 결정이 위법한가에 대하여 판례는 원칙적으로 위법하나, 행정조사 절차의 하자가 중대하지 않고 경미한 경우에는 위법사유가 되지 않는다고 한다(2006두 9498). 그리고 과세관청 또는 그 상급관청이나 수사기관의 강요로 합리적이고 타당한 근거도 없이 작성된 과세자료에 터 잡은 과세처분의 하자는 중대하고 명백한 것이며(91다32053 全), 세무조사가 과세자료의 수집 또는 신고내용의 정확성 검증이라는 본연의 목적이 아니라 부정한 목적을 위해 행해진 것이라면 세무조사에 중대한 위법사유가 있는 경우에 해당하고, 이러한 위법한 세무조사에 따라 수집된 과세자료를 기초로 한 과세처분 역시 위법하다고 한다(2016두47659).

6-3. 행정지도

6-3-1. 상대방인 국민에게 임의적인 협력(지도, 권고, 조언)을 행하는 비권력적 사실행위이다. 행정절차법 제2조 제3호, 제48조(목적 달성 필요 최소한 비례, 임의성, 불이익조치금지), 제49조(행정지도 실명제, 서면교부청구권), 제50조(의견제출) 제51조(공통사항의 공표) 등의 규정 적용을 받는다.

6-3-2. 행정지도는 규제적 지도, 조정적 지도, 조성적 지도 등으로 분류된다.

6-3-3. 행정지도는 일반적으로 행정처분의 성격을 가지지 않아서, 세무당국의 특정 업체와의 주류거래 중지요청은 권고 또는 협조를 요청하는 권고적 성격의 행위로서 요청 상대방이나 특정 업체에 대한 법률상의 지위에 직접적인 법률상의

변동을 가져오는 행정처분이라고 볼 수 없어 항고소송의 대상이 될 수 없다거나 (80누395), 구청장의 한전에 대한 위법건축물을 이유로 한 건축법상의 단전 조치 요청행위에 대한 회신은 권고적 성격으로 행정처분 아니라고 본다(95누9099). 그런데 행정지도 가운데서 교육인적자원부 장관의 대학 총장들에 대한 학칙시정요구는 공권력의 행사(2002헌마337)이며, 재무부 장관의 제일은행에 대한 국제그룹 해체조치는 권력적 사실행위(89헌마31)로 보기도 한다. 관행에 따른 허위신고라 하더라도 매매대금신고위반행위가 정당화될 수 없다(93도3247).

6-3-4. 위법한 행정지도에 대하여는 국가배상법에 따라 손해배상청구가 가능하며, 행정지도 여부는 재량이나, 국민의 중대한 기본권 침해의 위험이 있고, 재량권이 영으로 수축하는 경우에는 행정지도의 부작위가 손해방지의무 위반으로 위법하고 동시에 과실이 인정된다.[5](새로운 인체 유해제품의 유통에 관한 규제 법령이 제정되지 않았다 하더라도 규제행정지도를 하지 않은 경우, 새로운 인체 유해제품으로 인한 피해에 대하여 국가배상 책임이 인정될 수 있다)

6-4. 행정상 사실행위

6-4-1. 행정청의 물리력 행사를 말하는데, 권력적 사실행위(대집행의 실행, 행정상 즉시강제, 전염병 환자의 강제격리조치)와 비권력적 사실행위(대부분의 행정지도, 건설공사 행위)로 나타난다. 권력적 사실행위는 행정처분으로 항고소송의 대상이 된다. 재소자 접견내용의 녹음 녹화 및 접견 시 교도관 참여대상자 지정행위 (2013두20899), 단수 조치(84누598), 교도소장의 수형자 서신 검열(96헌마398) 등이 그 예이다.

비권력적 사실행위는 처분이 아니나, 상대방에게 사실상의 지배력을 미치는 행위를 "기타 이에 준하는 행정작용"(행정소송법 제2조 제2항 제1호)으로 보고 처분성을 긍정하는 견해도 있다. 공표, 공적 경고, 권고, 정보제공, 주민협의 합의, 불문 경고 등이 그것이다.

6-4-2. 행정상 사실행위 중 권력적 사실행위로 인한 손실보상(소방파괴로 인한 손실보상)이 있을 수 있으며, 결과 제거청구(영업소폐쇄조치로 인한 시설물 기구 봉인 후 조치 취소소송 승소 후 봉인 제거해 달라는 청구)가 성립할 수 있다.

주석 [행정계획, 행정조사, 행정지도, 행정상 사실행위]

1) ♣ 대법원 2007. 4. 12. 선고 2005두1893 판결 [도시계획시설 결정취소] <원지동 추모 공원 사건>

2) ♣ 대법원 2003. 9. 23. 선고 2001두10936 판결 [국토이용계획 변경승인 거부처분 취소]
구 국토이용관리법(2002. 2. 4. 법률 제6655호 국토의 계획 및 이용에 관한 법률 부칙 제 2조로 폐지)상 주민이 국토이용계획의 변경에 대하여 신청을 할 수 있다는 규정이 없을 뿐만 아니라, 국토건설종합계획의 효율적인 추진과 국토이용질서를 확립하기 위한 국토 이용계획은 장기성, 종합성이 요구되는 행정계획이어서 원칙적으로는 그 계획이 일단 확 정된 후에 어떤 사정의 변동이 있다고 하여 그러한 사유만으로는 지역주민이나 일반 이 해관계인에게 일일이 그 계획의 변경을 신청할 권리를 인정하여 줄 수는 없을 것이지만, 장래 일정한 기간 내에 관계 법령이 규정하는 시설 등을 갖추어 일정한 행정처분을 구하 는 신청을 할 수 있는 법률상 지위에 있는 자의 국토이용계획변경신청을 거부하는 것이 실질적으로 당해 행정처분 자체를 거부하는 결과가 되는 경우에는 예외적으로 그 신청인 에게 국토이용계획변경을 신청할 권리가 인정된다고 봄이 상당하므로, 이러한 신청에 대 한 거부행위는 항고소송의 대상이 되는 행정처분에 해당한다.

폐기물처리사업계획의 적정통보를 받은 자는 장래 일정한 기간 내에 관계 법령이 규정 하는 시설 등을 갖추어 폐기물처리업허가신청을 할 수 있는 법률상 지위에 있다고 할 것인바, 피고로부터 폐기물처리사업계획의 적정통보를 받은 원고가 폐기물처리업허가를 받기 위해서는 이 사건 부동산에 대한 용도지역을」농림지역 또는 준농림지역」에서」준 도시지역(시설용지지구)」으로 변경하는 국토이용계획변경이 선행되어야 하고, 원고의 위 계획변경신청을 피고가 거부한다면 이는 실질적으로 원고에 대한 폐기물처리업허가 신청을 불허하는 결과가 되므로, 원고는 위 국토이용계획변경의 입안 및 결정권자인 피 고에 대하여 그 계획변경을 신청할 법규상 또는 조리상 권리를 가진다고 할 것이다.

3) ♣ 대법원 2016. 10. 27. 선고 2016두41811 판결 [시정명령처분 취소 등]
행정조사기본법 제5조에 의하면 행정기관은 법령 등에서 행정조사를 규정하고 있는 경 우에 한하여 행정조사를 실시할 수 있으나(본문), 한편 '조사대상자의 자발적인 협조를 얻어 실시하는 행정조사'의 경우에는 그러한 제한이 없이 실시가 허용된다(단서). 행정 조사기본법 제5조는 행정기관이 정책을 결정하거나 직무를 수행하는 데에 필요한 정보 나 자료를 수집하기 위하여 행정조사를 실시할 수 있는 근거에 관하여 정한 것으로서, 이러한 규정의 취지와 아울러 문언에 비추어 보면, 단서에서 정한 '조사대상자의 자발적 인 협조를 얻어 실시하는 행정조사'는 개별 법령 등에서 행정조사를 규정하고 있는 경 우에도 실시할 수 있다.

행정절차법 제21조 제1항, 제3항, 제4항, 제22조에 의하면, 행정청이 당사자에게 의무를 부과하거나 권익을 제한하는 처분을 할 때는 미리 '처분의 제목', '처분하려는 원인이 되 는 사실과 처분의 내용 및 법적 근거', '이에 대하여 의견을 제출할 수 있다는 뜻과 의견 을 제출하지 아니하는 경우의 처리방법', '의견제출기관의 명칭과 주소', '의견제출기한' 등의 사항을 당사자 등에게 통지하여야 하고, 의견제출기한은 의견제출에 필요한 상당 한 기간을 고려하여 정하여야 하며, 다른 법령 등에서 필수적으로 청문을 하거나 공청회를 개최하도록 규정하고 있지 아니한 경우에도 당사자 등에게 의견제출의 기회를 주어야 하며, 다만 '해당 처분의 성질상 의견청취가 현저히 곤란하거나 명백히 불필요하다고 인정될 만한 상당한 이유가 있는 경우' 등에 한하여 처분의 사전통지나 의견청취를 하지 아니할 수 있다. 따라서 행정청이 침해적 행정처분을 하면서 당사자에게 사전통지를 하거나 의견제출의 기회를 주지 아니하였다면, 사전통지나 의견제출의 예외적인 상황에 해당하지 아니하는 한, 처분은 위법하여 취소를 면할 수 없다. 그리고 여기에서 '의견청취가 현저히 곤란하거나 명백히 불필요하다고 인정될 만한 상당한 이유가 있는 경우'에 해당하는지는 해당 행정처분의 성질에 비추어 판단하여야 하며, 처분상대방이 이미 행정청에 위반 사실을 시인하였다거나 처분의 사전통지 이전에 의견을 진술할 기회가 있었다는 사정을 고려하여 판단할 것은 아니다.

(1) 가평소방서장은 관내 특정 소방대상물에 관한 특별조사 결과 이 사건 각 건물이 무단 용도 변경된 사실을 확인하고, 2014. 4. 25. 피고에게 이를 통보하였다.
(2) 피고 소속 공무원 소외인은 전화로 원고에게 이 사건 각 건물에 대한 현장조사가 필요하다는 사실을 알리고 현장조사 일시를 약속한 다음, 2014. 5. 14. 오후 원고가 참석한 가운데 이 사건 각 건물에 대한 현장조사를 실시하였다.
(3) 현장조사 과정에서 소외인은 무단증축면적과 무단용도변경 사실을 확인하고 이를 확인서 양식에 기재한 후, 원고에게 위 각 행위는 건축법 제14조 또는 제19조를 위반한 것이어서 시정명령이 나갈 것이고 이를 이행하지 않으면 이행강제금이 부과될 것이라고 설명하고, 위반 경위를 질문하여 답변을 들은 다음 원고로부터 확인 서명을 받았는데, 위 양식에는 "상기 본인은 관계 법령에 의한 제반 허가를 득하지 아니하고 아래와 같이 불법 건축(증축, 용도변경) 행위를 하였음을 확인합니다."라고 기재되어 있었다.
(4) 피고는 별도의 사전통지나 의견진술 기회 부여 절차를 거치지 아니한 채, 현장조사 다음 날인 2014. 5. 15. 이 사건 처분을 하였다.

이러한 사실관계를 위 법리에 비추어 살펴보면, 다음과 같이 판단된다.
(1) 피고 소속 공무원 소외인이 위 현장조사에 앞서 원고에게 전화로 통지한 것은 행정조사의 통지이지 이 사건 처분에 대한 사전통지로 볼 수 없다. 그리고 위 소외인이 현장조사 당시 위반 경위에 관하여 원고에게 의견진술 기회를 부여하였다 하더라도, 이 사건 처분이 현장조사 바로 다음 날 이루어진 사정에 비추어 보면, 의견제출에 필요한 상당한 기간을 고려하여 의견제출기한이 부여되었다고 보기도 어렵다.
(2) 그리고 현장조사에서 원고가 위반 사실을 시인하였다거나 위반 경위를 진술하였다는 사정만으로는 행정절차법 제21조 제4항 제3호가 정한 '의견청취가 현저히 곤란하거나 명백히 불필요하다고 인정될 만한 상당한 이유가 있는 경우'로서 처분의 사전통지를 하지 아니하여도 되는 경우에 해당한다고 볼 수도 없다.
(3) 따라서 행정청인 피고가 침해적 행정처분인 이 사건 처분을 하면서 원고에게 행정절차법에 따른 적법한 사전통지를 하거나 의견제출의 기회를 부여하였다고 볼 수 없다.

4) ♣ **대법원 2013. 9. 26. 선고 2013도7718 판결 [마약류관리에 관한 법률 위반(향정)]**
우편물 통관검사절차에서 이루어지는 우편물의 개봉, 시료 채취, 성분분석 등의 검사는 수출입물품에 대한 적정한 통관 등을 목적으로 한 행정조사의 성격을 가지는 것으로서 수사기관의 강제처분이라고 할 수 없으므로, 압수·수색영장 없이 우편물의 개봉, 시료 채취, 성분분석 등 검사가 진행되었다 하더라도 특별한 사정이 없는 한 위법하다고 볼 수 없다.

♣ **대법원 1976. 11. 9. 선고 76도2703 판결 [특정범죄가중처벌 등에 관한 법률 위반·범죄단체조직·공무집행방해·관세법 위반·특수공무집행방해·폭력행위 등 처벌에 관한 법률 위반]**

공무집행방해죄에 의한 보고의 대상은 공무원의 적법한 직무의 집행이라야 한다는 것인 바 본건의 경우 세관 공무원이 밀수품을 싣고 왔다는 정보에 의하여 정박 중인 선박에 대하여 수색을 하려면 선박의 소유자 또는 점유자의 승낙을 얻거나 법관의 압수수색영장을 발부받거나 관세법 212조 1항 후단에 의하여 긴급을 요하는 경우에 한하여 수색 압수를 하고 사후에 영장의 교부를 받아야 할 터인데 위의 어느 하나의 요건을 갖추었음에 대한 아무런 심리판단도 없이 위 선박을 수색하던 공무원에 대하여 이 험한 물건을 들고 폭행하여 상해를 입힌 사실만을 확정한 채 특수공무집행방해치상죄를 적용하고 나아가 피고인 5에 대한 형을 산정함에 이어 작량감경하는 이유로 특수공무집행방해치상 부분은 피해자들이 불법으로 동 피고인 소유 선박을 수색하면서 재물손괴를 하였기 때문에 일어난 일이라고 설시하였음은 필경 특수공무집행방해치상죄의 구성요건에 해당하는 적법한 직무의 집행에 대한 심리를 다하지 않음으로써 이유를 명시 못 한 허물을 저질렀거나 특수공무집행방해치상죄의 법리를 오해하여 판결 이유에 모순을 가져온 위법이 있다.

♣ **대법원 2017. 7. 18. 선고 2014도8719 판결 [마약류관리에 관한 법률 위반(향정)]**

수사기관에 의한 압수·수색의 경우 헌법과 형사소송법이 정한 적법절차와 영장주의 원칙은 법률에 따라 허용된 예외사유에 해당하지 않는 한 관철되어야 한다. 세관 공무원이 수출입물품을 검사하는 과정에서 마약류가 감추어져 있다고 밝혀지거나 그러한 의심이 드는 경우, 검사는 마약류의 분산을 방지하기 위하여 충분한 감시체제를 확보하고 있어 수사를 위하여 이를 외국으로 반출하거나 대한민국으로 반입할 필요가 있다는 요청을 세관장에게 할 수 있고, 세관장은 그 요청에 응하기 위하여 필요한 조치를 할 수 있다(마약류 불법거래 방지에 관한 특례법 제4조 제1항). 그러나 이러한 조치가 수사기관에 의한 압수·수색에 해당하는 경우에는 영장주의 원칙이 적용된다. 물론 수출입물품 통관검사절차에서 이루어지는 물품의 개봉, 시료 채취, 성분분석 등의 검사는 수출입물품에 대한 적정한 통관 등을 목적으로 조사를 하는 것으로서 이를 수사기관의 강제처분이라고 할 수 없으므로, 세관 공무원은 압수·수색영장 없이 이러한 검사를 진행할 수 있다. 세관 공무원이 통관검사를 위하여 직무상 소지하거나 보관하는 물품을 수사기관에 임의로 제출한 경우에는 비록 소유자의 동의를 받지 않았더라도 수사기관이 강제로 점유를 취득하지 않은 이상 해당 물품을 압수하였다고 할 수 없다. 그러나 마약류 불법거래 방지에 관한 특례법 제4조 제1항에 따른 조치의 일환으로 특정한 수출입물품을 개봉하여 검사하고 그 내용물의 점유를 취득한 행위는 위에서 본 수출입물품에 대한 적정한 통관 등을 목적으로 조사를 하는 경우와는 달리, 범죄 수사인 압수 또는 수색에 해당하여 사전 또는 사후에 영장을 받아야 한다.

5) ♣ **대법원 2008. 9. 25. 선고 2006다18228 판결 [손해배상(기)]**

행정지도가 강제성을 띠지 않은 비권력적 작용으로서 행정지도의 한계를 일탈하지 아니하였다면, 그로 인하여 상대방에게 어떤 손해가 발생하였다 하더라도 행정기관은 그에 대한 손해배상책임이 없다. 그런데 1995.1.3.에 행한 행정지도는 그에 따를 의사가 없는 원고에게 이를 부당하게 강요하는 것으로서 행정지도의 한계를 일탈한 위법한 행정지도에 해당하여 불법행위를 구성한다. 위법한 행정지도로 상대방에게 일정 기간 어업권을 행사하지 못하는 손해를 입힌 행정기관이 "어업권 및 시설에 대한 보상 문제는 관련 부서와의 협의 및 상급기관의 질의, 전문기관의 자료에 의하여 처리해야 하므로 처리 기간이 지연됨을 양지하여 달라"라는 취지의 공문을 보낸 사유만으로 자신의 채무를 승인한 것으로 볼 수 없다.

행정기관의 위법한 행정지도로 일정 기간 어업권을 행사하지 못하는 손해를 입은 자가 그 어업권을 타인에게 매도하여 매매대금 상당의 이득을 얻었더라도 그 이득은 손해배상책임의 원인이 되는 행위인 위법한 행정지도와 상당인과관계에 있다고 볼 수 없고, 행정기관이 배상하여야 할 손해는 위법한 행정지도로 피해자가 일정 기간 어업권을 행사하지 못한 데 대한 것임에 반해 피해자가 얻은 이득은 어업권 자체의 매각대금이므로 위 이득이 위 손해의 범위에 대응하는 것이라고 볼 수도 없어, 피해자가 얻은 매매대금 상당의 이득을 행정기관이 배상하여야 할 손해액에서 공제할 수 없다.

7. 공법상 계약

7-1. 공법상 계약은 법률상 근거가 필요 없으나, 공권력에 의한 일방적 규율 행정에서는 할 수 없다. 공무원 채용계약, 시립무용단원 위촉계약 등이 그 예이다. 그러나 사업인정 후 토지의 협의 취득계약은 사법 계약이며(2010다91206), 물품납품계약, 건축 도급계약, 조달계약도 사법상 계약으로 본다(단 판례는 낙찰자 결정은 처분행위로 본다).

7-2. 국가를 당사자로 하는 계약에 관한 법률이 적용된다.

7-3. 공법상 계약의 하자에 대해서는 민법 원칙이 적용되나, 소송은 공법상 당사자 소송으로 해야 한다. 공법상 계약의 해지는 공익 실현 보장을 위해 변경, 해지 요구권이 유보되는 경우가 많고, 공법상 계약의 불이행에는 민사소송법, 민사집행법상의 절차로 처리된다.

7-4. 공법상 계약에 대한 소송은 공법상 당사자 소송으로(행정소송법 제3조 2호) 해야 하며, 중소기업 정보화 지원사업 협약 해지 및 보조금환수통보(2015두41449), 사회기반시설 민간투자법상의 실시협약(단 그 이전의 협상대상자지정 사업시행자지정은 처분, 2003누6483, 2008두242)에 관한 것은 공법상 당사자 소송으로 해야 한다.

그러나 계약상대방에 대한 권력적 성격이 강한 행위는 처분이 될 수도 있다. 지방 계약직 공무원에 대한 보수 삭감은 징계처분인 감봉처분으로(2006두16328), 입찰참가 자격 제한, 과학기술기본법상의 사업협약 해지 통보가 처분으로 인정되며, 한국연구재단의 협약 해지와 연구팀장 징계요구 통보 중 자체징계요구통보는 처분이 아니라고 한다(2012두28704).

행정기본법안

제31조(공법상 계약의 체결)
① 행정청은 법령 등을 위반하지 않는 범위에서 행정 목적을 달성하기 위하여 필요한 경우에는 공법상 법률관계에 관한 계약(이하 "공법상 계약"이라 한다)을 체결할 수 있다. 이 경우 계약의 목적 및 내용을 명확하게 적은 계약서를 작성하여야 한다.
② 행정청은 공법상 계약의 상대방을 선정하고 계약의 내용을 정할 때 공법상 계약의 공공성과 제3자의 이해관계를 고려하여야 한다.
제32조(공법상 계약의 변경·해지 및 무효)
① 행정청 또는 계약상대방은 공법상 계약이 체결된 후 중대한 사정이 변경되어 계속하여 계약 내용을 이행하는 것이 신의성실의 원칙에 반하는 경우에는 계약 내용의 변경을 요구할 수 있다.
② 행정청은 다음 각호의 어느 하나에 해당하는 경우에는 공법상 계약을 해지할 수 있다.
　　1. 제1항에 따른 계약 내용의 변경이 불가능하거나 변경 시 계약당사자 어느 한쪽에게 매우 불공정할 경우
　　2. 공법상 계약을 이행하면 공공복리에 중대한 영향을 미칠 것이 명백한 경우
③ 공법상 계약의 일부분이 무효일 때에는 그 전부를 무효로 한다. 다만, 그 무효 부분이 없더라도 공법상 계약을 체결하였을 것이라고 인정되는 경우에는 나머지 부분은 무효로 하지 아니한다.

8. 행정상 강제

8-1. 행정상 강제(집행)

행정법상의 의무 불이행에 대해 행정청이 의무자의 신체 또는 재산에 실력을 가하여 그 의무를 이행시키거나 이행한 것과 동일한 상태를 실현하는 작용이다. 행정상 강제집행이 인정되는 경우 민사상 강제집행은 허용되지 않는다. 그러나 행정상 강제집행을 인정하는 법률이 존재하지 않거나, 법률이 존재하더라도 (공익사업토지취득보상법 제89조 제1항 : 수용목적물인 토지나 물건의 인도 또는 이전에 관하여 사업시행자가 지자체장에게 대집행신청) 행정상 강제집행이 불가능한 경우 등 권리실현에 장애가 있게 되는 특별한 사정이 있다면 행정상 의무강제를 위해 민사상 강제집행 수단을 이용할 수 있다.[1]

> **행정기본법안**
> 제33조(행정상 강제)
> ① 행정청은 행정 목적을 달성하기 위하여 필요한 경우에는 법률로 정하는 바에 따라 필요한 최소한의 범위에서 다음 각호의 어느 하나에 해당하는 조치를 할 수 있다.
> 1. 행정대집행: 의무자가 행정상 의무(법령 등에서 직접 부과하였거나 행정청이 법령 등에 따라 부과한 의무를 말한다. 이하 이 절에서 같다)로서 타인이 대신하여 행할 수 있는 의무를 이행하지 않는 경우 행정청이 의무자가 하여야 할 행위를 스스로 하거나 그 행위 권한을 위임·위탁받은 자에게 하게 하고 그 비용을 의무자로부터 징수하는 것
> 2. 이행강제금의 부과: 의무자가 행정상 의무를 이행하지 않는 경우 적절한 이행 기간을 부여하고 그 기한까지 행정상 의무를 이행하지 않으면 금전 급부의무를 부과하는 것
> 3. 직접강제: 의무자가 행정상 의무를 이행하지 않는 경우 의무자의 신체나 재산에 실력을 행사하여 그 행정상 의무의 이행이 있었던 것과 같은 상태를 실현하는 것

4. 강제징수: 의무자가 행정상 의무 중 금전 급부의무를 이행하지 않는 경우 의무자의 재산에 실력을 행사하여 그 행정상 의무가 실현된 것과 같은 상태를 실현하는 것
5. 즉시강제: 현재의 급박한 행정상의 장해를 제거하기 위한 경우로서 다음 각 목의 어느 하나에 해당하는 경우에 행정청이 곧바로 국민의 신체 또는 재산에 실력을 행사하여 행정 목적을 달성하는 것
　가. 행정청이 미리 행정상 의무이행을 명할 시간적 여유가 없는 경우
　나. 그 성질상 의무이행을 명하는 것만으로는 목적 달성이 곤란한 경우
② 행정상 강제 조치에 관하여 이 법에서 정한 사항 외에 필요한 사항은 따로 법률로 정한다.

8-1-1. 행정대집행

8-1-1-1. 공법상 대체적 작위채무의 불이행 시 해당 행정청이 의무를 스스로 행하거나 제3자로 하여금 행하게 하고 그 비용을 의무자로부터 징수하는 것이다(행정대집행법 제2조).

8-1-1-2. 요건은 공법상 대체적 작위의무의 불이행과 비례성(다른 수단 부존재와 최소침해, 불이행 방치 시 심대한 공익훼손)이다. 공공용지취득 손실보상법상의 협의취득 시 철거의무 부담 약정은 공법상 의무가 아니다(2006두7096). 부작위의무와 수인의무는 작위의무가 아니며, 대체적 작위의무로 전환되는 규정이 있어야 한다. [2] [3] 대체성 있는 물건의 인도만 대집행할 수 있고, 토지 건물의 명도는 대체적 의무가 아니어서 대집행대상이 아니다. 도시공원시설(관악산매점시설) 점유자의 퇴거 및 명도의무는 대집행대상이 아니다(매점의 원형을 보존하기 위한 불법 시설물 철거가 목적이 아니라 매점에 대한 점유자의 점유를 배제하고 점유이전을 받기 위한 것이다, 97누157).

8-1-1-3. 대집행의 절차는 계고 → 대집행 영장에 의한 통지 → 대집행 실행 → 대집행비용 징수(납부 명령 강제징수)의 순서이다.

계고는 상당한 이행 기간을 부여하여야 하며 의무이행 내용 범위가 구체적으로 특정되어야 한다. 철거 명령과 계고처분을 1장의 문서로 가능하며, 2차 계고처분은 대집행기한의 연기통지이므로 행정처분이 아니라고 본다.

통지는 대집행수인의무와 대집행실행권을 발생시킨다.

실행은 시간제한이 있다(제4조 : 해가 뜨기 전이나 해가 진 후에는 대집행을 하여서는 아니 된다. 다만 의무자가 동의한 경우, 해가 지기 전에 대집행을 착수한 경우, 해가 뜬 후부터 해가 지기 전까지 대집행을 하는 경우, 대집행의 목적 달성이 불가능한 경우, 그 밖에 비상시 또는 위험이 절박한 경우 등은 예외이다). 실력으로 저항을 배제하는 권한이 포함되어 있는가에 대하여 건물철거의무에 퇴거 의무도 포함되어 있고, 점유자들이 위력으로 방해하는 경우 경찰관직무집행법상의 위험 발생방지조치, 공무집행방해죄의 범행방지 또는 현행범체포 등 경찰 원조 이후 가능하다고 한다(2016다213916).

비용납부 명령과 국세징수법에 따른 강제징수가 가능하다.

8-1-2. 이행강제금(집행벌)

비대체적 작위의무와 대체적 작위의무의 불이행 시 이행강제금을 부과하여 간접강제 하는 방식이다. 대집행과 이행강제금의 중첩적 부과가 가능하다. 이행강제금은 상속되지 않는다. 철거 명령 등 시정명령이 이행될 때까지 반복하여 연 2회 부과 징수할 수 있다(건축법 제83조). 농지법 제62조와 부동산실명법 제6조는 매년 1회 부과할 수 있다고 규정하고 있다. 의무이행 기간이 지난 후에라도 의무이행을 하면 이행강제금을 부과할 수 없다(2015두36454). 이행강제금 부과 이전에 시정명령을 다시 거칠 필요는 없지만 상당한 기간의 이행 계고를 문서로 하여야 한다(2012두19137).

행정기본법안

제34조(이행강제금의 부과)

① 이행강제금의 근거가 되는 법률에는 이행강제금에 관한 다음 각호의 사항을 명확하게 규정하여야 한다.

   1. 부과·징수 주체

   2. 부과요건

   3. 부과 금액 및 금액 산정기준

   4. 연간 부과 횟수나 횟수의 상한, 다만, 이행강제금 반복 부과 횟수를 제한할 경우 입법 목적이나 입법 취지를 훼손할 우려가 크다고 대통령령으로 정하는 경우는 제외한다.

② 행정청은 다음 각호의 사항을 고려하여 이행강제금의 부과 금액을 가중하거나 감경할 수 있다.

   1. 의무 불이행의 동기, 목적 및 결과

8-1-3. 직접강제

의무자의 신체나 재산에 실력을 가해 의무이행을 시키는 것이다. 영업장 사업장의 폐쇄(먹는 물 관리법 제46조 제1항), 외국인의 강제퇴거(출입국관리법 제46조), 영업장 폐쇄조치(식품위생법 제79조) 등이 있으며, 엄격한 절차법적, 실체법적 통제를 받는다.

8-1-4. 강제징수

공법상 금전 의무 불이행에 대하여 재산에 실력을 가해 의무이행시키는 것이다. 국세징수법, 지방세법, 토지보상법 등에 규정이 있다.

절차로는 독촉 → 체납처분 [재산 압류 → 압류재산 매각(환가처분) → 청산(충당)]을 거친다. 환가처분은 매각예정가격 결정 → 공매공고 → 공매통지 → 공매로 한다.

불복절차는 국세기본법에 따른다.

8-2. 즉시강제

급박한 행정상의 장해를 제거할 필요가 있는데 미리 의무를 명할 시간적 여유가 없고 성질상 의무를 명하여서는 목적을 달성하기 곤란한 경우에 즉시 국민의 신체·재산에 실력을 가해 행정상 필요한 상태를 실현하는 것이다. 전염병 환자 강제입원, 소방장애물 제거, 출입국관리법상 강제퇴거, 도로교통법상 주차위반 차량 견인 보관조치, 불법 게임물의 수거 삭제 폐기(2000헌가12), 살처분 등이 있다.

적합성의 원칙, 필요성의 원칙(최소침해), 비례의 원칙에 맞아야 하며, 절차상 영장주의가 적용 안 될 수도 있다(93추83). 그리고 보안관찰법상의 동행 보호 규정도 이에 해당한다고 본다(96다56115).

인신보호법 제2조 제1항 제3호에 불복절차가 있다.

행정기본법안
제36조(즉시강제)
① 즉시강제는 다른 수단으로는 행정 목적을 달성할 수 없는 경우에만 허용되며, 이 경우에도 최소한으로만 실시하여야 한다.
② 즉시강제를 실시하기 위하여 현장에 파견되는 집행책임자는 그가 집행책임자라는 것을 표시하는 증표를 보여 주어야 하며, 즉시강제의 이유와 내용을 고지하여야 한다.

8-3. 행정벌

8-3-1. 행정형벌과 행정질서벌이 있는데, 행정형벌의 탈범죄화(행정질서벌화) 정책이 적용되는 경우가 많아지고 있다. 법규위반이 비교적 경미한 경우 전과자의 양산을 막기 위해 과태료를 부과한다. 형벌에 해당하는 행정법규 위반행위에 대하여 중간적 성격의 벌칙인 범칙금을 부과하는데, 경찰서장의 통고처분으로 행해지며, 불복 시 즉결심판으로 회부하여 형벌을 과하게 된다.

8-3-2. 행정형벌

행정법상 의무를 위반한 자에게 형법에 규정된 형벌이 가해지는 제재이다. 법률의 제정에 따라 반사회적 행위로 되므로 형사범보다 위법성의 인식 가능성이 없는 경우가 넓어지나, 사람에 따라 위법성 인식 가능성이 다르게 된다(사업자에게는 위법성 인식 가능성이 있음). 과실범의 명문 규정이 있는 경우는 물론이고 행정형벌법규의 해석상 과실 행위의 처벌이 도출되는 경우도 처벌된다(92도1136). 양벌규정이 있는 경우가 많다(종업원과 사업주, 미성년자와 법정대리인). 법인 대표자, 종업원뿐만 아니라 법인(지자체 등 공공단체 포함)도 처벌되는 경우가 많다.

행정형벌의 과벌 절차는 원칙적으로 형사소송법 절차에 따르나, 통고처분(조세범, 관세범, 출입국관리 사범, 교통사범)에 대한 이의, 범칙금의 기간 내 미납부는 즉결심판청구 또는 고발로 처리되고, 즉결심판절차법이나 형사소송법에 따라 처리된다.

행정형벌규정의 변경, 폐지가 사정변경에 따른 규제 범위의 합리적 조정의 필요에 의한 것이라면 이미 범해진 행위에 대하여 가벌성이 소멸하는 것은 아니다.[4]

8-3-3. 행정질서벌(과태료)

정보제공적 신고의무 위반과 같이 행정 목적을 간접적으로 침해하는 행위에 대해 과벌하는 것이다. 질서위반행위규제법을 근거로 하며, 불복하는 경우 비송사건절차법에 따른다. 과태료 처분대상인 위반행위를 함부로 유추 해석하거나 확대해석해서는 안 된다(2006마724). 5년 내 미징수면 시효로 소멸한다(제15조). 행정질서벌인 과태료를 납부한 후에 형사처분해도 일사부재리의 원칙에 반하지 않는다(2000도3874). 행정질서벌은 행정형벌과 목적 기능이 중복되는 면이 없지 않으므로 동일한 행위를 대상으로 형벌을 부과하면서 아울러 행정질서벌로서의 과태료까지 부과하는 것은 이중처벌금지의 기본정신에 배치되어 국가 입법권의 남용이 될 여지가 있다(92헌바38).

질서위반행위규제법 제11조에 의하면 법인에 과태료를 부과하는 경우 고의·과실, 위법성의 착오, 책임연령, 심신미약 등의 규정을 적용하지 않는다고 한다. 즉 고용주 등의 과실이 없어도 부과한다. 행위 시의 법률에 따르나 행위 후 법률 변경으로 가벼운 처벌 규정이 있는 경우는 변경된 법률을 적용하며, 과태료 재판 확정 후 질서위반행위가 되지 않게 된 경우는 징수 또는 집행을 면제한다(제3조). 위법성 착오에 정당한 이유 있으면 부과 안 하나(제8조), 단 도로교통법 규정에 따른 고용주 등의 경우 예외이다(제11조). 책임연령은 14세이다(제9조).

법원의 재판에 따라 부과되는 것이 원칙이며, 행정청에 의한 부과의 경우 이의 제기하면 효력이 상실되고 관할 법원에 통보하여 법원 재판으로 진행된다. 불복은 즉시항고로 하며 이 경우 집행정지 효력(제38조)이 있다. 검사의 명령으로 집행하며, 명령은 집행력 있는 집행권원과 동일한 효력이 있다. 집행은 민사집행법, 국세징수법, 지방세법의 절차에 따른다.

8-4. 과징금

행정법규 위반, 행정의무 위반으로 경제적 이익을 얻은 경우의 제재금으로서 경제적 이득의 환수 성격이 있다. 변형된 과징금으로 영업정지 처분에 갈음하는 과징금도 있는데, 영업정지로 시민 불편, 국민경제 피해 우려가 있는 경우에 한다. 납부기한까지 과징금을 납부하지 않으면 취소 후 사업정지 처분이 가능하다(석유 및 석유대체연료 사업법 제35조 제5항).

벌금이나 범칙금 이외에 과징금을 부과하는 것은 이중처벌금지 원칙에 반하지 않는다고 한다(2005두17287).

과징금부과처분의 기준 즉 재량준칙이 법규명령으로 정해진 경우는 최고한도를 정한 법규명령으로 보고, 행정규칙으로 정한 경우에는 부과기준이 현저히 부당하지 않은 한 존중해야 한다고 본다.

행정기본법안
제27조(과징금)
① 행정청은 법령 등에 따른 의무를 위반한 자에 대하여 법률로 정하는 바에 따라 그 위반행위에 대한 제재로서 과징금을 부과할 수 있다.
② 과징금의 근거가 되는 법률에는 과징금에 관한 다음 각호의 사항을 명확하게 규정하여야 한다.
　　1. 부과·징수 주체
　　2. 부과 사유
　　3. 상한액
　　4. 가산금을 징수하려는 경우 그 사항
　　6. 과징금 또는 가산금 체납 시 강제징수하려는 경우 그 사항
제28조(과징금의 납부기한 연장 및 분할 납부)
과징금은 한꺼번에 납부하는 것을 원칙으로 한다. 다만, 행정청은 과징금을 부과받은 자가 다음 각호의 어느 하나에 해당하는 사유로 과징금 전액을 한꺼번에 내기 어렵다고 인정될 때에는 그 납부기한을 연장하거나 분할 납부하게 할 수 있으며, 이 경우 필요하다고 인정하면 담보를 제공하게 할 수 있다.
　　1. 재해 등으로 재산에 현저한 손실을 입은 경우
　　2. 사업 여건의 악화로 사업이 중대한 위기에 처한 경우
　　3. 과징금을 한꺼번에 내면 자금 사정에 현저한 어려움이 예상되는 경우
　　4. 그 밖에 제1호부터 제3호까지에 준하는 경우로서 대통령령으로 정하는 사유가 있는 경우

8-5. 명단의 공표

위반자 성명, 위반 사실을 일반에게 공개하여 명예, 신용에 대해 침해를 가함으로써 심리적인 압박을 가하여 행정법상의 의무이행을 확보하는 간접강제 수단이다. 고액 상습세금체납자 명단공개(국세기본법 제85조의 5), 위반건축물표지의 설치(건축법 제79조 제4항), 미성년자에 대한 성범죄자의 등록정보 공개(아동·청소년의 성 보호법 제38조) 등이 있다. 명단공표 결정 통보되는 경우는 통보가 행정행위이고, 공표는 단순 집행 사실행위이며, 명단공표 결정 통보가 안 되는 경우에는 공표가 권력적 사실행위이다.

행정기본법안 - 최종안에서는 삭제되었으나 참고용으로 표시한다.
제00조(위반 사실 등의 공표)
① 행정청은 법령에 따른 의무를 위반한 자의 성명·법인명, 위반 사실, 의무위반을 이유로 한 처분 사실 등(이하 "위반 사실 등"이라 한다)을 법률로 정하는 바에 따라 일반에게 공표할 수 있다.

> ② 행정청은 위반 사실 등의 공표를 하기 전에 사실과 다른 공표로 인하여 당사자의 명예·신용 등이 훼손되지 아니하도록 객관적이고 타당한 증거와 근거가 있는지를 확인하여야 한다.
> ③ 행정청은 위반 사실 등의 공표를 할 때는 미리 당사자에게 그 사실을 통지하고 의견제출의 기회를 주어야 한다. 다만, 다음 각호의 어느 하나에 해당하는 경우에는 그러하지 아니하다.
>   1. 공공의 안전 또는 복리를 위하여 긴급히 공표할 필요가 있는 경우
>   2. 해당 공표의 성질상 의견청취가 현저히 곤란하거나 명백히 불필요하다고 인정될 만한 타당한 이유가 있는 경우
>   3. 당사자가 의견 진술의 기회를 포기한다는 뜻을 명백히 밝힌 경우
> ④ 행정청은 위반 사실 등의 공표를 하기 전에 당사자가 공표와 관련된 의무의 이행, 원상회복, 손해배상 등의 조치를 마친 경우에는 위반 사실 등의 공표를 하지 아니할 수 있다.
> ⑤ 행정청은 공표된 내용이 사실과 다른 것으로 밝혀지거나 공표에 포함된 처분이 취소·철회된 경우에는 그 내용을 정정하여 해당 공표와 같은 방법으로 공표된 기간 이상 공표하여야 한다.

8-6. 가산세, 가산금

가산세는 세법상 의무의 성실한 이행 확보를 위해 세액에 가산하여 징수되는 세금(국세기본법 제2조 제4호)이며, 가산금은 납부기한까지 납부되지 않는 미납분에 관한 지연이자 의미의 부대세(2000두2013)로 3% 가산한다.[5]

중가산금은 일종의 집행벌(이행강제금)로서 1월에 1.2%를 적용하고, 60월을 초과해서는 안 되며, 100만 원 미만 세액에는 적용되지 않는다(국세징수법 제21조, 제22조).

가산금, 중가산금의 고지는 항고소송 대상 처분이 아니나(2011두10232), 가산금, 중가산금 납부독촉은 항고소송 대상 처분이다.

8-7. 공급거부(행정법상 의무위반, 의무불이행자에 대하여 행정상 서비스 재화 공급 거부로 전기, 수도 등 공급거부가 있으며, 비례원칙, 부당결부금지 원칙이 적용되어 실질적 관련성이 고려된다), 관허사업 제한(관련 관허사업 제한과 일반적 관허사업 제한이 있으며, 건축법 제79조 제1항, 제2항, 국세징수법 제7조, 질서위반행위규제법 제52조 등에 규정되어 있다. 비례원칙과 부당결부금지 원칙이 적용된다.), 시정명령[6], 영업정지 등 제재 조치, 차량사용정지, 취업제한, 신고포상금제, 국외여행 제한 등의 행정의 실효성 확보를 위한 수단이 있다.

주석 [행정상 강제]

---

1) ♣ **대법원 2017. 4. 28. 선고 2016두39498 판결 [청산금]**

도시정비법 제57조 제1항에 규정된 청산금의 징수에 관하여는 지방세 체납처분의 예에 의한 징수 또는 징수 위탁과 같은 간이하고 경제적인 특별구제절차가 마련되어 있으므로, 시장·군수가 사업시행자의 청산금 징수 위탁에 응하지 아니하였다는 등의 특별한 사정이 없는 한 시장·군수가 아닌 사업시행자가 이와 별개로 공법상 당사자 소송의 방법으로 청산금 청구를 할 수는 없다.

성남시 수정구 (주소 생략) 외 7필지 지상의 동보빌라를 철거하고 아파트를 신축하는 사업의 공동 시행자인 원고들이 원고 동보빌라 주택재건축정비사업조합('원고 조합')의 조합원으로서 위 사업에 따라 신축된 아파트를 분양받은 피고들에 대하여 청산금('이 사건 청산금')의 지급을 구하는 소를 제기하였다. 원고 조합이 2015. 6. 22. 성남시에 대하여 이 사건 청산금의 징수를 위탁하는 취지로 업무협조를 요청하였으나, 성남시는 2015. 6. 26. 이 사건 청산금의 징수 위탁을 거절하였다. 성남시장이 시장·군수가 아닌 사업시행자인 원고들의 징수 위탁을 거절함으로써 징수 절차에 의한 이 사건 청산금의 권리실현에 장애가 있게 되는 특별한 사정이 있다고 볼 수 있으므로, 원고들이 피고들을 상대로 공법상 당사자 소송에 의하여 이 사건 청산금의 지급을 구하는 이 사건 소는 허용된다.

2) ♣ **대법원 1996. 6. 28. 선고 96누4374 판결 [유치원시설물 철거 대집행계고처분 취소]**

행정대집행법 제2조는 대집행의 대상이 되는 의무를 "법률(법률의 위임에 의한 명령, 지방자치단체의 조례를 포함)에 의하여 직접 명령되었거나 또는 법률에 의거한 행정청의 명령에 의한 행위로서 타인이 대신하여 행할 수 있는 행위"라고 규정하고 있으므로, 대집행계고처분을 하기 위해서는 법령에 따라 직접 명령되거나 법령에 근거한 행정청의 명령에 의한 의무자의 대체적 작위의무 위반행위가 있어야 한다. 따라서 단순한 부작위의무의 위반, 즉 관계 법령에 정하고 있는 절대적 금지나 허가를 유보한 상대적 금지를 위반한 경우에는 당해 법령에서 그 위반자에 대하여 위반에 따라 생긴 유형적 결과의 시정을 명하는 행정처분의 권한을 인정하는 규정(예컨대, 건축법 제79조, 도로법 제74조, 하천법 제73조, 공원녹지법 제25조, 옥외광고물 등 관리법 제10조 등)을 두고 있지 아니한 이상, 법치주의의 원리에 비추어 볼 때 위와 같은 <u>부작위의무로부터 그 의무를 위반함으로써 생긴 결과를 시정하기 위한 작위의무를 당연히 끌어낼 수는 없으며, 또 위 금지 규정(특히 허가를 유보한 상대적 금지 규정)으로부터 작위의무, 즉 위반결과의 시정을 명하는 권한이 당연히 추론되는 것도 아니다.</u>

주택건설촉진법 제38조 제2항은 공동주택 및 부대시설·복리시설의 소유자·입주자·사용자 등은 부대시설 등에 대하여 도지사의 허가를 받지 않고 사업계획에 따른 용도 이외의 용도에 사용하는 행위 등을 금지하고(정부조직법 제5조 제1항, 행정 권한의 위임 및 위탁에 관한 규정 제4조에 따른 인천광역시 사무위임규칙에 따라 위 허가권이 구청장에게 재위임되었다), <u>그 위반행위에 대하여 위 주택건설촉진법 제52조의 2 제1호에서 1천만 원 이하의 벌금에 처하도록 하는 벌칙 규정만을 두고 있을 뿐</u>, 건축법 제69조 등과 같은 부작위의무 위반행위에 대하여 대체적 작위의무로 전환하는 규정을 두고 있지 아니하므로 <u>위 금지 규정으로부터 그 위반결과의 시정을 명하는 원상복구 명령을</u>

할 수 있는 권한이 도출되는 것은 아니다. 결국, 행정청의 원고에 대한 원상복구 명령은 권한 없는 자의 처분으로 무효라고 할 것이고, 위 원상복구 명령이 당연무효인 이상 후행 처분인 계고처분의 효력에 당연히 영향을 미쳐 그 계고처분 역시 무효로 된다.

3) ♣ 대법원 2010. 6. 24. 선고 2010두1231 판결 [행정대집행계고처분 취소]

피고가 이 사건 계고처분의 근거법령으로 삼은 이 사건 조항은 "시행자는 제56조 제1항의 규정에 따라 환지예정지를 지정하는 경우, 제58조 제1항의 규정에 따라 종전의 토지에 관한 사용 또는 수익을 정지시키는 경우나 공공시설의 변경 또는 폐지에 관한 공사를 시행하는 경우에 필요한 때에는 시행지구 안에 있는 건축물 등 및 장애물 등을 이전하거나 제거할 수 있다"라고 규정하고 있을 뿐이어서, 건축물 등의 소유자 또는 점유자에게 직접 그 이전 또는 제거의무를 부과하는 규정이 아님은 법문상 명백하다. 나아가, 이 사건 조항은 사업시행자에게 사업의 목적을 달성하기 위하여 필요한 경우 시행지구 안에 있는 건축물 등을 이전하거나 제거할 수 있도록 규정하고 있으나 사업시행자가 건축물 등의 소유자 또는 점유자에 대하여 그 이전 또는 제거를 명할 수 있는 것으로는 규정하고 있지 아니한 점, 한편 사업시행지구 안에 있는 건축물 등이 법 제39조의 규정을 위반하여 설치된 위법건축물 등일 경우에는 법 제39조 제3항에서 그 소유자 또는 점유자에게 이전 또는 원상회복이나 기타 필요한 조치를 명할 수 있도록 따로 규정하고 있는 점, 이 사건 조항의 취지는 사업의 시행에 장애가 되는 위법 상태를 시정하려는 것이 아니라 사업의 목적 달성에 필요한 상태를 적극적으로 실현하려는 데 있으므로 이 사건 조항에 따른 건축물 등의 이전 또는 제거에 소요되는 비용은 사업에 필요한 비용으로서 법 제72조에 따라 사업시행자가 부담한다고 해석되는 점, 따라서 사업시행자가 이 사건 조항에 근거하여 건축물 등의 소유자 또는 점유자에게 그 이전 또는 제거를 명함으로써 그러한 비용을 부담시킬 수 있다고 본다면 부당한 점 등을 종합해 보면, 이 사건 조항은 사업시행자에게 직접 건축물 등을 이전하거나 제거할 수 있는 권능을 부여하는 규정일 뿐, 사업시행자에게 건축물 등의 소유자 또는 점유자에 대하여 그 이전 또는 제거를 명할 수 있는 권능까지 부여하는 규정이라고 할 수 없다.

이와 같이 이 사건 조항은 원고들에게 직접 이 사건 지장물의 이전의무를 명하는 법령이 아닐 뿐 아니라, 피고가 원고들에게 그러한 의무를 명할 수 있는 근거법령이 될 수도 없다. 한편 피고가 원고들에게 여러 차례 이 사건 지장물의 자진 이전을 요구해 왔다 하더라도 이를 이 사건 지장물의 이전을 명한 피고의 행정처분이라고 볼 수 없으며, 달리 기록상 피고가 이 사건 조항이 아닌 다른 법령에 근거하여 적법하게 위와 같은 행정처분을 하였다고 볼 자료도 없다.

그렇다면, 이 사건 계고처분은 원고들에게 행정대집행법 제2조가 정한 바에 따라 명령된 이 사건 지장물 이전의무가 없음에도 그러한 의무의 불이행을 사유로 행하여진 것이어서 위법하고, 이 사건 통지처분 또한 위와 같이 위법한 이 사건 계고처분을 전제로 행하여진 것이므로 위법하다.

4) ♣ 대법원 2007. 9. 6. 선고 2007도4197 판결 [개발제한구역의 지정 및 관리에 관한 특별조치법 위반]

종전에 허가를 받거나 신고를 하여야만 할 수 있던 행위 일부를 허가나 신고 없이 할 수 있도록 법령이 개정되었다 하더라도 이는 법률 이념의 변천으로 과거에 범죄로서 처벌하던 일부 행위에 대한 처벌 자체가 부당하다는 반성적 고려에서 비롯된 것이라기보다는 사정의 변천에 따른 규제 범위의 합리적 조정의 필요에 따른 것이라고 보이므로, 위 개발제한구역의 지정 및 관리에 관한 특별조치법과 같은 법 시행규칙의 신설 조항들이 시행되기 전에 이미 범하여진 개발제한구역 내 비닐하우스 설치행위에 대한 가벌성이 소멸하는 것은 아니다.

개발제한구역의 지정 및 관리에 관한 특별조치법("개발제한구역법")이 개발제한구역 내의 건축물 용도변경행위에 관하여 건축법과는 전혀 다른 체계와 내용의 규제방법을 규정하여 시행하고 있는 이상, 개발제한구역 내에서 행하여지는 건축물의 용도변경행위에 관하여는 건축법과 건축법 시행령이 정한 건축물 용도의 분류나 용도변경 규제방법이 적용될 여지가 없고, 만일 개발제한구역 내의 건축물의 용도변경행위가 건축법과 건축법 시행령에 따를 경우, 하위 시설군으로의 용도변경이라거나 동일한 시설군 내에서의 용도변경에 해당한다 하여 허가대상이 아니라 신고대상이라거나 또는 신고대상조차 아닌 것으로 해석할 경우, 이는 도시의 무질서한 확산을 방지하고, 도시 주변의 자연환경을 보전하여 도시민의 건전한 생활환경을 확보하기 위하여 개발제한구역 내에서의 건축 및 용도변경행위 등을 원칙적으로 금지하면서 예외적으로 일정한 요건의 충족을 전제로 허가대상 행위와 신고대상 행위로 엄격히 구분하여 이를 규제하고자 하는 개발제한구역의 지정 및 관리에 관한 특별조치법의 취지가 몰각되어 버리는 불합리가 발생한다. 따라서 건축법상으로는 양잠·양봉·양어시설이 축사와 동일한 용도의 건축물로 분류되어 있더라도 개발제한구역에서 건축물을 축사로 사용하는 것과 양어시설로 사용하는 것은 개발제한구역의 지정 및 관리에 관한 특별조치법상으로는 그 용도를 달리하는 것이라고 보아야 한다. 건축법령에서와 달리 개발제한구역법령에서는 축사와 양어시설을 그 용도를 구분하여 규정하고 있으므로, 개발제한구역에서 축사 내부의 퇴비사와 사료저장고를 관상어 배양장 및 작업장으로 허가 없이 용도 변경하여 사용한 것은 축사를 양어시설로 무단 용도 변경한 행위로서 개발제한구역의 지정 및 관리에 관한 특별조치법 위반죄에 해당한다.

5) ♣ 대법원 2005. 1. 27. 선고 판결 [부가가치세부과처분 취소]
주택은행의 주택복권 발행에 대한 부가가치세 부과처분이 신의성실의 원칙에 위반되지 않는다. 세법상 가산세는 과세권의 행사 및 조세채권의 실현을 용이하게 하기 위하여 납세자가 정당한 이유 없이 법에 규정된 신고, 납세 등 각종 의무를 위반한 경우에 개별세법이 정하는 바에 따라 부과되는 행정상의 제재로서 납세자의 고의, 과실은 고려되지 않는 반면, 이와 같은 제재는 납세의무자가 그 의무를 알지 못한 것이 무리가 아니었다고 할 수 있어서 그를 정당시할 수 있는 사정이 있거나 그 의무의 이행을 당사자에게 기대하는 것이 무리라고 하는 사정이 있을 때 등 그 의무해태를 탓할 수 없는 정당한 사유가 있는 경우에는 이를 과할 수 없다. 주택은행이 주택복권의 발행에 대하여 그의 세금계산서 발행의무나 신고·납부의무를 알지 못한 것에 그 의무해태를 탓할 수 없는 정당한 사유가 있다.

6) ♣ 대법원 2010. 11. 11. 선고 2008두20093 판결 [시정명령취소]
하도급거래 공정화에 관한 법률 제25조 1항은 공정거래위원회는 같은 법 제13조, 제16조 등의 규정을 위반한 원사업자에 대하여 하도급 대금 등의 지급, 법 위반행위의 중지 기타 '당해 위반행위의 시정'에 필요한 조치를 권고하거나 명할 수 있다고 규정하고 있다. 위 법이 제13조, 제16조 등의 위반행위 그 자체에 대하여 과징금을 부과하고(제25조의 3 제1항) 형사처분을 하도록(제30조 제1항) 규정하고 있는 것과 별도로 그 위반행위를 이유로 한 시정명령의 불이행에 대하여도 형사처분을 하도록(제30조 제2항 제2호) 규정하고 있는 점 및 이익 침해적 제재규정의 엄격 해석원칙 등에 비추어 보면, 비록 위 법 제13조, 제16조 등의 위반행위가 있었더라도 그 위반행위의 결과가 더 이상

존재하지 않는다면, 위 법 제25조 제1항에 의한 시정명령을 할 수 없다고 보아야 한다.

♣ **대법원 2003. 2. 20. 선고 2001두5347 전원합의체 판결 [의결처분 취소청구]**
독점규제 및 공정거래에 관한 법률에 따른 시정명령이 지나치게 구체적인 경우, 매일
매일 다소간의 변형을 거치면서 행해지는 수많은 거래에서 정합성이 떨어져 결국 무의
미한 시정명령이 되므로 그 본질적인 속성상 다소간의 포괄성·추상성을 띨 수밖에 없
다 할 것이고, 한편 시정명령 제도를 둔 취지에 비추어 시정명령의 내용은 과거의 위반
행위에 대한 중지는 물론 가까운 장래에 반복될 우려가 있는 동일한 유형의 행위 반복
금지까지 명할 수는 있는 것으로 해석함이 상당하다.

9. 행정절차

9-1. 행정작용에서 사전통지, 의견청취, 이유제시 등 사전절차를 의미한다. 행정의 절차적 통제, 행정에 대한 이해관계인 등 국민의 참여, 국민권익 침해에 대한 예방을 위해 규정하고 있다. 법적 근거는 적법절차 원칙(헌법 제2조 제3항), 행정절차법, 민원처리에 관한 법률, 개별법(국가공무원법 제13조 소청심사 절차 시 의견진술 기회 부여) 등이 있다.[1]

9-2. 행정절차법의 내용

9-2-1. 일반원칙으로 신의성실, 신뢰 보호, 투명성(제4조, 제5조)을 규정하고, 주체로는 행정청, 당사자 등, 대표자, 대리인(제2조 제4호, 제10조, 제12조, 제13조) 이 있으며, 진행은 직권주의, 행정응원, 우편 교부나 정보통신망 송달(제14조, 제15조)로 하고, 종류로는 처분절차, 신고절차, 입법예고절차, 행정예고절차, 행정지도절차 등을 정하고 있다.

9-2-2. 처분절차는 처분신청 → 처리 기간 설정 공표 → 처분기준 설정 공표로 하되, 의무 부과, 권익 제한처분의 경우 처분의 사전통지(제21조), 의견청취, 이유제시 등의 절차를 거쳐야 한다. 불특정다수인을 상대로 한 의견청취(제22조), 청문(제30조~제35조), 공청회, 전자공청회(제38조), 의견제출(제27조)을 규

정하고 있으며, 이유제시(제23조)는 결정 고려 요소인 사실상 법률상 근거를 상대방이 이해할 수 있을 정도로 구체적으로 하여야 한다.

신청거부처분은 사전통지 대상이 아니며(2003두674), 현장조사 시 위반 사실 시인, 위반 경위의 진술이 있어도 사전통지를 해야 한다(2016두41811). 국민건강보험법령 상의 요양급여 상대가치점수 변경·조정 고시는 의견제출기회를 부여 안 해도 되며(2012두7745), 청문통지서 반송, 청문일시 불출석이 있다 해도 청문을 해야 하고(2000두3337), 행정청과 당사자 사이에 협약 체결 시 의견청취 절차 배제 조항을 정해도 법상 청문 실시 규정의 적용이 배제되지 않는다(2002 두8350).[2]

문서주의(제24조)이며, 전자문서는 당사자 등의 동의가 있어야 한다.

9-2-3. 신고절차(제40조), 입법예고절차(제41조; 예외 --- 국민의 권리 의무 또는 일상생활과 무관한 경우, 긴급, 상위 법령의 단순 집행, 예고가 공익에 현저히 불리한 영향을 주는 경우), 행정예고(제46조), 행정지도(제48조~제51조) 등이 규정되어 있다.

9-3. 복합민원절차

9-3-1. 다수 관계기관의 허가, 인가, 승인, 추천, 협의, 확인 등을 받아야 하거나, 하나의 허가로 다른 허가가 의제되는 경우(인허가 의제제도)의 처리에 관한 것으로 민원처리에 관한 법률의 복합민원 처리(제31조)에 근거가 있다.

9-3-2. 인허가 의제제도의 경우 민원창구 단일화(원스톱행정)와 법률 의제 이론에 근거하고 있는데, 주된 인허가기관에 의제되는 관련 인허가 첨부서류 제출하여야 한다(예를 들어 건축법 제8조의 건축허가는 국토계획이용법 제56조의 개발행위허가와 농지법 제36조 제1항의 농지전용허가 등 11개 인허가가 의제된다).

주된 인허가기관의 결정 방식에 대하여 학설은 실체집중설(주된 인허가요건 충족 여부만 심사), 제한적 실체집중설(관련 인허가요건을 이익형량 요소로 종합적 고려), 독립판단설(실체집중부정설, 절차집중설 --- 관련 인허가요건 충족 여부도 심사한다) 등이 있는데, 판례는 독립판단설을 따르고 있다.[3] 그래서 관련 인허가요건의 미비로 주된 인허가가 거부되는 경우, 관련 인허가 거부처분이 존재하는 것이 아니며, 주된 인허가거부처분에 대한 불복절차에서 관련 인허가요건을 다툴 수 있으며, 따로 관련 인허가거부처분이 존재하는 것은 아니라고 한다. 다만 이해관계인이 관련 인허가의 위법을 다투고자 하는 경우, 주된 처분이 아니라 관련 인허가 처분을 항고소송의 대상으로 하여야 한다고 한다.[4]

관련 인허가행정기관과의 협의 규정이 없는 경우에 자문설과 동의설이 있는데, 판례는 주택건설촉진법상의 관계기관장과의 협의를 거쳤으면, 의제되는 도시계획법 인허가 상의 의견청취 절차는 불필요하다고 본다(2016두38792).

관련 인허가에 대한 취소나 철회는 허용되며, 관련 인허가의 직권취소나 철회는 항고소송의 대상이 되는 처분이다(2017두48734; 창업사업계획승인과 산지 점용허가)

9-3-3. 복수의 허가를 받아야 하는 경우는 각 신청에 대한 인허가요건 충족 여부만 심사 판단한다. 단 근거법령에서 다른 법령상의 인허가 규정을 원용하거나, 다른 법령에 따라 절대적 금지가 되거나, 실현의 객관적 불능이 명백한 경우는 이 사정들을 고려하여 인허가 거부가 가능하다(98두8766, 2000두2341).

9-3-4. 다른 관계기관, 부서의 첨부서류나 정보제공이 필요한 경우 그 구비 여부를 심사할 수 있다. 그러나 하나의 행정기관 내에서 다수의 부서가 관계되는 경우의 부서 간 협의는 행정청 내부 문제일 뿐이다. 부분 인허가 의제는 의제되는 인허가 중 협의가 완료된 일부에 대해 민원인의 요청이 있으면 허용되는데, 사업인정 의제에 따른 수용절차의 조속 개시 등 이익이 있기 때문이다(2009두16305).

행정기본법안

제24조(인허가 의제의 기준)

① 이 절에서 "인허가 의제"란 하나의 인허가(이하 "주된 인허가"라 한다)를 받으면 법률로 정하는 바에 따라 그와 관련된 여러 인허가(이하 "관련 인허가"라 한다)를 받은 것으로 보는 것을 말한다.

② 인허가 의제를 받으려면 주된 인허가를 신청할 때 관련 인허가에 필요한 서류를 함께 제출하여야 한다. 다만, 불가피한 사유로 함께 제출할 수 없는 경우에는 주된 인허가 관청이 정하는 기한까지 제출할 수 있다.

③ 주된 인허가 관청은 주된 인허가를 하기 전에 관련 인허가에 관하여 미리 관련 인허가 관청과 협의하여야 한다.

④ 관련 인허가 관청은 제3항에 따른 협의를 요청받으면 그 요청을 받은 날부터 20일 이내(제5항 단서에 따른 절차에 걸리는 기간은 제외한다)에 의견을 제출하여야 한다. 이 경우 그 기간(민원처리 관련 법령에 따라 처리 기간이 연장 또는 재연장된 경우에는 해당 처리 기간을 말한다) 내에 협의 여부에 관하여 의견을 제출하지 아니하면 협의가 된 것으로 본다.

⑤ 제3항에 따라 협의를 요청받은 관련 인허가 관청은 해당 법령을 위반하여 협의에 응해서는 아니 된다. 다만, 관련 인허가에 필요한 심의, 의견청취 등 절차에 관하여는 법률에 인허가 의제 시에도 해당 절차를 거친다는 명시적인 규정이 있는 경우에만 이를 거친다.

제25조(인허가 의제의 효과)

① 제24조 제3항·제4항에 따라 협의가 된 사항에 대해서는 주된 인허가를 받았을 때 관련 인허가를 받은 것으로 본다.

② 인허가 의제의 효과는 주된 인허가의 해당 법률에 규정된 관련 인허가에 한정한다.

제26조(인허가 의제의 사후관리 등)

① 인허가 의제의 경우 관련 인허가 관청은 관련 인허가를 직접 행한 것으로 보아 관계 법령에 따른 관리·감독 등 필요한 조치를 하여야 한다.

② 주된 인허가가 있었던 후 이를 변경하는 경우 제24조·제25조 및 이 조 제1항을 준용한다.

③ 이 절에서 규정한 사항 외에 인허가 의제의 방법, 그 밖에 필요한 세부 사항은 대통령령으로 정한다.

주석 [행정절차]

1) ♣ **대법원 2013. 1. 16. 선고 2011두30687 판결 [직권면직처분 취소]**

행정절차법 제21조 제1항, 제4항, 제22조에 의하면, 행정청이 당사자에게 의무를 과하거나 권익을 제한하는 처분을 하는 경우에는 미리 처분하고자 하는 원인이 되는 사실과 처분의 내용 및 법적 근거, 이에 대하여 의견을 제출할 수 있다는 뜻과 의견을 제출하지 아니하는 경우의 처리방법 등의 사항을 당사자 등에게 통지해야 하고, 다른 법령 등에서 필수적으로 청문을 실시하거나 공청회를 개최하도록 규정하고 있지 아니한 경우에도 당사자 등에게 의견제출의 기회를 주어야 하되, '당해 처분의 성질상 의견청취가 현저히 곤란하거나 명백히 불필요하다고 인정될 만한 상당한 이유가 있는 경우' 등에는 처분의 사전통지나 의견청취를 아니 할 수 있도록 규정하고 있다. 따라서 행정청이 침해적 행정처분을 하면서 당사자에게 위와 같은 사전통지를 하거나 의견제출의 기회를 주지 않았다면, 사전통지를 하지 않거나 의견제출의 기회를 주지 않아도 되는 예외적인 경우에 해당하지 않는 한, 그 처분은 위법하여 취소를 면할 수 없다.

법 제3조 제2항 제9호, 같은 법 시행령 제2조 제3호의 내용을 행정의 공정성, 투명성 및 신뢰성을 확보하고 국민의 권익을 보호함을 목적으로 하는 행정절차법의 입법 목적에 비추어 보면, 공무원 인사 관계 법령에 의한 처분에 관한 사항이라 하더라도 전부에 대하여 행정절차법의 적용이 배제되는 것이 아니라, 성질상 행정절차를 거치기 곤란하거나 불필요하다고 인정되는 처분이나 행정절차에 준하는 절차를 거치도록 하는 처분의 경우에만 행정절차법의 적용이 배제되는 것으로 보아야 하고, 이러한 법리는 '공무원 인사 관계 법령에 의한 처분'에 해당하는 별정직 공무원에 대한 직권면직처분의 경우에도 마찬가지로 적용된다.

2) ♣ **대법원 2013. 11. 14. 선고 2011두18571 판결 [업무 정지처분취소]**

행정절차법 제23조 제1항은 행정청이 처분을 하는 때에는 당사자에게 그 근거와 이유를 제시하도록 규정하고 있고, 이는 행정청의 자의적 결정을 배제하고 당사자에게 행정구제절차에서 적절히 대처할 수 있도록 하는 데 그 취지가 있다. 따라서 처분서에 기재된 내용과 관계 법령 및 당해 처분에 이르기까지 전체적인 과정 등을 종합적으로 고려하여, 처분 당시 당사자가 어떠한 근거와 이유로 처분이 이루어진 것인지를 충분히 알 수 있어서 그에 불복하여 행정구제절차로 나아가는 데에 별다른 지장이 없었던 것으로 인정되는 경우에는 처분서에 처분의 근거와 이유가 구체적으로 명시되어 있지 않았다고 하더라도 그로 말미암아 그 처분이 위법한 것으로 된다고 할 수는 없다. 일반적으로 당사자가 근거 규정 등을 명시하여 신청하는 인허가 등을 거부하는 처분을 함에 있어 당사자가 그 근거를 알 수 있을 정도로 상당한 이유를 제시한 경우에는 당해 처분의 근거 및 이유를 구체적 조항 및 내용까지 명시하지 않았더라도 그로 말미암아 그 처분이 위법한 것이 된다고 할 수 없다.

행정청이 토지형질변경허가신청을 불허하는 근거 규정으로 「도시계획법 시행령 제20조」를 명시하지 아니하고 「도시계획법」이라고만 기재하였으나, 신청인이 자신의 신청이 개발제한구역의 지정목적에 현저히 지장을 초래하는 것이라는 이유로 구 도시계획법 시행령 제20조 제1항 제2호에 따라 불허된 것임을 알 수 있었던 경우, 그 불허처분이 위법하지 아니하다.

3) ♣ 대법원 2002. 10. 11. 선고 2001두151 판결 [채광계획 불인가처분 취소]

채광계획이 중대한 공익에 배치된다고 할 때는 인가를 거부할 수 있고, 채광계획을 불인가 하는 경우에는 정당한 사유가 제시되어야 하며 자의적으로 불인가를 하여서는 아니 될 것이므로 채광계획인가는 기속재량 행위에 속하는 것으로 보아야 할 것이나, 광업법 제47조의 2 제5호에 의하여 채광계획인가를 받으면 공유수면 점용허가를 받은 것으로 의제되고, 이 공유수면 점용허가는 공유수면 관리청이 공공 위해의 예방 경감과 공공복리의 증진에 기여함에 적당하다고 인정하는 경우에 그 자유재량에 의하여 허가의 여부를 결정하여야 할 것이므로, 공유수면 점용허가가 필요한 채광계획 인가 신청에 대하여도, 공유수면 관리청이 재량적 판단에 따라 공유수면 점용 허가 여부를 결정할 수 있고, 그 결과 공유수면 점용을 허용하지 않기로 하였다면, 채광계획 인가 관청은 이를 사유로 하여 채광계획을 인가하지 아니할 수 있다.

♣ 대법원 2001. 1. 16. 선고 99두10988 판결 [건축허가신청서 반려처분취소]

구 건축법 제8조 제1항, 제3항, 제5항에 의하면, 건축허가를 받은 경우에는 구 도시계획법 제4조에 의한 토지의 형질변경허가나 농지법 제36조에 의한 농지전용허가 등을 받은 것으로 보며, 한편 건축허가권자가 건축허가를 하고자 하는 경우 당해 용도·규모 또는 형태의 건축물을 그 건축하고자 하는 대지에 건축하는 것이 건축법 관련 규정이나 같은 도시계획법 제4조, 농지법 제36조 등 관계 법령의 규정에 적합한지를 검토하여야 할 뿐, 건축불허가처분을 하면서 그 처분 사유로 건축불허가 사유뿐만 아니라 형질변경 불허가 사유나 농지전용불허가 사유를 들고 있다고 하여 그 건축불허가처분 외에 별개로 형질변경 불허가처분이나 농지전용불허가처분이 존재하는 것이 아니므로, 그 건축불허가처분을 받은 사람은 그 건축불허가처분에 관한 쟁송에서 건축법상의 건축불허가 사유뿐만 아니라 같은 도시계획법상의 형질변경 불허가 사유나 농지법상의 농지전용불허가 사유에 대하여도 다툴 수 있는 것이지, 그 건축불허가처분에 관한 쟁송과는 별개로 형질변경 불허가처분이나 농지전용불허가처분에 관한 쟁송을 제기하여 이를 다투어야 하는 것은 아니며, 그러한 쟁송을 제기하지 아니하였어도 형질변경 불허가 사유나 농지전용불허가 사유에 관하여 불가쟁력이 생기지 아니한다.

4) ♣ 대법원 2018. 11. 29. 선고 2016두38792 판결 [임대주택건설사업계획승인처분 취소]

주택법 제17조 제1항에 따르면, 주택건설사업계획 승인권자가 관계 행정청의 장과 미리 협의한 사항에 한하여 승인처분을 할 때 인허가 등이 의제될 뿐이고, 각호에 열거된 모든 인허가 등에 관하여 일괄하여 사전협의를 거칠 것을 주택건설사업계획 승인처분의 요건으로 규정하고 있지 않다. 따라서 인허가 의제 대상이 되는 처분에 어떤 하자가 있더라도, 그로써 해당 인허가 의제의 효과가 발생하지 않을 여지가 있게 될 뿐이고, 그러한 사정이 주택건설사업계획 승인처분 자체의 위법사유가 될 수는 없다. 또한, 의제된 인허가는 통상적인 인허가와 동일한 효력을 가지므로, 적어도 '부분 인허가 의제'가 허용되는 경우에는 그 효력을 제거하기 위한 법적 수단으로 의제된 인허가의 취소나 철회가 허용될 수 있고, 이러한 직권 취소·철회가 가능한 이상 그 의제된 인허가에 대한 쟁송취소 역시 허용된다. 따라서 주택건설사업계획 승인처분에 따라 의제된 인허가가 위법함을 다투고자 하는 이해관계인은, 주택건설사업계획 승인처분의 취소를 구할 것이 아니라 의제된 인허가의 취소를 구하여야 하며, 의제된 인허가는 주택건설사업계획 승인처분과 별도로 항고소송의 대상이 되는 처분에 해당한다.

주택법 제17조 제1항에 인허가 의제 규정을 둔 입법 취지는, 주택건설사업을 시행하는

데 필요한 각종 인허가 사항과 관련하여 주택건설사업계획 승인권자로 그 창구를 단일화하고 절차를 간소화함으로써 각종 인허가에 드는 비용과 시간을 절감하여 주택의 건설·공급을 활성화하려는 데에 있다. 이러한 인허가 의제 규정의 입법 취지를 고려하면, 주택건설사업계획 승인권자가 주택법 제17조 제3항에 따라 도시·군 관리계획 결정권자와 협의를 거쳐 관계 주택건설사업계획을 승인하면 같은 조 제1항 제5호에 따라 도시·군 관리계획 결정이 이루어진 것으로 의제되고, 이러한 협의 절차와 별도로 국토의 계획 및 이용에 관한 법률 제28조 등에서 정한 도시·군 관리계획 입안을 위한 주민 의견청취 절차를 거칠 필요는 없다.

주택법 제17조 제1항의 인허가 의제 규정에는 인허가 의제가 가능한 공간적 범위를 제한하는 내용을 포함하고 있지 않으므로, 인허가 의제가 해당 주택건설 사업대상 토지(주택단지)에 국한하여 허용된다고 볼 수는 없다. 다만 주택건설사업을 시행하는 데 필요한 각종 인허가 절차를 간소화함으로써 주택의 건설·공급을 활성화하려는 인허가 의제 규정의 입법 취지를 고려할 때, 주택건설 사업구역 밖의 토지에 설치될 도시·군 계획시설 등에 대하여 지구 단위 계획 결정 등 인허가 의제가 되려면, 그 시설 등이 해당 주택건설사업계획과 '실질적인 관련성'이 있어야 하고 주택건설사업의 시행을 위하여 '부수적으로 필요한' 것이어야 한다.

10. 정보공개와 개인정보보호

10-1. 정보공개제도

10-1-1. 공공기관의 정보공개에 관한 법적 근거는 헌법상 알 권리(90헌마 133), 공공기관의 정보공개에 관한 법률, 정부공문서규정, 정보공개조례 등 이다.

10-1-2. 정보공개청구권자는 제5조에 규정되어 있는데, 이해관계가 없는 공익을 위한 경우도 인정된다(2003두8050). 그러나 지자체는 해당되지 않는다 (2005구합10484).[1]

10-1-3. 정보공개대상(제3조)은 공공기관이 보유·관리하는 정보이다. 공공 기관이 보유·관리하는 정보를 그 상태대로 공개하는 제도이다. 그러나 전자적 형태로 보유·관리되는 정보가 청구인이 구하는 대로는 되어 있지 않다고 하더 라도, 당해 기관에서 통상 사용되는 컴퓨터 하드웨어 및 소프트웨어와 기술적 전문지식을 사용하여 그 기초자료를 검색하여 청구인이 구하는 대로 편집할 수 있으며, 그러한 작업이 당해 기관의 컴퓨터 시스템 운용에 별다른 지장을 초래 하지 않는다면, 그 공공기관이 공개청구 대상정보를 보유·관리하고 있는 것으 로 볼 수 있고, 이러한 경우에 기초자료를 검색·편집하는 것은 새로운 정보의

생산 또는 가공에 해당한다고 할 수 없다(2009두6001).[2]

비공개 대상 정보(제9조)의 사례는 다음과 같다.

○ 보안관찰법 소정의 보안관찰 관련 통계자료(○, 2001두8254 全)
○ 재판에 관련된 일체의 정보가 아니라 진행 중인 재판의 심리, 재판 결과에 구체적으로 영향을 미칠 위험이 있는 정보에 한정(2009두19021)
○ 학교환경위생정화위원회 회의록에 기재된 발언 내용에 대한 해당 발언자의 인적사항(○, 2002두129460
○ 독립유공자 서훈 공적 심사위원회 회의록(○, 2013두20301)
○ 직무유기 혐의 고소사건의 내부감사과정에서 경찰관들에게서 받은 경위서(업무공정 지장 개연성만으로 안 됨, 2010두18758)
○ 학교폭력대책위원회 회의록(업무공정 지장 인정 비공개, 2010두2913)
○ 개인식별 정보뿐만 아니라 정보 내용을 구체적으로 살펴 개인에 관한 사항의 공개로 개인의 내밀한 내용의 비밀 등이 알려지고 그 결과 인격적 정신적 내면생활에 지장을 초래하거나 자유로운 사생활을 영위할 수 없게 될 위험성이 있는 정보도 포함(2011두2361 全)
○ 공무원이 직무와 관련 없이 개인적인 자격으로 간담회 연찬회 등 행사에 참석하고 금품을 수령한 정보(공익 부정, 2003두8050)
○ 사면대상자들의 사면실시건의서와 그와 관련된 국무회의 안건자료에 관한 정보(공개, 2005두241)
○ 공직자윤리법상 등록의무자의 고지거부자 인적사항(공익 부정, 2005두13117)
○ 지자체의 업무추진비 세부항목별 집행 내역 및 그에 관한 증빙서류에 포함된 개인정보(공익 부정, 2001두6425)
○ 법인 등이 거래하는 금융기관의 계좌번호 정보(영업비밀 인정 2003두8302)
○ 거부하는 경우 법인 기본권 충돌 사유와 비공개 사유를 주장 증명하여야 하고 개괄적인 사유만 들어 공개거부 안 됨(2014두5477)
○ 이미 다른 사람에게 널리 알려져 있다거나 인터넷검색, 관보 열람 등으로 쉽게 알 수 있다는 사정만으로는 소의 이익이 없다거나 비공개 결정의 정당화 사유가 안 됨(2005두15694)
○ 실제 해당 정보의 취득 활용 의사 없이 정보공개제도를 이용하여 사회 통념상 용인될 수 없는 부당한 이득을 얻으려고 하거나, 오로지 공공기관의 담당 공무원을 괴롭힐 목적으로 공개청구 하는 경우는 권리남용(2014두9349)
○ 관련 자료 일체 부분은 내용과 범위가 공개청구 대상정보로 특정되지 않음(2007두2555)
○ 변호사시험 성적(헌법재판소 2015.6.25. 2-11헌마769 [변호사시험법 제18조 제1항 위헌확인])과 석차 공개(서울고등법원 2020.6.25. 2020누32656)

특별한 사정이 없으면 청구인이 신청한 공개방법으로 공개해야 한다(2016두44674). 정보공개에 대해 이해관계 있는 제3자의 보호 수단으로는 제3자의 비공개요청, 비공개요청에도 공개 결정한 문서의 통보 요청, 행정쟁송(역정보공개청구소송) 등이 있다.

10-2. 개인정보 보호제도

10-2-1. 법적 근거로는 헌법상 개인정보 자기결정권, 개인정보 보호법, 정보통신망 이용촉진정보보호법, 신용정보이용보호법, 교육기본법, 행정절차법 등이다.

10-2-2. 개인정보 수집, 처리, 관리에서 정보 주체의 권리를 보장하는데, 열람, 정정 삭제청구, 처리정지요구, 유출통지요구 등이 있다.

10-2-3. 개인정보 분쟁조정위원회가 담당하며, 개인정보 단체소송(제51조)은 소비자 기본법, 비영리민간단체 지원법상의 단체만 할 수 있다.

주석 [정보공개]

1) ♠ **서울행정법원 2005. 10. 12. 선고 2005구합10484 판결: 확정 [정보비공개 결정 처분 취소]**

알 권리는 기본적으로 정신적 자유 영역인 표현의 자유 내지는 인간의 존엄성, 행복추구권 등에서 도출된 권리인 점, 정보공개청구제도는 국민이 국가·지방자치단체 등이 보유한 정보에 접근하여 그 정보의 공개를 청구할 수 있는 권리로서 이로 인하여 국정에 대한 국민의 참여를 보장하기 위한 제도인 점, 지방자치단체에 이러한 정보공개청구권이 인정되지 아니한다고 하더라도 헌법상 보장되는 행정자치권 등이 침해된다고 보기는 어려운 점, 오히려 지방자치단체는 공권력 기관으로서 이러한 국민의 알 권리를 보호할 위치에 있다고 보아야 하는 점 등에 비추어 보면, 지방자치단체에는 알 권리로서의 정보공개청구권이 인정된다고 보기는 어렵고, 나아가 공공기관의 정보공개에 관한 법률 제4조, 제5조, 제6조의 각 규정의 취지를 종합하면, 공공기관의 정보공개에 관한 법률은 국민을 정보공개청구권자로, 지방자치단체를 국민에 대응하는 정보공개의무자로 상정하고 있다고 할 것이므로, 지방자치단체는 공공기관의 정보공개에 관한 법률 제5조에서 정한 정보공개청구권자인「국민」에 해당하지 아니한다.

2) ♠ **대법원 2010. 2. 11. 선고 2009두6001 판결 [정보공개거부처분 취소]**

공공기관의 정보공개에 관한 법률 제14조는 공개 청구한 정보가 제9조 제1항 각호에 정한 비공개대상정보에 해당하는 부분과 공개가 가능한 부분이 혼합된 경우로서 공개청구의 취지에 어긋나지 아니하는 범위 안에서 두 부분을 분리할 수 있는 때에는 비공개대상정보에 해당하는 부분을 제외하고 공개하여야 한다고 규정하고 있는바, 법원이 정보공개거부처분의 위법 여부를 심리한 결과, 공개가 거부된 정보에 비공개대상정보에 해당하는 부분과 공개가 가능한 부분이 혼합되어 있으며, 공개청구의 취지에 어긋나지 아니하는 범위 안에서 두 부분을 분리할 수 있다고 인정할 수 있을 때는, 공개가 거부된 정보 중 공개가 가능한 부분을 특정하고, 판결의 주문에 정보공개거부처분 중 공개가 가능한 정보에 관한 부분만을 취소한다고 표시하여야 한다.

대학수학능력시험 수험생의 원점수정보에 관한 공개청구를 행정청이 거부한 사안에서, 원심이, 각 수험생의 인적사항에 관한 정보를 청구인이 공개 청구한 것으로 보이지 않으므로 원점수정보가 공공기관의 정보공개에 관한 법률 제9조 제1항 제6호에서 정한 비공개대상정보에 해당하지 아니하고, 이와 달리 보더라도 원점수정보 중 수험생의 수험번호, 성명, 주민등록번호 등 인적사항을 제외한 나머지 부분만을 공개하는 것이 타당하다고 하면서도 주문에서는 원점수정보 공개거부처분의 전부를 취소한 것에 대하여, 당사자의 의사해석을 그르치거나 판결 주문 기재방법 등을 오해한 위법이 있다.

II. 행정심판

1. 행정심판

1-1. 행정청의 처분과 부작위의 위법, 부당을 주장하며 불복하는 경우, 행정기관이 심리·판단하는 행정쟁송 절차로서 사법절차가 준용되는 경우를 말한다[1]. 행정심판법이 적용된다.

1-2. 개별법에서 이의신청이라고 하면서 행정심판절차가 적용되지 않는 경우라면 이의신청의 기각 결정은 항고소송의 대상이 되는 처분이 아니고 원결정을 대상으로 하여야 한다.[2] 행정심판이 아닌 이의신청에서는 기본적 사실관계와 동일성이 없는 사유라도 처분의 적법성과 합목적성을 뒷받침하는 처분 사유로 추가·변경할 수 있다.

1-3. 고충 민원처리제도는 행정소송의 전치절차인 행정심판에 해당하지 않으며, 다만 처분청으로 송부된 경우에는 그 신청서가 고충 처리위원회에 접수된 때 행정심판이 청구된 것으로 본다.[3]

1-4. 감사원 심사청구 절차는 행정심판과는 다른 별개의 제도이고, 불복하는 경우 직접 행정소송을 제기할 수 있다.[4]

1-5. 특별행정심판은 사안의 전문성과 특수성을 살리기 위한 경우만 허용되고 가급적 제한한다.[5]

2. 행정심판의 종류

2-1. 취소심판은 행정청의 위법 또는 부당한 처분을 취소하거나 변경하는 행정심판이다. 형성적 쟁송의 의미(법률관계의 변경, 소멸)와 확인적 쟁송의 의미(위법, 부당성 확인)가 있다.

2-2. 무효 등 확인심판은 행정청 처분의 효력 유무 또는 존재 여부를 확인하는 심판으로, 확인적 쟁송설, 형성적 쟁송설, 준형성적 쟁송설(처분 무효확인과 유효 외관 처분의 무효선언)의 입장이 있다.

2-3. 의무이행심판은 위법 또는 부당한 거부처분이나 부작위에 대하여 일정한 처분을 하도록 하는 심판으로, 이행쟁송의 성질을 가진다. 거부처분에 대한 의무이행심판에는 기간 제한과 사정재결이 적용된다. 처분재결을 하거나 처분 명령재결을 할 수도 있다. 처분 명령재결의 경우 행정청이 재결의 취지에 따라 처분을 하여야 하며, 아무런 처분을 하지 않는 경우 당사자의 신청으로 기간을 정해 서면 시정명령을 하고 이행하지 않는 경우 직접 처분할 수 있다.

3. 행정심판의 당사자 및 관계인

3-1. 청구인은 처분의 취소 또는 변경을 구할 법률상 이익이 있는 자(취소심판), 처분의 효력 유무 또는 존재 여부의 확인을 구할 법률상 이익이 있는 자(무효 등 확인심판), 처분을 신청한 자로서 행정청의 거부처분 또는 부작위에 대하여 일정한 처분을 구할 법률상 이익이 있는 자(의무이행심판) 등이다.[6] 청구인이 사망하면 상속인이나 권리·이익을 승계한 자가 청구인 지위를 승계한다.

3-2. 피청구인은 처분을 한 행정청이다. 위원회가 피청구인을 경정할 수 있다.

3-3. 참가인은 심판결과가 자신의 법률상 이익에 영향을 받게 되는 제3자, 신청참가자, 위원회의 요구에 의한 참가자 등인데, 당사자가 할 수 있는 심판 절차상의 행위를 할 수 있다.

4. 행정심판의 기관

4-1. 행정심판위원회가 담당한다.

4-2. 해당 행정청 소속 행정심판위원회[7], 중앙행정심판위원회, 시·도지사 소속 행정심판위원회, 직근 상급행정기관에 두는 행정심판위원회[8] 등이 있다. 구성과 회의, 권한과 의무, 제척·기피·회피 등은 행정심판법의 각 규정에 따른다.

5. 행정심판의 대상

5-1. 행정청의 처분이나 부작위가 심판의 대상이다. 위법뿐만 아니라 부당한 처분도 대상이다. 처분적 법규명령의 경우 실무는 부정설을 취하고 있다.

5-2. 대통령의 처분이나 부작위, 심판에 대한 재결, 심판재결이 있는 경우 그 대상 처분 또는 부작위에 대해서는 청구할 수 없다.

6. 청구 기간

6-1. 청구 기간은 취소심판과 거부처분에 대한 의무이행심판청구에만 적용되고, 무효 등 확인심판청구나 부작위에 대한 의무이행심판청구에는 적용되지 않는다.

6-2. 청구 기간은 처분이 있음을 알게 된 날(처분을 기재한 서류가 당사자에게 송

달된 날)로부터 90일 이내, 처분이 있었던 날로부터 180일 이내이다. 이 중 먼저 도래한 날을 기준으로 한다.

천재지변, 전쟁, 사변 기타 불가항력의 경우에는 그 사유가 소멸한 날부터 14일 이내 청구할 수 있다.

정당한 사유가 있는 경우는 180일이 지나도 청구할 수 있다. 처분의 상대방이 아닌 제3자는 처분이 있는 것을 알지 못하므로 이러한 정당한 사유를 주장할 수 있다. 다만 어떤 경위로든 처분이 있음을 알았거나, 쉽게 알 수 있었다는 사정이 있다면 그때로부터 90일을 계산한다.[9]

심판청구 기간을 알리지 않은 경우에는 처분이 있었던 날로부터 180일 이내에, 잘못 알린 경우에는 그 잘못 고지된 기간 이내에 청구할 수 있다.[10]

6-3. 특별법상의 심판청구 기간으로 공무원 소청심사청구는 처분을 안 날로부터 30일 이내, 토지수용재결 이의신청은 재결서 정본을 받은 날부터 30일 이내이다.

7. 고지제도

7-1. 행정청의 처분 시 처분에 대한 행정심판 청구 여부, 심판청구절차 기간 등을 알려주어야 하는 제도이며,[11] 이해관계인이 요구하면 일정한 사항을 지체 없이 알려주어야 한다. 사실행위이며, 준법률행위적 행정행위인 통지가 아니다.

7-2. 고지의무위반이 있다 하더라도 심판의 대상인 행정처분에 하자가 있다고 볼 수 없다. 제출기관의 오고지(誤告知)로 인하여 다른 행정기관에 제출한 경우 정당한 기관으로 보내야 하며, 기간계산에 있어서 제출된 때 청구된 것으로 본다. 청구 기간의 오고지의 경우 그 기간으로 처리하나, 행정소송 제기에는 적

용되지 않는다. 심판 전치 불필요 오고지의 경우는 필요적 심판 전치 사항이라 하더라도 행정소송 제기가 가능하다.

8. 가구제 제도

8-1. 집행정지는 행정심판이 청구되더라도 침익적 처분의 효력, 집행, 절차의 속행 등에 영향이 없으므로(집행 부정지 원칙) 중대한 손해가 생기는 것을 예방할 필요성이 긴급하다고 인정될 때 직권 또는 당사자의 신청에 따라 결정될 수 있다. 단 공공복리에 중대한 영향이 없어야 하고, 본안에 이유 없음이 명백하지 않아야 한다. 장래에 한하여 정지시킬 수 있고, 종기를 정하지 않은 경우, 심판재결이 있을 때까지 효력이 존속한다.

8-2. 임시처분은 수익적 처분의 거부처분이나 부작위가 위법 부당하다고 상당히 의심되는 경우 그로 인해 당사자가 받을 우려가 있는 중대한 불이익이나 당사자에게 생길 급박한 위험을 막기 위해 임시지위를 정하는 것으로, 집행정지로 목적을 달성할 수 있는 경우에는 허용되지 않는다.

9. 행정심판의 심리

9-1. 심판청구의 대상이 되는 처분 또는 부작위 이외의 사항에 대하여 재결하지 못하며(불고불리의 원칙), 대상 처분보다 청구인에게 불이익한 재결을 하지 못한다(불이익 변경 금지의 원칙).

9-2. 대심(對審)주의, 직권주의, 서면심리주의와 구술심리, 비공개주의가 적용된다.

9-3. 당사자의 동의를 받아 조정할 수 있다. 단 조정이 공공복리에 적합하지 않거나 해당 처분의 성질에 반하는 경우에는 안 된다.

10. 행정심판의 재결

10-1. 재결은 행정심판위원회가 내리는 결정인데, 행정행위이면서 준재판작용이다. 재결 기간은 통상 심판청구서를 받은 날부터 60일 이내(30일 연장 가능), 서면으로 한다.

10-2. 재결의 종류로는 각하, 기각, 사정(처분 부작위가 위법부당하나 인용하는 것이 공공복리에 크게 위배되는 경우, 상당한 구제방법을 취하거나 명할 수 있음), 인용 등이 있다.

취소심판의 경우 형성(취소)재결,[12] 변경재결, 변경 명령재결이 있고, 취소 명령재결은 인정되지 않는다. 무효 등 확인심판에는 무효확인재결이 있다. 의무이행심판에는 처분재결, 처분 명령재결이 있는데, 후자가 주로 활용된다.

10-3. 재결에 대한 불복으로 재심판청구는 금지되며, 원처분 또는 재결을 대상으로 행정소송을 제기하여야 한다.

10-4. 재결의 효력으로는 형성력, 기속력(피청구인 행정청과 기타 관계 행정청을 기속)이 있다. 형성력은 재결의 내용에 따른 새로운 법률관계의 발생이나 종래의 법률관계 변경, 소멸을 가져오는 효력이고, 제3자에게도 효력이 미친다(대세적 효력)

기속력의 시간적 범위는 처분 시를 기준으로 하며, 객관적 범위는 주문 및 이유에서 판단된 처분 등의 구체적 위법사유이다. 그런데 기본적 사실관계가 동일한 사유에 대해서도 미친다.[13]

기속력의 내용으로는 반복금지의무, 재처분의무(이행재결이 있으면 지체 없이 재결의 취지에 따라 재처분하여야 하고, 거부처분의 취소나 무효 부존재 확인의 경우는 재결의 취지에 따라 다시 이전의 신청에 관한 처분을 하여야 함)[14], 위법상태 제거의무가 있다.

10-5. 이행재결에도 재처분의무를 이행하지 않는 경우나 기본적 사실관계가 동일한 사유로 다시 거부처분하는 경우, 위원회가 직접 처분을 할 수 있다. 그러나 처분의 성질상(정보공개청구거부처분 취소재결, 자치사무, 예산이 수반되어 행정청의 재정적 지원이 선행되어야 하는 경우) 혹은 변경 명령재결을 이행하지 않는 경우에는 위원회가 직접 처분을 할 수 없다.[15]

거부처분 취소재결에 따른 재처분의무, 신청에 따른 처분이 절차 위법 또는 부당을 이유로 취소된 경우의 처분의무, 처분 명령재결에 따른 재처분의무 등을 이행하지 않는 경우 청구인의 신청, 상당 기간 부여, 기간 비례 배상을 명하는 간접강제결정을 할 수 있다.[16]

10-6. 처분 또는 부작위의 근거가 된 명령 등이 법령에 근거가 없거나, 상위 법령에 위배되거나, 국민에게 과도한 부담을 주는 등 크게 불합리하면 관계 행정기관에 명령 등의 개정·폐지 등 적절한 시정조치를 요청할 수 있고, 정당한 사유가 없는 한 이에 따라야 한다.[17]

주석 [행정심판]

1) 헌법 제107조 제3항 : 재판의 전심 절차로서 행정심판을 할 수 있다. 행정심판의 절차는 법률로 정하되, 사법절차가 준용되어야 한다.

2) ♣ 대법원 2012.11.15. 선고 2010두8676 판결 [주택건설사업승인불허가처분 취소 등]
   ♣ 대법원 2016.7.27. 선고 2015두45953 판결 [국가유공자(보훈보상대상자) 비해당 처분취소]

3) 부패 방지 및 국민권익위원회의 설치와 운영에 관한 법률 제2조 제5호

4) 감사원법 제43조 제1항

5) 행정심판법 제4조, 조세심판(조세심판원), 특허심판(특허심판원), 토지수용재결에 대한 이의신청(중앙토지수용위원회), 공무원의 징계처분에 대한 불복(소청심사위원회), 교원의 징계처분에 대한 불복(교원소청심사위원회)

6) '부당한 처분에 대하여도 법률상 이익을 요구하는 것은 입법 과오인가?'라는 의문이 생길 수 있으나, 법률상 이익은 심판대상과 청구인 적격의 문제이고, 위법 취소 청구 절차에서 부당함을 인정하여 취소 가능함으로 해소될 수 있다.

7) 감사원, 국가정보원장, 국회 사무총장, 법원행정처장, 헌법재판소사무처장, 중앙선거관리위원회 사무총장, 국가인권위원회

8) 법무부 대검찰청 소속 특별지방행정기관의 장의 처분 부작위에 대하여

9) ♣ 대법원 1996.9.6. 선고 95누16233 판결 [농지매매증명발급처분 무효확인 등]

10) ♣ 대법원 2001.5.8. 선고 2000두6916 판결 [배출 부과금부과 처분취소]
    행정심판청구 기간을 긴 기간으로 잘못 고지받아 행정소송 제소 기간을 도과한 경우에는 구제받을 수 없다.

11) 행정심판법 제58조, 행정절차법 제26조

12) ♣ 대법원 2018.3.3. 선고 2016두33339 판결
    종전에 한 징계처분의 취소를 구하는 선행소송에서 징계 사유가 인정되고(동료 생도의 여자친구에 대한 성적 비하 발언) 징계양정에 재량권의 일탈 남용도 없었고 다른 절차상의 하자도 없었는데, 오로지 징계처분서를 교부 하지 않은 절차상 하자로 취소판결이 확정된 다음에, 동일한 징계 사유로 절차상 하자를 보완하고 동일한 내용의 징계처분이 있었다. 그 재처분절차에서 징계심의대상자가 선임한 변호사의 출석을 허용하지 않은 경우, 절차적 하자에 해당하나 방어권 행사에 지장을 초래하여 재처분절차의 절차적 정당성을 상실하게 할 정도는 아니다.

13) ♣ 대법원 2015. 11. 27. 선고 2013다6759 판결 [손해배상(기)]
    재결의 기속력은 재결의 주문 및 그 전제가 된 요건 사실의 인정과 판단, 즉 처분 등의 구체적 위법사유에 관한 판단에 대하여만 미치고, 종전 처분이 재결에 따라 취소되

었더라도 종전 처분 시와는 다른 사유를 들어 처분하는 것은 기속력에 저촉되지 아니한다. 여기서 동일한 사유인지 다른 사유인지는 종전 처분에 관하여 위법한 것으로 재결에서 판단된 사유와 기본적 사실관계에 있어 동일성이 인정되는 사유인지에 따라 판단하여야 한다. 그리고 <u>기본적 사실관계의 동일성 유무는 처분 사유를 법률적으로 평가하기 이전의 구체적인 사실에 착안하여 그 기초인 사회적 사실관계가 기본적인 점에서 동일한지에 따라 결정되고, 추가 또는 변경된 사유가 종전 처분 당시에 그 사유를 명기하지 아니하였을 뿐 이미 존재하고 있었고 당사자도 그 사실을 알고 있었다고 하여 당초의 처분 사유와 동일성이 있는 것이라고 할 수 없다.</u> 행정심판의 재결은 피청구인인 행정청을 기속하는 효력을 가지므로 재결정이 취소심판의 청구가 이유 있다고 인정하여 처분청에 처분을 취소할 것을 명하면 처분청으로서는 재결의 취지에 따라 처분을 취소하여야 하지만, 나아가 재결에 판결에서와 같은 기판력이 인정되는 것은 아니어서 재결이 확정된 경우에도 처분의 기초가 된 사실관계나 법률적 판단이 확정되고 당사자들이나 법원이 이에 기속되어 모순되는 주장이나 판단을 할 수 없게 되는 것은 아니다.

♣ **대법원 2007. 2. 8. 선고 2006두4899 판결 [행정정보공개청구거부처분 취소]**
행정처분의 취소를 구하는 항고소송에서 처분청이 처분 당시에 적시한 구체적 사실을 변경하지 아니하는 범위 내에서 단지 그 처분의 근거법령만을 추가·변경하거나 당초의 처분 사유를 구체적으로 표시하는 것에 불과한 경우, 새로운 처분 사유의 추가·변경에 해당하지 않는다.

14) 행정심판법 제49조

15) 행정심판법 제50조

16) 행정심판법 제50조의 2

17) 행정심판법 제59조

Ⅲ. 행정소송

■ 행정소송의 분류

항고소송 : 취소소송, 무효 등 확인소송, 부작위 위법확인소송
당사자소송 : 행정상 손해배상, 부당이득반환 등 공법상 원인으로 발생하는 법
         률관계
민중소송 : 선거소송, 국민투표 무효소송
기관소송 : 지방자치단체의 장이 지방의회 의결에 대하여 대법원에 제소(지방자
         치법 제107조 3항, 제172조 3항)

1. 취소소송

취소소송은 행정청의 위법한 처분 등을 취소 또는 변경하는 소송이며, 변경이
란 일부 취소의 의미가 있다.[1] 무효확인 청구 소에 취소청구의 취지가 포함된
것으로 해석하며, 민사소송의 형식으로 행정소송을 제기한 경우 관할법원으로
이송한다.

1-1. 원고적격

1-1-1. 취소소송의 원고적격은 취소를 구할 법률상 이익이 있는 자이다.[2]
[3][4][5] 법에 따라 보호되는 개별적, 직접적, 구체적 이익이며, 공익 보호의 결과
국민 일반이 가지는 일반적, 간접적, 추상적 이익은 안 된다.[6] 제3자의 사실상
간접적, 경제적 이해관계도 안 된다.[7][8][9][10][11] 법률은 처분의 근거법규뿐만 아니

라 관련 법규 그리고 기본권 규정도 고려한다. 법률상 이익의 판단 기준시점은 처분의 성립 시나 소 제기 시가 아니라, 변론 종결 시이다.

1-1-2. 원고적격은 경쟁자소송(경업자競業者소송), 경원자(競願者)소송, 이웃소송(隣人소송)으로 확대되고 있다.

경쟁자소송은 이미 인허가를 받아서 영업하고 있는 자와 신규 진입하려는 자들 사이에서,[12][13] 서로 인허가를 받아서 경쟁 관계에 있는 자들 사이에서[14] 특정인에게 주어지는 수익적 행위가 제3자에게는 법률상 불이익을 초래하는 경우 제3자가 경쟁자에게 발령된 처분을 다투는 소송이며, 수익적 행정처분의 근거가 되는 법률이 해당 업자들 사이의 과당경쟁으로 인한 경영의 불합리를 방지하기 위한 것인지 아닌지를 기준으로 판단한다.[15][16][17][18]

경원자소송은 수익적 처분을 신청한 수인이 서로 경쟁 관계에 있는 경우 1인에 대한 허가처분으로 인해 불허가 받은 자가 법률상 이익을 침해당한 것으로 보고 허가처분을 다툴 수 있다는 것이고, 근거법규에서 경원자 관계를 예정하고 있다면 그 법규는 허가 등 처분을 받지 못한 자의 이익을 보호하는 것으로 본다.[19][20]

이웃소송(隣人소송)은 특정인에게 주어지는 수익적 처분이 이웃의 법률상 이익을 침해하는 경우 특정인에게 발령된 처분을 다투는 것인데, 특히 환경상 권리와 이익의 침해에 있어서 이웃소송의 원고적격을 인정하고 있다.[21][22][23][24][25][26]

1-1-3. 처분의 효과가 소멸하여도 원고적격이 인정되는 경우가 있다. 행정소송법 제12조 제2문은 기간의 경과, 처분의 집행, 기타 사유로 인하여 처분의 효과가 소멸한 뒤에도 처분의 취소로 인해 회복되는 법률상 이익이 있는 자를 원고적격이 있다고 규정한다. 제12조 제1문의 법률상 이익과 구별하자는 견해(법

률상 이익뿐만 아니라 경제·정치·사회·문화적 이익도 포함해야 한다는 주장)가 있으나, 판례는 구별하지 않는다.27) 행정처분의 존재로 인하여 국민의 권익이 실제로 침해되고 있는 경우는 물론이고 권익침해의 구체적·현실적 위험이 있는 경우에도 이를 구제하는 소송이 허용되어야 한다.

제재적 행정처분이 그 처분에서 정한 제재 기간의 경과로 인하여 효과가 소멸하였으나, 제재적 행정처분의 전력을 가중사유나 전제 요건으로 삼아 장래의 제재적 행정처분을 하도록 정하고 있는 경우, 선행처분을 받은 상대방이 선행처분의 존재로 인하여 장래에 받을 후행 처분의 불이익 위험은 구체적이고 현실적인 것이므로, 상대방에게는 선행처분의 취소소송을 통하여 그 불이익을 제거할 필요가 있다. 나중에 후행 처분에 대한 취소소송에서 선행처분의 사실관계나 위법 등을 다툴 수 있는 여지가 남아 있다고 하더라도, 후행 처분이 이루어지기 전에 직접 선행처분의 위법을 다투는 취소소송을 제기할 필요성을 부정할 수 없다.28)29)

1-1-4. 처분의 효력 기간이 경과하였어도 가중적 제재처분의 요건이 되는 경우는 원고적격이 인정된다. 즉 행정처분에 그 효력 기간이 정하여져 있는 경우 그 기간의 경과로 그 행정처분의 효력은 상실되는 것이므로 그 기간 경과 후에는 그 처분이 외형상 잔존함으로 인하여 어떠한 법률상의 이익이 침해되고 있다고 볼 만한 별다른 사정이 없는 한 그 처분의 취소 또는 무효확인을 구할 법률상의 이익이 없다고 하겠으나, 위와 같은 행정처분의 전력이 장래에 불이익하게 취급되는 것으로 법에 규정되어 있어 법정의 가중요건으로 되어 있고, 이후 그 법정 가중요건에 따라 새로운 제재적인 행정처분이 가해지고 있다면, 선행행정처분의 효력 기간이 경과하였다 하더라도 선행행정처분의 잔존으로 인하여 법률상의 이익이 침해되고 있다고 볼 만한 특별한 사정이 있는 경우에 해당한다.30)31)

1-1-5. 처분의 집행으로 처분의 목적이 달성되어 처분의 효력이 소멸한 후에도 그 처분에 대하여 다른 불복방법이 없다면 원고적격이 인정된다.32)

기타 사유로 처분의 효력이 소멸한 뒤에도 보수 지급 청구, 명예회복 등 다른 권리의 실현을 위하여 그 처분의 위법성을 다투는 원고적격이 인정된 다.33)34)35)36)37)38)

한편 판례는 영업정지 기간이 경과한 경우, 인허가취소처분 취소소송 중 인허가처분의 효력 기간이 경과한 경우, 대집행 완료 이후의 대집행계고처분 취소청구, 건축허가에 따른 공사 완료 이후의 건축허가취소청구, 환지처분 공고 이후에 환지예정지지정처분 취소청구, 보충역편입처분 및 공익근무요원 소집처분 취소소송 중 병역처분이 변경된 경우, 공익근무요원 소집해제신청 거부처분 취소소송 중 공익근무요원 복무 기간 만료로 소집해제처분 받은 경우, 사법시험 1차 시험 불합격처분 취소소송 중 새로 실시된 사법시험 1차 시험에 합격한 경우, 과징금감면처분 이후 과징금부과처분의 취소청구 등은 회복되는 법률상의 이익이 없다고 본다.39)

1-1-6. 처분청인 지방자치단체의 장이 행정심판 재결을 받은 경우, 지방자치단체가 재결 취소소송을 제기할 수 있는지에 대하여 판례는 부정하나(재결의 기속력이 피청구인 행정청과 기타 관계 행정청을 기속), 긍정설도 있다(기속력 받는 자는 피청구인 처분청이며, 불복소송 제기자는 행정주체).

주석 [취소소송 원고적격]

1) 외형상 하나의 처분이라도 가분성이 있거나 처분대상 일부가 특정될 수 있는 경우(99두7210), 한 사람이 여러 종류의 자동차운전면허를 취득한 경우, 이를 취소 또는 정지할 때 별개의 것으로 취급한다(2012두1891).

2) ♣ 대법원 2000. 2. 8. 선고 97누13337 판결 [도시계획 용도지구변경 결정처분 무효확인 등]

   원고 세경진흥 주식회사가 이 사건 토지를 원고 학교법인 단국대학으로부터 매수한 후 이 사건 토지에 도시 계획상 제한(고도지구 변경 결정)이 가해졌다고 하더라도 그러한 사정만으로는 이 사건 용도지구변경 결정의 무효확인이나 취소를 구할 당사자적격이 없다고 하여 원고 세경진흥 주식회사의 소를 각하한 것은 옳다.

3) ♣ 대법원 2015. 1. 29. 선고 2013두24976 판결 [사용검사처분 취소]

   건물의 사용검사처분은 건축물을 사용·수익할 수 있게 하는 데 그치므로 건축물에 대하여 사용검사처분이 이루어졌다고 하더라도 그 사정만으로는 건축물에 있는 하자나 건축법 등 관계 법령에 위배되는 사실이 정당화되지는 아니하며, 또한 건축물에 대한 사용검사처분의 무효확인을 받거나 처분이 취소된다고 하더라도 사용검사 전의 상태로 돌아가 건축물을 사용할 수 없게 되는 것에 그칠 뿐 곧바로 건축물의 하자 상태 등이 제거되거나 보완되는 것도 아니다. 그리고 입주자나 입주예정자들은 사용검사처분의 무효확인을 받거나 처분을 취소하지 않고도 민사소송 등을 통하여 분양계약에 따른 법률관계 및 하자 등을 주장·증명함으로써 사업 주체 등으로부터 하자의 제거·보완 등에 관한 권리구제를 받을 수 있으므로, 사용검사처분의 무효확인 또는 취소 여부에 의하여 법률적인 지위가 달라진다고 할 수 없다. 일부 입주자나 입주예정자가 사업 주체와의 개별적 분쟁 등을 이유로 사용검사처분의 무효확인 또는 취소를 구하게 되면, 처분을 신뢰한 다수의 이익에 반하게 되는 상황이 발생할 수 있다. 주택법상 입주자나 입주예정자는 사용검사처분의 무효확인 또는 취소를 구할 법률상 이익이 없다.

4) ♣ 대법원 2014. 12. 11. 선고 2012두28704 판결 [2단계 BK21사업 처분취소]

   [1] 재단법인 한국연구재단이 갑 대학교 총장에게 연구개발비의 부당집행을 이유로 특정 사업에 대한 2단계 두뇌한국(BK)21 사업 협약을 해지하고 연구팀장 을에 대한 국가연구개발사업의 3년간 참여 제한 등을 명하는 통보를 하자 을이 통보의 취소를 청구한 사안에서, 학술진흥 및 학자금대출 신용보증 등에 관한 법률 등의 입법 취지 및 규정 내용 등과 아울러 위 법 등 해석상 국가가 두뇌한국(BK)21 사업의 주관연구기관인 대학에 연구개발비를 출연하는 것은 '연구 중심 대학'의 육성은 물론, 그와 별도로 대학에 소속된 연구인력의 역량 강화에도 목적이 있다고 보이는 점, 기본적으로 국가연구개발 사업에 대한 연구개발비의 지원은 대학에 소속된 일정한 연구단위별로 신청한 연구개발과제에 대한 것이지, 그 소속 대학을 기준으로 한 것은 아닌 점 등 제반 사정에 비추어 보면, 을은 위 사업에 관한 협약의 해지 통보의 효력을 다툴 법률상 이익이 있다.

   [2] 재단법인 한국연구재단이 갑 대학교 총장에게 연구개발비의 부당집행을 이유로 특정 사업에 대한 2단계 두뇌한국(BK)21 사업 협약을 해지하고 연구팀장 을에 대한 대학 자체징계 요구 등을 통보한 사안에서, 재단법인 한국연구재단이 갑 대학교 총장에게 을

에 대한 대학 자체징계를 요구한 것은 법률상 구속력이 없는 권유 또는 사실상의 통지로서 을의 권리, 의무 등 법률상 지위에 직접적인 법률적 변동을 일으키지 않는 행위에 해당하므로, 항고소송의 대상인 행정처분에 해당하지 않는다.

5) ♣ 대법원 2013. 7. 25. 선고 판결 [불이익처분 원상회복 등 요구처분 취소]
갑이 국민권익위원회에 부패 방지 및 국민권익위원회의 설치와 운영에 관한 법률에 따른 신고와 신분보장 조치를 요구하였고, 국민권익위원회가 갑의 소속기관장인 경기도선거관리위원회 위원장 을에게 '갑에 대한 중징계요구를 취소하고 향후 신고로 인한 신분상 불이익처분 및 근무 조건상의 차별을 하지 말 것을 요구'하는 내용의 조치요구를 한 사안에서, 국가기관 일방의 조치요구에 불응한 상대방 국가기관에 국민권익위원회법상의 제재규정과 같은 중대한 불이익을 직접 규정한 다른 법령의 사례를 찾아보기 어려운 점, 그럼에도 을이 국민권익위원회의 조치요구를 다툴 별다른 방법이 없는 점 등에 비추어 보면, 처분성이 인정되는 조치요구에 불복하고자 하는 을로서는 조치요구의 취소를 구하는 항고소송을 제기하는 것이 유효·적절한 수단이다. 비록 을이 국가기관이더라도 당사자능력 및 원고적격을 가진다고 보는 것이 타당하고, 을이 조치요구 후 갑을 파면하였다고 하더라도 조치요구가 곧바로 실효된다고 할 수 없고, 을은 여전히 조치요구를 따라야 할 의무를 부담하므로, 을에게는 조치요구의 취소를 구할 법률상 이익도 있다.

6) ♣ 대법원 2001.9.28. 선고 99두8565 [문화재지정처분 취소 등]
문화재 보호법, 경상남도 문화재보호 조례에 따라 행하여지는 도지사의 도지정문화재 지정처분은 도지사가 그 관할구역 안에 있는 문화재로서 국가지정문화재로 지정되지 아니한 문화재 중 보존가치가 있다고 인정되는 것을 도지정문화재로 지정하는 행위이므로, 그 입법목적이나 취지는 지역주민이나 국민 일반의 문화재 향유에 대한 이익을 공익으로서 보호함에 있는 것이지, 특정 개인의 문화재 향유에 대한 이익을 직접적·구체적으로 보호함에 있는 것으로 해석되지 않는다. 또 법과 조례에서 지정처분으로 침해될 수 있는 특정 개인의 명예 또는 명예감정을 보호하는 것을 목적으로 하여 그 지정처분에 제약을 가하는 규정을 두고 있지도 아니하므로, 설령 위 지정처분으로 인하여 어느 개인이나 그 선조의 명예 또는 명예감정이 손상되었다고 하더라도, 그러한 명예 또는 명예감정은 위 지정처분의 근거법규에 따라 직접적·구체적으로 보호되는 이익이라고 할 수 없으므로 그 처분의 취소를 구할 법률상의 이익에 해당하지 아니한다.

법과 조례상 도지사는 도지정문화재가 문화재로서의 가치를 상실하거나 기타 특별한 사유가 있는 때에 위원회의 심의를 거쳐 그 지정을 해제한다고 규정하고 있을 뿐이고, 개인이 도지사에 대하여 그 지정의 취소 또는 해제를 신청할 수 있다는 근거 규정을 별도로 두고 있지 아니하므로, 법규상으로 개인에게 그러한 신청권이 있다고 할 수 없고, 법과 조례가 개인에게 그러한 신청권을 부여하고 있지 아니한 취지는, 도지사에게 개인의 신청에 구애됨이 없이 문화재의 보존이라는 공익적인 견지에서 객관적으로 지정해제 사유 해당 여부를 판정하도록 함에 있다고 할 것이므로, 어느 개인이 문화재 지정처분으로 인하여 불이익을 입거나 입을 우려가 있다고 하더라도, 그러한 개인적인 사정만을 이유로 그에게 문화재 지정처분의 취소 또는 해제를 요구할 수 있는 조리상의 신청권이 있다고도 할 수 없다.

7) ♣ 대법원 1995. 9. 26. 선고 94누14544 판결 [상수원 보호구역 변경처분 등 취소]
상수원 보호구역 설정의 근거가 되는 수도법, 시행령이 보호하고자 하는 것은 상수원의 확보와 수질 보전이지, 그 상수원에서 급수를 받는 지역주민들이 상수원의 오염을 막아

양질의 급수를 받을 이익이 아니다. 위 지역주민들이 가지는 이익은 상수원의 확보와 수질보호라는 공공의 이익이 달성됨에 따라 반사적으로 얻게 되는 이익에 불과하므로 지역주민들에 불과한 원고들에게는 위 상수원 보호구역 변경처분의 취소를 구할 법률상의 이익이 없다.

도시계획의 내용이 화장장의 설치에 관한 것일 때에는 도시계획법, 매장 및 묘지 등에 관한 법률, 같은 법 시행령 등이 근거 법률이 되므로, 시행령상 공설화장장은 20호 이상의 인가가 밀집한 지역, 학교 또는 공중이 수시 집합하는 시설 또는 장소로부터 1,000m 이상 떨어진 곳에 설치하도록 제한이 가해져 있고, 또 국민 보건상 위해를 끼칠 우려가 있는 지역, 도시계획법상의 주거지역, 상업지역, 공업지역 및 녹지지역 안의 풍치지구 등에서는 금지됨으로, 공설화장장 설치의 금지로 보호되는 부근 주민들의 이익은 도시계획 결정처분의 근거 법률에 따라 보호되는 법률상 이익이다.

8) ♣ 대법원 1999.12.7. 선고 97누12556 판결 [사도폐지허가처분 취소]
갑이 을 소유의 도로를 공로에 이르는 유일한 통로로 이용하였으나 갑 소유의 대지에 연접하여 새로운 공로가 개설되어 그쪽으로 출입문을 내어 바로 새로운 공로에 이를 수 있게 된 경우, 을의 신청에 따라 관할 행정청이 을 소유의 도로에 대하여 한 도로폐지 허가처분으로 인하여 을 소유의 도로가 건축법 소정의 도로에 해당하지 않게 되었다고 하더라도 주위토지소유자인 갑의 대지 및 그 지상의 주택은 새로 개설된 도로에 접하고 있어 접도 의무가 충족된다고 할 것이고, 도로폐지허가처분 이전에 을 소유의 도로에 대하여 갑이 갖고 있던 통행의 이익이 도로폐지허가처분에 따라 상실되었다고 하더라도 이러한 갑의 폐지된 도로에 대한 통행의 이익은 같은 법에 의한 공익 보호의 결과로 국민 일반이 공통으로 가지는 추상적, 평균적, 일반적 이익과 같이 간접적이거나 사실적, 경제적 이익에 불과하고 이를 같은 법에 의하여 보호되는 직접적이고 구체적인 이익에 해당한다고 보기도 어렵고, 또한 갑이 종전에 갖고 있던 폐지된 도로에 대한 주위토지 통행권은 새로운 도로가 개설됨으로써 도로폐지허가처분 당시에는 이미 소멸하였을 뿐만 아니라, 도로폐지허가처분 당시에는 폐지된 도로의 소유인 을에게 폐지된 도로에 대한 독점적·배타적 사용 수익권이 있다고 할 것이어서 그 제한을 전제로 한 갑의 폐지된 도로에 대한 무상통행권도 인정되지 않는다고 할 것이므로, 도로폐지허가처분으로 인하여 갑이 폐지된 도로에 대한 사법상의 통행권을 침해받았다고 볼 수도 없다 할 것이어서 갑에게는 도로폐지허가처분의 취소를 구할 법률상 이익이 없다.

9) ♣ 대법원 1998. 3. 10. 선고 97누4 289 판결 [한약조제시험 무효확인]
한의사 면허는 경찰 금지를 해제하는 명령적 행위(강학상 허가)에 해당하고, 한약조제시험을 통하여 약사에게 한약 조제권을 인정함으로써 한의사들의 영업상 이익이 감소하였다고 하더라도 이러한 이익은 사실상의 이익에 불과하고, 약사법이나 의료법 등의 법률에 따라 보호되는 이익이라고는 볼 수 없으므로, 한의사들이 한약조제시험을 통하여 한약 조제권을 인정받은 약사들에 대한 합격처분의 무효확인을 구하는 소는 원고적격이 없는 자들이 제기한 소로서 부적법하다.

10) ♣ 대법원 2002. 8. 23. 선고 2002추61 판결 [중앙해양안전심판재결취소]
해양사고의 조사 및 심판에 관한 법률은 해양사고의 이해관계인에게 심판변호인 선임권과 조사관의 심판 불요 처분에 대한 심판신청권 등을 인정하고 있지만, 해양사고의 이해관계인이 중앙해양안전심판원의 재결에 대하여 대법원에 소를 제기할 수 있다는 규정은 두고 있지 않고, 중앙해양안전심판원의 재결에 대한 소는 행정처분에 대한 취소소송의 성질을 가지므로, 중앙해양안전심판원의 재결에 대한 취소소송을 제기하기 위하여는 행정소송법 제12조에 따른 원고적격이 있어야 할 것인데, 침몰 선박의 부보 보험회사는 해양사고관련자도 아니고 재결의 취소로 간접적이거나 사실적, 경제적인 이익을 얻을 뿐, 재결의 근거 법률에 따라 직접 보호되는 구체적인 이익을 얻는다고 보기도 어렵다고 할 것이므로, 재결의 취소를 구할 법률상 이익이 없어 원고적격이 없다.

11) ♣ 대법원 2015. 7. 23. 선고 2012두19496,19502 판결 [이사선임처분 취소·이사선임처분 취소]
당해 처분의 근거법규 및 관련 법규에 따라 보호되는 법률상 이익은 당해 처분의 근거 법규의 명문 규정에 따라 보호받는 법률상 이익, 당해 처분의 근거법규에 따라 보호되지는 아니하나 당해 처분의 행정 목적을 달성하기 위한 일련의 단계적인 관련 처분들의 근거법규에 따라 명시적으로 보호받는 법률상 이익, 당해 처분의 근거법규 또는 관련 법규에서 명시적으로 당해 이익을 보호하는 명문의 규정이 없더라도 근거법규 및 관련 법규의 합리적 해석상 그 법규에서 행정청을 제약하는 이유가 순수한 공익의 보호만이 아닌 개별적·직접적·구체적 이익을 보호하는 취지가 포함되어 있다고 해석되는 경우까지를 말한다.

교육부 장관이 사학분쟁조정위원회의 심의를 거쳐 대학교를 설치·운영하는 학교법인의 이사 8인과 임시이사 1인을 선임한 데 대하여 대학교 교수협의회와 총학생회 등이 이사선임처분의 취소를 구하는 소송을 제기한 사안에서, 임시이사제도의 취지, 교직원·학생 등의 학교운영에 참여할 기회를 부여하기 위한 개방이사 제도에 관한 법령의 규정 내용과 입법 취지 등을 종합하여 보면, 사립학교법, 시행령 및 법인 정관 규정은 헌법에서 정한 교육의 자주성과 대학의 자율성에 근거한 대학교 교수협의회와 총학생회의 학교운영참여권을 구체화하여 이를 보호하고 있다고 해석되므로, 대학교 교수협의회와 총학생회는 이사선임처분을 다툴 법률상 이익을 가지지만, 고등교육법령은 교육받을 권리나 학문의 자유를 실현하는 수단으로써 학생회와 교수회와는 달리 학교의 직원으로 구성된 노동조합의 성립을 예정하고 있지 아니하고, 노동조합은 근로자가 주체가 되어 자주적으로 단결하여 근로조건의 유지·개선 기타 근로자의 경제적·사회적 지위의 향상을 도모하기 위하여 조직된 단체인 점 등을 고려할 때, 학교의 직원으로 구성된 노동조합이 교육받을 권리나 학문의 자유를 실현하는 수단으로써 직접 기능한다고 볼 수는 없으므로, 개방 이사에 관한 사립학교법, 시행령 및 법인 정관 규정이 학교직원들로 구성된 전국대학노동조합 대학교지부의 법률상 이익까지 보호하고 있는 것으로 해석할 수는 없다.

12) ♣ 대법원 2006. 7. 28. 선고 2004두6716 판결 [분뇨 등 관련 영업허가처분 취소]
관계 규정이 당해 지방자치단체 내의 분뇨 등의 발생량에 비하여 기존 업체의 시설이 과다한 경우 일정한 범위에서 분뇨 등 수집·운반업 및 정화조 청소업에 대한 허가를 제한할 수 있도록 하는 것은 분뇨 등을 적정하게 처리하여 자연환경과 생활환경을 청결히 하고 수질오염을 감소시킴으로써 국민보건의 향상과 환경보전에 이바지한다는 공익목적을 달성하고자 함과 동시에 업자 간의 과당경쟁으로 인한 경영의 불합리를 미리 방지하자는 데에 그 목적이 있는 점 등 제반 사정에 비추어 보면, 업종을 분뇨 등 수집·운반업 및 정화조 청소업으로 하여 분뇨 등 관련 영업허가를 받아 영업하는 기존 업자의 이익은 단순한 사실상의 반사적 이익이 아니고 법률상 보호되는 이익이라고 해석된다. 기록에 의하면, 은평구에서는 오로지 원고만이 분뇨 등 수집·운반업 및 정화조 청소업을 업종으로 한 분뇨 등 관련 영업허가를 받아 독점적으로 분뇨 등 수집·운반 및 정화조 청소 영업을 하던 중 소외 1, 2 주식회사들(이하 '소외 회사들'이라 한다)에 대하여 원고와 같은 업종에 관한 각 분뇨 등 관련 영업허가처분을 한 사실을 알 수 있는바, 위와 같은 사실관계에 의하면, 원고와 소외 회사들은 경업자 관계에 있다. 따라서 기존업자인 원고는 새로운 경업자인 소외 회사들에 대하여 이루어진 이 사건 각 처분의 상대방이 아니라 하더라도 당해 처분의 취소를 구할 원고적격이 있다.

13) ♣ 대법원 2008. 3. 27. 선고 2007두23811 판결 [담배소매인지정처분 취소]

구 담배사업법과 그 시행령 및 시행규칙의 관계 규정에 따르면, 담배의 제조 및 판매 등에 관한 사항을 정함으로써 담배산업의 건전한 발전을 도모하고 국민경제에 이바지 하게 하는 데에 담배사업법의 입법목적이 있고, 담배의 제조·수입·판매는 일정한 요건 을 갖추어 허가 또는 등록을 한 자만이 할 수 있으며 담배에 관한 광고를 금지 또는 제한할 수 있고, 담배의 제조업자 등에게 공익사업에 참여하게 할 수 있는 규정을 두고 있으며, 담배소매인과 관련해서는 소정의 기준을 충족하여 사업장 소재지를 관할하는 시장·군수·구청장으로부터 소매인의 지정을 받은 자만이 담배소매업을 영위할 수 있고, 소매인으로 지정된 자가 아니면 담배를 소비자에게 판매할 수 없으며, 소매인의 담배 판매방법과 판매가격을 제한하면서 각 이에 위반하거나 휴업 기간을 초과하여 휴 업한 소매인을 처벌하고 있다. 또 시장·군수·구청장은 일정한 경우 소매인에 대하여 영 업정지를 명할 수 있거나 청문을 거쳐 소매인지정을 취소하도록 하고 있으며, 필요한 경우 소매인에게 업무에 관한 보고를 하게 하거나 소속직원에게 소매인에 대하여 관계 장부 또는 서류 등을 확인 또는 열람하게 할 수 있는 규정을 두고 있는 한편, 소매인 의 지정기준으로 같은 일반소매인 사이에서는 그 영업소 간에 군청, 읍·면사무소가 소 재하는 리 또는 동 지역에서는 50m, 그 외의 지역에서는 100m 이상의 거리를 유지하 도록 규정하고 있다. 위와 같은 규정들을 종합해 보면, <u>담배 일반 소매인의 지정기준으 로서 일반 소매인의 영업소 간에 일정한 거리 제한을 두고 있는 것은 담배유통구조의 확립을 통하여 국민의 건강과 관련되고 국가 등의 주요 세원이 되는 담배산업 전반의 건전한 발전 도모 및 국민경제에의 이바지라는 공익목적을 달성하고자 함과 동시에 일 반소매인 간의 과당경쟁으로 인한 불합리한 경영을 방지함으로써 일반 소매인의 경영 상 이익을 보호하는 데에도 그 목적이 있다고 보이므로,</u> 일반 소매인으로 지정되어 영 업을 하는 기존업자의 신규 일반 소매인에 대한 이익은 단순한 사실상의 반사적 이익 이 아니라 법률상 보호되는 이익이라고 해석함이 상당하다. 원고는 군산시 소룡동 755 신도시 아파트 정문 옆 점포에서 (명칭생략) 1이라는 상호로 담배 일반소매인 지정을 받아 그곳에서 담배 일반소매인 영업을 하고 있고, 피고는 위 1로부터 약 30 또는 77.5m(이는 보행자의 통행방법에 따른 차이이다) 떨어진 군산시 소룡동 732-2 신도시 아파트 상가 101호에서 (명칭생략) 2를 운영하는 참가인에 대하여 원고와 같은 담배 일반소매인 지정처분을 한 사실로 보아 원고와 참가인은 경업자 관계에 있음이 분명하 므로, 기존업자인 원고로서는 새로운 경업자인 참가인에 대하여 이루어진 이 사건 처 분의 상대방이 아니라 하더라도 이 사건 처분의 취소를 구할 원고적격이 있다고 보아 야 할 것이다.

14) ♣ 대법원 2010. 11. 11. 선고 2010두4179 판결 [여객자동차운송사업계획변경인가처분 취소]

여객자동차 운수사업법 '사업계획이 해당 노선이나 사업구역의 수송수요와 수송력 공 급에 적합할 것'을 여객자동차운송사업의 면허 기준으로 정한 것은 여객자동차운송사 업에 관한 질서를 확립하고 여객자동차운송사업의 종합적인 발달을 도모하여 공공의 복리를 증진함과 동시에 업자 간의 경쟁으로 인한 경영의 불합리를 미리 방지하자는 데에 그 목적이 있다 할 것이고, 법, 시행령, 시행규칙 등의 각 규정을 종합하여 보면, 고속형 시외버스운송사업과 직행형 시외버스운송사업은 다 같이 운행계통을 정하고 여객을 운송하는 노선 여객자동차운송사업 중 시외버스운송사업에 속하므로, 위 두 운송사업이 사용 버스의 종류, 운행 거리, 운행구간, 중간정차 여부 등에서 달리 규율된다는 사정만으로 본질적인 차이가 있다고 할 수 없으며, <u>직행형 시외버스운송사업자에 대한 사업계획변경인가처분으로 인하여 기존의 고속형 시외버스운송사업자의 노선 및 운행계통과 직행형 시외버스운송사업자들의 그것들이 일부 중복되게 되고 기존업자의 수익감소가 예상된다면, 기존의 고속형 시외버스운송사업자와 직행형 시외버스운송사업자들은 경업관계에 있는 것으로 봄이 상당하므로, 기존의 고속형 시외버스운송사업자에게 직행형 시외버스운송사업자에 대한 사업계획변경인가처분의 취소를 구할 법률상의 이익이 있다.</u>

15) ♣ **대법원 2008. 4. 10. 선고 2008두402 판결 [담배소매인지정처분 취소]**
구내소매인과 일반소매인 사이에서는 구내소매인의 영업소와 일반 소매인의 영업소 간에 거리 제한을 두지 아니할 뿐 아니라, 건축물 또는 시설물의 구조·상주 인원 및 이용 인원 등을 고려하여 동일 시설물 내 2개소 이상의 장소에 구내소매인을 지정할 수 있으며, 이 경우 일반 소매인이 지정된 장소가 구내소매인 지정대상이 된 때에는 동일 건축물 또는 시설물 안에 지정된 일반 소매인은 구내소매인으로 보고, 구내소매인이 지정된 건축물 등에는 일반 소매인을 지정할 수 없으며, 구내소매인은 담배 진열장 및 담배소매점 표시판을 건물 또는 시설물의 외부에 설치하여서는 아니 된다고 규정하는 등 일반소매인의 입장에서 구내소매인과의 과당경쟁으로 인한 경영의 불합리를 방지하는 것을 그 목적으로 할 수 있다고 보기 어려우므로, 일반 소매인으로 지정되어 영업하는 기존업자의 신규 구내소매인에 대한 이익은 법률상 보호되는 이익이 아니라 단순한 사실상의 반사적 이익이라고 해석함이 상당하므로, 기존 일반 소매인은 신규 구내소매인 지정처분의 취소를 구할 원고적격이 없다.

16) ♣ **대법원 1999.10.12. 선고 99두6026 판결 [자동차운송사업 면허신청서 반려처분의 취소]**
면허나 인허가 등의 수익적 행정처분의 근거가 되는 법률이 해당 업자들 사이의 과당경쟁으로 인한 경영의 불합리를 방지하는 것도 그 목적으로 하는 경우, 다른 업자에 대한 면허나 인허가 등의 수익적 행정처분에 대하여 <u>미리 같은 종류의 면허나 인허가 등의 수익적 행정처분을 받아 영업하는 기존의 업자로</u> 인해 동일 대상 지역에 대한 공유수면매립면허나 도로점용허가 혹은 일정 지역에서의 영업허가 등에 관하여 거리 제한규정이나 업소 개수제한규정 등이 있어서 면허나 인허가 등의 행정처분을 받지 못한 사람은 비록 경업자에 대하여 이루어진 면허나 인허가 등 행정처분의 상대방이 아니라 하더라도 당해 행정처분의 취소를 구할 당사자적격이 있다.

노선버스 한정면허 기준에 관한 자동차운수사업법 시행규칙의 규정상 기존의 농어촌버스운송사업계획변경신청을 인가하면 신규의 마을버스 운송사업 면허를 할 수 없게 되는 경우, 마을버스 운송사업 면허신청자에게 농어촌버스운송사업계획변경인가처분의 취소를 구할 당사자적격이 있다. 그러나 자동차운수사업법 제4조의 규정에 따른 자동차운송 사업면허나 같은 법 제13조의 규정에 따른 자동차운송사업계획변경인가의 허용 여부는 사업구역의 교통 수요, 노선 결정, 운송업체의 수송력, 공급능력 등에 관하여 기술적이고 전문적인 판단을 요하는 분야로서 이에 관한 행정처분은 운수 행정을 통한 공익 실현과 아울러 합목적성을 추구하기 위하여 더욱 구체적 타당성에 적합한 기준에 의하여야 할 것이므로 그 범위 내에서는 법령이 특별히 규정한 바가 없으면 행정청의 재량에 속하는 것이며, 신규의 마을버스 운송사업 면허신청반려처분과 기존의 농어촌버스운송사업계획변경인가처분이 재량권의 범위를 일탈·남용한 것이라고 할 수 없다.

17) ♣ **대법원 1990. 8. 14. 선고 89누7900 판결 [숙박업 구조변경 허가처분 무효확인]**
이 사건 건물의 4, 5층 일부에 객실을 설비할 수 있도록 숙박업구조변경허가를 함으로써 그곳으로부터 50미터 내지 700미터 정도의 거리에서 여관을 경영하는 원고들이 받게 될 불이익은 간접적이거나 사실적, 경제적인 불이익에 지나지 아니하므로 그것만으로는 원고들에게 위 숙박업구조변경허가처분의 무효확인 또는 취소를 구할 소익이 있다고 할 수 없다.

18) ♣ **대법원 1992. 12. 8. 선고 91누13700 판결 [과징금부과처분 취소재결처분 취소]**
면허받은 장의자동차 운송사업구역에 위반하였음을 이유로 한 행정청의 과징금 부과처분에 따라 동종업자의 영업이 보호되는 결과는 사업구역제도의 반사적 이익에 불과하므로 그 과징금부과처분을 취소한 재결에 대하여 처분의 상대방 아닌 제3자는 그 취소를 구할 법률상 이익이 없다.

19) ♣ **대법원 1992. 5. 8. 선고 91누13274 판결 [엘피지충전소허가처분 취소]**
면허나 인허가 등의 수익적 행정처분을 신청한 수인이 서로 경쟁 관계에 있어서 일방에 대한 면허나 인허가 등의 처분이 타방에 대한 <u>불면허·불인가·불허가 등으로 귀결될 수밖에 없는 경우</u>[이른바 경원관계(競願關係)에 있는 경우] 허가 등의 처분을 받지 못한 자는 비록 경원자에 대하여 이루어진 허가 등 처분의 상대방이 아니라 하더라도 당해 처분의 취소를 구할 당사자적격이 있다 할 것이고, 다만 구체적인 경우에 있어서 그 처분이 취소된다 하더라도 허가 등의 처분을 받지 못한 불이익이 회복된다고 볼 수 없을 때는 당해 처분의 취소를 구할 정당한 이익이 없다고 할 것이다.

20) ♣ **대법원 2009. 12. 10. 선고 2009두8359 판결 [예비인가처분 취소]**
인허가 등의 수익적 행정처분을 신청한 수인이 서로 경쟁 관계에 있어서 일방에 대한 허가 등의 처분이 타방에 대한 불허가 등으로 귀결될 수밖에 없는 때 허가 등의 처분을 받지 못한 자는 비록 경원자에 대하여 이루어진 허가 등 처분의 상대방이 아니라 하더라도 당해 처분의 취소를 구할 원고적격이 있다고 할 것이고, 다만 명백한 법적 장애로 인하여 원고 자신의 신청이 인용될 가능성이 처음부터 배제된 경우에는 당해 처분의 취소를 구할 정당한 이익이 없다고 할 것이다. 원고를 포함하여 법학전문대학원 설치인가 신청을 한 41개 대학은 2,000명이라는 총 입학정원을 두고 그 설치인가 여부 및 개별 입학정원의 배정에 관하여 서로 경쟁 관계에 있고 이 사건 각 처분이 취소될 경우 원고의 신청이 인용될 가능성도 배제할 수 없으므로, 원고가 이 사건 각 처분의 상대방이 아니라도 그 처분의 취소 등을 구할 당사자적격이 있다.

21) ♣ **대법원 2006. 3. 16. 선고 2006두330 전원합의체 판결 [정부 조치 계획취소 등]**
공유수면매립면허처분과 농지개량사업 시행인가처분의 근거법규 또는 관련 법규가 되는 공유수면매립법, 농촌근대화촉진법, 환경보전법, 환경보전법 시행령, 환경정책기본법, 환경정책기본법 시행령의 각 관련 규정의 취지는, 공유수면매립과 농지개량사업 시행으로 인하여 직접적이고 중대한 환경피해를 보리라고 예상되는 <u>환경영향평가 대상 지역 안의 주민들이 전과 비교하여 수인한도를 넘는 환경침해를 받지 아니하고 쾌적한 환경에서 생활할 수 있는 개별적 이익까지도 이를 보호하려는 데에 있다고 할 것이므로, 위 주민들이 공유수면매립면허처분 등과 관련하여 가진 위와 같은 환경상의 이익은 주민 개개인에 대하여 개별적으로 보호되는 직접적·구체적 이익으로서 그들에</u>

대하여는 환경상의 이익에 대한 침해 또는 침해 우려가 있는 것으로 사실상 추정되어 공유수면매립면허처분 등의 무효확인을 구할 원고적격이 인정된다. 한편, 환경영향평가 대상 지역 밖의 주민이라 할지라도 공유수면매립면허처분 등으로 인하여 그 처분 전과 비교하여 수인한도를 넘는 환경피해를 받거나 받을 우려가 있는 경우에는, 공유수면매립면허처분 등으로 인하여 환경상 이익에 대한 침해 또는 침해 우려가 있다는 것을 입증함으로써 그 처분 등의 무효확인을 구할 원고적격을 인정받을 수 있다.

헌법 제35조 제1항에서 정하고 있는 환경권에 관한 규정만으로는 그 권리의 주체·대상·내용·행사방법 등이 구체적으로 정립되어 있다고 볼 수 없고, 환경정책기본법 제6조도 그 규정 내용 등에 비추어 국민에게 구체적인 권리를 부여한 것으로 볼 수 없으므로, 환경영향평가 대상 지역 밖에 거주하는 주민에게는 헌법상의 환경권 또는 환경정책기본법에 근거하여 공유수면매립면허처분과 농지개량사업 시행인가처분의 무효확인을 구할 원고적격이 없다.

22) ♣ **대법원 2006. 12. 22. 선고 2006두14001 판결 [공장설립승인처분 취소]**
행정처분의 직접 상대방이 아닌 자로서 그 처분에 따라 자신의 환경상 이익이 침해받거나 침해받을 우려가 있다는 이유로 취소소송을 제기하는 제3자는, 자신의 환경상 이익이 그 처분의 근거법규 또는 관련 법규에 따라 개별적·직접적·구체적으로 보호되는 이익, 즉 법률상 보호되는 이익임을 입증하여야 원고적격이 인정되고, 다만 그 행정처분의 근거법규 또는 관련 법규에 그 처분으로써 이루어지는 행위 등 사업으로 인하여 환경상 침해를 받으리라고 예상되는 영향권의 범위가 구체적으로 규정되어 있는 경우에는, 그 영향권 내의 주민들에 대하여는 당해 처분으로 인하여 직접적이고 중대한 환경피해를 보리라고 예상할 수 있고, 이와 같은 환경상의 이익은 주민 개개인에 대하여 개별적으로 보호되는 직접적·구체적 이익으로서 그들에 대하여는 특단의 사정이 없는 한 환경상 이익에 대한 침해 또는 침해 우려가 있는 것으로 사실상 추정되어 법률상 보호되는 이익으로 인정됨으로써 원고적격이 인정되며, 그 영향권 밖의 주민들은 당해 처분으로 인하여 그 처분 전과 비교하여 수인한도를 넘는 환경피해를 받거나 받을 우려가 있다는 자신의 환경상 이익에 대한 침해 또는 침해 우려가 있음을 증명하여야만 법률상 보호되는 이익으로 인정되어 원고적격이 인정된다. 환경정책기본법령상 사전환경성 검토 협의 대상 지역 내에 포함될 개연성이 충분하다고 보이는 주민들에게는 그 협의 대상에 해당하는 창업사업계획승인처분과 공장설립승인처분의 취소를 구할 원고적격이 인정된다.

23) ♠ **대법원 2009. 9. 24. 선고 2009두2825 판결 [개발사업 시행승인 처분취소]**
환경상 이익에 대한 침해 또는 침해 우려가 있는 것으로 사실상 추정되어 원고적격이 인정되는 사람에게는 환경상 침해를 받으리라고 예상되는 영향권 내의 주민들을 비롯하여 그 영향권 내에서 농작물을 경작하는 등 현실적으로 환경상 이익을 향유하는 사람도 포함된다. 그러나 단지 그 영향권 내의 건물·토지를 소유하거나 환경상 이익을 일시적으로 향유하는 데 그치는 사람은 포함되지 않는다.

24) ♠ **대법원 2012. 7. 5. 선고 2011두13187, 13194 판결 [절대 보전지역 변경처분 무효확인·절대 보전지역 변경(해제)처분 무효확인 등]**
국방부 민·군 복합형 관광미항(제주 해군기지) 사업시행을 위한 해군본부의 요청에 따라 제주특별자치도지사가 절대 보존지역이던 서귀포시 강정동 해안변 지역에 관하여 절대 보존지역을 변경(축소)하고 고시한 사안에서, 절대 보존지역의 유지로 지역주민회와 주민들이 가지는 주거 및 생활 환경상 이익은 지역의 경관 등이 보호됨으로써 반사적으로 누리는 것일 뿐 근거법규 또는 관련 법규에 따라 보호되는 개별적·직접적·구체적 이익이라고 할 수 없으므로, 지역주민회 등은 위 처분을 다툴 원고적격이 없다.

25) ♣ 대법원 2014. 2. 21. 선고 2011두29052 판결 [생태·자연도 등급조정처분 무효확인]
환경부 장관이 생태·자연도 1등급으로 지정되었던 지역을 2등급 또는 3등급으로 변경하는 내용의 생태·자연도 수정·보완을 고시하자, 인근 주민 갑이 생태·자연도 등급변경처분의 무효확인을 청구한 사안에서, 생태·자연도의 작성 및 등급변경의 근거가 되는 자연환경보전법) 제34조 제1항 및 그 시행령 제27조 제1항, 제2항에 의하면, 생태·자연도는 토지이용 및 개발계획의 수립이나 시행에 활용하여 자연환경을 체계적으로 보전·관리하기 위한 것일 뿐, 1등급 권역의 인근 주민들이 가지는 생활상 이익을 직접적이고 구체적으로 보호하기 위한 것이 아님이 명백하고, 1등급 권역의 인근 주민들이 가지는 이익은 환경보호라는 공공의 이익이 달성됨에 따라 반사적으로 얻게 되는 이익에 불과하므로, 인근 주민에 불과한 갑은 생태·자연도 등급 권역을 1등급에서 일부는 2등급으로, 일부는 3등급으로 변경한 결정의 무효확인을 구할 원고적격이 없다.

26) ♣ 대법원 2012.6.28. 선고 2010두2005 판결 [수정지구 공유수면매립목적 변경승인처분 무효]
재단법인 갑 수녀원이, 매립목적을 택지조성에서 조선시설용지로 변경하는 내용의 공유수면매립목적 변경 승인처분으로 인하여 법률상 보호되는 환경상 이익을 침해받았다면서 행정청을 상대로 처분의 무효확인을 구하는 소송을 제기한 사안에서, 공유수면매립목적 변경 승인처분으로 갑 수녀원에 소속된 수녀 등이 쾌적한 환경에서 생활할 수 있는 환경상 이익을 침해받는다고 하더라도 이를 가리켜 곧바로 갑 수녀원의 법률상 이익이 침해된다고 볼 수 없고, 자연인이 아닌 갑 수녀원은 쾌적한 환경에서 생활할 수 있는 이익을 향수할 수 있는 주체가 아니므로 위 처분으로 위와 같은 생활상의 이익이 직접적으로 침해되는 관계에 있다고 볼 수도 없으며, 위 처분으로 환경에 영향을 주어 갑 수녀원이 운영하는 쨈 공장에 직접적이고 구체적인 재산적 피해가 발생한다거나 갑 수녀원이 폐쇄되고 이전해야 하는 등의 피해를 받거나 받을 우려가 있다는 점 등에 관한 증명도 부족하므로 갑 수녀원은 처분의 무효확인을 구할 원고적격이 없다.

27) ♣ 대법원 2007. 7. 19. 선고 2006두19297 전원합의체 판결 [임원취임승인취소처분]
제소 당시에는 권리보호의 이익을 갖추었는데 제소 후 취소 대상 행정처분이 기간의 경과 등으로 그 효과가 소멸한 때, 동일한 소송 당사자 사이에서 동일한 사유로 위법한 처분이 반복될 위험성이 있어 행정처분의 위법성 확인 또는 불분명한 법률문제에 대한 해명이 필요하다고 판단되는 경우, 그리고 선행처분과 후행 처분이 단계적인 일련의 절차로 연속하여 행하여져 후행 처분이 선행처분의 적법함을 전제로 이루어짐에 따라 선행처분의 하자가 후행 처분에 승계된다고 볼 수 있어 이미 소를 제기하여 다투고 있는 선행처분의 위법성을 확인하여 줄 필요가 있는 경우 등에는 행정의 적법성 확보와 그에 대한 사법통제, 국민의 권리구제 확대 등의 측면에서 여전히 그 처분의 취소를 구할 법률상 이익이 있다.
취임승인이 취소된 학교법인의 정식이사들로서는 그 취임승인취소처분 및 임시이사 선임처분에 대한 각 취소를 구할 법률상 이익이 있고, 나아가 선행 임시이사 선임처분의 취소를 구하는 소송 도중에 선행 임시이사가 후행 임시이사로 교체되었다고 하더라도 여전히 선행 임시이사 선임처분의 취소를 구할 법률상 이익이 있다.
임시이사 선임처분에 대하여 취소를 구하는 소송의 계속 중 임기만료 등의 사유로 새로운 임시이사들로 교체된 경우, 선행 임시이사 선임처분의 효과가 소멸하였다는 이유로 그 취소를 구할 법률상 이익이 없다고 보게 되면, 원래의 정식이사들로서는 계속중인 소를 취하하고 후행 임시이사 선임처분을 별개의 소로 다툴 수밖에 없게 되며, 그별소 진행 도중 다시 임시이사가 교체되면 또 새로운 별소를 제기하여야 하는 등 무익한 처분과 소송이 반복될 가능성이 있으므로, 이러한 경우 법원이 선행 임시이사 선임처분의 취소를 구할 법률상 이익을 긍정하여 그 위법성 또는 하자의 존재를 판결로 명확히 해명하고 확인하여 준다면 위와 같은 구체적인 침해의 반복 위험을 방지할 수 있을 뿐 아니라, 후행 임시이사 선임처분의 효력을 다투는 소송에서 기판력에 의하여 최초 또는 선행 임시이사 선임처분의 위법성을 다투지 못하게 함으로써 그 선임처분을 전제로 이루어진 후행 임시이사 선임처분의 효력을 쉽게 배제할 수 있어 국민의 권리구제에 도움이 된다.

28) ♣ **대법원 2006. 6. 22. 선고 2003두1684 전원합의체 판결 [영업정지처분취소]**
환경영향평가 대행업무 정지 처분을 받은 환경영향평가 대행업자가 업무 정지 처분 기간 중 환경영향평가 대행계약을 신규로 체결하고 그 대행업무를 한 사안에서, 업무 정지 처분 기간 경과 후에도 '환경·교통·재해 등에 관한 영향평가법 시행규칙'의 규정에 따른 후행 처분을 받지 않기 위하여 위 업무 정지 처분의 취소를 구할 법률상 이익이 있다.

29) ♠ **대법원 1993. 12. 21. 선고 93누21255 판결 [자동차운행정지 처분 등 취소]**
자동차운수사업법 제31조의 규정에 따른 사업면허의 취소 등의 처분에 관한 규칙 제3조 제3항 제1호는 그 별표 1, 2의 처분기준을 적용하는 것이 현저하게 불합리하다고 인정되는 경우에는 위반횟수 등을 참작하여 운행정지의 경우에는 처분기준 일수의 2분의 1 범위 안에서 가중하거나 감경할 수 있고, 다만 처분의 총일수가 6월을 초과하여서는 안 된다고 되어 있고, 별표 2의 비고 1은 사업정지 또는 운행정지 처분을 받은 날로부터 1년 이내에 동일한 내용의 위반행위를 다시 한 경우에는 처분기준량의 2분의 1을 가산하여 처분한다고 되어 있으므로, 비록 <u>택시 운전기사에 대한 자동차운행정지 처분 기간이 지났다고 하여도 택시 운전기사로서는 이 때문에 행정청으로부터 가중된 제재처분을 받게 될 우려가 있을 수 있어 그 처분의 취소를 구할 법률상 이익이 있다.</u>

30) ♣ **대법원 1990. 10. 23. 선고 90누3119 판결 [건축사업무 정지 명령취소]**
연 2회 이상 건축사의 업무 정지 명령을 받은 경우, 그 정지 기간이 통산하여 12월 이상이 된 때를 건축사사무소의 등록을 취소할 경우의 하나로 규정하고 있는 건축사법 제28조 제1항 제5호의 규정은 제재적인 행정처분의 법정 가중요건을 규정해 놓은 것으로 보아야 하고, 원고가 변론 재개 신청과 함께 이 사건 건축사업무 정지 명령이 전제되어 원고의 건축사사무소 등록이 취소되었음을 알 수 있는 소명자료까지 제출하고 있다면, 이 사건 건축사업무 정지 명령에서 정한 정지 기간이 도과하였다고 하더라도 그 처분으로 인하여 원고에게는 건축사사무소등록취소라는 법률상의 이익이 침해되고 있다는 사정을 나타내 보인 것이라고 할 것이므로 원심으로서는 이 사건 건축사업무 정지 명령취소소송에 있어서 소의 이익 유무를 판단하기 위하여 변론의 재개를 허용하는 방법 등으로 충분한 심리를 다했어야 한다.

31) ♣ **대법원 2005. 3. 25. 선고 2004두14106 판결 [의사면허 자격 정지 처분취소]**
의료법 제53조 제1항은 보건복지부 장관에게 일정한 요건에 해당하는 경우 의료인의 면허자격을 정지시킬 수 있도록 하는 근거 규정을 두고 있고, 한편 같은 법 제52조 제1항 제3호는 보건복지부 장관은 의료인이 3회 이상 자격 정지 처분을 받은 때에는 그 면허를 취소할 수 있다고 규정하고 있는바, 이와 같이 의료법에서 의료인에 대한 제재적인 행정처분으로서 면허자격 정지 처분과 면허취소처분이라는 2단계 조치를 규정하면서 전자의 제재처분을 더욱 무거운 후자의 제재처분 기준요건으로 규정하고 있는 이상 자격 정지 처분을 받은 의사로서는 면허자격 정지 처분에서 정한 기간이 도과되었다 하더라도 그 처분을 그대로 방치하여 둠으로써 장래 의사면허취소라는 가중된 제재처분을 받게 될 우려가 있는 것이어서 의사로서의 업무를 행할 수 있는 법률상 지위에 대한 위험이나 불안을 제거하기 위하여 면허자격 정지 처분의 취소를 구할 이익이 있다.

32) ♣ 대법원 2003. 12. 26. 선고 2003두1875 판결 [병역의무부과처분 취소]

[사실관계]

원고는 1971. 1. 29. 출생한 대한민국 남자로서 병역법에 따라 18세가 되는 해인 1989년 제1국민역에 편입되고, 19세가 되는 해인 1990년에 병역법에 따라 징병검사를 받아야 하였으나 1987.경부터 일본국에 거주하는 사유로 징병검사가 연기되던 중, 1995. 5. 15. 국외 영주권취득 사유로 병역면제처분을 받은 사실, 그런데 원고는 최후 출국일인 2001. 9. 29.부터 6개월이 경과하기 전인 2001. 11. 16. 국내에서 영주할 목적으로 귀국함으로써 병역법 제65조 제4항, 병역법 시행령 제134조 제8항에 의하여 2001. 11. 21. 병역면제처분 취소처분을 받은 사실, 그 후 원고는 2001. 12. 7. 징병신체검사에서 신체등위 1급 판정을 받아 현역병 입영대상 처분을 받은 후, 2001. 12. 17. '부모 60세 이상 독자'라는 이유로 보충역편입신청을 하였으나 피고(서울지방병무청장)로부터 같은 날짜로 2001. 12. 31. 13:00.까지 육군훈련소로 입영하라는 내용의 현역병 입영통지처분을 받았고, 또한 위의 보충역편입신청에 대하여는 18세가 될 때까지 호적이동 사유가 발생하지 아니하였다는 이유로 피고로부터 2001. 12. 26. 자로 거부처분을 받은 사실, 이에 원고는 위 현역병 입영통지처분에 따라 2001. 12. 31. 육군훈련소에 입영하여 군번을 부여받고 육군의 병적에 편입된 사실.

[원심판단]

병역의무자가 현역병 입영통지처분에 따라 현실적으로 입영한 경우에는 현역병 입영통지처분은 집행이 종료되고 효력 또한 상실하게 되므로 이미 지정된 입영 일자에 입영한 원고에게는 그 현역병 입영통지처분의 취소를 구할 소의 이익이 있다 할 수 없고, 나아가 병역법 시행령 제2조 등에 의하면, 징집·소집 등에 의하여 군에 입영한 사람의 병적은 당해 군 참모총장이 관리하므로 관할 지방병무청장인 피고로서는 이미 입영한 원고에 대하여 새로이 무슨 병역처분을 할 수 없을 뿐 아니라 이미 한 병역처분의 취소를 행할 수도 없다는 이유로 피고를 상대로 현역병 입영통지처분 등의 취소를 구하는 이 사건 소는 결국 부적법하다.

[대법원판단]

병역법 제2조 제1항 제3호에 의하면 '입영'이란 병역의무자가 징집·소집 또는 지원에 따라 군부대에 들어가는 것이고, 같은 법 제18조 제1항에 의하면 현역은 입영한 날부터 군부대에서 복무하게 되어 있으므로 현역병 입영통지처분에 따라 현실적으로 입영을 한 경우에는 그 처분의 집행은 종료되지만, 한편, 입영으로 그 처분의 목적이 달성되어 실효되었다는 이유로 다툴 수 없도록 한다면, 병역법상 현역입영대상자로서는 현역병 입영통지처분이 위법하다 하더라도 법원에 의하여 그 처분의 집행이 정지되지 아니하는 이상 현실적으로 입영을 할 수밖에 없으므로 현역병 입영통지처분에 대하여는 불복을 사실상 원천적으로 봉쇄하는 것이 되고, 또한 현역입영대상자가 입영하여 현역으로 복무하는 과정에서 현역병 입영통지처분 외에는 별도의 다른 처분이 없으므로 입영한 이후에는 불복할 아무런 처분마저 없게 되는 결과가 되며, 나아가 입영하여 현역으로 복무하는 자에 대한 병적을 당해 군 참모총장이 관리한다는 것은 입영 및 복무의 근거가 된 현역병 입영통지처분이 적법함을 전제로 하는 것으로서 그 처분이 위법한 경우까지를 포함하는 의미는 아니라고 할 것이므로, 현역병 입영대상자로서는 현실적으로 입영을 하였다고 하더라도, 입영 이후의 법률관계에 영향을 미치고 있는 현역병 입영통지처분 등을 한 관할 지방병무청장을 상대로 위법을 주장하여 그 취소를 구할 소송상의 이익이 있다.

병무청 담당 부서의 담당 공무원에게 공적 견해의 표명을 구하는 정식의 서면질의 등을 하지 아니한 채 총무과 민원팀장에 불과한 공무원이 민원봉사 차원에서 상담에 응하여 안내한 것을 신뢰한 경우, 신뢰 보호 원칙이 적용되지 아니한다.

33) ♣ 대법원 2012. 2. 23. 선고 2011두5001 판결 [해임처분 무효]
해임처분 무효확인 또는 취소소송 계속 중 임기가 만료되어 해임처분의 무효확인 또는 취소로 지위를 회복할 수는 없다고 할지라도, 그 무효확인 또는 취소로 해임처분일부터 임기만료일까지 기간에 대한 보수 지급을 구할 수 있는 경우에는 해임처분의 무효확인 또는 취소를 구할 법률상 이익이 있다. 해임권자와 보수지급의무자가 다른 경우에도 마찬가지이다.

34) ♣ 대법원 2009. 1. 30. 선고 2007두13487 판결 [본회의 개의 및 본회의 제명의결처분 취소]
지방자치법 제32조 제1항(현행 제33조 제1항 참조)은 지방의회 의원에게 지급하는 비용으로 의정 활동비(제1호)와 여비(제2호) 외에 월정수당(제3호)을 규정하고 있는바, 이 규정의 입법 연혁과 함께 특히 월정수당(제3호)은 지방의회 의원의 직무 활동에 대하여 매월 지급되는 것으로서, 지방의회 의원이 전문성을 가지고 의정활동에 전념할 수 있도록 하는 기틀을 마련하고자 하는 데에 그 입법 취지가 있다는 점을 고려해 보면, 지방의회 의원에게 지급되는 비용 중 적어도 월정수당(제3호)은 지방의회 의원의 직무 활동에 대한 대가로 지급되는 보수의 일종으로 봄이 상당하다. 따라서 원고가 이 사건 제명의결 취소소송 계속 중 임기가 만료되어 제명의결의 취소로 지방의회 의원으로서의 지위를 회복할 수는 없다 할지라도, 그 취소로 인하여 최소한 제명의결 시부터 임기만료일까지의 기간에 대해 월정수당의 지급을 구할 수 있는 등 여전히 그 제명의결의 취소를 구할 법률상 이익은 남아 있다고 보아야 한다.

35) ♣ 대법원 2010. 7. 29. 선고 2007두18406 판결 [부당해고구제 재심 판정 중 직위해제 부분 취소]
직위해제처분은 근로자의 지위를 그대로 존속시키면서 다만 그 직위만을 부여하지 아니하는 처분이므로 만일 어떤 사유에 기하여 근로자를 직위 해제한 후 그 직위해제 사유와 동일한 사유를 이유로 징계처분을 하였다면 뒤에 이루어진 징계처분에 따라 그 전에 있었던 직위해제처분은 그 효력을 상실한다. 여기서 직위해제처분이 효력을 상실한다는 것은 직위해제처분이 소급적으로 소멸하여 처음부터 직위해제처분이 없었던 것과 같은 상태로 되는 것이 아니라 사후적으로 그 효력이 소멸한다는 의미이다. 따라서 직위해제 처분에 기하여 발생한 효과는 당해 직위해제처분이 실효되더라도 소급하여 소멸하는 것이 아니므로, 인사규정 등에서 직위해제처분에 따른 효과로 승진·승급에 제한을 가하는 등의 법률상 불이익을 규정하고 있는 경우에는 직위해제처분을 받은 근로자는 이러한 법률상 불이익을 제거하기 위하여 그 실효된 직위해제처분에 대한 구제를 신청할 이익이 있다.

노동조합 인터넷 게시판에 국민건강보험공단 이사장을 모욕하는 내용의 글을 게시한 근로자에 대하여 인사 규정상 직원의 의무를 위반하고 품위를 손상하였다는 사유로 직위해제처분을 한 후 동일한 사유로 해임처분을 한 사안에서, 근로자는 위 직위해제처분으로 인하여 승진·승급에 제한을 받고 보수가 감액되는 등의 인사상·급여상 불이익을 입게 되었고, 위 해임처분의 효력을 둘러싸고 다툼이 있어 그 효력 여하가 확정되지 아니한 이상 근로자 신분을 상실한다고 볼 수 없어 여전히 인사상 불이익을 받는 상태에 있으므로, 비록 직위해제처분이 해임처분에 따라 효력을 상실하였다고 하더라도 근로자에게 위 직위해제처분에 대한 구제를 신청할 이익이 있다.

36) ♣ **대법원 1990. 8. 28. 선고 89누8255 판결 [특별전형에 관한 불합격처분 취소]**
교육법 시행령 제72조, 서울대학교 학칙 제37조 제1항 소정의 학생의 입학 시기에 관한 규정이나 대학학생정원령 제2조 소정의 입학정원에 관한 규정은 학사운영 등 교육행정을 원활하게 수행하기 위한 행정상의 필요에 따라 정해놓은 것으로서 어느 학년도의 합격자는 반드시 당해 연도에만 입학하여야 한다고 볼 수 없으므로 원고들이 불합격처분의 취소를 구하는 이 사건 소송 계속 중 당해 연도의 입학 시기가 지났더라도 당해 연도의 합격자로 인정되면 다음 연도의 입학 시기에 입학할 수도 있다고 할 것이고, 피고의 위법한 처분이 있게 됨에 따라 당연히 합격하였어야 할 원고들이 불합격 처리되고 불합격되었어야 할 자들이 합격한 결과가 되었다면 원고들은 입학정원에 들어가는 자들이라고 하지 않을 수 없다고 할 것이므로 원고들로서는 피고의 불합격처분의 적법 여부를 다툴 만한 법률상의 이익이 있다고 할 것이다.

자유재량에서도 그 범위의 넓고 좁은 차이는 있더라도 법령의 규정뿐만 아니라 관습법 또는 일반적 조리에 의한 일정한 한계가 있는 것으로서 위 한계를 벗어난 재량권의 행사는 위법하다고 하지 않을 수 없으므로, 대학교 총장인 피고가 해외근무자들의 자녀를 대상으로 한 교육법 시행령 제71조의 2 제4항 소정의 특별전형에서 외교관, 공무원의 자녀에 대하여만 획일적으로 과목별 실제 취득점수에 20%의 가산점을 부여하여 합격 사정을 함으로써 실제 취득점수에 의하면 충분히 합격할 수 있는 원고들에 대하여 불합격처분을 하였다면 위법하다.

37) ♣ **대법원 1992. 7. 14. 선고 91누4737 판결 [퇴학처분 취소]**
퇴학처분을 받은 자가 고등학교졸업학력검정고시에 합격하였다고 하더라도 고등학교 졸업이 대학입학자격이나 학력 인정으로서의 의미밖에 없다고 할 수 없고 고등학교 학생으로서의 신분과 명예가 회복될 수 없으니 퇴학처분의 위법을 주장하여 그 취소를 구할 소송상의 이익이 있다.

38) ♣ **대법원 1983. 2. 8. 선고 81누121 판결 [파면처분 취소]**
공무원이었던 원고가 1980.1.25. 자로 이 사건 파면처분을 받은 후 1981.1.31. 대통령령 제10194호로 징계에 관한 일반사면령이 공포 시행되었으나, 사면법 제5조 제2항, 제4조의 규정에 따르면 징계처분에 의한 기성의 효과는 사면으로 인하여 변경되지 않는다고 되어 있고 이는 사면의 효과가 소급하지 않음을 의미하는 것이므로, 이와 같은 일반사면이 있었다고 할지라도 파면처분으로 이미 상실된 원고의 공무원 지위가 회복될 수는 없으니 원고로서는 이 사건 파면처분의 위법을 주장하여 그 취소를 구할 소송상 이익이 있다.

39) ♣ 대법원 2015. 12. 10. 선고 2013두14221 판결 [민간공원 조성 입안제안신청반려처분 취소]

구 도시공원법상 도시계획시설인 도시자연공원의 공원 부지에 포함되어 있던 소유 토지에 골프연습장을 설치할 수 있도록 공원 조성계획을 변경하여 달라는 내용의 변경 입안제안에 대한 반려처분 취소청구 도중에, 도시관리계획 변경 결정에 따라 공원 전부를 도시자연공원으로 하던 도시계획시설 결정이 폐지되고 구 국토계획이용법과 구 도시공원녹지법에 따라 도시자연공원구역으로 다시 변경·지정되면서 공원 조성계획의 입안 및 결정 절차가 적용되지 않고 국토계획이용법상의 용도구역으로 바뀐 경우, 토지에 관한 공원 조성계획이 폐지되어 존재하지 않게 되었으므로, 반려처분의 취소를 구하는 것은 더 이상 존재하지 않는 공원 조성계획에 대하여 변경 입안제안 반려처분의 위법성을 다투는 것에 불과하여 소의 이익이 없다.

1-2. 피고적격

1-2-1. 처분을 행한 행정청이 피고가 된다(행정소송법 제13조 제1항 본문). 이 경우 외부적으로 처분을 행한 처분명의자인 행정청을 의미한다. 내부위임에 따라 수임관청은 위임관청의 명의로 해야 하는데, 처분 권한이 없는 수임관청이 그 명의로 처분을 한 경우에는 수임관청이 피고가 된다. 대리관계를 명시하지 않아 처분명의자로 표시된 행정청은 대리기관이어도 피고가 되나, 처분명의자나 상대방이 피대리 행정청을 대리해서 한 것임을 아는 경우는 피대리 행정청이 피고가 된다.

법령에 따른 위임, 위탁을 받은 행정청, 공공단체, 기관, 사인(예: SH공사, 농어촌진흥공사)이 피고가 된다.

재결 취소청구는 재결을 한 위원회가, 처분적 조례의 경우는 지방자치단체의 장이 피고가 되며, 대통령의 국가공무원에 대한 징계처분은 소속 장관이 피고가 되고(국가공무원법 제16조), 국회의장의 처분에는 국회 사무총장이, 대법원장의 처분에는 법원행정처장이, 헌법재판소장의 처분에는 헌재사무처장이, 중앙노동위원회의 처분에는 중앙노동위원회 위원장이, 경찰공무원법상의 처분에는 경찰청장이, 국가소방공무원의 경우 행정안전부 장관이 피고가 된다.

1-2-2. 권한 승계의 경우 승계한 행정청이 피고가 되고, 처분청이 없어진 경우 처분사무가 귀속되는 국가 또는 공공단체가 피고가 된다.

1-2-3. 피고를 잘못 지정한 경우 경정 허가 결정으로 피고를 경정할 수 있고(행정소송법 제14조, 제21조), 소 변경이 있는 경우도 피고의 경정을 인정한다.

1-3. 참가인

1-3-1. 타인 간의 소송 계속 중 제3자가 그 소송결과에 따라 자신의 법률상

이익에 영향을 받을 경우, 그 소송에 참가하는 것으로 행정소송법 제16조, 제17조, 제8조 제2항에 의하여 참가할 수 있다.

소송의 결과에 따라 권리 또는 이익의 침해를 받는 제3자는 소송참가할 수 있다. 권리 또는 이익의 침해를 받는 경우란 취소판결의 형성력을 받거나 취소판결의 기속력으로 인한 재처분의 효력을 받는 경우를 말한다. 신청 또는 직권으로 결정하며, 의견청취를 하고, 참가신청 각하의 경우 즉시 항고할 수 있다. 참가인은 실제 소송참가 여부를 불문하고 판결의 효력을 받는다(공동소송적 보조참가의 효력).

1-3-2. 다른 행정청의 동의나 협의 등이 필요한 행정행위에서 관계 행정청도 소송참가를 할 수 있는데, 이 경우 판결은 그 참가 행정청에 대하여 보조 참가적 효력(패소후 다른 주장을 하지 못함)만 미치고, 형성력이나 기판력은 미치지 않는다.

1-3-3. 그리고 민사소송법에 따른 보조참가를 할 수도 있다.

1-4. 취소소송의 대상

1-4-1. 취소소송의 대상은 처분 등인데, 구체적 사실에 관한 법 집행으로서의 공권력의 행사 또는 그 거부와 기타 이에 준하는 행정작용 및 행정심판의 재결을 말한다(제2조 제1호). 처분의 개념과 관련하여 쟁송법상 처분 개념설(권력적 사실행위, 행정 내부행위, 행정지도, 행정조사, 행정규칙, 경고 등도 포함)과 실체법상 처분 개념설(권력적 사실행위, 일반 처분, 처분법규)이 있다.

1-4-2. 공권력의 행사 기타 이에 준하는 행정작용은 행정행위와 권력적 사실행위를 말한다. 즉 특정 사항에 대한 법규에 따른 권리설정, 의무부담을 명하거나 기타 법률상 효과를 발생시켜서 일반 국민의 권리 의무에 직접 영향을 미

치는 행위와 구체적 사실에 관한 법 집행으로서 국민의 권리와 의무에 직접적 변동을 초래하는 외부적 행위를 의미한다.

어떠한 처분의 근거가 행정규칙에 규정되어 있다고 하더라도, 그 처분이 상대방에게 권리설정 또는 의무부담을 명하거나 기타 법적인 효과를 발생하게 하는 등으로 상대방의 권리 의무에 직접 영향을 미치는 행위라면, 이 경우에도 항고소송의 대상이 되는 행정처분에 해당한다고 보아야 한다.[1]

처분 인정	처분 불인정
o 원자로 및 관계 시설 부지 사전승인 o 폐기물처리업 사업계획 부적정 통보 o 건축물대장 직권말소 o 토지대장 직권말소 o 조달청장의 입찰참가자격 정지 조치 o 건축협의 취소 o 한국환경산업기술원장의 연구개발중단 및 연구비 집행중지 조치 o 행정재산 사용허가 o 국·공유재산 무단사용자에 대한 변상금부과 o 도시계획 결정	o 무허가건물 관리대장 삭제 o 임야대장 명의 변경 o 내신성적 산정기준에 관한 시행지침 o 도시기본계획 o 하수도정비 기본계획 o 4대강살리기 마스터플랜 o 혁신도시 최종입지 선정행위 o 환지계획 o 당연퇴직에 따른 퇴직발령 o 공매통지 o 대학 자체 징계요구 통보 o 과태료 부과 o 금융감독위원회의 파산신청 o 서울특별시지하철공사 직원 징계
o 국가인권위원회의 성희롱 결정 및 시정조치 권고 o 공정거래위원회의 표준약관 사용 권장행위 o 금융감독원장의 금융기관 임원에 대한 문책경고 o 공정거래위원회의 경고 o 함양군 규칙에 따른 불문 경고 조치 o 사업협약 해지통보 o 두밀분교 폐지조례 o 향 정신병 치료제의 요양급여에 관한 보건복지부 고시 o 약제 급여 비급여목록 및 급여 상한금액표(보건복지부 고시) o 감면 불인정통지(부당한 공동행위 자진신고자 등에 대한 시정조치 등 감면제도 운영고시) o 토지주택공사의 손실보상대상자 제외 결정에 대한 재심사결과 통보	o 어업권 면허에 선행하는 우선순위 결정 o 세무당국의 거래중지요청 행위 o 공무원에 대한 단순 서면 경고 o 건축법상의 단전요청 o 재개발조합원 분양계약에 대한 안내서 o 법령해석 질의 회신이나 답변 o 진정사건 청원 사건에 관한 처리 결과 통보 o 민원처리에 관한 법률상의 사전심사결과 통보
o 산업재해보상보험법상의 장해등급 결정 o 토지보상법의 사업인정 o 도시주거정비법상의 재건축사업 시행계획 인가 o 표준지공시지가 결정 o 개별공시지가 결정	o 징계위원회의 결정 o 병역법상 신체등위판정 o 운전면허 행정처분처리 대장에 기재하는 벌점 o 공정거래위원회의 고발조치 및 고발의결 o 자산관리공사의 재공매 결정

처분 인정	처분 불인정
o 친일반민족행위 재산조사위원회의 재산조사개시 결정 o 지방의회 의원징계 결정 o 결손금소급공제 환급 결정	o 과세표준 결정 o 보훈심사위원회의 의결 o 관계 행정기관의 협의 o 운전면허 행정처분 대장상 벌점 배점

감액 경정처분은 당초 처분, 증액 경정처분은 경정처분이 대상이 되며, 종전 처분 내용 중 일부의 추가, 철회, 변경의 후속처분 경우는 종전처분이 대상이다. 다만 완전 대체 혹은 주요 부분의 실질적 변경인 경우는 후속처분이 대상이다. 당초 처분과 변경처분이 있는 경우 취소소송 대상은 당초 처분이다.[2][3]

1-4-3. 거부와 이에 준하는 행정작용으로는 거부처분과 수리거부, 반려가 해당한다. 행정청이 국민의 신청에 대하여 한 거부행위가 항고소송의 대상이 되는 행정처분에 해당하려면, 행정청의 행위를 요구할 법규상 또는 조리상의 신청권이 그 국민에게 있어야 한다.[4] 신청권의 존재에 대해 학설로는 대상적격설, 본안문제설, 원고적격설 등이 있는데, 추상적 신청권의 존부는 원고적격의 문제라는 이유로 원고적격설이 다수설이다.

한편 판례는 "거부처분의 처분성을 인정하기 위한 전제요건이 되는 신청권의 존부는 구체적 사건에서 신청인이 누구인가를 고려하지 않고 관계 법규의 해석에 의하여 일반 국민에게 그러한 신청권을 인정하고 있는가를 살펴 추상적으로 결정되는 것이고, 신청인이 그 신청에 따른 단순한 응답을 받을 권리를 넘어서 신청의 인용이라는 만족적 결과를 얻을 권리를 의미하는 것은 아니므로, 국민이 어떤 신청을 한 경우에 그 신청의 근거가 된 조항의 해석상 행정발동에 대한 개인의 신청권을 인정하고 있다고 보이면 그 거부행위는 항고소송의 대상이 되는 처분으로 보아야 하고, 구체적으로 그 신청이 인용될 수 있는가 하는 점은 본안에서 판단하여야 할 사항이다"(2007두20638)라고 하여 신청권의 존재가 원고적격 인정의 전제로 된다는 입장에 있다.[5]

거부처분 인정	거부처분 불인정
o 전입신고 미수리 o 건축신고반려 또는 수리거부 o 인허가 의제 효과 수반하는 건축신고 수리거부 o 건축주 명의 변경신고 수리거부 o 건축계획심의신청 반려 o 착공신고 반려 o 지적공부상 분할신청 거부 o 지목변경신청 반려 o 지적공부 등록사항 정정 반려 o 건축물대장 용도변경신청 거부 o 건축물대장작성 신청 반려 o 도시계획 입안제안의 거부 o 임용 기간 만료 통지(재임용거부취지) o 근로복지공단의 평균임금정정신청 거부 o 공무원연금법상의 재직기간 합산신청 불승인 o 감면신청에 대한 감면인정 통지 o 새로운 신청에 대한 반복적 거부처분은 새로운 　거부처분 o 교장승진임용 거부처분 o 임용 기간 만료 통지	o 국·공유 잡종재산의 매각 대부 임대 기간 연장 　요청 거부 o 전통사찰의 등록말소신청 거부 o 당연퇴직 공무원의 복직신청 거부 o 제3자에 대한 건축허가 및 준공검사 취소의 거부 o 지적도 경계 정정 지적정리요청 거부 회신 o 건축물 관리대장 정정 거부 o 측량성과도 정정신청 거부 o 시립합창단원에 대한 재위촉거부 o 국가인권위원회의 진정각하 기각 결정 o 법관 명예퇴직수당 지급거부

　　1-4-4. 행정심판의 재결이 대상이 되려면 재결 자체의 고유한 위법이 있는 경우 인데(제19조), 재결청의 권한, 구성의 위법, 재결 절차나 형식의 위법, 내용의 위법 등을 말한다. 재결에 고유 위법성이 존재하는 경우 원처분 취소소송과 재결취소소송을 같이해야 한다는 원처분주의와 재결취소소송만으로 하되 그 절차에서 원처분의 위법성도 주장 가능하다는 재결주의가 있다.

　　이행재결과 명령재결에 따라 처분청이 처분한 경우 취소소송의 대상은 재결과 처분 모두 가능하다. 일부 취소재결에서 남은 원처분도 위법하다는 경우, 취소소송의 대상은 남은 원처분이며, 변경재결에서 변경된 원처분도 위법하다는 경우, 취소소송의 대상은 변경된 원처분이다.

　　한편 개별법에서 재결을 취소소송의 대상으로 규정하고 있는 경우가 있는데, 감사원의 변상판정에 대한 재심의판정은 감사원을 상대로 재심의판정 취소청구로, 중앙노동위원회의 재심처분은 중노위장을 상대로 재심판정취소 청구로, 특허심판의 심결은 특허청장을 상대로 심결취소청구로 하고, 교원소청심사위원회의 결정은 위원회를 상대로 한 결정취소청구(사립학교 교직원)와 원 행정청을 상대로 한 원처분 취소청구(국공립학교 교직원)로 나뉜다. 중앙토지수용위원회의 이의재결 경우에 이의재결이 임의절차이므로 원처분인 수용재결이 취소소송의 대상이고 피고는 지방토지수용위원회이나, 이의재결 고유의 위법이 있는 경우는 이의재결이 대상이다.

형성재결 결과의 통보 내용 중 요구, 요청, 통지는 항고소송의 대상이 아니다.[6]

1) ♠ **대법원 2012. 9. 27. 선고 2010두3541 판결 [감면 불인정처분 등 취소]**
   독점규제 및 공정거래에 관한 법률 제22조의 2 제1항, 독점규제 및 공정거래에 관한 법률 시행령 제35조 제1항, 부당한 공동행위 자진신고자 등에 대한 시정조치 등 감면제도 운영고시 등 관련 법령의 내용, 형식, 체제 및 취지를 종합하면, 부당한 공동행위 자진신고자 등에 대한 시정조치 또는 과징금 감면 신청인이 고시 제11조 제1항에 따라 자진신고자 등 지위확인을 받는 경우에는 시정조치 및 과징금 감경 또는 면제, 형사 고발 면제 등의 법률상 이익을 누리게 되지만, 그 지위확인을 받지 못하고 고시 제14조 제1항에 따라 감면 불인정통지를 받는 경우에는 위와 같은 법률상 이익을 누릴 수 없게 되므로, 감면 불인정통지가 이루어진 단계에서 신청인에게 그 적법성을 다투어 법적 불안을 해소한 다음 조사 협조행위에 나아가도록 함으로써 장차 있을지도 모르는 위험에서 벗어날 수 있도록 하는 것이 법치 행정의 원리에도 부합한다. 따라서 <u>부당한 공동행위 자진신고자 등의 시정조치 또는 과징금 감면신청에 대한 감면 불인정통지는 항고소송의 대상이 되는 행정처분에 해당한다.</u>

   갑 주식회사와 을 주식회사가 공동으로 건축용 판유리 제품 가격을 인상한 후 갑 회사가 1순위로 구 독점규제 및 공정거래에 관한 법률 시행령 제35조 등에 따라 부당한 공동행위 자진신고자 등에 대한 시정조치 등 감면신청을 하고 을 회사가 2순위로 감면신청을 하였으나 공정거래위원회가 갑 회사는 감면요건을 충족하지 못했다는 이유로 감면 불인정통지를 하고 을 회사에 1순위 조사협조자 지위확인을 해준 사안에서, 을 회사에 대한 1순위 조사협조자 지위확인이 취소되더라도 갑 회사가 을 회사의 지위를 승계하는 것이 아니고, 갑 회사에 대한 감면 불인정의 위법 여부를 다투어 감면 불인정이 번복되는 경우 1순위 조사협조자의 지위를 인정받을 수 있다는 이유로, <u>갑 회사는 공정거래위원회의 을 회사에 대한 1순위 조사협조자 지위확인의 취소를 구할 소의 이익이 없다.</u>

2) ♣ **대법원 2007. 4. 27. 선고 2004두9302 판결 [식품위생법 위반 과징금부과 처분취소]**
   행정청이 식품위생법령에 따라 영업자에게 행정제재처분을 한 후 그 처분을 영업자에게 유리하게 변경하는 처분을 한 경우, 변경처분에 따라 당초 처분은 소멸하는 것이 아니고 당초부터 유리하게 변경된 내용의 처분으로 존재하는 것이므로, 변경처분에 따라 유리하게 변경된 내용의 행정제재가 위법하다 하여 그 취소를 구하는 경우 그 취소소송의 대상은 변경된 내용의 당초 처분이지 변경처분은 아니고, 제소 기간의 준수 여부도 변경처분이 아닌 변경된 내용의 당초 처분을 기준으로 판단하여야 한다.

3) ♣ **대법원 2012. 9. 27. 선고 2011두27247 판결 [부당이득금부과처분 취소]**
   행정청이 산업재해보상보험법에 따른 보험급여 수급자에 대하여 부당이득 징수 결정을 한 후 징수 결정의 하자를 이유로 징수금 액수를 감액하는 경우에 감액처분은 감액된 징수금 부분에 관해서만 법적 효과가 미치는 것으로서 당초 징수 결정과 별개 독립의 징수금 결정처분이 아니라 그 실질은 처음 징수 결정의 변경이고, 그에 의하여 징수금의 일부 취소라는 징수의무자에게 유리한 결과를 가져오는 처분이므로 징수의무자에게는 그 취소를 구할 소의 이익이 없다. 이에 따라 감액처분으로도 아직 취소되지 않고 남아 있는 부분이 위법하다 하여 다투고자 하는 경우, 감액처분을 항고소송의 대상으로 할 수는 없고, 당초 징수 결정 중 감액처분에 따라 취소되지 않고 남은 부분을 항고소송의 대상으로 할 수 있을 뿐이며, 그 결과 제소 기간의 준수 여부도 감액처분이 아닌 당초 처분을 기준으로 판단해야 한다.

4) ♣ **대법원 2015. 12. 10. 선고 2013두20585 판결 [경기민요보유자추가인정거부처분 취소]**
행정청의 행위를 요구할 법규상 또는 조리상 신청권의 근거 없이 한 국민의 신청을 행정청이 받아들이지 아니한 경우에는 그 거부로 인하여 신청인의 권리나 법적 이익에 어떤 영향을 주지 아니하므로 이를 항고소송의 대상이 되는 행정처분이라고 할 수 없다.

5) ♣ **대법원 2009.9.10. 선고 2007두20638 판결 [토지매수신청 거부처분 취소]**
금강수계 중 상수원 수질보전을 위하여 필요한 지역의 토지 등의 소유자가 국가에 그 토지 등을 매도하기 위하여 매수신청을 하였으나 유역환경청장 등이 매수거절의 결정을 한 사안에서, 위 매수거절을 항고소송의 대상이 되는 행정처분으로 보지 않는다면 토지 등의 소유자로서는 재산권의 제한에 대하여 달리 다툴 방법이 없게 되는 점 등에 비추어, 그 매수 거부행위가 공권력의 행사 또는 이에 준하는 행정작용으로서 항고소송의 대상이 되는 행정처분에 해당한다.

6) ♣ **대법원 1997. 5. 30. 선고 96누14678 판결 [공장설립변경신고 수리취소처분 취소]**
재결청으로부터 '처분청의 공장설립변경신고 수리처분을 취소한다'라는 내용의 형성적 재결을 송부받은 처분청이 당해 처분의 상대방에게 재결결과를 통보하면서 공장설립변경신고 수리 시 발급한 확인서를 반납하도록 요구한 것은 사실의 통지에 불과하고 항고소송의 대상이 되는 새로운 행정처분이라고 볼 수 없다.

1-5. 제소 기간

1-5-1. 취소소송은 행정처분이 있음을 안 날부터 90일, 처분 등이 있은 날부터 1년 이내 제기하여야 한다(제20조). 어느 하나의 기간만이라도 경과하면 제소가 불가하다.

1-5-2. '안 날'부터 90일에서 '안 날'이란 통지, 공고 기타 방법으로 당해 처분이 있었다는 사실을 현실적으로 안 날을 의미하며, 구체적 내용이나 그 처분의 위법 여부를 알아야 하는 것은 아니다. 적법한 송달일, 고시 또는 공고가 있은 날부터 5일이 경과한 날, 위헌 결정이 있은 날 또는 위헌 결정이 있음을 안 날, 재결서 정본 송달받은 날 등이 된다. 행정청이 행정심판청구를 할 수 있다고 잘못 알려서 행정심판의 청구를 한 경우에 그 제소 기간은 행정심판 재결서의 정본을 송달받은 날부터 기산하여야 한다. 단 행정심판 청구 기간을 긴 기간으로 잘못 고지받아 행정소송 제소 기간을 도과한 경우는 구제받을 수 없다(2000두6916).

1-5-3. '있은 날'부터 1년에서 '있은 날'이란 처분의 효력이 발생한 날이며 외부로 표시되어 상대방에게 도달된 날로서 알 수 있는 상태를 말하며 내용을 인식할 필요는 없다. 재결이 있은 날은 재결의 효력이 발생한 날로서 적법한 송달일이다.

천재지변, 전쟁, 사변 기타 불가항력 등 정당한 사유가 있으면 1년이 경과해도 제소가 가능한데, 처분 상대방이 아닌 제3자는 처분 있은 날로부터 1년 이내에 처분 있음을 알았다는 특별한 사정이 없는 한 정당한 사유가 있는 것으로 인정된다.

1-5-4. 무효확인소송에는 제소 기간이 준용되지 않으나, 무효선언의미의 취소소송은 제소 기간을 준수하여야 한다. 무효확인소송을 제기했다가 취소소송을

추가로 병합한 경우 주된 청구인 무효확인소송이 취소소송의 제소 기간 내에 제기되었다면 추가로 병합된 취소소송도 적법하게 제기된 것이다. 청구취지를 교환적으로 변경하여 종전의 소가 취하되고 새로운 소가 제기된 것으로 보게 되는 경우에 새로운 소에 대한 제소 기간의 준수 등은 원칙적으로 소의 변경이 있은 때를 기준으로 하여 판단된다.[1]

주석 [취소소송 제소기간]

1) ♣ **대법원 2013. 7. 11. 선고 판결 [주택재건축정비사업조합 설립인가 처분취소]**

청구취지를 교환적으로 변경하여 종전의 소가 취하되고 새로운 소가 제기된 것으로 보게 되는 경우에 새로운 소에 대한 제소 기간의 준수 등은 원칙적으로 소의 변경이 있은 때를 기준으로 하여 판단된다. 그러나 선행처분의 취소를 구하는 소가 그 후속처분의 취소를 구하는 소로 교환적으로 변경되었다가 다시 선행처분의 취소를 구하는 소로 변경된 경우 후속처분의 취소를 구하는 소에 선행처분의 취소를 구하는 취지가 그대로 남아 있었던 것으로 볼 수 있다면 선행처분의 취소를 구하는 소의 제소 기간은 최초의 소가 제기된 때를 기준으로 정하여야 할 것이다.

원고들은 당초 2009. 12. 11. 자의 설립인가 처분의 취소를 구하는 소를 그 제소 기간 내에 제기하였다가 제1심에서 2010. 5. 24. 자의 변경인가처분의 취소를 구하는 것으로 청구취지를 교환적으로 변경하였고, 2011. 6. 1. 제2심에서 다시 설립인가 처분의 취소를 구하는 청구를 추가하는 것으로 청구취지를 변경하였다.

한편 변경인가처분은 설립인가 처분을 전제로 하여 단지 동의서가 추가되었음을 이유로 한 것이고, 이는 종전의 설립인가 처분을 대체하는 새로운 변경인가처분이 아니라 '경미한 사항의 변경에 대한 신고를 수리하는 의미'에 불과하다. 그리고 원고들이 실질적으로 다투는 것은 설립인가 처분의 위법 여부이고, 변경인가처분은 그로 말미암아 설립인가 처분의 하자가 치유되었는지 등의 쟁점과 관련하여 부수적으로 주장·판단의 대상이 되고 있다. 또한, 원고들이 제1심에서 변경인가처분의 취소를 구하는 내용의 '청구취지 및 청구원인 변경 신청'의 서면을 제출한 2010. 8. 27.에는 "경미한 사항의 변경에 대한 신고를 수리하는 의미에 불과한 변경인가처분에 설권적 처분인 조합설립 인가처분이 흡수된다고 볼 것은 아니다"라고 밝힌 대법원 2010.12.9. 선고 2009두4555 판결이 선고되기 전이어서 원고들로서는 이 사건 소로써 취소를 구하는 처분을 설립인가 처분으로 하여야 할 것인지 변경인가처분으로 하여야 할 것인지 확정하기 어려웠다고 할 것이다. 결국, 원고들이 설립인가 처분의 취소를 구하는 소를 제기하였다가 제1심에서 변경인가처분의 취소를 구하는 것으로 소를 변경하였다고 하더라도 설립인가 처분의 취소를 구하는 취지는 그대로 남아 있다고 보아야 할 것이다. 따라서 설립인가 처분의 취소를 구하는 청구의 제소 기간은 그 뒤 제2심에서 다시 설립인가 처분의 취소를 구하는 청구를 추가하였다는 사정과는 무관하게 이 사건 소 제기 시를 기준으로 하여야 한다.

기록에 의하면, 이 사건 변경인가처분일은 2010. 5. 24.이지만 원고들은 이 사건 변경인가처분이 있었다는 사실이 언급된 피고 보조참가인 제출의 2010. 7. 22. 자 준비서면을 2010. 8. 18. 송달받고 나서야 그러한 사실을 알게 되어 그 뒤 2010. 8. 27. 이 사건 변경인가처분의 취소를 구하는 것으로 청구취지를 변경하였음을 알 수 있으므로, 그에 관한 제소 기간을 준수하였다 할 것이다.

1-6. 행정심판 전치주의

1-6-1. 행정심판의 전치란 행정소송의 제기에 행정청에 의한 행정심판절차를 거치도록 하는 제도인데, 헌법 제107조 제3항, 행정소송법 제18조에 의해 임의적 전심 절차로 되었다. 다만 개별법으로 반드시 전치절차를 거쳐야 하는 것으로 규정된 경우가 있다.[1]

1-6-2. 행정심판의 재결이 불필요한 경우가 있는데, 행정심판청구일부터 60일 지나도 재결이 없는 때, 처분의 집행 또는 속행으로 생길 중대한 손해를 예방하여야 하는 때, 행정심판기관의 재결 불능 시 기타 정당한 사유가 있으면 된다. 그러나 재결이 있을 필요가 없다는 것이어서 행정심판 제기는 하여야 한다.

1-6-3. 행정심판 제기가 불필요한 경우로는 동종사건에서 이미 행정심판 기각 결정 있는 때, 내용상 관련 처분 또는 같은 목적의 단계적 처분 중 이미 행정심판의 재결이 있는 때, 행정소송의 사실심 변론종결 후 변경된 처분이 있는 때(소 제기 후 처분변경으로 청구 변경허가 된 경우도 포함), 행정청이 행정심판이 불필요하다고 잘못 고지한 때 등이다.

1-6-4. 무효 확인 소송, 당사자소송에는 행정심판 전치주의가 적용되지 않는다. 다만 예비적 청구가 항고소송인 경우에는 적용된다. 부작위 위법확인소송, 무효선언을 구하는 취소소송, 제3자의 취소소송에도 적용된다. 행정심판 청구기간 도과를 간과한 행정심판위원회의 재결이 있어도 전치 요건은 충족 안 된 것으로 본다. 전치요건은 행정소송의 사실심 변론종결 시까지 갖추면 된다.

1-6-5. 행정심판과 행정소송의 관련성이 인정되어야 하는데 처분의 동일성을 기준으로 한다. 인적 관련성(동일한 처분인 한 행정심판 청구인과 행정소송 원고의 동일성이 유지되면 됨), 물적(사항적) 관련성(청구원인이 기본적인 점에서 동일하면 됨), 주장 내용의 관련성(기본적인 점에서 동일하면 됨. 전심 절차에서 주장하지 못한 사유를 소송에서 공격방어방법으로 제출 가능)이 있어야 한다.[2]

주석 [행정심판 전치주의]

---

1) 소청심사청구(국가공무원법 제16조, 지방공무원법 제20조의 2)
   국세심사청구, 심판청구(국세기본법 제56조 2항)
   관세심사청구, 심판청구(관세법 제120조)
   중앙행정심판위원회(도로교통법 제142조)

2) ♣ **대법원 1999. 11. 26. 선고 99두9407 판결 [택지초과소유부담금부과처분 취소]**
   행정소송이 전심 절차를 거쳤는지를 판단하면서 <u>전심 절차에서의 주장과 행정소송에서의</u>
   <u>주장이 전혀 별개의 것이 아닌 한, 그 주장이 반드시 일치하여야 하는 것은 아니고, 당사</u>
   <u>자는 전심 절차에서 미처 주장하지 아니한 사유를 공격방어방법으로 제출할 수 있다.</u>

   행정소송법 제21조와 제22조가 정하는 소의 변경은 그 법조에 의하여 특별히 인정되는
   것으로서 민사소송법상의 소의 변경을 배척하는 것이 아니므로, 행정소송의 원고는 행
   정소송법 제8조 제2항에 의하여 준용되는 민사소송법 제235조에 따라 청구의 기초에
   변경이 없는 한도에서 청구의 취지 또는 원인을 변경할 수 있다.

   하나의 행정처분인 택지초과소유부담금 부과처분 중 일부의 액수에 대하여만 불복하여
   전심 절차를 거치고 그 후 다시 행정소송에서 위 액수에 대하여만 부과처분의 취소를
   구하였다가 택지소유상한에 관한 법률이 헌법에 위반된다는 헌법재판소의 결정에 따라
   그 청구취지를 부과처분 전부의 취소를 구하는 것으로 확장하였다고 하더라도, 이는 동
   일한 처분의 범위 내에서 청구의 기초에 변경이 없이 이루어진 소의 변경에 해당하여
   적법하다.

1-7. 소의 변경과 청구의 병합

1-7-1. 취소소송을 무효확인소송, 부작위 위법확인소송, 당사자소송(업무가 귀속하는 국가, 지방자치단체를 피고로 변경)으로 변경하거나(제21조 제1항), 무효확인소송, 부작위 위법확인소송을 취소소송, 당사자소송으로 변경하거나(제37조), 당사자소송을 취소소송, 무효확인소송, 부작위 위법확인 소송으로 변경할 수 있다 (제42조).

소의 종류를 변경하려면 청구의 기초에 변경이 없어야 하고, 상당한 이유가 있어야 하며, 사실심 변론종결 시까지 원고의 신청이 있어야 한다. 변경되는 신소는 제소요건을 갖추어야 한다(취소소송으로 변경되는 경우 제소 기간 준수).

청구의 기초란 동일한 사실 또는 경제적 이익에 관한 분쟁에서 그 해결방법에 차이가 있는 것에 지나지 않는 경우(이익설)를 말한다.

새로이 피고가 될 자의 의견청취 후 법원의 소 변경허가가 있어야 하며, 이에 대해 즉시항고가 가능하다. 불허가 결정이 있으면 새로운 피고를 상대로 별도 소송을 제기해야 한다.

행정소송의 원고는 행정소송법 제8조 제2항에 의하여 준용되는 민사소송법 제235조에 따라 청구의 기초에 변경이 없는 한도에서 청구의 취지 또는 원인을 변경할 수 있다.

1-7-2. 소송 도중 행정청의 처분변경으로 인한 소 변경은 처분에 대한 소 제기 후 행정청의 처분변경이 있고, 처분변경이 있음을 안 날부터 60일 이내 신청하고, 사실심 변론종결 전이어야 한다(제22조).

1-7-3. 민사소송과 행정소송 간의 소의 변경에 대해서는 현행 규정은 없으

나, 판례는 수소법원이 행정소송에 대한 관할도 가지고 있는 경우라면 민사소송을 항고소송으로 소 변경하도록 심리 판단하여야 한다고 한다.

1-7-4. 관련 청구 소송(당해 처분과 관련된 손해배상, 부당이득반환, 원상회복 등 청구, 당해 처분과 관련된 취소소송)을 취소소송이 계속된 법원으로 이송할 수 있다(제10조).

취소소송에 관련 청구소송을 병합하거나, 취소소송에 피고 이외의 자를 상대로 한 관련 청구소송을 병합하여 제기하거나, 행정청을 피고로 하는 취소소송에 국가를 피고로 하는 손해배상청구소송을 병합하거나 한다. 본래의 취소소송이 부적법 각하되면 병합된 관련 청구도 각하된다.[1][2]

주석 [소변경, 청구 병합]

1) ♣ **대법원 2001. 11. 27. 선고 2000두697 판결 [압류처분 무효확인 등]**

<u>도로관리청이 원인자부담금 부과처분에 의한 부과금 징수를 위하여 압류처분을 하고 그에 이어 압류등기를 한 경우에</u>, 이해관계인은 그 압류처분에 대한 항고소송 외에 그 압류등기의 말소청구소송을 제기할 수 있고, 그 경우 행정소송법 제38조, 제10조에서 말하는 <u>본래의 항고소송은 원인자부담금 부과처분 또는 압류처분에 대한 항고소송을 모두 포함한다.</u> 무효확인청구소송에서 압류등기의 말소청구소송은 부과처분 등과 관련되는 원상회복 청구소송으로 관련 청구소송으로 병합될 수도 있다. 관련 청구소송의 병합은 본래의 항고소송이 적법할 것을 요건으로 하는 것이어서 본래의 항고소송이 부적법하여 각하되면 그에 병합된 관련 청구도 소송요건을 흠결한 부적합한 것으로 각하되어야 한다.

[사실관계]
원고가 그 도로관리청인 피고 서울특별시 금천구와 구로구로부터 맨홀정비공사 수급함. 맨홀은 모두 도로의 지하에 묻힌 도시가스관·상하수도관·송유관·전기통신관 등의 교체·수선작업 등을 위하여 작업자가 드나드는 작업구로 도로 표면에 부착된 것. 맨홀정비공사의 내용은 맨홀의 높이와 그 주위 도로의 높이가 서로 일치하지 아니하거나 맨홀 주변의 파손으로 주위 도로와 제대로 부착되지 아니하여 파손된 부분이 있는 등 불량 맨홀에 대한 높이 조절과 주위 도로와의 접착작업, 도로 덧씌우기공사를 함에 따라 기존 맨홀의 높이가 상대적으로 낮아지게 되면 이를 높이는 인상작업 등. --- 도로의 유지관리를 위한 도로공사의 일환임. 원고가 공사를 시행하면서 맨홀 인상작업 등에 쓰이는 제품을 폐합성수지 대신에 그보다 저가인 콘크리트 링 등의 제품을 사용하고, 맨홀 주위의 채움재를 적정량보다 적게 사용하여 압축강도가 떨어지게 하였으며, 기타 부실한 시공을 함으로써 정비공사를 마친 맨홀에 침하·균열 등의 하자를 발생하게 함

도로법상 도로관리청이 아닌 자의 타 공사 또는 타 행위로 인하여 도로의 신설·개축 및 수선에 관한 공사 즉 도로공사가 필요하게 된 경우에, 도로관리청이 그 원인자에게 그 도로공사의 이행을 명하는 것이 원칙이나 그것이 도로의 관리에 지장을 초래하는 경우에는 직접 도로공사를 시행하고 그 비용을 원인자에게 청구할 수 있음.

도로관리청이 원인자부담금 부과금 징수를 위하여 원고의 부동산에 압류처분을 하고 그에 이어 압류등기를 함

그러나 하자보수공사나 그 하자보수공사에 갈음하는 비용 등은 도로법 제31조, 제64조에서 말하는 '타 공사 또는 타 행위로 인하여 필요하게 된 도로공사나 그 도로공사에 필요한 비용'에 해당한다고 할 수 없으므로, 피고 금천구 등은 원고에게 이 사건 맨홀정비공사에 따른 하자의 보수공사를 명하거나, 그 하자보수공사에 갈음하는 비용을 받기 위해 원인자에 대한 공사이행을 명하거나 부담금을 부과할 수는 없다(도로관리청이 수급자에게 맨홀 공사 부실시공으로 인한 부당한 공사비 절감과 하자로 인한 손해 등에 대하여 하자담보책임 등을 따지는 것은 별론).

2) ♣ **대법원 2009. 4. 9. 선고 2008두23153 판결 [보험료납부 고지처분 취소]**

행정소송법 제10조는 처분의 취소를 구하는 취소소송에 당해 처분과 관련되는 부당이

득반환소송을 관련 청구로 병합할 수 있다고 규정하고 있는바, 이 조항을 둔 취지에 비추어 보면, 취소소송에 병합할 수 있는 당해 처분과 관련되는 부당이득반환소송에는 당해 처분의 취소를 선결문제로 하는 부당이득반환청구가 포함되고, 이러한 부당이득반환청구가 인용되기 위해서는 그 소송 절차에서 판결에 따라 당해 처분이 취소되면 충분하고 그 처분의 취소가 확정되어야 하는 것은 아니다. 보험료부과처분에 대한 취소소송에서 90,946,000원의 보험료부과처분 중 67,194,980원의 보험료부과처분을 취소하면서도, 관련 청구로 병합된 부당이득반환소송에서는 그 처분의 취소를 전제로 인용 여부를 판단하지 않고 처분의 취소가 확정되지 않았다는 이유로 기각한 것은 위법하다.

1-8. 가구제

1-8-1. 취소소송의 제기는 처분 등의 효력이나 그 집행 또는 절차의 속행에 영향이 없으나, 회복하기 어려운 손해를 예방하기 위해 긴급한 필요가 있는 경우 집행정지를 인정한다(제23조). 본안이 계속 중일 것, 정지 대상 처분의 존재,[1] 회복하기 어려운 손해의 예방(사회 통념상 금전배상이나 원상회복이 불가능),[2][3][4] 긴급한 필요(시간상으로 절박하여 본안판결을 기다릴 여유가 없는 상태), 공공복리에 중대한 영향을 미칠 우려가 없을 것, 본안 청구에 이유 없음이 명백하지 않을 것 등이 요건이다.

집행정지 결정에 대한 불복은 즉시항고로 하는데, 즉시항고는 집행정지 결정의 집행을 정지하는 효력이 없다. 불복의 사유는 요건 판단에 관한 것이고 본안 처분의 위법성을 이유로 할 수 없다.[5]

1-8-2. 집행정지로 처분의 효력은 정지되고, 집행이 정지되며, 절차속행도 정지된다. 다만 집행정지, 절차속행 정지로 목적 달성이 가능한 경우는 효력 정지가 허용되지 않는다. 집행정지 종기의 정함이 없으면 본안판결 확정 시까지 정지효력이 존속한다. 집행정지도 당사자인 행정청과 관계 행정청을 기속한다.

1-8-3. 집행정지 결정 이후 발생한 사유로 공공복리에 중대한 영향을 미치거나 정지 사유가 없어진 경우, 당사자의 신청 또는 직권으로 집행정지를 취소할 수 있다.

1-8-4. 취소소송에서 민사집행법상의 가처분을 준용할 수 있는지에 대하여 판례는 부정하고 있으나, 학설은 제한적 긍정설(수익적 처분 신청의 거부, 일정한 금지신청 거부의 경우 등에서 실효적 권리구제수단의 확대)이 있다. 당사자소송의 경우는 가압류, 가집행선고가 인정되므로 가처분이 인정되지만, 국가 상대 당사자소송에서는 가집행선고가 안 된다(제43조).

주석 [취소소송 가구제]

1) 거부처분의 경우 판례는 인정하지 않고 있으나, 하급심 판례 중에는 한약사국가시험 응시원 반려처분, 서울대학교 신입생 1단계 전형 불합격처분, 외국인의 체류 연장신청거부 등에 대하여 인정하고 있는 경우도 있다. 그런데 갱신거부, 연장거부는 처분의 존재가 인정되어야 한다는 학설이 있다.

2) ♣ **대법원 2003. 4. 25. 자 2003무2 결정 [집행정지]**
금전으로 보상할 수 없는 손해로서 이는 금전보상이 불능인 경우, 금전보상으로는 사회관념상 행정처분을 받은 당사자가 참고 견딜 수 없거나 참고 견디기가 곤란한 경우의 유형, 무형의 손해, 경제적 손실이나 기업 이미지 및 신용의 훼손으로 인하여 사업자의 자금 사정이나 경영 전반에 미치는 파급효과가 매우 중대하여 사업 자체를 계속할 수 없거나 중대한 경영상의 위기를 맞게 될 것으로 보이는 등의 사정이 존재하여야 한다.

3) ♣ **대법원 2011.4.21. 2010무111 전원합의체결 [집행정지]**
국토해양부 등에서 발표한 '4대강 살리기 마스터플랜'에 따른 '한강 살리기 사업' 구간 인근에 거주하는 주민들이 공구별 사업실시계획승인처분에 대한 효력 정지를 신청한 사안에서, 위 사업 구간에 편입되는 팔당 지역 농지 대부분이 국가 소유의 하천부지이고, 유기농업에 종사하는 주민들 대부분은 국가로부터 하천점용허가를 받아 경작해온 점, 위 점용허가의 부관에 따라 허가를 한 행정청은 공익상 또는 법령이 정하는 것에 따르거나 하천 정비사업을 시행하는 경우 허가변경·취소 등을 할 수 있는 점 등에 비추어, 주민 중 <u>환경영향평가 대상 지역 및 근접 지역에 거주하거나 소유권 기타 권리를 가지고 있는 사람들이</u> 위 사업으로 인하여 토지 소유권 기타 권리를 수용당하고 이로 인하여 정착지를 떠나 타지로 이주를 해야 하며 더 이상 농사를 지을 수 없게 되고 팔당 지역의 유기농업이 사실상 해체될 위기에 처하게 된다고 하더라도, 그러한 손해는 행정소송법 제23조 제2항에서 정하고 있는 효력 정지 요건인 금전으로 보상할 수 없거나 사회관념상 금전보상으로는 참고 견디기 어렵거나 현저히 곤란한 경우의 유·무형 손해에 해당하지 않는다.

4) ♣ **대법원 2001. 10. 10. 자 2001무29 결정[효력 정지]**
사업여건의 악화 및 막대한 부채비율로 인하여 외부자금의 신규차입이 사실상 중단된 상황에서 군납 유류 입찰담합행위로 인해 독점규제 및 공정거래에 관한 법률 소정의 부당한 공동행위로 285억 원 규모의 과징금을 납부하기 위하여 무리하게 외부자금을 신규차입하게 되면 주거래은행과의 재무구조개선약정을 지키지 못하게 되어 사업자가 중대한 경영상의 위기를 맞게 될 것으로 보이는 경우, 그 과징금납부 명령의 처분으로 인한 손해는 효력 정지 또는 집행정지의 적극적 요건인 '회복하기 어려운 손해'에 해당한다.

5) ♣ **대법원 2011.4.21. 2010무111 전원합의체결 [집행정지]**
[다수의견] <u>행정처분의 효력 정지나 집행정지를 구하는 신청사건에서는 행정처분 자체의 적법 여부를 판단할 것이 아니고</u> 행정처분의 효력이나 집행 등을 정지시킬 필요가 있는지 여부, 즉 <u>행정소송법 제23조 제2항에서 정한 요건의 존부만이 판단대상이 된다.</u> 나아가 '처분 등이나 그 집행 또는 절차의 속행으로 인한 손해 발생의 우려' 등 적극적 요건에 관한 주장·소명 책임은 원칙적으로 신청인 측에 있으며, 이러한 요건을 결여하였

다는 이유로 효력 정지 신청을 기각한 결정에 대하여 행정처분 자체의 적법 여부를 가지고 불복사유로 삼을 수 없다.

[4인 반대의견] 행정소송법 제8조 제2항에 따라 행정소송에도 준용되는 민사소송법 제442조는 "항고법원·고등법원 또는 항소법원의 결정 및 명령에 대하여는 재판에 영향을 미친 헌법·법률·명령 또는 규칙의 위반을 이유로 드는 때에만 재항고할 수 있다."라고 규정하고 있다. 재항고인들이 효력 정지 요건의 해석에 관한 원심결정의 법리오해 위법을 반복하여 지적하면서, 특히 여러 가지 측면에서 특수성을 띠고 있는 환경문제가 포함된 이 사건의 규모와 성격, 직·간접적 파급효과 등을 고려할 때 효력 정지 요건 충족 여부와 관련하여 '회복하기 어려운 손해' 및 '긴급한 필요'의 의미를 종전과 다르게 해석하여야 한다거나 그렇지 않다고 하더라도 소명 책임과 관련된 소명의 정도를 완화하여야 한다는 취지의 주장을 하고 있는데, 이는 법리오해 주장으로서 적법한 재항고 이유이다. 그렇다면 대법원으로서는 재항고 이유의 당부에 관하여 나아가 판단함이 마땅하다.

1-9. 취소소송의 심리

1-9-1. 민사소송법상 심리 원칙을 준용하되, 필요시 직권으로 증거조사 할 수 있고, 당사자가 주장하지 않은 사실에 관하여도 판단할 수 있다(제26조). 이에 대해 학설은 변론주의 보충설(기록에 현출된 사실에 관하여 직권 증거조사, 판단)과 직권탐지 주의설이 있는데, 판례는 행정소송에서 연유하는 당사자주의, 변론주의의 일부 예외 규정일 뿐 법원이 아무런 제한 없이 당사자가 주장하지 않은 사실을 판단할 수 있는 것이 아니라 일건 기록상 현출되어 있는 사항에 관해서만 판단하고, 새로운 사유로 처분의 정당성 여부를 판단하는 것은 당초의 처분 사유와 기본적 사실관계에 동일성이 인정되는 한도 내에서만 허용된다고 한다.[1]

1-9-2. 행정심판 기록 제출명령을 할 수 있다(제25조 제1항). 입증책임은 법률요건분류설(입증책임분배설)에 따라 권한 행사규정의 경우 권한 행사 주장자에게, 권한 불행사 규정의 경우 권한 불행사를 주장하는 자에게 있다.[2]

주석 [취소소송의 심리]

1) ♣ **대법원 2013. 8. 22. 선고 판결 [국가유공자 비해당 결정처분 취소]**
국가유공자 비해당 결정이라도 그 사유가 공무 수행과 상이 사이에 인과관계가 없다는 것과 본인 과실이 경합해 있어 지원 대상자에 해당할 뿐이라는 것은 기본적 사실관계의 동일성이 없다고 보아야 한다. 따라서 처분청이 공무 수행과 사이에 인과관계가 없다는 이유로 국가유공자 비해당 결정을 한 데 대하여, 법원이 그 인과관계의 존재는 인정하면서 직권으로 본인 과실이 경합한 사유가 있다는 이유로 그 처분이 정당하다고 판단하는 것은 행정소송법이 허용하는 직권심사주의의 한계를 벗어난 것으로서 위법하다.

♣ **대법원 2016. 8. 24. 선고 2016두32589 판결 [지원 공상군경요건 해당 결정통지취소]**
불가피한 사유가 인정되면 본인의 과실은 물론이고 본인의 고의·중과실이 개입된 경우에도 국가유공자로 인정될 수 있으므로, 불가피한 사유는 본인의 주관적 책임을 면제하여 주는 예외적 정당화 사유로서 객관적 사정에 비추어 엄격하게 해석해야 한다. '불가피한 사유 없이 본인의 과실이나 본인의 과실이 경합한 사유로 사망 또는 상이를 입은 것'은 재해 또는 상이 발생 가능성이 있음에도 원인이 된 행위로 나아갈 수밖에 없는 객관적 사정없이 본인의 부주의로 재해가 발생하거나 그로 인한 상이가 확대된 경우를 의미하고, 이에 관한 증명책임은 처분청에 있다.(군대 내 축구경기 중 사고)

♣ **대법원 2011.2.10. 선고 2010두20980 판결 [여객자동차운송사업계획변경인가처분 취소]**
행정소송에서 기록상 자료가 나타나 있다면 당사자가 주장하지 않았더라도 판단할 수 있고, 당사자가 제출한 소송자료에 의하여 법원이 처분의 적법 여부에 관한 합리적인 의심을 할 수 있음에도 단지 구체적 사실에 관한 주장을 하지 아니하였다는 이유만으로 당사자에게 석명을 하거나 직권으로 심리·판단하지 아니함으로써 구체적 타당성이 없는 판결을 하는 것은 행정소송법 제26조의 규정과 행정소송의 특수성에 반하므로 허용될 수 없다. 피고의 시외버스운송사업계획변경인가 처분으로 변경된 피고 보조참가인의 노선은 사실상 고속형 시외버스운송사업 등에 해당하고, 피고는 그에 대한 처분 권한이 없어 이 사건 처분은 권한이 없는 자에 의하여 이루어진 것으로 위법하다고 주장하면서 그와 관련된 판결문을 제출하였는데도, 마땅히 원고들이 제출한 소송자료 등 기록에 나타난 자료에 의하여 이 사건 처분으로 변경된 노선이 관련 법령이 규정한 고속형 시외버스운송사업에 해당하는지 여부와 피고에게 그 처분 권한이 존재하는지 등을 중심으로 이 사건 처분의 위법성에 대해 필요한 심리를 하여 이 사건 주장의 당부까지도 판단해 보았어야 할 것이다. 그런데도 원심은 판시와 같은 사정만을 들어 이 사건 주장이 민사소송법 제149조가 정한 실기한 공격방어방법에 해당한다고 보아 이를 각하하고, 그에 대해 아무런 심리·판단을 하지 아니한 결과 이 사건 처분을 적법한 것으로 보고 말았으니, 이러한 원심판결에는 이 사건 처분의 위법 여부에 관하여 필요한 심리를 다하지 않고 판단을 누락한 위법이 있다.

2) ♣ **대법원 2011. 9. 8. 선고 2009두15005 판결 [시정명령 등 취소]**
민사소송법의 규정이 준용되는 행정소송에 있어서 증명책임은 원칙적으로 민사소송의 일반원칙에 따라 당사자 간에 분배되고 항고소송의 경우에는 그 특성에 따라 당해 처분의 적법을 주장하는 피고에게 그 적법 사유에 대한 증명책임이 있다 할 것인데, 피고가 주장하는 당해 처분의 적법성이 합리적으로 수긍할 수 있는 일응의 증명이 있는 경우에는 그 처분은 정당하다 할 것이며 이와 상반되는 주장과 증명은 그 상대방인 원고에게 그 책임이 돌아간다고 할 것이다. 피고가 주장하는 이 사건 처분의 적법성이 일응 증명된 것으로 보아 원고가 제출한 증거들만으로는 원고가 단독생산하였다고 주장하는 제품들을 생산하여 거래처에 판매하였다는 사실을 인정할 수 있을 뿐이고, 더 나아가 위 제품들이 이 사건 담합의 영향을 받은 것이라는 점을 뒤집기에 부족하므로 위 제품들의 매출액은 관련 매출액에서 제외될 수 없다는 취지로 판단한 것은 정당하다.

♣ 대법원 2010. 5. 13. 선고 2009두3460 판결 [양도소득세 부과처분 무효확인]
행정처분의 당연무효를 주장하여 그 무효확인을 구하는 행정소송에서는 원고에게 그 행정처분이 무효인 사유를 주장·입증할 책임이 있다. 한편 국세기본법에는 민사소송법 제182조(구속된 사람 등에게 할 송달)와 같은 특별규정이나 민사소송법 중 송달에 관한 규정을 준용하는 규정이 없으므로, 구치소 등에 구속된 사람에 대한 납세고지서의 송달은 특별한 사정이 없으면 국세기본법 제8조 제1항에 따라 주소·거소·영업소 또는 사무소로 하면 되고, 이 경우 그곳에서 송달받을 사람을 만나지 못할 때는 그 사용인 기타 종업원 또는 동거인으로서 사리를 판별할 수 있는 사람에게 송달할 수 있다.

1-10. 취소소송의 판결

1-10-1. 처분 이후 근거 법령이 개폐되거나, 사실 상태가 변경된 경우 법원의 심리 시 위법성 기준 시점에 대해서는 처분 시로 본다는 것이 판례다.[1] 처분후의 법령 및 사실관계의 변경은 사정 판결의 사유가 될 수 있다. 거부처분 취소소송에서는 거부처분의 위법은 처분 시로 하고 인용 판결은 판결 시를 기준으로 보자는 견해도 있다.

1-10-2. 외형상 하나의 처분이지만 가분성이 있거나 그 처분대상의 일부가 특정될 수 있는 경우 일부 취소판결이 가능하다. 조세부과처분에서 적법한 부과액이 산출되는 때에는 그 정당한 세액을 초과하는 부분만 취소한다. 한 사람이 여러 종류의 운전면허가 있는데 취소 사유가 다른 면허와 공통되지 않고, 면허를 받은 사람에 관한 것이 아니면 일부 취소가 가능하다.

그러나 일부 취소가 불가능한 경우는 전부를 취소하여야 하는데, 영업정지 처분취소에서 정지 기간이 재량권일 경우에는 적정한 영업정지 기간을 정하여 그 기간 초과 부분만 취소하는 것은 안 되며, 과징금부과처분 취소에서 과징금부과 여부와 금액 결정이 재량사항이라면 적정하다고 인정되는 금액의 초과 부분만 취소하는 것은 안 되며, 적법한 가액평가의 자료가 없어서 정당한 상속세액을 산출할 수 없는 경우에는 과세처분 전부를 취소할 수밖에 없다.[2]

1-10-3. 처분 사유의 추가·변경 (처분 이유의 사후변경)

처분 시에 이유로 제시되지 않았던 사실상 또는 법률상의 근거를 사후에 소송절차에서 적법성을 유지하기 위해 새로이 추가하거나 변경하는 것에 대하여 판례는 당초 처분 사유와 기본적 사실관계의 동일성이 인정되는 범위 내에서 할 수 있다고 하여, 처분의 상대방 방어권 보장과 신뢰 보호를 위해서 제한적 긍정설을 취하고 있다.

처분 사유의 추가 변경이 인정되는 시간적 범위는 사실심 변론종결 시까지이나, 추가 변경 사유의 기준시는 처분 시이므로 처분 시 이후 발생한 새로운 사유는 대상이 되지 않는다. 추가 변경의 객관적 범위는 처분의 동일성이 유지되어야 하고, 기본적 사실관계의 동일성이 있어야 하는데, 사회적 사실관계가 기본적인 점에서 동일한지 여부는 처분청이 처분 당시 적시한 구체적 사실을 변경하지 않는 범위에서 처분의 근거 법령만을 추가 변경하거나, 처분 사유를 구체적으로 표시하는 등 처분 사유의 내용이 공통되거나 취지가 유사한 경우만 해당한다. 추가 변경된 사유가 처분 당시 이미 존재했다든지 당사자가 그 사실을 알고 있었다고 하여도 동일성이 인정되지 않는다.[3]

긍정사례	부정사례
▶ 산림형질변경 불허가처분 취소소송에서 처분 이유를 준농림지역에서의 행위 제한이라고 했다가 자연경관 및 생태계의 교란, 국토 및 자연의 유지와 환경보전 등 중대한 공익상의 필요라는 사유를 추가 가능 ▶ 액화석유가스판매사업 불허가처분 취소소송에서 처분 이유를 사업허가기준에 맞지 않는다고 했다가 이격거리 허가기준에 위배된다고 하는 경우 내용이 공통 ▶ 폐기물처리업 사업계획 부적정통보처분 취소소송에서 처분의 근거로 삼은 당초의 사유는 사업예정지에 폐기물처리시설을 설치할 경우 인근 농지의 농업경영과 농어촌 생활환경 유지에 피해를 줄 것이 예상되어 농지법에 따른 농지전용이 불가능하고 또 농어촌 정비법에 따른 구거의 목적 외 사용승인도 하지 아니하였다는 것이고, 피고가 소송에서 추가로 주장한 사유는 인근 주민의 생활이나 주변 농업 활동에 피해를 줄 것이 예상되어 사업예정지가 폐기물처리 시설의 부지로서 적절하지 아니하다는 것이라면, 비록 위 두 사유는 그 법률적 구성에서 다소 차이가 있기는 하지만, 그 내용이 모두 인근 주민의 생활이나 주변 농업 활동의 피해를 문제 삼는 것으로 기본적 사실관계가 동일하다고 할 것이므로, 추가로 주장한 사유를 이 사건 처분 사유의 하나로 보고 처분의 적법 여부를 판단한 것은 정당하다(다만, 추가로 주장한 사유 중 피고 관내에서 운영 중인 폐기물처리업체의 수가 충분하여 원고와 같은 소규모 업체를 더 이상 설립할 필요가 없다는 것은 피고가 처분의 근거로 삼은 당초의 사유와 기본적 사실관계가 동일하다고 볼 수 없으므로, 원심이 위 사유까지 처분 사유의 하나로 보고 처분의 적법 여부를 판단한 것은 잘못되었다.).	▶ 부정당업자 제재처분(입찰참가자격 제한) 취소소송에서 정당한 이유 없이 계약을 이행하지 않았다는 사유와 계약이행과 관련하여 관계 공무원에게 뇌물을 주었다는 사유 ▶ 종합 주류도매업 면허취소처분 취소소송에서 무자료 주류판매 및 위장거래금액이 과다하다는 사유와 무면허판매업자에게 주류를 판매하였다는 사유 ▶ 정보공개 거부처분 취소소송에서 정보공개법 제9조 제1항 제4호, 제6호 사유와 제5호 사유 ▶ 의료보험요양기관 지정취소처분 취소소송에서 본인부담금 수납 대장 불비치 사유와 관계 서류 제출명령 위반 사유 ▶ 변상금부과처분 취소소송에서 점용허가를 받지 않고 도로를 점용하였다는 도로법 제95조를 근거 법령 사유로 하다가 해당 도로가 도로법 적용을 받지 않은 경우에 대비하여 국유재산법 제51조로 변경하는 것 ▶ 원고의 건축신고와 관련된 행정심판이 계속 중이므로 그 건축신고 건이 종결되지 않은 상황에서 이 사건 신청을 처리할 수 없다는 당초의 이 사건 처분 사유와 원고가 이 사건 건축물을 건축하면서 사전 허가 없이 국토의 이용 및 계획에 관한 법률상의 허가사항인 토지의 형질변경행위를 하였다거나 이 사건 토지가 경상남도의 화포천 유역 종합치수계획에 의하여 화포천 유역의 침수방지를 위한 저류지 부지에 포함되어 하천구역으로 지정·고시될 예정이어서 이 사건 신청을 받아들일 수 없다는 취지로 새로이 추가한 처분 사유

재량행위의 경우 처분 사유의 추가 변경이 허용되는가에 관하여 처분 사유와 재량고려사항을 구별하여 재량고려사항의 추가 변경은 가능하다는 견해가 있다.

1-10-4. 사정 판결(事情判決)

원고의 청구가 이유 있다고 인정하는 경우에도 처분을 취소하는 것이 현저히 공공복리에 적합하지 않다고 인정되는 경우에 원고의 청구를 기각할 수 있다(행정소송법 제28조).

사정 판결 요건에 해당하는지는 위법·부당한 행정처분을 취소·변경하여야 할 필요와 취소·변경으로 발생할 수 있는 공공복리에 반하는 사태 등을 비교·교량 하여 엄격하게 판단하여야 한다. 처분에 이르기까지의 경과 및 처분 상대방의 관여 정도, 위법사유의 내용과 발생원인 및 전체 처분에서 위법사유가 관련된 부분이 차지하는 비중, 처분을 취소할 경우 예상되는 결과, 특히 처분을 기초로 새로운 법률관계나 사실 상태가 형성되어 다수 이해관계인의 신뢰 보호 등 처분의 효력을 존속시킬 공익적 필요성이 있는지 및 정도, 처분의 위법으로 인해 처분 상대방이 입게 된 손해 등 권익 침해의 내용, 행정청의 보완조치 등으로 위법상태의 해소 및 처분 상대방의 피해 전보가 가능한지 여부, 처분 이후 처분청이 위법상태의 해소를 위해 취한 조치 및 적극성의 정도와 처분 상대방의 태도 등 제반 사정을 종합적으로 고려하여야 한다.[4] 사정 판결을 할 필요가 있다고 인정하는 때에는 당사자의 명백한 주장이 없는 경우에도 일건 기록에 나타난 사실을 기초로 하여 직권으로 사정 판결을 할 수 있다.[5]

사정 판결은 처분이 위법하나 공익상 필요 등을 고려하여 취소하지 아니하는 것일 뿐 처분이 적법하다고 인정하는 것은 아니므로, 사정 판결의 요건을 갖추었다고 판단되는 경우 법원으로서는 행정소송법 제28조 제2항에 따라 원고가 입게 될 손해의 정도와 배상방법, 그 밖의 사정에 관하여 심리하여야 하고, 이 경우 원고는 행정소송법 제28조 제3항에 따라 손해배상, 재해시설의 설치 그 밖에 적당한 구제방법의 청구를 병합하여 제기할 수 있으므로, 당사자가 이를 간과하였음이 분명하다면 적절하게 석명권을 행사하여 그에 관한 의견을 진술할 기회를 주어야 한다.

원고의 보호를 위한 조치로써 손해 정도와 배상방법 기타 사정의 조사 및 소송비용의 피고 부담, 구제방법의 병합 청구, 주문에서 처분이 위법함 등을 명시하여야 한다.

무효확인소송과 부작위 위법확인소송에서는 사정 판결을 할 수 없다.

1-10-5. 취소소송 판결의 효력

① 형성력

취소판결이 확정되면, 행정청의 별도의 행위 없이 처분이 처분 시로 소급하여 취소되어 효력 소멸하고, 취소된 처분을 전제로 행해진 처분이나 법률관계도 소급해서 효력을 상실한다(형성효, 소급효).

취소판결의 효력은 제3자에 대해서도 효력을 미친다(제29조, 대세효). 취소된 처분에 따라 형성된 법률관계를 기초로 행해진 사법상 행위로 새로 권리를 취득한 제3자에게까지 처분 전 상태로 환원되는 것은 아니나, 취소판결의 존재와 취소판결에 따라 형성된 법률관계를 제3자라 할지라도 용인하지 않으면 안 된다.6)

② 기속력

당사자인 행정청과 관계 행정청에 대하여 판결의 취지에 따라야 할 실체법상의 의무를 발생시키는 효력이다(제30조). 처분의 위법성 일반을 소송물로 보고 처분청 및 관계 행정청을 구속하고 동일한 처분과 새로운 처분에도 효력이 미치는 점에서 기판력과는 다른 특수 효력설이 판례와 통설이다.7)

반복 금지효(당사자인 행정청과 관계 행정청은 동일 사안에서 동일 당사자에게 동일 내용의 처분을 반복하는 것은 안 됨), 재처분의무(거부처분 취소판결의 경우 판결의 취지에 따른 이전의 신청에 대한 처분 의무 --- 재임용거부처분 취소의 경우 다시 재임용 심의하여 재임용 여부를 결정할 의무를 부담하며 소급하여 신분 관계를 회복하는 것은 아님. 긍정 처분이 절차의 위법으로 취소되는 경우에도 재처분의무가 있는데 이는 제3자가 신청인이 받은 긍정 처분에 대한 취소소송의 제기 시에 적용), 결과 제거의무(압류처분 취소된 경우 압류물의 반환) 등이 있다.

기속력의 효력은 주관적으로 당사자인 행정청과 관계 행정청(처분을 기초로 관련되는 처분이나 부수 행위를 할 수 있는 행정청)에게 미치고, 객관적으로 판결의 주문 및 이유 중 처분 등의 구체적 위법사유 판단에 미치는데, 기본적 사실관계의 동일성이 인정되는 기존의 사유로 재처분은 허용되지 않으며, 시간상으로 처분 시까지 효력이 미치므로 처분 시 이후의 새로운 사정을 근거로 재처분이 가능하다.[8)]

취소판결에는 성질상 집행력이 인정되지 않지만, 실효성을 확보하기 위하여 재처분의무를 규정하고, 다시 재처분의무를 이행하지 않는 경우 간접강제제도를 두고 있다. 즉 재처분의무를 이행하지 않는 행정청에 당사자의 신청으로 법원이 상당한 기간을 정하여 이행하지 않는 경우 지연 기간에 따라 일정한 배상을 하거나 즉시 손해배상을 명한다(제34조). 재처분을 했더라도 종전 거부처분 취소판결의 기판력에 반하는 당연무효의 것이라면 재처분을 하지 않은 것과 같다고 본다.

상당한 기간이 경과한 후에라도 재처분이 행해지면 배상금을 추심하는 것은 허용되지 않는다(재처분의 지연에 대한 제재나 손해배상이 아니고 재처분 이행에 관한 심리적 강제수단에 불과하기 때문이다).

1-10-6. 제3자의 재심청구

처분취소 판결에 따라 권리 이익의 침해를 받은 제3자가 자기에게 책임 없는 사유로 소송에 참가하지 못해 판결의 결과에 영향을 미칠 공격 방어방법을 제출하지 못한 경우에 확정된 종국 판결에 대해 확정판결이 있음을 안 날부터 30일 이내, 판결이 확정된 날부터 1년 이내 재심청구가 가능하다(제31조).

'자기에게 책임 없는 사유'의 유무는 사회통념에 비추어 제3자가 당해 소송에 참가를 할 수 없었던 데 대해 자기에게 귀책시킬 만한 사유가 없었는지 아닌지에 의하여 결정되어야 하고, 제3자가 종전 소송의 계속을 알지 못한 경우에 그것이 통상인으로서 일반적 주의를 다 하였어도 알기 어려웠다는 것과 소송의 계속을 알고 있었던 경우에는 당해 소송에 참가를 할 수 없었던 특별한 사정이 있었을 것을 필요로 한다. 그 사유에 관한 입증 책임은 그러한 사유를 주장하는 제3자에게 있고, 더욱이 제3자가 종전 소송이 계속 중임을 알고 있었다고 볼 만한 사정이 있는 경우에는 종전 소송이 계속 중임을 알지 못하였다는 점을 제3자가 적극적으로 입증하여야 한다.9)

주석 [취소소송의 판결]

1) ♠ **대법원 2007. 5. 11. 선고 2007두1811 판결 [공사중지 명령 처분 취소]**
원심은 2005.4.18. 피고가 내린 공사중지 명령은 그 사유 중 중요한 상당 부분이 소멸하였으며 불이행된 부분 역시 적은 비용으로 쉽게 보완이 가능한 데 비하여, 원고는 이 사건 처분으로 인한 공장신축 지연 등으로 이미 상당한 손해를 입었을 뿐만 아니라 앞으로도 막대한 손해를 입을 것으로 예상되는 사정 등을 주된 이유로 하여, 이 사건 처분은 비례의 원칙에 반하여 재량권을 일탈·남용한 것으로서 위법하다고 판단하였다. 그러나 이 사건 처분의 사유 중 중요한 상당 부분은 이 사건 처분 당시에 부존재하였거나 이미 소멸한 상태였던 것이 아니라, 이 사건 처분 이후에 원고가 이 사건 처분에서 지적하고 있는 사항들을 이행하고 미흡한 부분들을 보완하는 등의 조치를 한 결과 사후적으로 소멸한 것임을 알 수 있다. 따라서 <u>이 사건 처분은 그 처분 당시의 법령과 사실 상태를 기준으로 판단할 때 적법하다고 할 것이고, 이 사건 처분 이후의 사실 상태의 변동으로 인하여 처분 당시 적법하였던 이 사건 처분이 다시 위법하게 되는 것은 아니다</u>(이 사건 처분 이후에 이 사건 처분의 사유 중 중요한 상당 부분이 소멸하였다면, 원고가 이를 이유로 피고에 대하여 이 사건 처분에 의한 공사중지 명령의 해제를 요구하고 피고가 이를 거부할 경우 그 거부처분에 대하여 취소를 청구할 수 있음은 별론).

♣ **대법원 2017. 4. 26. 선고 2016두32688 판결 [시정명령 및 과징금납부 명령 취소]**
행정소송에서 행정처분의 위법 여부는 행정처분이 행하여졌을 때의 법령과 사실 상태를 기준으로 판단함이 원칙이고, 이는 독점규제 및 공정거래에 관한 법률에 따른 공정거래위원회의 과징금납부 명령 등에서도 마찬가지이다. 따라서 공정거래위원회의 과징금납부 명령 등이 재량권 일탈·남용으로 위법한지는 <u>과징금납부 명령 등이 행하여진 '의결일' 당시의 사실 상태를 기준으로 판단하여야 한다.</u>

♣ **대법원 2008. 7. 24. 선고 2007두3930 판결 [난민 인정 불허가 결정취소]**
원고가 단순히 징집을 거부한 것이 아니라 콩고에서 민주화 운동을 주도하는 목사가 이끄는 교회의 청년회장으로서 종족 간의 학살로 이어지는 정부군과 반정부군 간의 내전에 반대하여 강제징집거부와 반전운동을 주도한 사실을 인정한 다음, 강제징집거부와 반전운동이라는 정치적 의견을 표명한 행위로 인하여 정부군에 체포되어 감금되었다가 국외로 탈출하게 된 사정 등에 비추어 정치적 의견을 이유로 박해를 받을 충분한 근거 있는 공포가 있다고 판단하여 난민 인정 불허가 결정을 취소하였는바, 행정소송에서 행정처분의 위법 여부는 행정처분이 행하여졌을 때의 법령과 사실 상태를 기준으로 하여 판단하여야 하고, 처분 후 법령의 개폐나 사실 상태의 변동에 따라 영향을 받지는 않으므로, <u>난민 인정 거부처분의 취소를 구하는 취소소송에서도 그 거부처분을 한 후 국적국의 정치적 상황이 변화하였다고 하여 처분의 적법 여부가 달라지는 것은 아니다.</u> 따라서 피고가 원고에 대해 난민 인정을 불허 처분을 한 이후 원고의 국적국인 콩고의 정치적 상황이 변화하였음을 이유로 이 사건 처분이 적법하다는 피고의 상고이유 주장은 받아들일 수 없다(난민 인정을 받은 외국인에 대해 그 국적국의 정치적 상황이 변화하였음을 이유로 그 인정 처분을 취소할 수 있음은 별론).

♣ 대법원 2006.8.25. 선고 2004두2974 판결 [주택건설사업계획승인신청반려처분 취소]
건설회사가 종전 국토이용관리법 시행 당시 주택건설사업계획 승인신청을 하였는데, 그 후 국토의 계획 및 이용에 관한 법률의 시행으로 국토이용관리법이 폐지됨에 따라 시장이 신법에 의하여 위 신청을 반려한 사안에서, 허가 등의 행정처분은 원칙적으로 처분 시의 법령과 허가기준에 의하여 처리되어야 하고 허가신청 당시의 기준에 따라야 하는 것은 아니므로, 반려처분 당시 적용될 법률은 종전 국토이용관리법이 아니라 국토의 계획 및 이용에 관한 법률이다. 다만 신청을 수리하고도 정당한 이유 없이 그 처리를 늦추고 있는 사이에 허가기준이 변경되었다면 신청 시의 기준으로 처분하여야 한다.

2) ♣ 대법원 1995.11.16. 선고 95누8850 전원합의체 판결 [자동차운전면허취소처분 취소]
제1종 보통, 대형 및 특수 면허를 가진 자가 레이카크레인을 음주 운전한 행위는 제1종 특수 면허의 취소 사유에 해당할 뿐 제1종 보통 및 대형 면허의 취소 사유는 아니므로, 3종의 면허를 모두 취소한 처분 중 제1종 보통 및 대형 면허에 대한 부분은 이를 이유로 취소하면 될 것이나, 제1종 특수 면허에 대한 부분은 원고가 재량권의 일탈·남용하여 위법하다는 주장을 하고 있음에도, 원심이 그 점에 대하여 심리·판단하지 아니한 채 처분 전체를 취소한 조치는 위법하다.

♣ 대법원 2012. 5. 24. 선고 2012두1891 판결 [자동차운전면허취소처분 취소]
제1종 대형, 제1종 보통 자동차운전면허를 가지고 있는 갑이 배기량 400cc의 오토바이를 절취하였다는 이유로 지방경찰청장이 갑의 제1종 대형, 제1종 보통 자동차운전면허를 모두 취소한 사안에서, 위 오토바이를 훔쳤다는 사유만으로 제1종 대형 면허나 보통 면허를 취소할 수 없다.

♣ 대법원 2012. 3. 29. 선고 2011두9263 판결 [국가유공자 요건 비해당 처분취소]
국가유공자등록신청 당시 신청인이 여러 개의 상이를 주장함으로써 국가유공자 요건의 관련 사실을 확인하는 과정에서 여러 개의 상이가 문제 되는 경우 각각의 상이 별로 국가유공자 요건에 해당하는지 여부에 대한 심사가 이루어지는 점, 이에 따라 법의 적용대상자로 될 상이를 입은 것이 아닌 사람 또는 국가유공자 요건이 인정되지 않은 상이에 대하여는 상이 등급의 판정을 위한 신체검사를 실시하지 아니하는 점, 나아가 여러 개의 상이를 주장하면서 국가유공자등록신청을 한 신청인의 의사는 단지 국가유공자로 등록되는 데 그치는 것이 아니라 교육훈련 또는 직무수행 중 입은 각각의 상이의 정도와 그 상이 등급에 상응하는 국가유공자로 등록해 줄 것을 구하는 것이라고 봄이 타당한 점, 외형상 하나의 행정처분이라 하더라도 가분성이 있거나 그 처분대상의 일부가 특정될 수 있다면 그 일부만의 취소도 가능하고 그 일부의 취소는 당해 취소 부분에 관하여 효력이 생긴다고 할 것인 점 등을 종합하면, 여러 개의 상이에 대한 국가유공자 요건 비해당처분에 대한 취소소송에서 그중 일부 상이가 국가유공자 요건이 인정되는 상이에 해당하더라도 나머지 상이에 대하여 위 요건이 인정되지 아니하는 경우에는 국가유공자 요건 비해당처분 중 위 요건이 인정되는 상이에 대한 부분만을 취소하여야 할 것이고, 그 비해당처분 전부를 취소할 수는 없다고 할 것이다.

♣ 대법원 2015. 3. 26. 선고 2012두20304 판결 [임대주택분양전환승인처분 취소]
임대사업자가 여러 세대의 임대주택에 대해 분양전환 승인신청을 하여 외형상 하나의 행정처분으로 그 승인을 받았다고 하더라도 이는 승인된 개개 세대에 대한 처분으로 구성되고 세대별로 가분될 수 있으므로 이 사건 처분 중 일부만의 취소도 가능하다.

3) ♣ 대법원 2005. 4. 15. 선고 판결 [주택건설사업계획승인신청반려처분 취소]

[사실관계]
삼보 주택단지라는 직사각형 모양의 전체 46필지의 토지 가운데서 남동쪽 귀퉁이에 위치한 7필지에 대해서 원고가 그 지상에 12층 규모의 아파트 건축허가 신청을 하였다. 그런데 피고가 단지 일부만 개발하는 것은 적절하지 않으니 인근 주민들과 충분히 협의할 것을 요청하였으나 원고는 일부 토지소유자들의 과도한 요구로 협의가 결렬되었다면서 전체의 개발은 포기하겠다 하였다. 이에 피고가 민원배심원회의를 개최한 결과 46필지 전체를 개발하지 아니한 채 이 사건 토지만을 개발하는 것은 도시미관과 지역 여건을 고려하지 아니한 불합리한 계획으로 지역의 균형개발을 저해한다고 심의함에 따라 이 사건 반려처분을 하였다. 이에 주택건설사업계획 승인신청반려처분 취소소송이 제기되었다.

[원심판결]
국지적인 개발보다는 미개발지역 전체를 종합적이고 체계적으로 개발하여 도시의 기능을 최적화할 필요성이 있는데, 이 사건 토지에만 원고가 신청한 대로 아파트가 먼저 건립되면 공동개발을 원하고 있는 나머지 삼보 주택단지 토지소유자들의 재개발사업과의 연계성이 단절되어 전체적인 조화가 깨어져 종합적이고 체계적인 지역개발이 불가능해질 우려가 있는 점, 이 사건 토지의 위치, 형상, 도시계획상황 및 이 사건 처분 이후에 대구광역시 도시관리 계획상 이 사건 토지 지역이 5층 이상의 건축사업이 불가능한 제1종 일반주거지역으로 지정된 점 등을 종합하여, 피고로서는 지역주민의 쾌적한 생활권을 보호하고 지역의 효율적이고 균형 있는 발전을 위한 공익상의 목적을 위하여 이 사건 주택건설사업계획에 대한 승인을 거절할 수 있다 할 것이고, 원고가 주장하는 경제적 손실을 고려한다고 하더라도 이 사건 처분이 재량권의 범위를 일탈·남용한 것이라고 할 수 없다.

[대법원 판결]
이 사건 토지가 제1종 일반주거지역으로 지정된 것은 이 사건 처분 이후에 새로이 발생한 사정으로 당초 처분 사유와 기본적 사실관계의 동일성이 있다고 보기 어려워, 피고가 이를 이 사건 처분의 적법 여부를 판단하는 근거로 주장하는 것은 단지 당초 처분 사유를 보완하는 간접사실을 부가하여 주장하는 데 불과하다고 할 수는 없고 새로운 처분 사유의 주장에 해당하여 허용될 수 없다고 할 것이므로, 원심이 이 사건 토지가 제1종 일반주거지역으로 지정된 사실까지 이 사건 처분의 적법 여부를 판단하면서 처분 사유를 보완하는 사정으로 고려한 것은 일단 잘못된 것이다.

그러나 주택건설촉진법 제33조에 의한 주택건설사업계획의 승인은 상대방에게 권리나 이익을 부여하는 효과를 수반하는 이른바 수익적 행정처분으로서 법령에 행정처분의 요건에 관하여 일의적으로 규정되어 있지 아니한 이상 행정청의 재량행위에 속한다 할 것이고, 이러한 승인을 받으려는 주택건설사업계획이 관계 법령이 정하는 제한에 배치되는 경우는 물론이고 그러한 제한 사유가 없는 경우에도 공익상 필요가 있으면 처분권자는 그 승인신청에 대하여 불허가 결정을 할 수 있다, 이 사건 토지가 제1종 일반주거지역으로 지정되었다는 사정을 제외하고 원심이 인정한 이 사건 토지의 위치와 형상, 주위의 상황 및 이 사건 신청의 내용과 규모 등 기록에 나타난 이 사건 처분 당시의 제반 사정만을 종합하더라도, 이 사건 처분은 지역주민의 쾌적한 생활권을 보호하고 지역의 효율적이고 균형 있는 발전을 위한 공익상의 목적을 위하여 필요한 범위 내에서 행하여진 것으로서 재량권을 일탈·남용하였다고 할 수 없다.

4) ♣ 대법원 2016. 7. 14. 선고 2015두4167 판결 [기반시설부담금부과처분 취소]

5) ♣ 대법원 1992. 2. 14. 선고 90누9032 판결 [환지예정지지정처분 취소 등]

6) ♣ 대법원 1986. 8. 19. 선고 83다카2022 [손해배상]
환지계획변경처분으로 원고 명의의 소유권이전등기가 경료되었으나 그 후 위 변경처분으로 인하여 불이익을 입게 된 소외인이 동 처분의 취소를 구하는 행정소송을 제기하여 승소판결을 받아 이를 근거로 원고 명의의 소유권이전등기의 말소청구소송을 제기하여 동 소외인 승소판결이 확정됨에 따라 원고가 그 소유권 상실의 손해를 입게 된 경우, 원고 명의의 소유권이전등기는 위 취소판결 자체의 효력에 의하여 당연히 말소되는 것이 아니라 소외인이 위 취소판결의 존재를 법률요건으로 주장하여 원고에게 그 말소를 구하는 소송을 제기하여 승소의 확정판결을 얻어야 비로소 말소될 수 있는 것이며, 위 말소청구 소송에서의 승패 또한 위 취소판결의 존재가 주장되었다는 한 가지 사실만으로 바로 판가름 나는 것이라 할 수 없고 당사자의 주장 입증내용에 따라 달라질 여지가 있는 것이라 할 것이므로 원고는 위 말소청구의 소장부본을 송달받은 때가 아니라 위 말소청구의 소에서 원고패소가 확정됨으로써 비로소 그 손해를 알게 되었다고 봄이 상당하다.

7) 취소소송의 기판력이 후소인 국가배상청구소송에 미치는가? 즉 처분의 위법성과 국가배상청구권에도 미치는가에 대하여 취소소송의 인용 판결은 국가배상청구소송에 기판력이 미치나, 기각판결의 경우는 미치지 않는다는 제한적 긍정설이 있다.

8) ♣ 대법원 2011. 10. 27. 선고 2011두14401 판결 [건축불허가처분 취소]
행정처분의 적법 여부는 행정처분이 행하여진 때의 법령과 사실을 기준으로 판단하는 것이므로 확정판결의 당사자인 처분 행정청은 종전처분 후에 발생한 새로운 사유를 내세워 다시 거부처분을 할 수 있고, 그러한 처분도 위 조항에 규정된 재처분에 해당한다. 여기에서 '새로운 사유'인지는 종전처분에 관하여 위법한 것으로 판결에서 판단된 사유와 기본적 사실관계의 동일성이 인정되는 사유인지에 따라 판단되어야 하고, 기본적 사실관계의 동일성 유무는 처분 사유를 법률적으로 평가하기 이전의 구체적인 사실에 착안하여 그 기초인 사회적 사실관계가 기본적인 점에서 동일한지에 따라 결정되며, 추가 또는 변경된 사유가 처분 당시에 그 사유를 명기하지 않았을 뿐 이미 존재하고 있었고 당사자도 그 사실을 알고 있었다고 하여 당초 처분 사유와 동일성이 있는 것이라고 할 수는 없다.

고양시장이 갑 주식회사의 공동주택 건립을 위한 주택건설사업계획승인 신청에 대하여 미디어밸리 조성을 위한 시가화 예정 지역이라는 이유로 거부하자, 갑 회사가 거부처분의 취소를 구하는 소송을 제기하여 승소판결을 받았고 위 판결이 그대로 확정되었는데, 이후 고양시장이 해당 토지 일대가 개발행위허가 제한지역으로 지정되었다는 이유로 다시 거부하는 처분을 한 사안에서, <u>재거부처분은 종전 거부처분 후 해당 토지 일대가 개발행위허가 제한지역으로 지정되었다는 새로운 사실을 사유로 하는 것으로, 이는 종전 거부처분 사유와 내용상 기초가 되는 구체적인 사실관계가 달라 기본적 사실관계가 동일하다고 볼 수 없다</u>는 이유로, 행정소송법 제30조 제2항에서 정한 재처분에 해당하고 종전 거부처분을 취소한 확정판결의 기속력에 반하는 것은 아니다.

9) ♣ 대법원 1995.9.15. 선고 95누6762 판결 [건축허가처분 취소]

2. 무효확인소송

2-1. 행정처분의 효력 유무 또는 존재 여부를 확인하는 소송으로(제4조 제2호), 확인판결이지만 제3자에게 효력을 미치는 형성적 성질도 가지는 준형성소송이다. 무효확인소송과 당사자소송은 병렬적으로 제기가 가능하다(과세처분 무효확인소송과 조세채무 부존재확인소송). 취소소송의 재판관할, 피고적격, 집행정지, 소의 변경, 직권심리주의, 판결의 효력 등 규정이 준용된다(단 행정심판전치주의, 제소 기간, 사정판결 등은 준용 안 됨).

2-2. 당사자

원고적격은 무효인 처분에 의해 법적으로 보호되는 이익이 침해되는 자이다.[1] 피고적격은 처분 행정청, 권한 승계된 경우 승계한 행정청, 권한 폐지된 경우 처분사무가 귀속되는 국가나 공공단체 등이다.

2-3. 확인의 이익

대상인 법률관계에 관하여 당사자 사이에 분쟁이 있고, 그로 인하여 원고의 권리 또는 법률상의 지위에 불안·위험이 있어 판결로써 그 법률관계의 존부를 확정하는 것이 그 불안·위험을 제거하는 데 필요하고도 적절한 경우이어야 한다. 단 원고의 권리가 존재하지 아니하고, 무효확인 판결을 받는다 할지라도 권리가 회복될 가능성이 전혀 없거나, 처분에 의하여 발생한 위법상태를 원상으로 회복시키는 것이 불가능한 경우에는 확인의 이익이 없다. 그러나 원상회복이 불가능하더라도 무효확인으로써 회복할 수 있는 다른 권리나 이익이 남아 있는 경우 예외적으로 인정된다.[2]

2-4. 확인소송의 보충성 여부

즉시확정이익설(더욱 효과적인 권리구제수단이 있는 경우는 인정되지 않는다.)과 법적이익보호설(민사소송의 확인 이익과는 다르다.)이 있는데, 판례는 행정소송의 특질상 보충성을 부인하는 입장으로 변경하였고, 처분의 무효를 전제로 한 이행소송 등과 같은 직접적 구제 수단이 있는지를 따질 필요가 없다고 한다.[3]

2-5. 입증책임은 법률요건분류설(입증책임 분배설, 취소소송과 동일), 원고책임설, 피고책임설이 있는데, 판례는 원고책임설을 취하고 있다.

2-6. 무효확인판결에 간접강제 준용 규정이 없는바, 판례도 행정소송법 제38조 제1항이 무효확인 판결에 관하여 취소판결에 관한 규정인 제30조 제2항을 준용한다고 규정하면서도 제34조를 준용한다는 규정을 두지 않고 있으므로, 거부처분인 행정처분에 관하여 무효확인 판결이 내려진 경우에 행정청에 판결의 취지에 따른 재처분의무가 인정될 뿐 그에 대하여 간접강제까지 허용되는 것은 아니라고 하여 부정적 입장이다.[4]

2-7. 민사소송의 선결문제

처분의 효력 유무 또는 존재 여부가 민사소송의 선결문제로 되는 경우 민사법원이 심리 판단하는 경우 행정청의 소송참가, 행정심판기록 제출명령, 직권심리,

소송비용·재판효력 등의 규정이 준용된다. 그리고 이 경우 수소법원은 처분 행정청에 선결문제로 된 사실을 통지하여야 한다(제11조). 처분의 위법 여부인 경우도 유추 적용되고, 형사소송의 선결문제인 경우도 유추 적용된다.

1) ♣ **대법원 2006. 3. 16. 선고 2006두330 전원합의체 판결 [정부 조치계획취소 등]**

공유수면매립면허처분과 농지개량사업 시행인가처분의 근거 법규 또는 관련 법규가 되는 구 공유수면매립법, 구 농촌근대화촉진법, 구 환경보전법, 구 환경보전법 시행령, 구 환경정책기본법, 구 환경정책기본법 시행령의 각 관련 규정의 취지는, 공유수면매립과 농지개량사업 시행으로 인하여 직접적이고 중대한 환경피해를 보리라고 예상되는 <u>환경영향평가 대상 지역 안의 주민들이 전과 비교하여 수인한도를 넘는 환경침해를 받지 아니하고 쾌적한 환경에서 생활할 수 있는 개별적 이익까지도 이를 보호하려는 데에 있다</u>고 할 것이므로, 위 <u>주민들이 공유수면매립면허처분 등과 관련하여 가진 위와 같은 환경상의 이익은 주민 개개인에 대하여 개별적으로 보호되는 직접적·구체적 이익으로서 그들에 대하여는 환경상의 이익에 대한 침해 또는 침해 우려가 있는 것으로 사실상 추정되어 공유수면매립면허처분 등의 무효확인을 구할 원고적격이 인정된다.</u> 한편, <u>환경영향평가 대상 지역 밖의 주민이라 할지라도 공유수면매립면허처분 등으로 인하여 그 처분 전과 비교하여 수인한도를 넘는 환경피해를 받거나 받을 우려가 있는 경우에는, 공유수면매립면허처분 등으로 인하여 환경상 이익에 대한 침해 또는 침해 우려가 있다는 것을 입증함으로써 그 처분 등의 무효확인을 구할 원고적격을 인정받을 수 있다.</u>

헌법 제35조 제1항에서 정하고 있는 환경권에 관한 규정만으로는 그 권리의 주체·대상·내용·행사방법 등이 구체적으로 정립되어 있다고 볼 수 없고, 환경정책기본법 제6조도 그 규정 내용 등에 비추어 국민에게 구체적인 권리를 부여한 것으로 볼 수 없다는 이유로, 환경영향평가 대상 지역 밖에 거주하는 주민에게 헌법상의 환경권 또는 환경정책기본법에 근거하여 공유수면매립면허처분과 농지개량사업 시행인가처분의 무효확인을 구할 원고적격이 없다.

<u>공공사업의 경제성 또는 사업성의 결여로 인하여 행정처분이 무효로 되기 위해서는 공공사업을 시행함으로 인하여 얻는 이익에 비하여 공공사업에 소요되는 비용이 훨씬 커서 이익과 비용이 현저하게 균형을 잃음으로써 사회통념에 비추어 행정처분으로 달성하고자 하는 사업 목적을 실질적으로 실현할 수 없는 정도에 이르렀다고 볼 정도로 과다한 비용과 희생이 요구되는 등 그 하자가 중대하여야 할 뿐만 아니라, 그러한 사정이 객관적으로 명백한 경우라야 한다.</u> 그리고 위와 같은 공공사업에 경제성 또는 사업성이 있는지는 공공사업이 그 시행 당시 적용되는 법률의 요건을 모두 충족하고 있는지 아닌지에 따라 판단되어야 함은 물론, 경제성 또는 사업성 평가와 관련하여서는 그 평가 당시의 모든 관련 법률의 목적과 의미, 내용 그리고 학문적 성과가 반영된 평가기법에 따라 가장 객관적이고 공정한 방법을 사용하여 평가되었는지에 따라 판단되어야 한다.

♣ **대법원 2005. 3. 11. 선고 판결 [쓰레기소각장 입지 지역 결정 고시 취소청구]**

폐기물처리시설 설치촉진 및 주변지역지원 등에 관한 법률 및 같은 법 시행령의 관계 규정의 취지는 처리능력이 1일 50t인 소각시설을 설치하는 사업으로 인하여 <u>직접적이고 중대한 환경상의 침해를 받으리라고 예상되는 직접영향권 내에 있는 주민들이나 폐기물소각시설의 부지경계선으로부터 300m 이내의 간접영향권 내에 있는 주민들이 사업시행</u> 전과 비교하여 수인한도를 넘는 환경피해를 받지 아니하고 쾌적한 환경에서 생활할 수 있는 개별적인 이익까지도 이를 보호하려는 데에 있다 할 것이므로, 위 주민들이 소각시설 입지 지역 결정·고시와 관련하여 갖는 위와 같은 환경상의 이익은 주민 개개인에 대하여 개별적으로 보호되는 직접적·구체적 이익으로서 그들에 대하여는 특단의 사정이 없는 한 환경상의 이익에 대한 침해 또는 침해 우려가 있는 것으로 사실상 추정되어 폐기물 소각시설의 입지 지역을 결정·고시한 처분의 무효확인을 구할 원고적격이 인정된다고 할 것이고, 한편 폐기물소각시설의 부지경계선으로부터 300m 밖에 거주하는 주민들도 위와 같은 소각시설 설치사업으로 인하여 사업시행 전과 비교하여 수인한도를 넘는 환경피해를 받거나 받을 우려가 있음에도 폐기물처리시설 설치기관이 주변 영향 지역으로 지정·고시하지 않는 경우 같은 법 제17조 제3항 제2호 단서 규정에 따라 당해 폐기물처리시설의 설치·운영으로 인하여 환경상 이익에 대한 침해 또는 침해 우려가 있다는 것을 입증함으로써 그 처분의 무효확인을 구할 원고적격을 인정받을 수 있다.

2) ♣ 대법원 2002. 6. 14. 선고 2002두1823 판결 [공유수면매립면허 무효확인]
하천에 포락 되었다가 공유수면매립으로 성토화된 토지의 소유자가 공유수면매립면허 및 매립공사 준공인가처분 당시 위 토지가 공유수면이 아니었음을 이유로 위 각 처분의 무효확인을 구한 경우, 위 토지가 1964. 6. 1. 건설부 고시 제897호 당시 하천의 성상을 가지고 있어 국유로 귀속됨으로써 종전의 사권이 소멸하였고, 위 각 처분의 무효확인판결을 받아도 종전의 소유권이 원상 회복되는 것이 아니므로 확인의 이익이 없다.

♣ 대법원 2016.6.10. 선고 2013두1638 판결 [조례 무효확인]
갑 주식회사가 제주특별자치도개발공사와 먹는 샘물에 관하여 협약 기간 자동연장조항이 포함된 판매협약을 체결하였는데, 제주특별자치도지사가 개발공사 설치조례를 개정·공포하면서 '먹는샘물 민간위탁 사업자의 선정은 일반입찰에 의한다'라는 규정을 신설하고, '종전 먹는샘물 국내판매 사업자는 2012.3.14.까지 이 조례에 따른 먹는 샘물 국내 판매 사업자로 본다'라는 내용의 부칙조항을 둠에 따라 개발공사가 협약 해지 통지를 하자, 갑 회사가 부칙조항의 무효확인을 구한 사안에서, 협약 기간 자동연장조항에 따라 협약 기간이 일정 시점 이후까지 자동연장되었다고 보기 어렵다는 등의 사유로 갑 회사가 먹는샘물 판매사업자의 지위를 상실하였다면 지위 상실의 원인이 부칙조항에 따른 것이라고 보기 어려워 부칙조항의 무효 확인 판결을 받더라도 판매사업자의 지위를 회복할 수 없으므로, 무효 확인을 구할 법률상 이익이 없다.

♣ 대법원 2013.2.28. 선고 2010두2289 판결 [환지처분 취소]
토지구획정리사업법 제61조에 의한 환지처분은 사업시행자가 환지 계획구역의 전부에 대하여 구획정리사업에 관한 공사를 완료한 후 환지계획에 따라 환지교부 등을 하는 처분으로서, 일단 공고되어 효력을 발생하게 된 이후에는 환지 전체의 절차를 처음부터 다시 밟지 않는 한 그 일부만을 따로 떼어 환지처분을 변경할 길이 없으므로, 그 환지확정처분의 일부에 대하여 취소나 무효확인을 구할 법률상 이익은 없다. 원고가 이 사건 환지처분 중 원고 소유의 종전 토지의 위치·형상 등에 비추어 그 등급 및 감보율이 현저하게 불합리하게 결정되었다고 하는 무효사유는 이 사건 환지처분 중 일부에 해당하는 원고 소유의 종전 토지를 새로운 토지로 환지하는 부분의 위법을 주장하는 것에 불과하고, 이 사건 환지처분이 적법하게 인가받은 환지계획대로 이루어지지 않았다는 주장 등과 같이 이 사건 환지처분 전부를 당연무효로 볼 만한 사정에 해당하지 않음이 명백하므로, 설령 원고의 주장과 같은 하자가 있다고 하더라도 급지나 부담률에 관한 토지구획정리조합의 단체법적 결의에 기초한 환지계획대로 행하여진 원고를 제외한 나머지 조합원들 소유의 종전 토지에 대한 환지처분 부분까지 당연무효라고 할 수는 없어, 원고가 무효확인 판결을 받는다고 할지라도 종전 토지에 대한 소유권을 원상으로 회복할 가능성이 없다고 할 것이다. 그렇다면 환지처분이 공고되어 효력을 발생하게 된 이후에 그 환지확정처분의 일부에 관하여 무효확인을 구하는 이 부분 소는 부적법한 것이라고 아니할 수 없다.

3) ♠ **대법원 2008. 3. 20. 선고 2007두6342 전원합의체 판결 [하수도원인자부담금부과처분 취소]**

행정소송은 행정청의 위법한 처분 등을 취소·변경하거나 그 효력 유무 또는 존재 여부를 확인함으로써 국민의 권리 또는 이익의 침해를 구제하고 공법상의 권리 관계 또는 법 적용에 대한 다툼을 적정하게 해결함을 목적으로 하므로, 대등한 주체 사이의 사법상 생활 관계에 관한 분쟁을 심판대상으로 하는 민사소송과는 목적, 취지 및 기능 등을 달리한다. 또한, 행정소송법 제4조에서는 무효확인소송을 항고소송의 일종으로 규정하고 있고, 행정소송법 제38조 제1항에서는 처분 등을 취소하는 확정판결의 기속력 및 행정청의 재처분 의무에 관한 행정소송법 제30조를 무효확인소송에도 준용하고 있으므로 무효확인판결 자체만으로도 실효성을 확보할 수 있다. 그리고 <u>무효확인소송의 보충성을 규정하고 있는 외국의 일부 입법례와는 달리 우리나라 행정소송법에는 명문의 규정이 없어 이로 인한 명시적 제한이 존재하지 않는다.</u> 이와 같은 사정을 비롯하여 행정에 대한 사법통제, 권익구제의 확대와 같은 행정소송의 기능 등을 종합하여 보면, <u>행정처분의 근거 법률에 따라 보호되는 직접적이고 구체적인 이익이 있는 경우에는 행정소송법 제35조에 규정된 '무효확인을 구할 법률상 이익'이 있다고 보아야 하고, 이와 별도로 무효확인소송의 보충성이 요구되는 것은 아니므로 행정처분의 무효를 전제로 한 이행소송 등과 같은 직접적인 구제수단이 있는지를 따질 필요가 없다고 해석함이 상당하다.</u>

원고는 이 사건 조례 제17조 제2항 제2호 (나)목 (1)에서 정한 타 행위자인 한국토지공사로부터 이 사건 토지를 매수하여 그 위에 이 사건 건물을 신축하였지만, 이 사건 건물이 위치한 수원영통 지구 내의 상업지역을 비롯한 주택지역, 학교, 공공의 청사와 공공시설, 종합의료시설, 공원 및 녹지 등 다른 용도지역에서 발생할 하수량이 모두 포함된 수원영통 지구 1일 계획 오수 발생량을 기초로 체결된 이 사건 협약에 따라, 한국토지공사가 피고에게 이 사건 건물로부터 발생할 것으로 예상하는 하수량이 포함된 이 사건 협약상의 하수량에 대하여 하수도원인자부담금을 납부한 이상, 이로써 이 사건 건물의 신축과 관련된 하수도법 제32조 제4항에 의한 하수도원인자부담금 부과 사유는 소멸하였다고 할 것이므로, 결국 이 사건 처분은 하수도원인자부담금 납부의무를 지지 않는 자에 대하여 그 이행을 명한 것으로서 그 하자가 중대할 뿐만 아니라 객관적으로 명백하여 당연무효이다.

4) ♣ **대법원 1998. 12. 24. 자 98무37 결정 [건축허가 무효확인판결에 기한 간접강제]**

3. 부작위위법 확인소송

행정청의 부작위가 위법하다는 것을 확인하는 것인데, 의무이행소송이 인정 안 되므로, 부작위 위법확인판결과 재처분의무, 간접강제로 해야 한다.

3-1. 부작위

부작위란 행정청이 당사자의 신청에 대하여 상당한 기간 내에 일정한 처분을 하여야 할 법률상의 의무가 있음에도 하지 않는 것이다(제2조 제1항 제2호).

당사자의 신청에서 당사자에게 신청권이 있어야 하는가에 대하여 판례는 신청에 따른 행정행위를 해달라고 요구할 수 있는 법규상 또는 조리상 권리가 있어야 한다고 하고 있다. 즉 원고적격 혹은 대상 적격의 문제로 본다.[1] 거부처분의 처분성을 인정하기 위한 전제 요건이 되는 신청권의 존부는 구체적 사건에서 신청인이 누구인가를 고려하지 않고 관계 법규의 해석에 따라 일반 국민에게 그러한 신청권을 인정하고 있는가를 살펴 추상적으로 결정되는 것이고, 신청인이 그 신청에 따른 단순한 응답을 받을 권리를 넘어서 신청의 인용이라는 만족적 결과를 얻을 권리를 의미하는 것은 아니다. 따라서 국민이 어떤 신청을 한 경우에 그 신청의 근거가 된 조항의 해석상 행정발동에 대한 개인의 신청권을 인정하고 있다고 보이면 그 거부행위는 항고소송의 대상이 되는 처분으로 보아야 한다. 구체적으로 그 신청이 인용될 수 있는가 하는 점은 본안에서 판단하여야 할 사항이며, 신청의 인용이라는 만족적 결과를 얻을 권리가 없다는 이유만을 들어 거부행위의 처분성을 부인할 수 없다.

상당한 기간의 경과는 사회 통념상 신청에 따른 처리에 소요되는 기간, 처분 종류, 성질, 내용 등이 고려되나, 행정청의 업무폭주, 담당자의 휴가 등은 고려사항이 아니다. 행정절차법 제19조(처리 기간의 설정 공표), 민원처리법 제20조(민원 사무처리기준표의 고시)에 따른 공표, 고시된 기간이 경과된 경우 상당한 기간이 경과한 것으로 볼 수 있다.

처분하여야 할 법률상의 의무가 있음에도 아무런 처분도 하지 않는 경우이다.[2]

3-2. 제소 기간

부작위 위법확인의 소는 부작위상태가 계속되는 한 그 위법의 확인을 구할 이익이 있다고 보아야 하므로 원칙적으로 제소 기간의 제한을 받지 않는다. 행정심판(의무이행심판)을 거치는 경우 취소소송 제기 기간이 준용되며, 행정심판을 거치지 않는 경우는 제소 기간의 제한을 받지 않는다(다수설, 판례).[3]

3-3. 심리와 판결의 효력

부작위 위법확인소송을 당사자소송 또는 취소소송으로 변경 가능하나, 청구의 기초에 변경이 없어야 한다. 부작위 위법확인 소송 도중 거부처분이 있는 경우 거부처분 취소소송으로의 변경에 관해 제22조가 준용되지 않으나 해석상 긍정설이 있다.

심리에 관해 절차적 심리설, 실체적 심리설이 있는데, 판례는 행정청 부작위의 위법함을 확인하여 행정청의 응답을 신속하게 하고 부작위 또는 무응답이라는 소극적 위법상태를 제거하는 것을 목적으로 하는 소송이라고 하면서 절차적 심리설에 따르고 있다. 위법성 판단의 기준시는 사실심 변론종결 시이다.

인용 판결의 경우 재처분의무와 간접강제를 부과할 수 있으나, 다시 거부 처분하면 재처분을 행한 것이므로 간접강제가 안 된다(절차적 심리설)[4].

주석 [부작위위법 확인소송]

1) ♣ **대법원 1996. 6. 11. 선고 95누12460 판결 [잠수기 어업 불허가처분취소]**

[사실관계]

원고는 1994. 10. 4. 피고에게 제주도 연해를 조업구역으로 하는 총톤수 4.97t짜리 동력 어선 수연호에 대한 잠수기 어업 허가신청을 하였다. 피고는 수산업법 제11조, 제34조 제1항, 제45조의 규정에 의한 연안 수산자원의 증식·보호와 공동어업과의 고질적 분쟁 해소 등 연안어업 조정 차원에서 허가할 수 없다는 사유를 들어 위 허가신청을 거부하였다.

[원심판단]

수산업법과 같은 법 시행령 및 수산자원보호령의 각 규정에 제주도 연안을 조업구역으로 하는 잠수기 어업허가를 신청할 수 있는 근거 법규가 없으며, 한편 보호령 제30조 제4호가 조업구역을 위반하여 어업을 한 자를 처벌하기까지 하면서 이를 엄격하게 규제하고 있는 점에 비추어 보면 원고에게 이 사건 허가를 구할 조리상의 권리가 있다고 볼 여지도 없으므로, 설령 피고가 원고의 위 신청을 거부한 이유가 적절하지 않다고 할지라도 이로 인하여 원고의 권리나 법적 이익을 침해하였다고는 할 수 없고, 따라서 이 사건 거부행위는 항고소송의 대상이 되는 행정처분이라고 할 수 없다고 하여 위 거부행위의 취소를 구하는 원고의 이 사건 소를 각하하였다.

[대법원 판단]

수산업법 제41조 제1항 제1호, 제4항, 같은 법 시행령 제25조 제10호, 어업허가 및 신고 등에 관한 규칙 제5조 제1항, 제6조 제1항의 각 규정은 잠수기 어업을 어선마다 도지사의 허가를 받아야 하는 근해어업의 일종으로 규정하고 있으므로, <u>잠수기 어업허가 신청에 대한 거부행위는 법령에 규정된 신청인의 신청권을 침해하거나 신청의 실체에 관하여 적법 여부의 판단이 내려져 신청인으로서는 동일한 조건에서 자기가 의도한 처분을 받을 수 없는 등 불이익을 끼치는 것이므로 결국 신청인의 권리나 법적 이익에 영향을 주는 행정처분이다.</u> 다만 보호령 제17조[별표 16]의 규정에 의하면, 제주도 연안을 조업구역으로 하는 잠수기 어업허가의 정수가 삭제됨으로써 제주도 연안을 조업구역으로 하는 신규의 잠수기 어업허가를 할 수 없게 되었으나, <u>이와 같은 사유는 원고의 신청이 인용될 수 있는가에 관한 것이므로 본안에서 판단되어야 한다.</u>

2) 국유개간토지의 매각행위는 개간자에게 일정한 대가로 매각하는 것으로 사법상의 법률행위 혹은 공법상의 계약관계이므로 처분이 아님.
검사가 피압수자의 압수물환부신청에 대하여 아무런 결정이나 통지를 하지 않아도 이러한 부작위는 부작위 위법확인소송의 대상이 아니다. 피압수자나 권리자가 민사소송으로 그 반환을 구하여야 함.

3) ♣ **대법원 2009. 7. 23. 선고 2008두10560 판결 [부작위 위법확인의 소]**

4급 공무원이 당해 지방자치단체 인사위원회의 심의를 거쳐 3급 승진대상자로 결정되고 임용권자가 그 사실을 대내외에 공표까지 하였다면, 그 공무원은 승진임용에 관한 <u>법률상 이익을 가진 자로서 임용권자에 대하여 3급 승진임용을 신청할 조리상의 권리가 있고, 이러한 공무원으로부터 소청심사청구를 통해 승진임용신청을 받은 행정청으로서는 상당한 기간 내에 그 신청을 인용하는 적극적 처분을 하거나 각하 또는 기각하는 등</u>

의 소극적 처분을 하여야 할 법률상의 응답 의무가 있다. 그런데도 행정청이 위와 같은 권리자의 신청에 대해 아무런 적극적 또는 소극적 처분을 하지 않고 있다면 그러한 행정청의 부작위는 그 자체로 위법하다.

그러나 행정소송법 제38조 제2항이 제소 기간을 규정한 같은 법 제20조를 부작위 위법확인소송에 준용하고 있는 점에 비추어 보면, 행정심판 등 전심 절차를 거친 경우에는 행정소송법 제20조가 정한 제소 기간 내에 부작위 위법확인의 소를 제기하여야 한다.

당사자가 동일한 신청에 대하여 부작위 위법확인의 소를 제기하였으나 그 후 소극적 처분이 있다고 보아 처분 취소소송으로 소를 교환적으로 변경한 후 여기에 부작위 위법확인의 소를 추가로 병합한 경우, 최초의 부작위 위법확인의 소가 적법한 제소 기간 내에 제기된 이상 그 후 처분 취소소송으로의 교환적 변경과 처분 취소소송에의 추가적 변경 등의 과정을 거쳤다고 하더라도 여전히 제소 기간을 준수한 것으로 봄이 상당하다.

4) ♣ 대법원 2010. 2. 5. 자 2009무153 결정 [간접강제신청]
신청인이 피신청인을 상대로 제기한 부작위 위법확인소송에서 신청인의 제2 예비적 청구를 받아들이는 내용의 확정판결을 받았다. 그 판결의 취지는 피신청인이 신청인의 광주광역시 지방부이사관 승진임용신청에 대하여 아무런 조치를 취하지 아니하는 것 자체가 위법함을 확인하는 것일 뿐이다. 따라서 피신청인이 신청인을 승진임용하는 처분을 하는 경우는 물론이고, 승진임용을 거부하는 처분을 하는 경우에도 위 확정판결의 취지에 따른 처분을 하였다고 볼 것이다. 그런데 위 확정판결이 있은 후에 피신청인은 신청인의 승진임용을 거부하는 처분을 하였다. 따라서 결국 신청인의 이 사건 간접강제신청은 그에 필요한 요건을 갖추지 못하였다.

4. 당사자소송

처분을 원인으로 하는 법률관계에 대한 소송, 기타 공법상의 법률관계에 대한 소송으로서 한쪽 당사자를 피고로 하는 소송이다(제3조 제2호).

4-1. 실질적 당사자소송과 형식적 당사자소송으로 개념상 분류된다.

실질적 당사자소송은 처분을 원인 혹은 근거로 한 법률관계 소송, 공법상 신분·지위·법률관계 효력 소송, 공법상 금전 지급청구 소송, 공법상 계약 소송, 공법상 결과 제거 청구 소송 등이 있다.

형식적 당사자소송은 형식적으로는 처분에 불복하는 소송의 형태이나, 실질은 처분에 의해 형성된 법률관계를 다투는 것으로 토지보상법상 토지수용위원회의 수용재결에 대하여 보상금의 증감을 다투는 소송(실질은 처분청의 수용재결을 다투는 것), 특허법상 특허권 수용에 대한 보상금 또는 대가에 대한 소송 등이 있다.[1]

4-2. 처분을 원인으로 하는 공법상 법률관계에 대한 소송은 처분의 무효를 전제로 한 공법상 부당이득반환청구 소송, 공무원의 직무상 불법행위로 인한 국가배상청구 소송 등이다.

공법상 신분·지위, 기타 법률관계 효력 등 확인소송으로는 훈장 종류확인,[2] 수분양권 존재확인,[3] 고용 및 산재 보험료채무 부존재확인,[4] 총회결의 무효확인,[5] 조합설립 부존재확인,[6] 항만시설 무상사용권확인,[7] 방송수신료 통합징수권 부존재확인[8] 등이 있다.

공법상 금전 지급청구 소송으로는 손실보상청구권,[9] 공무원의 수당 및 연금 지급청구권,[10] 보조금 지급청구권,[11] 환급세액 지급청구권,[12] 각종 사회보장 급부 청구권 등에 대한 소송 등이 있다.

공법상 계약에 대한 소송으로는 서울시립무용단원의 해촉 무효확인청구소송, 공중보건의사 채용계약 해지에 대한 소송, 지방 전문직공무원 채용계약 해지 의사표시에 대한 무효확인청구소송, 광주광역시 문화예술회관장의 시립합창단원 재위촉 거부 무효확인소송(불합격처분이 아님) 등이 있다.

공법상 결과 제거청구소송으로는 징발된 주택 명도 청구, 압류해제물건 반환청구, 공사중지 명령 해제청구, 인신보호법상 불법구금상태 해제청구 등이 있다.

4-3. 원고적격은 민사소송의 경우와 같이 권리보호의 이익이 있는 자이고, 피고적격은 권리 의무의 주체인 국가, 공공단체(지방자치단체의 경우 지자체의 장)이다.

4-4. 소송 절차

관할은 피고가 국가, 공공단체이더라도 관계행정청의 소재지를 피고 소재지로 하며, 행정심판 전치가 적용되지 않으나, 손실보상청구에는 전치주의를 규정하고 있는 경우도 있다.

집행정지 규정이 적용되지 않으므로 민사집행법상 가처분절차가 적용되고, 가집행선고도 가능하다.

제소 기간, 사정판결, 제3자의 재심청구 등은 적용되지 않는다.

주석 [당사자소송]

1) 개별법이 없는 경우에도 형식적 당사자소송을 인정할 수 있는가에 관하여(예를 들어, 도로법 제99조 제3항은 처분이나 제한으로 인한 손실보상금에 관해 협의가 이루어지지 않는 경우 토지수용위원회에 재결을 신청할 수 있다고 되어 있으나, 보상금의 증감을 다투는 소송에 관한 별도의 규정이 없다.) 행정소송법 제3조 제2호에 근거해서는 인정될 수 없고 개별법에 근거가 있어야 한다고 본다. 그러나 형식적 당사자소송의 인정 이유가 권리구제의 실효성 제고와 소송경제에 있다고 본다면 긍정설도 일리가 있다.

2) ♣ 대법원 1990. 10. 23. 선고 90누4440 판결 [훈장 종류확인]
국가의 훈기부상 화랑무공훈장을 수여 받은 것으로 기재되어 있는 원고가 태극무공훈장을 수여 받은 자임을 확인하라는 이 소 청구는, 이러한 확인을 구하는 취지가 국가유공자로서의 보상 등 예우를 받는 데에 필요한 훈격을 확인받기 위한 것이더라도, 항고소송이 아니라 공법상의 법률관계에 대한 당사자소송에 속하는 것이므로 행정소송법 제30조의 규정에 따라 국가를 피고로 하여야 할 것이다(총무처 장관을 피고로 했다가 각하됨).

3) ♣ 대법원 1996. 2. 15. 선고 94다31235 전원합의체 판결 [수분양권 존재확인 등]
도시재개발법에 따른 재개발조합은 조합원에 대한 법률관계에서 적어도 특수한 존립목적을 부여받은 특수한 행정주체로서 국가의 감독하에 그 존립목적인 특정한 공공사무를 행하고 있다고 볼 수 있는 범위 내에서는 공법상의 권리 의무 관계에 서 있다. 따라서 조합을 상대로 한 쟁송에 있어서 강제가입제를 특색으로 한 <u>조합원의 자격 인정 여부에 대하여 다툼</u>이 있는 경우에는 그 단계에서는 아직 조합의 어떠한 처분 등이 개입될 여지는 없으므로 <u>공법상의 당사자소송에 의하여 그 조합원 자격의 확인을 구할 수 있고,</u> 한편 분양신청 후에 정하여진 관리처분계획의 내용에 대하여 다툼이 있는 경우에는 그 관리처분계획은 토지 등의 소유자에게 구체적이고 결정적인 영향을 미치는 것으로서 <u>조합이 행한 처분에 해당하므로 항고소송에 의하여 관리처분계획 또는 그 내용인 분양거부처분 등의 취소를 구할 수 있으나,</u> 설령 조합원의 자격이 인정된다 하더라도 분양신청을 하지 아니하거나 분양을 희망하지 아니할 때는 금전으로 청산하게 되므로(같은 법 제44조), 대지 또는 건축시설에 대한 수분양권의 취득을 희망하는 <u>토지 등의 소유자가 한 분양신청에 대하여 조합이 분양대상자가 아니라고 하여 관리처분계획에 의하여 이를 제외하거나 원하는 내용의 분양대상자로 결정하지 아니한 경우,</u> 토지 등의 소유자에게 원하는 내용의 구체적인 수분양권이 직접 발생한 것이라고는 볼 수 없어서 곧바로 조합을 <u>상대로 하여 민사소송이나 공법상 당사자소송으로 수분양권의 확인을 구하는 것은 허용될 수 없다.</u> 피고가 조합원인 원고의 아파트분양 신청에 대하여 아파트분양 기준상의 그 대상자에 해당하지 않는다고 하여 이를 제외하고 금전청산 대상 조합원으로 관리처분계획을 정하자 원고가 피고를 상대로 민사소송에 의하여 그가 원하는 판시 해당 규모 아파트의 수분양권이 있다는 확인을 구하여 온 이 사건 소에 대하여 민사소송으로 위 수분양권의 확인을 구할 수는 없어서 부적법하다는 이유로 이를 각하하였으나, 이 사건 소를 항고소송으로 제기하였어야 한다고 하더라도, <u>원심으로서는 항고소송에 대한 관할을 동시에 가지고 있으므로 당사자 권리구제나 소송경제의 측면에서 항고소송에 대한 제1심법원으로서 사건을 심리·판단하였어야 옳았을 것인데도</u> 이에 나아가지 아니하고 곧바로 이 사건 소를 각하한 원심의 조치는 잘못이라고 하지 아니할 수 없다.

4) ♣ 대법원 2016. 10. 13. 선고 2016다221658 판결 [보험료채무 부존재확인]

고용산재보험료징수법 제4조, 제16조의 2, 제17조, 제19조, 제23조의 각 규정에 의하면, 사업주가 당연가입자가 되는 고용보험 및 산재보험에서 보험료 납부의무 부존재확인의 소는 공법상의 법률관계 그 자체를 다투는 소송으로써 공법상 당사자소송이라 할 것이므로, 행정소송법 제3조 제2호, 제39조에 의하여 근로복지공단이 피고적격을 가진다. 그런데도 제1심인 인천지방법원 단독 판사가 이 사건 소를 부당이득반환을 구하는 이행의 소로서 민사소송으로만 보아 보험료 납부의무의 부존재확인을 구하는 부분에 관하여 판단을 누락한 것은 잘못이다. 이 사건 소는 행정소송인 공법상 당사자소송과 행정소송법 제10조 제2항, 제44조 제2항에 규정된 관련 청구 소송으로서 부당이득반환을 구하는 민사소송이 병합하여 제기된 경우에 해당하므로, 인천지방법원 합의부는 항소심으로서 민사소송법 제34조 제1항, 법원조직법 제28조 제1호에 의하여 이 사건을 관할법원인 서울고등법원에 이송했어야 옳다. 따라서 원심판결에는 행정사건의 관할에 관한 법리를 오해하여 판결에 영향을 미친 잘못이 있다.

고용보험법 및 산업재해보상보험법에 따른 보험사업에 관하여 이 법에서 정한 사항은 고용노동부 장관으로부터 위탁을 받아 근로복지공단이 수행하되, 보험료의 체납관리 등의 징수업무는 피고 국민건강보험공단이 고용노동부 장관으로부터 위탁을 받아 수행한다고 규정하고 있다. 따라서 고용·산재 보험료의 귀속 주체, 즉 사업주가 위 각 보험료 납부의무를 부담하는 상대방은 근로복지공단이라고 할 것이고, 피고는 단지 위 각 보험료의 징수업무를 수행하는 데에 불과하므로, 고용·산재 보험료 납부의무 부존재확인의 소는 근로복지공단을 피고로 하여 제기하여야 한다. 그리고 행정소송법상 당사자소송에서 원고가 피고를 잘못 지정한 때에는 법원은 원고의 신청에 의하여 결정으로써 피고의 경정을 허가할 수 있는 것이므로(행정소송법 제44조 제1항, 제14조), 원고가 피고를 잘못 지정한 것으로 보이는 경우 법원으로서는 마땅히 석명권을 행사하여 원고에게 정당한 피고로 경정하게 하여 소송을 진행하도록 하여야 한다. 이 사건 보험료 납부의무의 부존재확인 청구의 피고는 그 보험료의 귀속 주체인 근로복지공단이 되어야 하므로 제1심법원으로서는 마땅히 석명권을 행사하여 원고에게 정당한 피고로 경정하도록 한 다음 소송을 진행하였어야 한다. 그런데도 원심이 제1심판결의 잘못을 바로잡지 아니한 것은 잘못이다.

보험료 부과처분 무효확인청구를 추가하는 청구취지 변경이 허용되는지를 본다. 건설업에서의 고용·산재 보험료와 같이 신고납부 방식으로 징수되는 고용·산재 보험료에서는 근로복지공단의 보험료 부과처분 없이 납부의무자의 신고행위에 따라 보험료 납부의무가 확정되므로 원심에서 추가된 청구취지에서 말하는 피고의 부과처분은 보험료 부과처분이 아닌 보험료 징수처분을 의미하는 것으로 보인다. 그런데 최초 제기된 이 사건 소가 당사자소송과 관련 청구 소송이 병합된 소송이므로 여기에 항고소송인 보험료 징수처분의 무효확인을 구하는 청구를 추가하는 것은 행정소송법 제44조 제2항, 제10조에 따라 허용된다고 보아야 한다. 그런데도 원심이 이와 달리 원고의 이러한 청구취지 변경을 판결로써 불허한 것은 잘못이다.

5) ♣ 대법원 2009. 9. 17. 선고 2007다2428 전원합의체 판결 [총회결의 무효확인]

이 사건 소는 도시정비법상의 재건축조합인 피고를 상대로 관리처분계획안에 대한 총회결의의 무효확인을 구하는 소로써 관리처분계획에 대한 인가·고시 전인 2005. 3. 11. 제기되었음을 알 수 있으므로, 위에서 본 바와 같이 이는 행정소송법상의 당사자소송에 해당하고, 따라서 이 사건의 제1심 전속관할법원은 서울행정법원이라 할 것이다. 그런데도 제1심과 원심은 이 사건 소가 서울중앙지방법원에 제기됨으로써 전속관할을 위반하였음을 간과한 채 본안판단으로 나아갔으니, 이러한 제1심과 원심의 판단에는 행정소송법상 당사자소송에 관한 법리를 오해하여 전속관할에 관한 규정을 위반한 위법이 있다.

한편, 이 사건 관리처분계획에 대하여 이 사건 소 제기 후인 2005. 3. 18. 관할 행정청의 인가·고시가 있었던 이상 따로 총회결의의 무효확인만을 구할 수는 없게 되었다고 하겠으나, 이송 후 행정법원의 허가를 받아 관리처분계획에 대한 취소소송 등으로 변경될 수 있음을 고려하면, 그와 같은 사정만으로 이송 후 이 사건 소가 부적법하게 되어 각하될 것이 명백한 경우에 해당한다고 보기는 어려우므로, 이 사건은 관할법원으로 이송함이 상당하다.

♣ 대법원 2010. 7. 29. 선고 2008다6328 판결 [재건축조합총회결의 무효확인의 소]
도시정비법 등 관련 법령에서 정한 요건과 절차를 갖추어 성립한 주택재건축정비사업조합은 관할 행정청의 감독 아래 정비구역 안에서 도시정비법상의 '주택재건축 사업'을 시행하는 목적 범위 내에서 법령이 정하는 바에 따라 일정한 행정작용을 행하는 행정주체의 지위를 갖는 것이고, 조합설립변경 인가 또는 사업시행계획안에 대한 인가가 이루어지기 전에 행정주체인 재건축정비사업조합을 상대로 그 조합설립변경 결의 또는 사업시행계획 결의의 효력 등을 다투는 소송은 행정처분에 이르는 절차적 요건의 존부나 효력 유무에 대한 소송으로서 그 소송결과에 따라 행정처분의 위법 여부에 직접 영향을 미치는 공법상 법률관계에 관한 것이므로 이는 행정소송법상의 당사자소송에 해당한다.

한편, 피고 조합은 2003. 5. 27. 주택조합설립인가를 받은 후 2003. 7. 30. 주된 사무소의 소재지에 '아현2지구 재건축조합'을 명칭으로 하여 등기를 마친 사실을 알 수 있으므로, 구 도시 및 주거환경정비법 부칙 제10조 제1항에 따라 도시정비법에 따른 법인으로 설립된 것으로 간주되고, 이로써 도시정비법상의 '주택재건축 사업'을 시행하는 목적 범위 내에서 법령이 정하는 바에 따라 일정한 행정작용을 행하는 행정주체의 지위를 갖게 되었다. 따라서, 피고는 공법인으로서 행정주체이므로, 피고를 상대로 조합설립변경 결의 또는 사업시행계획 결의의 효력을 다투는 소송은 공법상의 당사자소송에 해당하여 그 제1심은 서울행정법원의 전속관할에 속한다 할 것인바, 앞에서 본 바와 같이 이 사건이 그와 같은 결의의 무효확인을 구하는 취지로 해석될 여지가 있어 당초에 행정소송으로 제기되었더라도 어차피 부적법하게 되었을 것이라고 보기는 어려우므로 이를 부적법한 소라 하여 각하할 것이 아니라 행정소송법 제7조, 민사소송법 제34조 제1항에 따라 관할법원에 이송함이 상당하다.

6) **♣ 대법원 2010. 4. 8. 선고 2009다27636 판결 [조합설립 부존재확인]**
도시환경 정비사업조합 설립인가신청에 대한 행정청의 조합설립 인가처분은 단순히 사인(私人)들의 조합설립행위에 대한 보충행위로서의 성질을 가지는 것이 아니라 법령상 일정한 요건을 갖추는 경우 행정주체(공법인)의 지위를 부여하는 일종의 설권적 처분의 성질을 가진다고 봄이 상당하다. 그리고 일단 조합설립 인가처분이 있은 경우 조합설립결의는 위 인가처분이라는 행정처분을 하는 데 필요한 요건 중 하나에 불과한 것이어서, 조합설립 인가처분이 있은 이후에는 조합설립결의의 하자를 이유로 조합설립의 무효를 주장하는 것은 조합설립 인가처분의 취소 또는 무효확인을 구하는 항고소송의 방법에 따라야 할 것이고, 이와는 별도로 조합설립결의만을 대상으로 그 효력 유무를 다투는 확인의 소를 제기하는 것은 확인의 이익이 없어 허용되지 아니한다. 이 사건 소는 2004. 12. 16. 도시환경 정비사업조합인 피고 순화 제1-1구역 도시환경 정비사업조합에 대한 관할 행정청의 조합설립 인가처분이 있은 후인 2007. 8. 27. 그 설립 인가처분의 요건에 불과한 이 사건 조합설립행위에 대한 무효확인을 구하는 것으로 제기된 것임을 알 수 있어, 확인의 이익이 없는 부적법한 소에 해당한다고 볼 여지가 있다.

그러나 한편, 원고들이 이 사건 소로써 다투고자 하는 대상의 실체는 조합설립의 효력으로서, 이를 위해서는 앞서 본 것처럼 마땅히 조합설립 인가처분에 대한 취소 또는 무효확인을 구하는 방법에 따라야 할 것이나, 이러한 법리를 제대로 파악하지 못한 채 재건축정비사업조합 등에 대한 설립 인가처분을 보충행위로 보았던 종래 실무 관행을 그대로 답습한 나머지 부득이 그 요건에 해당하는 조합설립결의의 무효확인을 구하는 방법을 택한 것으로 보이는바, 이러한 사정에 비추어 보면 이 사건 소는 그 실질이 조합설립 인가처분의 효력을 다투는 취지라고 못 볼 바 아니고, 여기에 이 사건 소의 상대방이 행정주체로서 지위를 갖는 피고 조합이라는 점까지 아울러 고려하여 보면, 이 사건 소는 공법상 법률관계에 관한 것으로서 행정소송의 일종인 당사자소송에 해당하는 것으로 봄이 상당하다. 따라서 이 사건 소는 제1심 전속 관할법원인 서울행정법원에 제기되었어야 할 것인데 서울중앙지방법원에 제기되어 심리되었으므로 소의 이익 유무에 앞서 전속관할을 위반한 위법이 있다 할 것인바, 관할법원으로 이송 후 법원의 허가를 받아 조합설립 인가처분에 대한 무효확인소송 등으로 변경될 수 있음을 고려해 보면 이송하더라도 부적법하게 되어 각하될 것이 명백한 경우에 해당한다고 보기는 어려우므로, 이 사건 소는 관할법원으로 이송함이 마땅하다고 할 것이다.

7) ♣ 대법원 2001. 9. 4. 선고 99두10148 판결 [포항 신항만시설 무상사용권확인]
항만법 제17조 제1, 3항, 같은 법 시행령 제19조 제2, 3항의 각 규정에 의하면 관리청이 아닌 자의 항만공사로 조성 또는 설치된 항만시설은 비관리청(포항종합제철주식회사)의 의사와 관계없이 법의 규정에 따라 준공과 동시에 당연히 국가 또는 지방자치단체에 귀속하고 그 대신 비관리청은 20년의 범위 안에서 사용료의 총액이 총사업비에 달할 때까지 당해 항만시설에 대한 무상사용권을 취득하며 그 무상사용 기간은 총사업비에 의하여 결정된다. 지방청장이 법령에 따른 기준에 미달하게 총사업비를 부당 산정하였다면, 그 금액과 적법한 기준에 의한 총사업비와의 차액에 따른 기간만큼 무상사용 기간이 단축되어 그 차액에 해당하는 기간에 관하여는 비관리청이 무상사용할 수 없게 된다는 법적 불안·위험이 현존한다고 보아야 하고, 따라서 이를 제거하기 위하여 공법상 당사자소송으로써 권리 범위의 확인을 구할 필요나 이익이 있으며, 그러한 확인의 소를 제기하는 방법이 가장 유효·적절한 수단이고, 한편 사용료는 그 자체가 변동 가능할 뿐만 아니라 사용 형태와 정도에 따라 달라질 수 있어, 총사업비에 따른 무상사용 기간이 20년을 초과하는지가 총사업비 산정 당시에 확정적으로 정하여지는 것은 아니므로 위의 확인소송에 있어서 비관리청이 지방청장에 의하여 산정된 총사업비에 따른 무상사용 기간이 20년에 미달한다는 점을 입증하여야만 확인의 이익이 있다고 할 수 있게 되는 것은 아니다.

당초 1990년 11월부터 1992년 12월까지를 사업 기간으로 하여 승인되었던 항만공사가 1992.11.23. 일단 완료되었고 관리청이 준공확인 전 유상사용허가까지 하였다가 항만관제설비에서 발생한 문제점 등 그 판시와 같은 경위로 원고의 준공확인신청을 반려하였고, 원고가 사업 기간 연장신청을 하여 관리청의 승인을 받고 연장된 기간 말일인 1994.1.31. 다시 준공인가신청을 함에 따라 관리청이 1994.3.4. 준공확인필증을 원고에게 교부한 사실을 인정한 후, 원고는 항만관제설비의 운용 주체가 될 포항지방해운항만청장의 조언과 협조를 통하여 항만관제설비의 완전한 시공을 위하여 최선을 다하였다고 할 것이고 위 항만관제설비로 인한 공사 기간 연장에 관하여 원고에게 귀책사유가 있다고는 보이지 않는다고 판단하여 연장된 기간까지의 건설이자를 총사업비에 산입한 것은 정당하다.

8) ♣ **대법원 2008. 7. 24. 선고 2007다25261 판결 [방송수신료 통합징수 권한 부존재확인]**
텔레비전 방송수신료는 공영방송사업이라는 특정한 공익사업의 경비조달에 충당하기 위하여 텔레비전수상기를 소지한 특정 집단에 대하여 부과되는 특별부담금에 해당한다. 한편, 피고 보조참가인 한국방송공사는 자신이 지정하는 자에게 수신료의 징수업무를 위탁할 수 있고(방송법 제67조 제2항), 지정받은 자가 수신료를 징수하는 때에는 지정받은 자의 고유업무와 관련된 고지행위와 결합하여 이를 행할 수 있다(방송법 시행령 제43조 제2항). 원고들은, 피고 한국전력공사가 원고들에 대하여 전기요금고지서에 수신료를 통합하여 고지·징수할 권한이 없음의 확인을 민사소송절차를 통하여 구하고 있다. 그러나 수신료의 법적 성격, 피고 보조참가인의 수신료 강제징수권의 내용[구 방송법 제66조 제3항] 등에 비추어 보면 <u>수신료 부과행위는 공권력의 행사에 해당하므로, 피고가 피고 보조참가인으로부터 수신료의 징수업무를 위탁받아 자신의 고유업무와 관련된 고지행위와 결합하여 수신료를 징수할 권한이 있는지를 다투는 이 사건 쟁송은 민사소송이 아니라 공법상의 법률관계를 대상으로 하는 것으로서 행정소송법 제3조 제2호에 규정된 당사자소송에 의하여야 한다고 봄이 상당하다.</u> 그런데도 원심은, 이 사건 소가 사법상 법률관계에 대한 민사소송에 해당한다는 이유로 본안에 들어가 판단한 제1심판결을 그대로 유지하고 말았으니, 원심의 이와 같은 판단에는 행정처분 또는 공법상 당사자소송에 관한 법리를 오해하여 전속관할에 관한 규정을 위반한 위법이 있다. 한편, 행정소송법 제7조는 원고의 고의 또는 중대한 과실 없이 행정소송이 심급을 달리하는 법원에 잘못 제기된 경우에 민사소송법 제34조 제1항을 적용하여 이를 관할법원에 이송하도록 규정하고 있을 뿐 아니라, 관할 위반의 소를 부적법하다고 하여 각하하는 것보다 관할법원에 이송하는 것이 당사자의 권리구제나 소송경제의 측면에서 바람직하므로, 원고가 고의 또는 중대한 과실 없이 행정소송으로 제기하여야 할 사건을 민사소송으로 잘못 제기한 경우, 수소법원으로서는 그 행정소송에 대한 관할을 가지고 있지 아니하다면 당해 소송이 이미 행정소송으로서의 전심 절차 및 제소 기간을 도과하였거나 행정소송의 대상이 되는 처분 등이 존재하지도 아니한 상태에 있는 등 행정소송으로서의 소송요건을 결하고 있음이 명백하여 행정소송으로 제기되었더라도 어차피 부적법하게 되는 경우가 아닌 이상 이를 부적법한 소라고 하여 각하할 것이 아니라 관할법원에 이송하여야 한다.

9) ♣ **대법원 2008. 5. 29. 선고 2007다8129 판결 [주거 이전비 등]**
공익사업을 위한 토지 등의 취득 및 보상에 관한 법률 제2조, 제78조에 의하면, 세입자는 사업시행자가 취득 또는 사용할 토지에 관하여 임대차 등에 의한 권리를 가진 관계인으로서, 공익사업법 시행규칙 제54조 제2항 본문에 해당하는 경우에는 주거이전에 필요한 비용을 보상받을 권리가 있다. 그런데 이러한 주거 이전비는 당해 공익사업 시행지구 안에 거주하는 세입자들의 조기 이주를 장려하여 사업추진을 원활하게 하려는 정책적인 목적과 주거이전으로 인하여 특별한 어려움을 겪게 될 세입자들을 대상으로 하는 사회보장적인 차원에서 지급되는 금원의 성격을 갖는다고 할 것이므로, <u>적법하게 시행된 공익사업으로 인하여 이주하게 된 주거용 건축물 세입자의 주거 이전비 보상청구권은 공법상의 권리이고, 따라서 그 보상을 둘러싼 쟁송은 민사소송이 아니라 공법상의 법률관계를 대상으로 하는 행정소송에 의하여야 한다.</u> 특히 이 경우 세입자는 관할, 직권심리 등과 같은 민사소송절차와는 다른 행정소송 절차상의 여러 특칙을 활용하여 더욱 효과적이고 능률적으로 권리실현을 할 수 있으므로, 민사소송절차에 의하는 것보다는 행정소송절차에 의하는 것이 국민의 권리구제라는 측면에서도 한층 더 바람직하다. 세입자의 주거 이전비 보상청구소송의 형태에 관하여 보건대, 공익사업법 제78조 제5항, 제7항, 공익사업법 시행규칙 제54조 제2항 본문, 제3항의 각 조문을 종합하여 보면 위 주거 이전비 보상청구권은 그 요건을 충족하는 경우에 당연히 발생하는 것이므로, 주거 이전비 보상청구소송은 행정소송법 제3조 제2호에 규정된 당사자소송에 의하여야 할 것이다. 다만, 구 도시 및 주거환경정비법 제40조 제1항에 의하여 준용되는 공익사업법 제2조, 제50조, 제78조, 제85조 등의 각 조문을 종합하여 보면, 세입자의 주거 이전비 보상에 관하여 재결이 이루어진 다음 세입자가 보상금의 증감 부분을 다투는 경우에는 공익사업법 제85조 제2항에 규정된 행정소송에 따라, 보상금의 증감 이외의 부분을 다투는 경우에는 같은 조 제1항에 규정된 행정소송에 따라 권리구제를 받을 수 있다고 봄이 상당하다. 세입자인 원고들이 공익사업법 시행규칙 제54조 제2항 본문에 규정된 주거 이전비 보상청구를 하는 이 사건에 있어, 공익사업인 주택재개발사업의 시행으로 인하여 원고들이 이주하게 되었음에도 주거 이전비의 보상에 관한 재결이 없음을 알수 있으므로, 원고들의 이 사건 청구는 행정소송법 제3조 제2호에 규정된 당사자소송의 대상에 해당한다고 봄이 상당하다. 그런데도 원심 및 제1심이, 원고들의 이 사건 청구가 민사소송의 대상임을 전제로 하여 민사소송절차에 의하여 심리·판단한 것에는 공익사업법 시행규칙 제54조 제2항 본문에 규정된 세입자의 주거 이전비 보상청구의 법적 성질 및 그 소송 절차에 관한 법리를 오해한 위법이 있다. 그러므로 상고이유에 관한 판단을 생략한 채 직권으로 원심판결을 파기하고, 제1심판결을 취소하며, 사건을 다시 심리·판단하게 하려고 관할법원인 서울행정법원에 이송한다.

♣ 대법원 2006. 5. 18. 선고 2004다6207 전원합의체 판결 [보상청구권 확인]

1971. 1. 19. 법률 제2292호로 전문 개정된 하천법('구 하천법')은 이른바 "하천구역 법정주의"를 채택하여 유수지나 제외지 등은 관리청의 별도의 지정행위가 없더라도 당연히 하천구역으로 되고 하천은 국유로 하였으며(제2조 제1항 제2호, 제3조), 개정 하천법은 제74조 제2항에서 유수지에 해당하여 새로이 하천구역으로 된 토지에 대하여는 관리청이 그 손실을 보상하여야 한다는 규정을 신설하였고, 이후 이러한 규정들은 현행 하천법에 이르기까지 대체로 그대로 유지되고 있다. 이와 같이 <u>개정 하천법 등이 하천구역으로 편입된 토지에 대하여 손실보상청구권을 규정한 것은 헌법 제23조 제3항이 선언하고 있는 손실보상청구권을 하천법에서 구체화한 것으로서, 하천법 그 자체에 의하여 직접 사유지를 국유로 하는 이른바 입법적 수용이라는 국가의 공권력 행사로 인한 토지소유자의 손실을 보상하기 위한 것이므로 하천구역 편입토지에 대한 손실보상청구권은 공법상의 권리임이 분명하고, 따라서 그 손실보상을 둘러싼 쟁송은 사인 간의 분쟁을 대상으로 하는 민사소송이 아니라 공법상의 법률관계를 대상으로 하는 행정소송절차에 의하여야 할 것이며,</u> 이 때문에 개정 하천법 이래 현행 하천법에 이르기까지 하천구역으로 편입된 토지에 대한 하천법 본칙(본칙)에 의한 손실보상청구는 행정소송에 의하는 것으로 규정되어 왔거나 해석되어 왔고, 실무상으로도 계속하여 행정소송 사건으로 처리하여 왔다.

그런데 개정 하천법은 그 부칙 제2조 제1항에서 개정 하천법의 시행일인 1984. 12. 31. 전에 유수지에 해당하여 하천구역으로 된 토지 및 구 하천법의 시행으로 국유로 된 제외지 안의 토지에 대하여는 관리청이 그 손실을 보상하도록 규정하였고, 특별조치법 제2조는 개정 하천법 부칙 제2조 제1항에 해당하는 토지로서 개정 하천법 부칙 제2조 제2항에서 규정하고 있는 소멸시효의 만료로 보상청구권이 소멸하여 보상을 받지 못한 토지에 대하여는 시·도지사가 그 손실을 보상하도록 규정하고 있는바, 위 각 규정에 의한 손실보상청구권은 모두 종전의 하천법 규정 자체에 의하여 하천구역으로 편입되어 국유로 되었으나 그에 대한 보상규정이 없었거나 보상청구권이 시효로 소멸하여 보상을 받지 못한 토지들에 대하여, 국가가 반성적 고려와 국민의 권리구제 차원에서 그 손실을 보상하기 위하여 규정한 것으로서, 그 법적 성질은 하천법 본칙이 원래부터 규정하고 있던 하천구역에의 편입에 의한 손실보상청구권과 하등 다를 바가 없는 것이어서 공법상의 권리임이 분명하므로 그에 관한 쟁송도 행정소송절차에 의하여야 할 것이다. 따라서 개정 하천법 부칙 제2조나 특별조치법 제2조에 의한 손실보상청구권의 법적 성질을 사법상의 권리로 보거나 그에 대한 쟁송은 행정소송이 아닌 민사소송절차에 의하여야 한다고 하는 것은 법리상으로나 논리상으로 정당하다고 할 수 없다. 또한, 개정 하천법 부칙 제2조 또는 특별조치법 제2조에 의한 손실보상청구가 행정소송의 대상이 아니라 민사소송의 대상이라고 하는 경우, 하천구역으로 편입된 토지에 대한 손실보상청구는 그 편입 시점이 1984. 12. 31. 전(前)이면 위 규정들에 따라 민사소송으로 제기하여야 하고, 그 이후이면 개정 하천법 제74조 등에 의하여 행정소송으로 제기하여야 하는데, 당해 토지가 하천구역으로 편입된 것은 분명하나 그 편입 시기가 1984. 12. 31. 전(前)인지 후(後)인지가 분명하지 아니한 경우 토지소유자로서는 어느 방법에 따라 손실보상청구를 하여야 할 것인지 상당한 혼란과 어려움을 겪을 수밖에 없을 것이다. 이러한 경우 개정 하천법 부칙 제2조나 특별조치법 제2조에 의한 손실보상청구를 행정소송의 대상으로 일원화한다면, 토지소유자는 소송 절차나 방법에 관하여 고민할 필요 없이 같은 행정소송절차 내에서 각 청구원인을 일시에 주장하거나 청구의 병합 등을 통하여 한꺼번에 판단을 받을 수 있을 뿐만 아니라, 그 외에도 관할, 관련 사건의 병합, 소의 변경과 피고 경정, 행정심판기록의 제출 명령, 직권심리 등과 같은 민사소송절차와는 다른 행정소송 절차상의 여러 특칙을 활용하여 더욱 효과적이고 능률적으로 권리실현을 할 수 있다는 점 등까지 종합하여 보면, 개정 하천법 부칙 제2조나 특별조치법 제2조에 의한 각 손실보상청구는 민사소송절차에 의하는 것보다는 행정소송절차에 의하는 것이 국민의 권리구제라는 측면에서도 한층 더 바람직하다고 할 것이다.

따라서 개정 하천법 부칙 제2조나 특별조치법 제2조에 의한 손실보상청구는 민사소송이 아닌 행정소송절차에 의하여야 할 것인바, 이와는 달리 위 규정들에 따른 손실보상청구가 행정소송이 아닌 민사소송의 대상이라고 한 대법원 1990. 12. 21. 선고 90누5689 판결, 대법원 1991. 4. 26. 선고 90다8978 판결, 대법원 1996. 1. 26. 선고 94누12050 판결, 대법원 2002. 11. 8. 선고 2002다46065 판결, 대법원 2003. 5. 13. 선고 2003다2697 판결 등을 비롯한 같은 취지의 판결들은 이 판결의 견해에 배치되는 범위 내에서 이를 모두 변경하기로 한다.

한편, 개정 하천법 부칙 제2조와 특별조치법 제2조, 제6조의 각 규정을 종합하면, 위 규정에 의한 손실보상청구권은 1984. 12. 31. 전에 토지가 하천구역으로 된 경우에는 당연히 발생하는 것이지, 관리청의 보상금 지급 결정에 따라 비로소 발생하는 것은 아니므로, 위 규정에 의한 손실보상금의 지급을 구하거나 손실보상청구권의 확인을 구하는 소송은 행정소송법 제3조 제2호 소정의 당사자소송에 의하여야 할 것이다.

원심 및 제1심이 원고들의 이 사건 청구가 민사소송의 대상임을 전제로 민사소송절차에 의하여 심리·판단한 것은 특별조치법 제2조 소정의 손실보상청구권의 법적 성질 및 그 소송 절차에 관한 법리를 오해한 위법이 있다고 할 것이다. 그러므로 상고이유에 관한 판단을 생략한 채 직권으로 원심판결을 파기하고, 제1심판결을 취소하며, 사건을 다시 심리·판단하게 하려고 관할법원인 서울행정법원에 이송하기로 하여, 관여 대법관의 일치된 의견으로 주문과 같이 판결한다.

10) ♣ 대법원 2016. 5. 24. 선고 2013두14863 판결 [명예퇴직수당 지급거부 처분 취소]
법관이 이미 수령한 수당액이 규정에서 정한 정당한 명예퇴직 수당액에 미치지 못한다고 주장하며 차액의 지급을 신청함에 대하여 법원행정처장이 거부하는 의사를 표시했더라도, 그 의사표시는 명예퇴직 수당액을 형성·확정하는 행정처분이 아니라 공법상의 법률관계의 한쪽 당사자로서 지급의무의 존부 및 범위에 관하여 자신의 의견을 밝힌 것에 불과하므로 행정처분으로 볼 수 없다. 결국, 명예퇴직한 법관이 미지급 명예퇴직 수당액에 대하여 가지는 권리는 명예퇴직수당 지급대상자 결정 절차를 거쳐 명예퇴직 수당 규칙에 따라 확정된 공법상 법률관계에 관한 권리로서, 그 지급을 구하는 소송은 행정소송법의 당사자소송에 해당하며, 그 법률관계의 당사자인 국가를 상대로 제기하여야 한다.

원고는 1991.3. 법관으로 임용되어 2010. 2. 28. 퇴직하면서 명예퇴직수당 지급대상자로 결정된 사실, 원고는 그 무렵 잔여 임기가 1년임을 전제로 산정된 명예퇴직 수당액 20,703,600원을 수령한 사실, 원고는 2012.1.경 명예퇴직수당규칙 제3조 제5항 본문이 무효여서 정당한 명예퇴직 수당액이 153,360,000원이라고 주장하면서, 피고 법원행정처장에게 이미 수령한 금액과의 차액에 대한 지급을 구하는 신청을 하였는데, 피고는 2012. 1. 17.경 이 사건 차액을 지급할 수 없다는 내용의 통지를 한 사실, 원고는 피고의 이 사건 통지가 행정처분임을 전제로 하여 그 취소를 구하는 이 사건 소를 제기한 사실 등을 알 수 있다. 피고의 이 사건 통지는 행정처분이 아니므로 원고는 피고를 상대로 항고소송을 제기할 수 없고 국가를 상대로 이 사건 차액의 지급을 구하는 당사자소송을 제기하였어야 하며, 다만 권리구제나 소송경제의 측면에 비추어 원고에게 당사자소송으로 소 변경을 할 기회를 얻도록 함이 타당하므로 원심으로서는 이 사건을 항고소송에서 당사자소송으로 소 변경할 것인지에 대하여 석명권을 적절하게 행사함으로써 적법한 소송형태를 갖추도록 해야 했다. 그런데도 원심은 위와 같은 절차를 취하지 아니하고 이 사건 소송이 항고소송으로서 적법함을 전제로 하여 본안을 판단하였으므로, 이러한 원심의 판단에는 당사자소송 등에 관한 법리를 오해하여 필요한 심리 및 절차를 다하지 아니함으로써 판결에 영향을 미친 위법이 있다.

♣ 대법원 2013. 3. 28. 선고 2012다102629 판결 [임금]
지방자치단체와 그 소속 경력직 공무원인 지방 소방공무원 사이의 관계, 즉 지방 소방공무원의 근무 관계는 사법상의 근로계약 관계가 아닌 공법상의 근무 관계에 해당하고, 그 근무 관계의 주요한 내용 중 하나인 지방 소방공무원의 보수에 관한 법률관계는 공법상의 법률관계라고 보아야 한다. 나아가 지방공무원법 제44조 제4항, 제45조 제1항이 지방공무원의 보수에 관하여 이른바 근무조건 법정주의를 채택하고 있고, 지방공무원 수당 등에 관한 규정 제15조 또는 제17조가 초과근무수당의 지급대상, 시간당 지급액수, 근무시간의 한도, 근무시간의 산정방식에 관하여 구체적이고 직접적인 규정을 두고 있는 등 관계 법령의 내용, 형식 및 체제 등을 종합하여 보면, 지방 소방공무원의 초과근무수당 지급청구권은 법령의 규정에 따라 직접 그 존부나 범위가 정하여지고 법령에 규정된 수당의 지급요건에 해당하는 경우에는 곧바로 발생한다고 할 것이므로, 지방 소방공무원이 자신이 소속된 지방자치단체를 상대로 초과근무수당의 지급을 구하는 청구에 대한 소송은 행정소송법 제3조 제2호에 규정된 당사자소송의 절차에 따라야 한다. 원심이 피고 소속 전·현직 소방공무원들인 원고들이 초과근무수당의 지급을 구하는 이 사건 청구가 민사소송의 대상임을 전제로 민사소송절차에 의하여 심리·판단한 제1심판결을 취소하고 이 사건을 행정소송 관할법원인 서울행정법원에 이송한 조치는 정당하다.

11) ♣ **대법원 2011. 6. 9. 선고 2011다2951 판결 [대여금]**
지방자치단체가 보조금 지급 결정을 하면서 일정 기한 내에 보조금을 반환하도록 하는 교부조건을 부가한 사안에서, 보조사업자의 지방자치단체에 대한 보조금 반환의무는 행정처분인 위 보조금 지급 결정에 부가된 부관상 의무이고, 이러한 부관상 의무는 보조사업자가 지방자치단체에 부담하는 공법상 의무이므로, <u>보조사업자에 대한 지방자치단체의 보조금반환청구는 공법상 권리 관계의 일방 당사자를 상대로 하여 공법상 의무이행을 구하는 청구로서 행정소송법 제3조 제2호에 규정한 당사자소송의 대상이다.</u> 제1심과 원심은 이 사건 소가 대전지방법원 홍성지원에 제기됨으로써 전속관할을 위반하였음을 간과한 채 본안판단으로 나아갔으니, 이러한 제1심과 원심의 판단에는 행정소송법상 당사자소송에 관한 법리를 오해하여 전속관할에 관한 규정을 위반한 위법도 있다.

12) ♣ **대법원 2013. 3. 21. 선고 2011다95564 전원합의체 판결 [양수금]**
원심이 이 사건 2008년 2기, 2009년 1기, 2009년 2기의 부가가치세 환급세액에 관하여 적용되는 구 부가가치세법 제24조 제1항 및 이 사건 2010년 1기의 부가가치세 환급세액에 관하여 적용되는 부가가치세법 제24조 제1항에 따라 각각 발생한 부가가치세 환급세액 지급청구권을 양수하였음을 내세우는 원고의 청구가 민사소송의 대상임을 전제로 민사소송절차에 의하여 심리·판단한 제1심판결을 취소하고 이 사건을 행정사건 관할법원인 의정부지방법원으로 이송한 조치는 정당하다.

부가가치세법령이 환급세액의 정의 규정, 그 지급 시기와 산출방법에 관한 구체적인 규정과 함께 부가가치세 납세의무를 부담하는 사업자에 대한 국가의 환급세액 지급의무를 규정한 이유는, 입법자가 과세 및 징수의 편의를 도모하고 중복과세를 방지하는 등의 조세 정책적 목적을 달성하기 위한 입법적 결단을 통하여, 최종 소비자에 이르기 전의 각 거래단계에서 재화 또는 용역을 공급하는 사업자가 그 공급을 받는 사업자로부터 매출세액을 징수하여 국가에 납부하고, 그 세액을 징수당한 사업자는 이를 국가로부터 매입세액으로 공제·환급받는 과정을 통하여 그 세액의 부담을 다음 단계의 사업자에게 차례로 전가하여 궁극적으로 최종 소비자에게 이를 부담시키는 것을 근간으로 하는 전 단계 세액공제 제도를 채택한 결과, 어느 과세기간에 거래 징수된 세액이 거래징수를 한 세액보다 많은 경우에는 그 납세의무자가 창출한 부가가치에 상응하는 세액보다 많은 세액이 거래 징수되게 되므로 이를 조정하기 위한 과세기술상, 조세 정책적인 요청에 따라 특별히 인정한 것이라고 할 수 있다. 따라서 이와 같은 부가가치세법령의 내용, 형식 및 입법 취지 등에 비추어 보면, <u>납세의무자에 대한 국가의 부가가치세 환급세액 지급의무는 그 납세의무자로부터 어느 과세기간에 과다하게 거래 징수된 세액 상당을 국가가 실제로 납부받았는지와 관계없이 부가가치세법령의 규정에 따라 직접 발생하는 것으로서, 그 법적 성질은 정의와 공평의 관념에서 수익자와 손실자 사이의 재산상태 조정을 위해 인정되는 부당이득 반환의무가 아니라 부가가치세법령에 따라 그 존부나 범위가 구체적으로 확정되고 조세 정책적 관점에서 특별히 인정되는 공법상 의무라고 봄이 타당하다.</u> 그렇다면 납세의무자에 대한 국가의 부가가치세 환급세액 지급의무에 대응하는 <u>국가에 대한 납세의무자의 부가가치세 환급세액 지급청구는 민사소송이 아니라 행정소송법 제3조 제2호에 규정된 당사자소송의 절차에 따라야 한다.</u>

5. 민중소송

국가 또는 공공단체의 기관이 법률에 위반되는 행위를 하는 경우 직접 자기의
법률상의 이익과 관계없이 그 시정을 청구하는 것(제3조 제3호)이다.

선거소송, 당선소송(공직선거법), 국민투표 무효소송(국민투표법), 주민소송(지방
자치법), 주민투표소송(주민투표법) 등이 있다.

적용법규는 민중소송을 규정하는 개별법규이며, 특별 규정이 없으면, 취소소
송, 무효확인소송, 당사자소송의 규정을 준용한다.

6. 기관소송

국가 또는 공공단체의 기관 상호 간에서의 권한의 존부나 그 행사에 대한 다툼이 있을 때 제기하는 것(제3조 제4호)이다.

권한쟁의심판(헌법재판소법 제52조, 국가기관 상호 간, 국가기관과 지방자치단체 상호 간, 지방자치단체 상호 간)을 제외하면, 행정주체 내부기관 간의 권한 다툼만 남게 된다.[1)]

지방의회의 재의결에 대한 지방자치단체장의 조례안 재의결 무효확인소송(지방자치법 제107조 제3항), 감독청의 재의요구에 따른 지방의회의 재의결에 대한 지방자치단체장의 조례안 재의결 무효확인소송(제172조 제3항), 감독청의 지방의회 재의결에 대한 제소지시에 따른 지방자치단체장의 조례 재의결 무효확인소송(제172조 제4항, 제5항), 지방의회의 재의결에 관한 교육감의 조례 재의결 무효확인소송(지방교육자치법 제28조 제3항), 교육부 장관의 제소지시에 따른 교육감의 소송(제28조 제4항 제5항) 등이 있다.

그런데 감독청의 자치사무에 대한 처분에 대한 지방자치단체장의 소송(제169조 제2항)은 처분에 대한 항고소송의 성격이 있다고 하고, 감독청의 위임사무에 대한 이행 명령에 대한 지방자치단체장의 소송(제170조 제3항)은 특수한 소송이라고 하여 기관소송과는 다르게 보기도 한다.[2)]

주석 [기관소송]

1) ♠ **헌법재판소 2011. 8. 30. 선고 2011헌라1 전원재판부 [경상남도와 정부 간의 권한쟁의]**
   낙동강 사업을 포함한 4대강 사업의 대상인 하천들은 하천법 제8조, 제27조 제5항에 의거하면 '국토해양부 장관'(피청구인)이 하천관리청으로서 시행책임을 지고 관리하는 '국가하천'에 해당하고, 4대강 사업 및 낙동강 사업은 그 사업내용에 비추어 볼 때 하천의 기능이 정상적으로 유지될 수 있도록 실시하는 점검·정비 등의 활동을 의미하는 '하천의 유지·보수' 차원을 넘어서 하천의 보수·개량·증설·신설까지 의도하고 있는 '하천공사'에 해당하므로, 4대강 사업 및 낙동강 사업은 국가하천에 관한 전국적 규모의 개발사업으로서 '국가 사무'에 해당하고, 그 사업내용도 '하천공사', '하천의 유지·보수공사', 하천 주변의 기타 '부대공사' 등을 포괄하고 있어 국가하천을 둘러싼 복합적, 불가분적 공사구조를 취하고 있는 사업이다.

   낙동강의 유지·보수 범위에 해당하는 부분을 따로 떼어내서 그에 대한 권한의 존부를 독자적으로 따질 수 있다 하더라도, '국가하천의 유지·보수' 역시 하천법 제27조 제5항 단서에 따르면 국토해양부 장관이 시행관리책임을 맡는 '국가 사무'로서 각 시·도지사에게 기관 위임되어있는 사무에 불과하므로 '청구인의 권한'이라고 할 수 없어, 이 사건 처분으로 인하여 '청구인의 낙동강 유지·보수에 관한 권한이 침해될 가능성'은 없다.

   그리고 청구인이 지방자치단체로서 주민의 복리에 관한 사무를 처리할 수 있는 '자치 권한'을 가진 것은 사실이나, 낙동강 사업에 대한 시행권을 피청구인이 경상남도지사에게 대행시키는 위의 대행계약을 체결하는 과정 및 위 계약을 해제하고 시행권을 회수해 가는 과정에서는 물론, 시행되는 낙동강 사업의 내용 자체에서도, 낙동강 유역을 포함한 경상남도 전역에 걸쳐 지역주민의 복리를 증진하기 위하여 청구인이 행사하는 '자치 권한'에 어떠한 제약을 가하거나 조건 또는 부담을 부과한 적이 없으므로, 피청구인의 이 사건 처분으로 말미암아 '청구인의 일반적인 자치 권한이 직접 제약받을 가능성'은 없다. 청구인이 비록 위임받은 낙동강 사업을 시행하는 과정에서 지역경제의 이익과 주민의 복리를 도모할 많은 기회를 가질 수 있었는데 이 사건 처분으로 말미암아 더 이상 그러한 경제적·복지적 이익을 추구할 수 없게 되었지만, 이는 사업시행권 회수로 인하여 부수적으로 발생하는 사실상의 간접적인 불이익에 지나지 않으므로, 이를 이유로 청구인의 '자치 권한'이 침해될 가능성이 있다고 할 수도 없다.

   결국, 청구인이 이 사건 청구에서 다투는 사유는 <u>낙동강 사업에 대한 시행권을 위의 대행계약을 통하여 청구인의 기관인 지방자치단체장에게 대행시켰다가 그 계약을 해제하고 사업시행권을 회수해 간 피청구인의 행위가 부당하다</u>는 취지에 불과하므로, 이와 같은 문제는 공법상 계약에 따라 청구인과 피청구인에게 귀속된 권리·의무가 유효하게 해제되었는지를 둘러싼 '공법상 법률관계에 대한 다툼'에 불과할 뿐, 권한쟁의심판의 적법한 대상이 되는 '권한의 존부 또는 범위에 대한 다툼'에 해당하지도 않는다.

2) ♣ **대법원 2013. 6. 27. 선고 2009추206 판결 [직무이행 명령취소]**
   지방교육자치에 관한 법률 제3조, 지방자치법 제170조 제1항에 따르면, 교육부 장관이 교육감에 대하여 할 수 있는 직무이행 명령의 대상 사무는 '국가위임사무의 관리와 집행'이다. 그 규정의 문언과 함께 직무이행 명령 제도의 취지, 즉 교육감이나 지방자치단체의 장 등, 기관에 위임된 국가 사무의 통일적 실현을 강제하고자 하는 점 등을 고려하면, 여기서 국가위임사무란 교육감 등에 위임된 국가 사무, 즉 기관위임 국가 사무를 뜻한다고 보는 것이 타당하다.

교육공무원 징계사무의 성격, 그 권한의 위임에 관한 교육공무원법령의 규정 형식과 내용 등에 비추어 보면, 국가공무원인 교사에 대한 징계는 국가 사무이고, 그 일부인 징계의결요구 역시 국가 사무에 해당한다고 보는 것이 타당하다. 따라서 교육감이 담당 교육청 소속 국가공무원인 교사에 대하여 하는 징계의결요구 사무는 국가위임사무라고 보아야 한다.

사립학교 교원의 복무나 징계 등은 국·공립학교 교원과 같이 전국적으로 통일하여 규율되어야 한다. 이를 고려할 때, 구 사립학교법 제54조 제3항이 사립 초등·중·고등학교 교사의 징계에 관하여 규정한 교육감의 징계요구 권한은 위 사립학교 교사의 자질과 복무태도 등을 국·공립학교 교사와 같이 일정 수준 이상 유지하기 위한 것으로서 국·공립학교 교사에 대한 징계와 균형 있게 처리되어야 할 국가 사무로서 시·도 교육감에 위임된 사무라고 보아야 한다.

직무이행 명령 및 이에 대한 이의소송 제도의 취지는 국가위임사무의 관리·집행에서 주무부 장관과 해당 지방자치단체의 장 사이의 지위와 권한, 상호 관계 등을 고려하여, 지방자치단체의 장이 해당 국가위임사무에 관한 사실관계의 인식이나 법령의 해석·적용에서 주무부 장관과 견해를 달리하여 해당 사무의 관리·집행을 하지 아니할 때, 주무부 장관에게는 그 사무집행의 실효성을 확보하기 위하여 지방자치단체의 장에 대한 직무이행 명령과 그 불이행에 따른 후속 조치를 할 권한을 부여하는 한편, 해당 지방자치단체의 장에게는 직무이행 명령에 대한 이의의 소를 제기할 수 있도록 함으로써, 국가위임사무의 관리·집행에 관한 두 기관 사이의 분쟁을 대법원의 재판을 통하여 합리적으로 해결함으로써 그 사무집행의 적법성과 실효성을 보장하려는 데 있다. 따라서 직무이행 명령의 요건 중 '법령의 규정에 따라 지방자치단체의 장에게 특정 국가위임사무를 관리·집행할 의무가 있는지' 여부의 판단대상은 문언대로 그 법령상 의무의 존부이지, 지방자치단체의 장이 그 사무의 관리·집행을 하지 아니한 데 합리적 이유가 있는지가 아니다. 그 법령상 의무의 존부는 원칙적으로 직무이행 명령 당시의 사실관계에 관련 법령을 해석·적용하여 판단하되, 직무이행 명령 이후의 정황도 고려할 수 있다.

공무원인 교원이 집단으로 행한 의사표현행위가 국가공무원법이나 공직선거법 등 개별 법률에서 공무원에 대하여 금지하는 특정의 정치적 활동에 해당하는 경우나, 특정 정당이나 정치세력에 대한 지지 또는 반대 의사를 직접 표현하는 등 정치적 편향성 또는 당파성을 명백히 드러내는 행위 등과 같이 공무원인 교원의 정치적 중립성을 침해할 만한 직접적인 위험을 가져올 정도에 이르렀다고 볼 수 있는 경우에, 그 행위는 공무원인 교원으로서의 본분을 벗어나 공익에 반하는 행위로서 공무원으로서의 직무에 관한 기강을 저해하거나 공무의 본질을 해치는 것이어서 직무전념의무를 해태한 것이라 할 것이므로, 국가공무원법 제66조 제1항이 금지하는 '공무 외의 일을 위한 집단행위'에 해당한다고 보는 것이 타당하다. 그리고 사립학교 교원의 복무에 관하여 국·공립학교의 교원에 관한 규정이 준용되고(사립학교법 제55조), 사립학교 교원이 직무상의 의무에 위반한 경우 등은 징계 사유에 해당하므로(사립학교법 제61조 제1항), 사립학교 교원이 국가공무원법 제66조 제1항이 금지하는 '공무 외의 일을 위한 집단행위'에 참여한 때에는 징계 사유에 해당한다.

지방자치법 제170조 제1항에 따르면, 주무부 장관은 지방자치단체의 장이 그 의무에 속하는 국가위임사무의 관리와 집행을 명백히 게을리하고 있다고 인정되면 해당 지방자치단체의 장에게 이행할 사항을 명할 수 있다. 여기서 '국가위임사무의 관리와 집행을 명백히 게을리하고 있다'라는 요건은 국가위임사무를 관리·집행할 의무가 성립함을 전제로 하는데, 지방자치단체의 장은 그 의무에 속한 국가위임사무를 이행하는 것이 원칙이므로, 지방자치단체의 장이 특별한 사정이 없이 그 의무를 이행하지 아니할 때는 이를 충족한다고 해석하여야 한다. 여기서 특별한 사정이란, 국가위임사무를 관리·집행할 수 없는 법령상 장애 사유 또는 지방자치단체의 재정상 능력이나 여건의 미비, 인력의 부족 등 사실상의 장애 사유를 뜻한다고 보아야 하고, 지방자치단체의 장이 특정 국가위임사무를 관리·집행할 의무가 있는지에 대하여 주무부 장관과 다른 견해를 취하여 이를 이행하고 있지 아니한 사정은 이에 해당한다고 볼 것이 아니다. 왜냐하면, 직무이행 명령에 대한 이의소송은 그와 같은 견해의 대립을 전제로 지방자치단체의 장에게 제소권을 부여하여 성립하는 것이므로, 그 소송의 본안판단에서 그 사정은 더는 고려할 필요가 없기 때문이다.

Ⅳ. 행정상 손해전보

국가 또는 공공단체의 행정작용으로 인한 손실이나 손해를 전보하여 주는 것으로 행정상 손실보상과 행정상 손해배상이 있다. 손실보상은 공공필요에 의한 적법한 공권력의 행사로 인한 손실에 개인의 특별한 희생이 있는 경우 공평 부담의 원칙에 따라 보상하여 주는 것이며, 손해배상은 위법한 공권력의 행사로 인한 손해를 배상해 주는 것이다.

1. 행정상 손실보상

1-1. 법적 근거

헌법 제23조 제3항(공공필요에 의한 재산권의 수용 사용 또는 제한 및 그에 대한 보상은 법률로써 하되 정당한 보상을 지급하여야 한다.)과 공익사업을 위한 토지 등의 취득 및 보상에 관한 법률(약칭 : 토지보상법) 제61조(사업시행자 보상 --- 공익사업에 필요한 토지 등의 취득 또는 사용으로 인하여 토지소유자나 관계인이 입은 손실은 사업시행자가 보상하여야 한다.)가 기본적인 법적 근거이다. 그리고 이 토지보상법 규정이 각종 손실보상과 관련된 개별 법률에 준용되고 있다.[1][2]

법률이 공용침해에 관하여 규정하면서 이에 따른 손실보상 규정을 두지 않은 경우, 헌법 조항으로부터 직접 손실보상 청구권이 발생하는가에 대하여, 학설로는 방침규정설, 직접효력설(보상의 구체적 내용이나 방법만 법률에 유보되었는데 판례를 통해 기준이나 방법 정립), 위헌무효설(위헌법률에 근거한 위법이므로 국가배상청구로), 유추적용설(간접효력설 --- 헌법상 재산권 보장 조항과 관련 법률을 유추 적용하거나, 수용 유사침해의 법리와 유사하게 손실보상청구권 인정)3) 등이 있는데, 판례는 위헌이라고 볼 수 없고 직접 보상청구를 할 수 없다고 보기도 하고, 관련 보상규정을 유추 적용하여 손실보상을 인정하거나, 수용 유사침해 법리를 언급하기도 한다.4) 한편 헌법재판소는 위헌이라거나 헌법불합치를 선언하고 있지만, 보상 법률이 제정되기를 기다려서 청구할 수 있을 뿐이라고 한다.5)

1-2. 손실보상청구권이 공법상의 권리인지 사법상의 권리인지에 관해, 학설은 손실보상의 원인 행위가 공법적이므로 효과로서의 손실보상도 공법적으로 보아야 하고 행정소송의 당사자 소송의 절차를 거쳐야 한다고 하나, 판례는 수산업법상의 공익상 필요에 의한 면허 제한의 경우 손실보상의 원인이 공법적이라도 보상청구권은 사법상 권리이므로 민사소송의 절차를 거친다는 입장인데, 근래에 들어 공익사업, 공유수면매립 관련 관행 어업권자, 하천법과 관련되어서는 행정소송의 당사자 소송의 절차를 거쳐야 하는 것으로 보고 있다.6)

1-3. 손실보상청구권의 요건

① 공공의 필요 : 공익사업을 시행하거나 공공복리를 달성하기 위하여 재산권의 제한이 불가피한 경우여야 한다(공익성과 필요성). 구체적으로 재산권 침해로 얻게 되는 공익과 사인의 재산권 보유 이익 사이의 이익형량이 필요하다. 국가의 재정적 수요나 단순한 미래의 개발 욕구를 충족시키기 위한 경우는 부정될 수 있다. 사인(私人, 사기업)을 위한 수용은 특정 사기업이 도시계획시설사업(도로, 철도, 항만, 공항, 주차장, 수도·전기·가스공급)과 같은 공공복리 사업을 수행하는 경우 허용될 수 있으나, 엄격한 요건 아래에서만 가능하다(예; 도시개발법, 기업도시 개발특별법, 도시 및 주거환경정비법, 사회기반시설에 대한 민간투자법, 경제자유구역의 지정 및 운영에 관한 특별법 등).7)

② 재산권에 대한 수용, 사용, 제한 : 법적으로 보호받는 재산적 가치가 있는 권리를 보호한다.

③ 적법하고 의도적인 공권력 행사 : 비권력적 행정작용이나 사실행위는 손실 보상의 원인 행위가 될 수 없다.

④ 특별한 희생 : 개인에게 수인한도를 넘는 특별한 희생이어야 한다. 학설로 는 형식설(재산권 침해를 받는 자가 특정되어 있는가--개별희생설, 특정한 개인이나 집 단이 불평등하게 다루어 지고 있는가--특별희생설), 실질설(침해의 중대성과 정도에 따 른다. 중대성설, 보호가치설, 수인한도설, 목적위배설, 상황구속성설, 사회적 비용설)이 있는데, 판례는 사회적 제약의 범위 내인지, 공익과 사익 간에 적절한 균형이 있는지, 기존에 형성된 가치와 상태의 존중 등의 기준으로 특별한 희생을 평 가하며, 역사문화미관지구 내의 건축 제한, 국립공원지정에 따른 토지 재산권 의 제한 등에 적용하고 있다.

1-4. 손실보상의 기준, 내용, 방법

1-4-1. 손실보상의 기준에서 정당한 보상의 의미가 무엇인가에 대해 학설은 완 전보상설과 상당보상설이 있는데, 판례는 정당한 보상이란 원칙적으로 피수용재산 의 객관적인 재산 가치를 완전하게 보상하여야 한다는 완전보상을 뜻한다고 한다.[8]

1-4-2. 손실보상의 내용으로는 재산권 보상, 생활보상, 간접손실보상 등이 있다.

재산권 보상은 시장의 객관적 교환가치에 따라 하는데, 토지보상은 공시지가 를 기준으로 공시기준일부터 가격시점(협의성립 당시 혹은 재결 당시)까지의 토지이 용계획, 해당 공익사업으로 인한 지가 영향을 받지 않는 지역의 지가변동률, 생 산자물가상승률, 기타 토지의 위치, 형상, 환경, 이용 상황 등을 고려하여 평가한 적정가격으로 한다. 단 개발이익은 배제하고, 인근 토지의 개발이익은 환수한다.

그리고 잔여지수용청구권, 잔여지매수권 등의 방법도 있다. 건축물 등 물건보상은 이전 필요 비용으로 하되 예외적으로 가격보상(제75조)을 한다. 이 경우도 잔여 건물수용청구권, 잔여 건물매수권이 적용될 수 있다. 권리 즉 광업권, 어업권, 물 사용권 등은 적정가격으로 산정한다. 일실 손실보상으로는 영업의 휴업, 폐지보상, 농업 폐지, 이전보상, 근로자 보상(제77조) 등이 있다.

생활보상은 침해 이전의 생활상태와 동등하거나 유사한 생활상태의 실현과 주거안정과 생활안정을 위한 보상으로 이주정착금, 이농비, 소수 잔존자보상, 이주대책(제78조) 등이 있다. 학설은 헌법 제23조 제3항설, 헌법 제34조설, 결합설 등이 있고, 판례는 생활대책은 제23조 보상이나, 이주대책은 인간다운 생활을 보장하기 위한 것으로 본다. 한편 실비변상적 보상과 일실 손실보상을 생활보상으로 보는 광의설의 입장도 있다.[9]

간접손실보상은 공공사업의 시설이 사업지 범위 밖에 있는 재산권에 미치는 손실을 말하는데, 잔여지 손실과 공사비보상, 잔여 건축물보상, 기타 토지비용보상(잔여지 공사비, 사업시행지구 밖의 대지 건축물 공작물 어업피해 영업손실 농업손실 등 보상, 소수 잔존자보상) 등이 있다. 명문의 규정이 없는 경우의 간접손실보상도 판례는 공공사업의 시행으로 인하여 그러한 손실이 발생하리라는 것을 쉽게 예견할 수 있고, 그 손실의 범위를 구체적으로 특정할 수 있는 경우에는 그 손실의 보상에 관하여 공공용지취득손실보상법 시행규칙의 관련 규정 등을 유추 적용할 수 있다고 하여 인정한다.[10]

1-4-3. 손실보상의 방법은 사업시행자 보상 원칙, 사전보상 원칙, 현금보상 원칙(예외 대토보상, 채권보상), 개인별 보상 원칙(대상물건에 대하여 하는 것이 아님), 일시급 원칙으로 한다.

1-4-4. 손실보상액의 결정은 협의에 따른 결정(공공기관이 사경제 주체로서 하

는 사법상 계약 제16조, 제26조, 제29조)이 안 되는 경우 재결에 의한 결정(사업시행자의 토지수용위원회 재결신청, 토지소유자와 관계인은 사업시행자에게 재결신청 청구 --- 보상액, 보상 대상 제외의 경우)으로 한다. 보상액 결정에 관한 다툼은 공법상 당사자소송으로 된다.

재결 불복절차는 중앙토지수용위원회에 이의신청으로 하는데, 지토위 재결 후 60일 이내 혹은 중토위 이의 결정 후 30일 이내 행정소송을 제기한다(사업시행자는 보상금 공탁한 후, 보상금 받을 자는 보상금 수령불능).

불복대상은 원처분이며, 예외적으로 이의신청 후의 행정소송은 재결 자체 고유 위법사유가 있는 경우는 재결이다.

보상금증감소송은 당사자 소송이며, 보상항목 인정(잔여지 보상 여부 등), 보상면적, 이전 곤란 물건 수용 등을 다투는 경우도 해당한다.

주석 [행정상 손실 보상]

1) 제62조(사전보상) 제63조(현금보상), 제64조(개인별 보상), 제65조(일괄보상), 제66조(사업시행 이익과의 상계금지), 제67조(보상액의 가격시점), 제68조(보상액의 산정), 제69조(보상채권의 발행), 제70조(취득하는 토지의 보상), 제71조(사용하는 토지의 보상 등), 제72조(사용하는 토지의 매수청구 등), 제73조(잔여지의 손실과 공사비보상), 제74조(잔여지 등의 매수 및 수용청구), 제75조(건축물 등 물건에 대한 보상), 제75조의 2(잔여 건축물의 손실에 대한 보상 등), 제76조(권리의 보상), 제77조(영업의 손실 등에 대한 보상), 제78조(이주대책의 수립 등), 제78조의 2(공장의 이주대책 수립 등), 제79조9 그 밖의 토지에 관한 비용 보상), 제80조(손실보상의 협의 재결) 등이 기본적인 규정이다.

2) o 도시 및 주거환경 정비법(약칭 : 도시정비법) 제37조(손실보상), 제40조(「공익사업을 위한 토지 등의 취득 및 보상에 관한 법률」의 준용)
   o 국토의 계획 및 이용에 관한 법률(약칭 : 국토계획법) 제96조(「공익사업을 위한 토지 등의 취득 및 보상에 관한 법률」의 준용)
   o 산업입지 및 개발에 관한 법률(약칭 : 산업입지법) 제22조(토지수용)
   o 도시개발법 제22조(토지 등의 수용 또는 사용)
   o 공유수면 관리 및 매립에 관한 법률(약칭 : 공유수면법) 제32조(매립으로 인한 손실방지와 보상 등)

3) 학설 중에는 독일의 경계이론(재산권 보장의 내재적 한계를 넘어선 경우 즉 독일 기본법 제14조 제1항(우리 헌법 제23조 제1항)의 경계를 넘어선 경우에는 제3항에 의한 보상이 가능하다는 이론을 주장하기도 한다. 또 분리이론(재산권 내용규정과 공용수용 보상규정이 서로 별개의 것이므로 보상규정이 없을 경우 헌법 조항을 근거로 직접 보상청구할 수 없다)으로 미비된 수용규정을 위헌선언하여 존속보호로 나아가야 한다고 주장하기도 한다.

4) ♣ **대법원 1999. 11. 23. 선고 98다11529 판결 [손해배상(기)]**
   정당한 어업허가를 받고 공유수면매립사업지구 내에서 허가어업에 종사하고 있던 어민들에 대하여 손실보상을 할 의무가 있는 사업시행자가 손실보상의무를 이행하지 아니한 채 공유수면매립공사를 시행함으로써 실질적이고 현실적인 침해를 가한 때에는 불법행위를 구성하는 것이고, 이 경우 허가어업자들이 입게 되는 손해는 그 손실보상금 상당액이다.

   어업허가는 일정한 종류의 어업을 일반적으로 금지하였다가 일정한 경우 이를 해제하여 주는 것으로서 어업면허에 의하여 취득하게 되는 어업권과는 그 성질이 다른 것이기는 하나, 어업허가를 받은 자가 그 허가에 따라 해당 어업을 함으로써 재산적인 이익을 얻는 면에서 보면 어업허가를 받은 자의 해당 어업을 할 수 있는 지위는 재산권으로 보호받을 가치가 있고, 수산업법이 1990. 8. 1. 개정되기 이전까지는 어업허가의 취소·제한·정지 등의 경우에 이를 보상하는 규정을 두고 있지 않았지만, 1988. 4. 25. 「공공용지의 취득 및 손실보상에 관한 특례법」 시행규칙이 개정되면서 그 제25조의 2에 허가어업의 폐지·휴업 또는 피해에 대한 손실의 평가규정이 마련되었고, 공공필요에 의한 재산권의 수용·사용 또는 제한 및 그에 관한 보상은 법률로써 하되 정당한 보상을 지급하여야 한다는 헌법 제23조 제3항, 면허어업권자 내지는 입어자에 관한 손실보상을 규정한 구 「공유수면법」(1999. 2. 8. 법률 제5911호로 전문 개정되기 전의 것) 제16조, 공공사업을 위한 토지 등의 취득 또는 사용으로 인하여 토지 등의 소유자가 입은 손실은 사업시행자가 이를 보상하여야 한다는 「공공용지의 취득 및 손실보상에 관한 특례법」 제3조 제1항의 각 규정 취지를 종합하여 보면, 적법한 어업허가를 받고 허가어업에 종사하던 중 공유수면매립사업의 시행으로 피해를 보게 되는 어민들이 있는 경우 그 공유수면매립사업의 시행자로서는 위 구 「공공용지의 취득 및 손실보상에 관한 특례법」 시행규칙(1991. 10. 28. 건설부령 제493호로 개정되기 전의 것) 제25조의 2의 <u>규정을 유추 적용하여 위와 같은 어민들에게 손실보상을 하여 줄 의무가 있다.</u>

♣ **대법원 1996. 6. 28. 선고 94다54511 판결 [손실보상금]**
「도시계획법」 제21조의 규정에 따라 개발제한구역 안에 있는 토지의 소유자는 재산상의 권리행사에 많은 제한을 받게 되고 그 한도 내에서 일반 토지소유자보다 불이익을 받게 됨은 명백하지만, '도시의 무질서한 확산을 방지하고 도시 주변의 자연환경을 보전하여 도시민의 건전한 생활환경을 확보하기 위하여 또는 국방부 장관의 요청이 있어 보안상 도시의 개발을 제한할 필요가 있다고 인정되는 때'(「도시계획법」 제21조 제1항)에 한하여 가하여지는 위와 같은 제한으로 인한 토지소유자의 불이익은 공공의 복리를 위하여 감수하지 아니하면 안 될 정도의 것이라고 인정되므로, 이에 대하여 손실보상의 규정을 두지 아니하였다 하여 도시계획법 제21조의 규정을 헌법 제23조 제3항, 제11조 제1항 및 제37조 제2항에 위배되는 것으로 볼 수 없다는 것이 당원의 판례이다(당원 1990. 5. 8.자 89부2 결정 참조). 따라서 이 사건 토지가 도시계획법 제21조에 의하여 개발제한구역으로 지정되었다고 하더라도 헌법 제23조 제3항에 근거하여 손실보상을 청구할 수는 없다.

♣ **대법원 1987. 7. 21. 선고 84누126 판결 [하천구역손실보상재결처분 취소]**
구 조선하천령(1927.1.22 재령 제2호) 제1조에 의하면 본령에 있어서 하천이란 조선 총독이 공공의 이해 관계상 특히 중요하다고 인정하여 그 명칭과 구간을 지정한 하천을 말한다고 하고, 같은 영 제11조는 하천의 구역은 관리청이 인정하는 바에 의한다고 되어 있으며, 이에 근거를 둔 같은 영 시행규칙 제21조는 조선하천령 제11조 규정에 의한 하천구역의 인정은 관리청이 이를 고시하고 관계인에게 통지하여야 한다고 규정하고 있으므로 이에 의하면 하천의 종적인 구역인 하천의 구간은 조선 총독의 명칭 및 구간지정에 따라 결정되나 그 횡적인 구역인 하천구역은 당해 구역에 관하여 위 시행규칙 제21조에 따른 관리청의 고시 및 통지에 의한 하천구역인정행위가 없는 이상 하천구역으로 되었다고는 할 수 없다 할 것이다. 같은 견해에서 원심이 이 사건 토지는 원고가 국가로부터 귀속재산으로 불하를 받을 당시까지도 관리청으로부터의 하천구역인정행위인 위 고시 및 통지가 없었다고 확정하고 나서 이 사건 토지가 구 조선하천령에 따라 이미 한강의 하천구역으로 편입되었다는 피고의 주장을 배척한 조처는 정당하고, 거기에 구 조선하천령의 하천구역인정행위에 관한 법리를 오해한 위법이 없다.

「하천법」(1971.1.19. 법률 제2292호로 개정된 것) 제2조 제1항 제2호에 의하면, 하천구역이란 다음 각 목에 게기하는 구역을 말한다 하고, 그 다목에서 제방(하천관리청이나 그 허가 또는 위임을 받은 자가 설치한 것에 한한다)이 있는 곳에 있어서는 그 제외지(제방으로부터 하심측의 토지를 말한다) 하천구역이라고 규정하고 있으며, 같은 법 제3조에 의하면, 하천은 이를 국유로 한다고 규정하고 있으므로 위 각 규정의 취지에 따르면, 제외지는 하천구역에 속하는 토지로서 법률의 규정에 따라 당연히 그 소유권이 국가에 귀속되는 것이라고 새겨야 할 것이고, 한편 같은 법에서는 그 시행으로 인하여 국유화가 된 당해 제외지의 소유자에 대하여 그 손실을 보상한다는 직접적인 보상규정을 둔 바가 없었으나 같은 법 제74조의 손실보상 요건에 관한 규정은 보상 사유를 제한적으로 열거한 것이라기보다는 예시적으로 열거한 것이어서 국유로 된 제외지의 소유자에 대하여는 위 법조를 유추 적용하여 관리청은 그 손실을 보상하여야 하는 것으로 새겨지는데 1984.12.31. 법률 제3782호로서 신설된 같은 법 조 제1항은 1971.1.19. 공포된 법률 제2292호의 시행으로 제외지 안에 있던 토지가 국유화된 경우에는 관리청이 그 손실을 보상하여야 한다고 규정하여 이를 분명히 하고 있다. 이 사건에서 원심이 이 사건 토지는 현재의 제1 한강교의 중지도와 중지도 북쪽 인도교 서쪽에서부터 시작하여 동북쪽으로 길게 뻗어 현재의 한강맨션 아파트 앞 강변로 제방에 닿아 있었던 상당한 크기의 섬에 있는 토지로서 1922.12.경 구용산 방수제공사와 1925.9.경 신용산 방수제공사가 각 준공됨에 따라 그때부터 벌써 제외지가 되었으며, 원고가 1953.11.11. 나라로부터 귀속재산이던 위 토지를 불하받아 1962.3.6. 그 대금을 완납하고 같은 해 9.24. 그 소유권이전등기를 경료한 이래 위 하천법 시행 당시까지 제외지로 있었던 사실을 적법히 확정하고 나서, 위와 같은 견해에서 이 사건 토지는 위 하천법의 시행으로 비로소 같은 법 제2조 제1항 제2호 다목 소정의 제외지에 해당하는 당연 하천구역으로서 같은 법 제3조에 의하여 국유로 됨으로써 원고는 이 사건 토지의 소유권을 상실하게 되었으므로 하천법 제74조 제1항에 의하여 그 손실을 보상받을 수 있다고 판단하였음은 정당하고, 거기에 소론과 같은 법리오해의 위법사유가 없다.

「하천법」 제11조에 의하면, 하천은 건설부 장관이 관리한다. 다만 대통령령이 지정하는 하천은 관할 도지사가 이를 관리한다고 규정하고 있고, 이에 근거를 둔 같은 법 시행령 제9조의 2에 의하면 강원도 정선군 북면 오대천 합류점을 기점으로 하여 충청북도 단양군 가곡면 사평리 하일천 합류점을 종점으로 하는 한강의 구간만을 관할 도지사의 관리 구역으로 규정하고 있는바, 위 하천법 시행으로 인하여 한강의 하천구역으로 편입된 이 사건 토지의 위치가 위에서 본 바와 같다면 그 구간은 위 같은 법 제11조에 의하여 건설부 장관이 관리청임이 분명하다 할 것이고 따라서 그로 인한 손실도 건설부 장관이 보상하여야 할 것이다. 원심판결 이유에서 원심이 이 사건 토지는 조선총독부가 국비를 들여 경성출장소에 위 하천법이 시행되기 전에 구용산 방수제가 신용산 방수제를 축조함으로써 한강의 제외지가 되었으므로 이 사건 토지의 보상관리청은 한강의 관리청인 건설부 장관이라고 한 설시는 다소 미흡하나 위와 같은 취지로 못 볼 바가 아니다. 원심판결에는 소론과 같은 법리오해의 위법이 없다. 위 경성출장소의 제방 공사로 이 사건 토지가 제외지가 되었으므로 이에 대응하는 서울특별시장이 보상관리청이라는 논지는 이 사건 토지가 위 제방 공사로 국유화가 되었음을 전제로 한 독자적인 견해에 불과하여 받아들일 것이 못 된다.

♣ 대법원 1972. 11. 28. 선고 72다1597 판결 [손해배상]

이건 토지는 지목상은 도로였으나 실제에서는 피고시가 이건 토지 일대에 대하여 구획정리 사업을 시작할 무렵까지 원고가 농경에 사용하여 왔는데 피고시는 이건 토지가 지목상 도로라 하여 이건 토지에 대하여 환지를 지정하지 아니하고 이를 다른 사람의 환지로 지정하여 원고가 환지를 받지 못하게 한 사실을 확정한 후 피고시의 위 토지구획정리사업으로 말미암아 원고에게 이건 토지에 대한 환지를 교부하지 않고 그 소유권을 상실케한 데 대한 이 건의 경우에 손실보상을 하여야 한다는 규정이 토지구획 정리사업법에 없다 할지라도 이는 법리상 그 손실을 보상하여야 할 것이 뚜렷한 이상 그 손실보상을 배제할 근거로 삼을 수는 없다

♠ **대법원 1993. 10. 26. 선고 93다6409 판결 [주주확인 등]**

원고(고려화재해상보험주식회사)는 소외 주식회사 문화방송이 발행한 주식 150,000주를 소유하고 있었는데 원고의 대표이사이던 소외 이윤복이 1980.6. 말경 당시 선포된 비상계엄에 따라 언론에 관한 업무를 담당하고 있던 피고 대한민국 산하 국군 보안사령부의 정보처장이었던 소외 권정달로부터 원고 소유의 위 주식 모두를 언론 통폐합 조치의 수행을 위하여 피고 대한민국에 증여할 것을 요구받고 처음에는 이를 거부하였으나 국군 보안사령부의 계속된 요구를 받고 만약 위 주식의 증여를 거부하면 위 이윤복이나 그러한 거부 결정에 참여한 사람들의 신변 또는 원고 회사 등에 다른 손해가 끼쳐질지 모르겠다는 염려를 하게 되어 결국 같은 해 12.8. 이 사건 주식을 피고 대한민국에 교부하여 증여하게 되었고, 피고 대한민국은 이를 국유재산법 소정의 기부채납의 형식으로 증여받은 다음 1981.12.7. 이를 소외 한국방송공사에 양도하였으며 한국방송공사는 1988.12.31. 이를 피고 방송문화진흥회에 양도하였다.

수용이란 공권력의 행사에 의한 행정처분의 일종인데, 비록 증여계약의 체결과정에서 국가공무원의 강박행위가 있었다 하더라도 그것만으로 증여계약의 체결이나 그에 따른 주식의 취득이 국가의 공권력 행사에 의한 행정처분에 해당한다고 볼 수는 없고 어떤 법률관계가 불평등한 것이어서 민법의 규정이 배제되는 공법적 법률관계라고 하기 위해서는 그 불평등이 법률에 근거한 것이라야 할 것이고, 당사자 간의 불평등이 공무원의 위법한 강박행위에 기인한 것일 때에는 이러한 불평등은 사실상의 문제에 불과하여 이러한 점만을 이유로 당사자 사이의 관계가 민법의 규정이 배제되는 공법적 법률관계라고 할 수는 없다. 민법 제104조가 규정하는 현저히 공정을 잃은 법률행위란 자기의 급부에 비하여 현저하게 균형을 잃은 반대급부를 하게 하여 부당한 재산적 이익을 얻는 행위를 의미하는 것이므로 증여계약과 같이 아무런 대가 관계없이 당사자 일방이 상대방에게 일방적인 급부를 하는 법률행위는 그 공정성 여부를 논의할 수 있는 성질의 법률행위가 아니다. 수용 유사적 침해의 이론은 국가 기타 공권력의 주체가 위법하게 공권력을 행사하여 국민의 재산권을 침해하였고 그 효과가 실제에 있어서 수용과 다름없을 때는 적법한 수용이 있는 것과 마찬가지로 국민이 그로 인한 손실의 보상을 청구할 수 있다는 것인데, 1980.6. 말경의 비상계엄 당시 국군 보안사령부 정보처장이 언론 통폐합 조치의 일환으로 사인 소유의 방송사 주식을 강압적으로 국가에 증여하게 한 것이 위 수용 유사행위에 해당하지 않는다.

5) ♠ **헌재 1998. 12. 24. 89헌마214, 90헌바16, 97헌바78(병합) [도시계획법 제21조에 대한 위헌소원]**

개발제한구역의 지정으로 인한 개발 가능성의 소멸과 그에 따른 지가의 하락이나 지가상승률의 상대적 감소는 토지소유자가 감수해야 하는 사회적 제약의 범주에 속하는 것으로 보아야 한다. 자신의 토지를 장래에 건축이나 개발목적으로 사용할 수 있으리라는 기대가능성이나 신뢰 및 이에 따른 지가상승의 기회는 원칙적으로 재산권의 보호 범위에 속하지 않는다. 구역지정 당시의 상태대로 토지를 사용·수익·처분할 수 있는 이상, 구역지정에 따른 단순한 토지이용의 제한은 원칙적으로 재산권에 내재하는 사회적 제약의 범주를 넘지 않는다. 도시계획법 제21조에 의한 재산권의 제한은 개발제한구역으로 지정된 토지를 원칙적으로 지정 당시의 지목과 토지 현황에 의한 이용방법에 따라 사용할 수 있는 한, 재산권에 내재하는 사회적 제약을 비례의 원칙에 합치하게 합헌적으로 구체화한 것이라고 할 것이나, 종래의 지목과 토지 현황에 의한 이용방법에 따른 토지의 사용도 할 수 없거나 실질적으로 사용·수익을 전혀 할 수 없는 예외적인 경우에도 아무런 보상 없이 이를 감수하도록 하는 한, 비례의 원칙에 위반되어 당해 토지소유자의 재산권을 과도하게 침해하는 것으로서 헌법에 위반된다.

도시계획법 제21조에 규정된 개발제한구역 제도 그 자체는 원칙적으로 합헌적인 규정인데, 다만 개발제한구역의 지정으로 말미암아 일부 토지소유자에게 사회적 제약의 범위를 넘는 가혹한 부담이 발생하는 예외적인 경우에 관하여 보상규정을 두지 않은 것에 위헌성이 있는 것이고, 보상의 구체적 기준과 방법은 헌법재판소가 결정할 성질의 것이 아니라 광범위한 입법형성권을 가진 입법자가 입법 정책적으로 정할 사항이므로, 입법자가 보상 입법을 마련함으로써 위헌적인 상태를 제거할 때까지 위 조항을 형식적으로 존속하게 하려고 헌법불합치 결정을 하는 것인바, 입법자는 되도록 이른 시일 내에 보상 입법을 하여 위헌적 상태를 제거할 의무가 있고, 행정청은 보상 입법이 마련되기 전에는 새로 개발제한구역을 지정하여서는 아니 되며, 토지소유자는 보상 입법을 기다려 그에 따른 권리행사를 할 수 있을 뿐 개발제한구역의 지정이나 그에 따른 토지 재산권의 제한 그 자체의 효력을 다투거나 위 조항에 위반하여 행한 자신들의 행위의 정당성을 주장할 수는 없다.

입법자가 도시계획법 제21조를 통하여 국민의 재산권을 비례의 원칙에 부합하게 합헌적으로 제한하기 위해서는, 수인의 한계를 넘어 가혹한 부담이 발생하는 예외적인 경우에는 이를 완화하는 보상규정을 두어야 한다. 이러한 보상규정은 입법자가 헌법 제23조 제1항 및 제2항에 의하여 재산권의 내용을 구체적으로 형성하고 공공의 이익을 위하여 재산권을 제한하는 과정에서 이를 합헌적으로 규율하기 위하여 두어야 하는 규정이다. 재산권의 침해와 공익 간의 비례성을 다시 회복하려는 방법은 헌법상 반드시 금전보상만을 해야 하는 것은 아니다. 입법자는 지정의 해제 또는 토지매수청구권제도와 같이 금전보상에 갈음하거나 기타 손실을 완화할 수 있는 제도를 보완하는 등 여러 가지 다른 방법을 사용할 수 있다.

6) ♣ **대법원 1996. 7. 26. 선고 94누13848 판결 [손실보상금 지급거부처분 취소]**
내수면어업개발촉진법 제16조에 의하여 준용되는 수산업법 제81조 제1항 제1호는 같은 법 제34조 제1항 제1호 또는 제5호의 소정의 공익상 필요에 의한 사유로 인하여 면허어업을 제한하는 등의 처분을 받았거나 어업면허 유효기간의 연장이 허가되지 아니함으로써 손실을 본 자는 행정관청에 대하여 보상을 청구할 수 있다고 규정하고 있는바, 이러한 어업면허에 대한 처분 등이 행정처분에 해당한다 하여도 이로 인한 손실은 사법상의 권리인 어업권에 대한 손실을 본질적 내용으로 하는 것으로서 그 보상청구권은 공법상의 권리가 아니라 사법상의 권리이고, 따라서 같은 법 제81조 제1항 제1호 소정의 요건에 해당한다고 하여 보상을 청구하려는 자는 행정관청이 그 보상청구를 거부하거나 보상금액을 결정한 경우라도 이에 대한 행정소송을 제기할 것이 아니라 면허어업에 대한 처분을 한 행정관청(또는 그 처분을 요청한 행정관청)이 속한 권리주체인 지방자치단체 또는 국가를 상대로 민사소송으로 직접 손실보상금 지급청구를 하여야 한다. 수산업법 제81조 제4항의 위임에 따른 같은 법 시행령 제61조, 제63조에서 보상금 청구절차, 보상금 지급 결정 및 통지 등을 규정하고 있더라도 그 규정의 취지는 행정관청이 같은 법 제81조 제1항에 따라 부담하게 된 손실보상금 지급의무의 이행을 위하여 내부적 사무처리절차를 규정한 것에 불과하고 손실보상금 청구소송의 제기를 위한 필요적 전치절차를 규정한 것으로 볼 수 없다. 원심이 같은 취지에서 행정소송으로 손실보상청구서 반려처분의 취소를 구하는 원고의 이 사건 청구를 각하한 것은 정당하다.

♣ **대법원 1998. 2. 27. 선고 97다46450 판결 [어업손실보상금 등]**
수산업법(1995. 12. 30. 법률 제5131호로 개정되기 전의 것) 제81조 제1항 제1호는 법

제34조 제1호 또는 제5호와 제35조 제8호(제34조 제1항 제1호 또는 제5호에 해당하는 경우에 한한다)의 규정에 해당하는 사유로 인하여 허가어업을 제한하는 등의 처분을 받았거나 어업면허 유효기간의 연장이 허가되지 아니함으로써 손실을 본 자는 행정관청에 대하여 보상을 청구할 수 있다고 규정하고 있는바, 이러한 <u>어업면허에 대한 처분 등이 행정처분에 해당한다 하여도 이로 인한 손실은 사법상의 권리인 어업권에 대한 손실을 본질적 내용으로 하는 것으로서 그 보상청구권은 공법상의 권리가 아니라 사법상의 권리이고, 따라서 같은 법 제81조 제1항 제1호 소정의 요건에 해당한다고 하여 보상을 청구하려는 자는 행정관청이 그 보상청구를 거부하거나 보상금액을 결정한 경우라도 이에 대한 행정소송을 제기할 것이 아니라 면허어업에 대한 처분을 한 행정관청(또는 그 처분을 요청한 행정관청)이 속한 권리주체인 지방자치단체(또는 국가)를 상대로 민사소송으로 직접 손실보상금 지급청구를 하여야 하고,</u> 이러한 법리는 농어촌진흥공사가 농업을 목적으로 하는 매립 또는 간척사업을 시행함으로 인하여 같은 법 제41조의 규정에 의한 어업의 허가를 받은 자가 더 이상 허가어업에 종사하지 못하여 입게 된 손실보상 청구에도 같이 보아야 한다.

♣ **대법원 2000. 5. 26. 선고 99다37382 판결 [손해배상(기)]**
수산업법 제81조 제1항 제1호는 같은 법 제34조 제1항 제1호 또는 제5호와 제35조 제8호(제34조 제1항 제1호 또는 제5호에 해당하는 경우에 한한다.)의 규정에 해당하는 사유로 인하여 면허·허가 또는 신고한 어업에 대한 처분을 받았거나 당해 사유로 인하여 <u>제14조의 규정에 의한 어업면허의 유효기간 연장이 허가되지 아니함으로써 손실을 본 자는 그 처분을 행한 행정관청에 대하여 보상을 청구할 수 있다고 규정하고 있으므로, 면허·허가 또는 신고한 어업에 대한 위와 같은 처분으로 인하여 손실을 본 자는 처분을 한 행정관청 또는 그 처분을 요청한 행정관청이 속한 권리주체인 지방자치단체 또는 국가를 상대로 민사소송으로 손실보상금 지급청구를 할 수 있고, 이러한 법리는 농어촌진흥공사가 농업을 목적으로 하는 매립 또는 간척사업을 시행함으로 인하여 같은 법 제44조의 규정에 의한 어업의 신고를 한 자가 더 이상 신고한 어업에 종사하지 못하게 되어 손실을 본 경우에도 같이 보아야 한다.</u> 적법하게 어업의 신고를 하고 공유수면매립사업지구 내에서 신고한 어업에 종사하고 있던 어민들에 대하여 손실보상을 할 의무가 있는 사업시행자가 손실보상의무를 이행하지 아니한 채 공유수면매립공사를 시행함으로써 실질적이고 현실적인 침해를 가하였다면 이는 불법행위를 구성하고, 이 경우 어업의 신고를 한 자가 입게 되는 손해는 그 손실보상금 상당액이다. 일정한 공유수면에 관하여 매립면허가 고시된 후에 한 어업의 신고는 공유수면매립사업의 시행과 그로 인한 신고어업의 제한이 이미 객관적으로 확정된 상태에서 그 제한을 전제로 하여 한 것이라고 볼 것이므로 공유수면매립면허가 고시된 후에 어업의 신고를 한 자는 그 이전에 신고를 마친 자와는 달리 그 공유수면매립사업의 시행으로 인하여 특별한 손실을 보게 되었다고 할 수는 없다.

♣ **대법원 2005. 9. 29. 선고 2002다73807 판결 [손해배상(공)]**
수산업법(1990. 8. 1. 법률 제4252호로 개정되기 전의 것, 아래에서도 같다)에 따른 손실보상청구권이나 손실보상 관련 법령의 유추 적용에 의한 손실보상청구권은 사업시행자를 상대로 한 민사소송의 방법에 따라 행사하여야 하나, 구 공유수면법 제16조 제1항에 정한 권리를 가진 자가 위 규정에 따라 취득한 손실보상청구권은 민사소송의 방법으로 행사할 수 없고 위 법 제16조 제2항, 제3항이 정한 바에 따라 협의가 성립되지 아니하거나 협의할 수 없을 경우에 토지수용위원회의 재정을 거쳐 토지수용위원회를 상대로 재정에 대한 행정소송을 제기하는 방법에 따라 행사하여야 한다. 원고는 면허어업을 받은 자로서 구 공유수면법 제16조 제1항의 권리를 가진 자에 해당하므로 원고가 이 사건 공유수면매립사업으로 인하여 취득한 손실보상청구권은 직접 위 법 조항에 근거하여 발생한 것이라 할 것이어서, 위의 법리에 따라 원고는 구 공유수면법 제16조 제2항, 제3항이 정한 재정과 그의 행정소송의 방법에 따라 권리를 주장하여야 하고, 피고에 대한 민사소송의 방법으로는 그 손실보상청구권을 행사할 수 없다(대법원 2001. 6. 29. 선고 99다56468 판결 참조). 한편, 원고는 구 수산업법 제75조의 처분에 따라 손실보상청구권을 취득한 자에 해당하지 아니하고, 앞서 본 바와 같이 직접 구 공유수면법에 근거하여 손실보상청구권이 인정된 이상 손실보상 관련 법령의 유추 적용에 의한 손실보상청구권을 인정할 여지도 없다. 결국, 원고는 피고에 대하여 수산업법이 정한 손실보상을 청구할 수 없다고 하여 손실보상청구를 기각한 원심의 조치는 옳다.

♣ 대법원 2001. 6. 29. 선고 99다56468 판결 [손해배상(기)]
공유수면매립사업으로 인하여 관행 어업권을 상실하게 된 자는 구 공유수면법 제6조 제2호가 정한 입어자로서 같은 법 제16조 제1항의 공유수면에 대하여 권리를 가진 자에 해당하므로 그가 매립사업으로 인하여 취득한 손실보상청구권은 직접 같은 법 조항에 근거하여 발생한 것이라 할 것이어서, 공유수면매립사업법 제16조 제2항, 제3항이 정한 재정과 그의 행정소송의 방법에 따라 권리를 주장하여야 할 것이고 민사소송의 방법으로는 그 손실보상청구권을 행사할 수 없다.

♣ 대법원 2012. 10. 11. 선고 2010다23210 판결 [손실보상금]
공익사업을 위한 토지 등의 취득 및 보상에 관한 법률, 시행령에 따른 사업 폐지 등에 대한 보상청구권은 공익사업의 시행 등 적법한 공권력의 행사에 의한 재산상 특별한 희생에 대하여 전체적인 공평 부담의 견지에서 공익사업의 주체가 손해를 보상하여 주는 손실보상의 일종으로 공법상 권리임이 분명하므로 그에 관한 쟁송은 민사소송이 아닌 행정소송절차에 의하여야 한다. 또한, 위 규정들과 구 공익사업법의 규정 내용·체계 및 입법 취지 등을 종합하여 보면, 공익사업으로 인한 사업 폐지 등으로 손실을 본 자는 공익사업법에 규정된 재결절차를 거친 다음 재결에 대하여 불복이 있는 때에 비로소 구 공익사업법에 따라 권리구제를 받을 수 있다고 보아야 한다. 원고는 도시개발법에 따라 천안시 일대에서 도시개발사업을 추진하다가 위 사업구역과 상당 부분 중첩되는 구역이 이 사건 공익사업인 천안 신월 국민임대주택 단지 예정지구로 지정·고시됨으로써 위 도시개발사업을 폐지할 수밖에 없게 되었고, 그에 따라 원고가 도시개발사업을 추진하기 위하여 지출한 비용에 대한 보상을 공익사업법 시행규칙 제57조에 기하여 이 사건 소로써 구하고 있음을 알 수 있으므로, 앞서 본 바와 같이 이 사건 소는 행정소송에 해당한다. 그런데도 제1심 및 원심이 원고의 이 사건 청구가 민사소송의 대상임을 전제로 하여 민사소송절차에 의하여 심리·판단한 것에는 사업 폐지 등에 대한 보상청구권의 법적 성질 및 그 소송형태에 관한 법리를 오해한 위법이 있다. 한편 이 사건 사업 폐지 등에 대한 보상청구가 재결을 거쳤는지에 관하여는 제1심 및 원심에서 심리된 바가 없으므로 이 사건 소가 재결을 거치지 아니하여 부적법하게 되어 각하될 것이 명백한 경우에 해당한다고 보기는 어려우므로, 이 사건은 관할법원으로 이송함이 타당하다.

♣ 대법원 2003. 4. 25. 선고 2001두1369 판결 [재결신청기각처분 취소 등]
구 하천법 제10조와 같은 법 시행령 제9조 제3항의 규정에 의한 준용하천의 제외지(堤外地)와 같은 하천구역에 편입된 토지의 소유자가 그로 인하여 받게 되는 그 사용 수익권에 관한 제한내용과 헌법상 정당보상의 원칙 등에 비추어 볼 때, 준용하천의 제외지로 편입됨에 따른 같은 법 제74조 제1항의 손실보상은 원칙적으로 공용제한에 따라 토지소유자로서 사용수익이 제한되는 데 따른 손실보상으로서 제외지 편입 당시의 현황에 따른 지료 상당액을 기준으로 함이 상당하다. 토지가 준용하천의 제외지와 같은 하천구역에 편입된 경우, 토지소유자는 구 하천법 제74조가 정하는 바에 따라 하천관리청과 협의를 하고 그 협의가 성립되지 아니하거나 협의를 할 수 없을 때는 관할 토지수용위원회에 재결을 신청하고 그 재결에 불복일 때에는 바로 관할 토지수용위원회를 상대로 재결 자체에 대한 행정소송을 제기하여 그 결과에 따라 손실보상을 받을 수 있을 뿐이고, 같은 법 부칙 제2조 제1항을 준용하여 직접 하천관리청을 상대로 민사소송으로 손실보상을 청구할 수는 없다. 준용하천의 하천구역에 편입된 토지의 소유자가 구 하천법 (1989. 12. 30. 법률 제4161호로 개정되기 전의 것) 부칙 제2조 제1항에 의하여 민사소송으로 손실보상을 청구할 수 없는 이상, 같은 법 부칙 제2조 제2항의 소멸시효 규정 (위 규정은 1989. 12. 30. 법률 제4161호로 개정되면서 소멸시효 기간의 만료 시점이 1990. 12. 30.로 변경되었고, 1999. 12. 28. 법률 제6065호로 제정된 '법률 제3782호 하천법 중 개정법률 부칙 제2조의 규정에 의한 손실보상청구권의 소멸시효가 만료된 하천구역편입토지보상에 관한 특별조치법' 제3조에 의하여 2002. 12. 31.까지로 변경되었다)도 그 적용이 없다고 보아야 한다.

♣ 대법원 2011. 10. 13. 선고 2009다43461 판결 [농업손실보상금]

원고들은 자신들의 농작물 경작지였던 이 사건 각 토지가 이 사건 공익사업인 강변여과수 개발사업을 위하여 수용되었음을 이유로 이 사건 공익사업의 시행자인 피고를 상대로 구 공익사업법 제77조 제2항에 의하여 위 농작물에 대한 농업손실보상을 청구하고 있음을 알 수 있다. 구 공익사업을 위한 토지 등의 취득 및 보상에 관한 법률 제77조 제2항은 "농업의 손실에 대하여는 농지의 단위면적당 소득 등을 참작하여 보상하여야 한다."라고 규정하고, 같은 조 제4항은 "제1항 내지 제3항의 규정에 의한 보상액의 구체적인 산정 및 평가방법과 보상기준은 건설교통부령으로 정한다."라고 규정하고 있으며, 이에 따라 구 공익사업을 위한 토지 등의 취득 및 보상에 관한 법률 시행규칙은 농업의 손실에 대한 보상(제48조), 축산업의 손실에 대한 평가(제49조), 잠업의 손실에 대한 평가(제50조)에 관하여 규정하고 있다. 위 규정들에 따른 농업손실보상청구권은 공익사업의 시행 등 적법한 공권력의 행사에 의한 재산상의 특별한 희생에 대하여 전체적인 공평 부담의 견지에서 공익사업의 주체가 그 손해를 보상하여 주는 손실보상의 일종으로 공법상의 권리임이 분명하므로 그에 관한 쟁송은 민사소송이 아닌 행정소송절차에 의하여야 할 것이고, 위 규정들과 구 공익사업법 제26조, 제28조, 제30조, 제34조, 제50조, 제61조, 제83조 또는 제85조의 규정 내용 및 입법 취지 등을 종합하여 보면, 공익사업으로 인하여 농업의 손실을 보게 된 자가 사업시행자로부터 구 공익사업법 제77조 제2항에 따라 농업손실에 대한 보상을 받기 위해서는 구 공익사업법 제34조, 제50조 등에 규정된 재결절차를 거친 다음 그 재결에 대하여 불복이 있는 때에 비로소 구 공익사업법 제83조 또는 제85조에 따라 권리구제를 받을 수 있다고 봄이 타당하다. 그렇다면 원심으로서는 위 법리에 따라 이 사건 농업손실보상금 청구가 구 공익사업법 제34조, 제50조 등에 규정된 재결절차를 거쳐 구 공익사업법 제83조 또는 제85조에 따른 당사자소송에 의한 것인지를 심리했어야 함에도, 이를 간과하여 원고들이 재결절차를 거쳤는지를 전혀 심리하지 아니한 채 이 사건 농업손실보상금 청구를 민사소송절차에 의하여 처리하고 말았으니, 이러한 원심판결에는 농업손실보상금 청구의 소송형태에 관한 법리를 오해한 나머지 필요한 심리를 다하지 아니함으로써 판결에 영향을 미친 위법이 있다.

7) ♠ 헌재 2014. 10. 30. 2011헌바129·172(병합) [지역균형개발 및 지방중소기업 육성에 관한 법률 제18조 제1항 등 위헌소원]
[다수의견]
헌법 제23조 제3항에서 규정하고 있는 '공공필요'는 "국민의 재산권을 그 의사에 반하여 강제적으로라도 취득해야 할 공익적 필요성"으로서, '공공필요'의 개념은 '공익성'과 '필요성'이라는 요소로 구성되어 있는바, '공익성'의 정도를 판단함에서는 공용수용을 허용하고 있는 개별법의 입법목적, 사업내용, 사업이 입법목적에 이바지하는 정도는 물론, 특히 그 사업이 대중을 상대로 하는 영업인 경우에는 그 사업 시설에 대한 대중의 이용·접근 가능성도 아울러 고려하여야 한다. 그리고 '필요성'이 인정되기 위해서는 공용수용을 통하여 달성하려는 공익과 그로 인하여 재산권을 침해당하는 사인의 이익 사이의 형량에서 사인의 재산권 침해를 정당화할 정도의 공익의 우월성이 인정되어야 하며, 사업시행자가 사인인 경우에는 그 사업시행으로 획득할 수 있는 공익이 현저히 해태되지 않도록 보장하는 제도적 규율도 갖추어져 있어야 한다. 그런데 이 사건에서 문제 된 지구개발사업의 하나인 '관광휴양지 조성사업' 중에는 고급골프장, 고급리조트 등의 사업과 같이 입법목적에 대한 기여도가 낮을 뿐만 아니라, 대중의 이용·접근 가능성이 작아 공익성이 낮은 사업도 있다. 또한, 고급골프장 등 사업은 그 특성상 사업 운영 과정에서 발생하는 지방세수 확보와 지역경제 활성화는 부수적인 공익일 뿐이고, 이 정도의 공익이 그 사업으로 인하여 강제수용 당하는 주민들의 기본권침해를 정당화할 정도로 우월하다고 볼 수는 없다. 따라서 이 사건 법률조항은 <u>공익적 필요성이 인정되기 어려운 민간개발자의 지구개발사업을 위해서까지 공공수용이 허용될 가능성을 열어두고 있어 헌법 제23조 제3항에 위반된다.</u>

헌법재판소가 이 사건 법률조항에 관하여 위헌결정을 선고하면, 공공 필요성이 있는 지구개발사업 시행을 위한 민간개발자의 공공수용까지 허용되지 않는 결과가 되어 입법목적을 달성하기 어려운 법적 공백과 혼란이 예상되므로, 헌법불합치 결정을 하되 이 사건 법률조항은 입법자가 개정할 때까지 계속 적용하기로 한다.

[반대의견]
헌법재판소는 이미 여러 차례 민간사업자에게 수용권을 주는 조항 자체는 합헌이라고 결정하였고, 민간개발자에게 관광단지 조성을 위하여 토지수용권을 부여한 관광진흥법 조항을 합헌으로 결정하면서 공공의 필요성을 인정하였다(헌재 2013. 2. 28. 2011헌바250). 관광단지 조성사업에 대해서 공공의 필요성을 인정할 수 있는 이상, 이미 지역균형개발법상 개발촉진지구개발계획에 포함됨으로써 공익성이 있다고 평가받은 지구개발사업으로서의 관광휴양지 사업에 대해서도 마땅히 공공의 필요성을 인정할 수 있다. 이 사건 법률조항은 공익목적을 위해 개발사업을 시행하면서 민간기업이 사업시행에 필요한 경우 토지를 수용할 수 있도록 규정할 필요가 있는 점, 수용에 요구되는 공공의 필요성 등에 대한 최종적인 판단 권한이 국가와 같은 공적 기관에 유보되어있는 점, 공익성이 해태되지 않도록 보장하려는 제도적 장치를 갖추고 있는 점에서 헌법 제23조 제3항이 요구하는 '공공의 필요성'을 갖추고 있다.

♠ 헌재 2009. 11. 26. 2008헌바133 [주택법 제18조의 2 위헌소원]
이 사건 법률조항이 <u>민간사업자에게 주택건설사업에 필요한 토지를 매수할 수 있게 한 것은 지구단위계획에 따라 승인받은 주택건설사업을 가능하게 하는 공공복리를 달성하기 위한 것으로서 입법목적의 정당성이 인정되고, 공용수용의 효과를 부여하는 데 필요</u>

한 공공 필요성의 요건도 갖추었다고 할 것이다. 또한, 20호 이상의 주택을 건축하는 데 필요한 일단의 연접 토지를 확보할 수 있게 하기 위해서는 그 사업부지 내의 토지를 취득할 수 있는 수단을 허용하지 않을 수 없다고 할 것이므로 위 목적을 달성하기 위하여 민간주택건설사업자에게 시가로 매도 청구할 수 있는 권리를 부여하는 것은 적절한 수단이라고 할 수 있다. 이 사건 법률조항은 매도청구권의 요건을 엄격하게 제한함으로써 통상의 공용수용보다 완화된 소유권 박탈제도라고 볼 수 있고, 그 매도청구권 행사와 관련해서 상대방의 이익도 충분히 보장하고 매도청구권의 행사로 인한 기본권침해를 최소화하고 있으므로, 기본권침해의 최소성 원칙에 위반된다고 보기 어렵고, 매도청구권을 행사할 때에는 시가에 따른 대금을 지급하도록 하여 정당한 보상을 보장하고 있으므로, 매도청구의 대상 토지에 대한 재산권을 본질에서 침해한다고 보기 어렵다. 나아가 토지는 다른 재산권과 달리 공동체의 이익이 더욱더 강하게 존중될 것이 요구되는 점, 지구단위계획에 따라 20호 이상의 주택을 건설하는 사업은 민간사업자가 시행하는 경우에도 공공성이 강하다고 할 것이고 20호 이상의 주택을 건축하기 위해서는 일단의 연접 토지가 반드시 필요한 점 등에 비추어 보면, 지구단위계획에 따른 주택건설이라는 공익사업을 원활하게 추진하게 하려는 공익이 이 사건 법률조항으로 제한을 받게 되는 사익을 능가한다고 할 수 있으므로 법익의 균형성도 갖추었다고 할 것인바, 이 사건 법률조항은 기본권의 본질적인 내용까지 침해했다거나 과잉금지원칙에 반하지 않는다. 이 사건 법률조항에 따른 매도청구권이 행사되면 공용수용과 마찬가지의 효과가 생기지만, 도시개발법 제22조 제1항, 기업도시개발 특별법 제14조 제1항, 제3항, '도시 및 주거환경정비법' 제28조 제5항, '지역균형개발 및 지방중소기업육성에 관한 법률' 제19조 제1항, '물류시설의 개발 및 운영에 관한 법률' 제10조 제1항, '사회간접자본시설에 대한 민간투자법' 제20조, '산업입지 및 개발에 관한 법률' 제22조 제1항 등도 일정한 요건 아래에 민간기업의 사업에 필요한 토지를 수용할 수 있도록 허용하고 있다.

[반대의견]
이 사건 법률조항의 매도청구권은 소유자의 의사에 반해 강제적으로 소유권을 박탈한다는 점에서 본질적으로 헌법 제23조 제3항에서 정한 공용수용의 일종이라 할 것이다. 그런데 국가가 수용의 주체가 되어 그 수용의 이익을 공동체 전체의 것으로 확산시키는 역할을 자임하는 경우와 비교하여 볼 때, 민간기업이 수용의 주체가 되는 경우에 그와 같은 수용이 정당화되기 위해서는 당해 수용의 공공 필요성을 보장하고 수용을 통한 이익을 공공적으로 귀속시킬 수 있는 더욱 심화된 입법적 조치가 수반되어야만 한다. 한편 당초에 지역 단위 계획구역 결정 고시일 3년 이전에 당해 대지의 소유권을 취득하여 계속 보유하고 있는 자에 대해서 매도청구권을 행사하지 못하도록 하다가 이 사건 법률조항으로 개정되면서 그 기간이 10년으로 연장되었는바, 이러한 기간 연장은 이른바 알박기라 불리는 투기세력과 관계없는 사람들에게도 매도청구권의 행사를 필요 이상으로 인정할 우려가 크다. 따라서 이는 헌법상 과잉금지원칙의 정신에 부합하지 않는다고 해야 한다. 결국, 이 사건 법률조항은 손쉽게 사인에게 토지수용권을 주면서도 앞서 본 필요한 보완 규정을 두지 아니함으로써 우리 헌법상 재산권을 침해하여 헌법에 위반된다.

8) ♣ 대법원 2001. 9. 25. 선고 2000두2426 판결 [토지수용이의재결처분 취소]
토지수용법, 공공용지의 취득 및 손실보상에 관한 특례법, 같은 법 시행령, 시행규칙의 각 규정을 종합하면, 수용대상 토지 지상에 건물이 건립되어있는 경우 그 건물에 대한 보상은 취득가액을 초과하지 아니하는 한도 내에서 건물의 구조·이용 상태·면적·내구연한·유용성·이전 가능성 및 난이도 등의 여러 요인을 종합적으로 고려하여 원가법으로 산정한 이전비용으로 보상하고, 건물 일부가 공공사업지구에 편입되어 그 건물의 잔여 부분을 종래의 목적대로 사용할 수 없거나 사용이 현저히 곤란한 경우에는 그 잔여 부분에 대하여는 위와 같이 평가하여 보상하되, 그 건물의 잔여 부분을 보수하여 사용할 수 있는 경우에는 보수비로 평가하여 보상하도록 하고 있을 뿐, 보수하여도 제거 또는 보전될 수 없는 잔여 건물의 가치하락이 있을 경우 이에 대하여 어떻게 보상하여야 할 것인지에 관하여는 명문의 규정을 두고 있지 아니하나, 한 동의 건물은 각 부분이 서로 기능을 달리하면서 유기적으로 관련을 맺고 전체적으로 그 효용을 발휘하는 것이므로, <u>건물 일부가 수용되면 토지 일부가 수용되는 경우와 마찬가지로 또는 그 이상으로 건물의 효용을 일부 잃게 되는 것이 일반적이고, 수용에 따른 손실보상액 산정의 경우 헌법 제23조 제3항에 따른 정당한 보상이란 원칙적으로 피수용재산의 객관적인 재산 가치를 완전하게 보상하여야 한다는 완전보상을 뜻하는 것인데,</u> 건물 일부만이 수용되고 그 건물의 잔여 부분을 보수하여 사용할 수 있는 경우 그 건물 전체의 가격에서 편입비율만큼의 비율로 손실보상액을 산정하여 보상하는 한편, 보수비를 손실보상액으로 평가하여 보상하는 데 그친다면 보수에 의하여 보전될 수 없는 잔여 건물의 가치하락분에 대하여는 보상을 하지 않는 셈이어서 불완전한 보상이 되는 점 등에 비추어 볼 때, 잔여 건물에 대하여 보수만으로 보전될 수 없는 가치하락이 있는 경우에는, 동일한 토지소유자의 소유에 속하는 일단의 토지 일부가 공공사업용지로 편입됨으로써 잔여지의 가격이 하락한 경우에는 공공사업용지로 편입되는 토지의 가격으로 환산한 잔여지의 가격에서 가격이 하락한 잔여지의 평가액을 차감한 잔액을 손실액으로 평가하게 되어 있는 공공용지의 취득 및 손실보상에 관한 특례법 시행규칙 제26조 제2항을 유추 적용하여 잔여 건물의 가치하락분에 대한 감가보상을 인정함이 상당하다.

9) ♣ **대법원 2011. 6. 23. 선고 2007다63089, 63096 전원합의체 판결 [채무부존재확인·채무부존재확인]**

1. [다수의견] 공익사업을 위한 토지 등의 취득 및 보상에 관한 법률은 사업시행자의 이주대책 수립·실시의무를 정하고 있고, 시행령은 "이주대책은 건설교통부령이 정하는 부득이한 사유가 있는 경우를 제외하고는 이주대책대상자 중 이주를 희망하는 자가 10호 이상인 경우에 수립·실시한다. 다만 사업시행자가 택지개발 촉진법 또는 주택법 등 관계 법령에 따라 이주대책대상자에게 택지 또는 주택을 공급한 경우(사업시행자의 알선에 의하여 공급한 경우를 포함한다)에는 이주대책을 수립·실시한 것으로 본다."라고 규정하고 있으며, 한편 공익사업법은 "이주대책의 내용에는 이주정착지에 대한 도로·급수시설·배수시설 그 밖의 공공시설 등 당해 지역 조건에 따른 생활 기본시설이 포함되어야 하며, 이에 필요한 비용은 사업시행자의 부담으로 한다."라고 규정하고 있다. 위 각 규정을 종합하면 사업시행자가 공익사업법 시행령에 따라 택지개발 촉진법 또는 주택법 등 관계 법령에 따라 이주대책대상자들에게 택지 또는 주택을 공급하는 것도 공익사업법의 위임에 근거하여 사업시행자가 선택할 수 있는 이주대책의 한 방법이므로, 특별공급의 경우에도 이주정착지를 제공하는 경우와 마찬가지로 사업시행자의 부담으로 정해진 생활 기본시설을 설치하여 이주대책대상자들에게 제공하여야 한다고 보아야 하고, 이주대책대상자들이 특별공급을 통해 취득하는 택지나 주택의 시가가 공급가액을 상회하여 그들에게 시세차익을 얻을 기회나 가능성이 주어진다고 하여 달리 볼 것은 아니다.

[3인 별개 의견] 사업시행자가 공익사업법 시행령에 따라 이주대책대상자에게 택지 또는 주택을 특별공급한 경우에는 그로써 이주대책을 수립·실시한 것으로 보아 별도의 이주대책을 수립·실시하지 않아도 되므로, 사업시행자는 특별공급한 택지 또는 주택에 대하여는 그것이 이주정착지임을 전제로 생활 기본시설을 설치해 줄 의무가 없다고 보아야 한다.

2. 구 공익사업을 위한 토지 등의 취득 및 보상에 관한 법은 공익사업에 필요한 토지 등을 협의 또는 수용에 의하여 취득하거나 사용함에 따른 손실보상에 관한 사항을 규정함으로써 공익사업의 효율적인 수행을 통하여 공공복리의 증진과 재산권의 적정한 보호를 도모함을 목적으로 하고 있고, <u>위 법에 따른 이주대책은 공익사업의 시행에 필요한 토지 등을 제공함으로 인하여 생활의 근거를 상실하게 되는 이주대책대상자들에게 종전 생활상태를 원상으로 회복시키면서 동시에 인간다운 생활을 보장하여 주기 위하여 마련된 제도이므로, 사업시행자의 이주대책 수립·실시의무를 정하고 있는 구 공익사업법 제78조 제1항은 물론 이주대책의 내용에 관하여 규정하고 있는 같은 조 제4항 본문 역시 당사자의 합의 또는 사업시행자의 재량에 의하여 적용을 배제할 수 없는 강행법규이다.</u>

3. [다수의견] 공익사업법의 취지는 <u>이주대책대상자들에게 생활 근거를 마련해 주고자 하는 데 목적이 있으므로, 위 규정의 '도로·급수시설·배수시설 그 밖의 공공시설 등 당해 지역 조건에 따른 생활 기본시설'은 주택법 제23조 등 관계 법령에 따라 주택건설사업이나 대지 조성사업을 시행하는 사업 주체가 설치하게 되어 있는 도로와 상하수도시설, 전기시설·통신시설·가스시설 또는 지역 난방시설 등 간선시설을 의미한다고 보아야 한다. 따라서 만일 이주대책대상자들과 사업시행자 또는 그의 알선에 의한 공급자에 의하여 체결된 택지 또는 주택에 관한 특별공급계약에서 구 공익사업법 제78조 제4항에 규정된 생활 기본시설 설치비용을 분양대금에 포함함으로써 이주대책대상자들이 생활 기본시설 설치비용까지 사업시행자 등에게 지급하게 되었다면, 사업시행자가 직접 택지 또는 주택을 특별공급한 경우에는 특별공급계약 중 분양대금에 생활 기본시설 설치비용을 포함한 부분이 강행법규인 위 조항에 위배되어 무효이고,</u> 사업시행자의 알선에 의하여 다른 공급자가 택지 또는 주택을 공급한 경우에는 사업시행자가 위 규정에 따라 부담하여야 할 생활 기본시설 설치비용에 해당하는 금액의 지출을 면하게 되어, 결국 사업시행자는 법률상 원인 없이 생활 기본시설 설치비용 상당의 이익을 얻고 그로 인하여 이주대책대상자들이 같은 금액 상당의 손해를 입게 된 것이므로, 사업시행자는 그 금액을 부당이득으로 이주대책대상자들에게 반환할 의무가 있다. 다만 구 공익사업을 위한 토지 등의 취득 및 보상에 관한 법률 제78조 제4항에 따라 사업시행자의 부담으로 이주대책대상자들에게 제공하여야 하는 것은 위 조항에서 정한 생활 기본시설에 국한된다.

[1인 별개 의견] 공익사업법의 '생활 기본시설'이 그 항목에서는 다수의견처럼 주택법 제23조에서 규정하는 '간선시설'을 의미하는 것으로 볼 수밖에 없다고 하더라도, 그 범위에서는 이주대책대상자에게 주택단지 밖의 기간이 되는 시설로부터 주택단지의 경계선까지뿐만 아니라 경계선으로부터 이주대책대상자에게 공급되는 주택까지에 해당하는 부분의 설치비용까지를 포함하는 것으로 보아 비용을 이주대책대상자에게 부담시킬 수 없으며, 주택의 분양가에 포함된 이윤 역시 이주대책대상자에게 부담시킬 수 없다고 보는 것이 공익사업법 제78조 제4항의 취지에 부합하는 해석이다. 결국, 이주대책대상자에게는 분양받을 택지의 소지 가격, 위에서 본 바와 같은 의미의 생활 기본시설 설치비용을 제외한 택지조성비 및 주택의 건축원가만을 부담시킬 수 있는 것으로 보아야 한다.

10) ♣ **대법원 2004. 9. 23. 선고 2004다25581 판결 [손해배상(기)]**
행정주체의 행정행위를 신뢰하여 그에 따라 재산출연이나 비용지출 등의 행위를 한 자가 그 후에 공공필요에 의하여 수립된 적법한 행정계획으로 인하여 재산권 행사가 제한되고 이로 인한 공공사업의 시행 결과 공공사업시행지구 밖에서 발생한 간접손실에 관하여 그 피해자와 사업시행자 사이에 협의가 이루어지지 아니하고, 그 보상에 관한 명문의 근거 법령이 없는 경우라고 하더라도, 헌법 제23조 제3항 및 토지수용법 등의 개별 법률의 규정, 구 공공용지의 취득 및 손실보상에 관한 특례법 제3조 제1항 및 같은 법 시행규칙 제23조의 2 또는 7 등의 규정 취지에 비추어 보면, 공공사업의 시행으로 인하여 그러한 손실이 발생하리라는 것을 쉽게 예견할 수 있고, 그 손실의 범위도 구체적으로 이를 특정할 수 있는 경우에는 그 손실의 보상에 관하여 구 공공용지의 취득 및 손실보상에 관한 특례법 시행규칙의 관련 규정 등을 유추 적용할 수 있다. 건물 신축허가를 받아 공사 도급계약을 체결한 후 신축 부지에 공사를 위한 가시설물 등을 설치하였으나 이후 행정청의 개발계획변경 결정과 공공사업의 시행으로 신축 부지의 일부가 도로로 협의 취득된 사안에서, 가시설물 설치비용과 건축설계변경비용에 대하여 구 공공용지의 취득 및 손실보상에 관한 특례법 시행규칙 상의 간접보상에 관한 규정을 유추 적용하여 손실보상청구권을 인정한다.

2. 손실보상과 손해배상의 중간 영역

2-1. 수용적 침해 보상

공공필요에 의한 행정작용이 적법하나, 부수적 비의도적인 재산권 희생이 발생한 경우 손실을 보상한다는 이론(예 도로공사로 인하여 인근 상가매출이 감소하는 경우, 하수도 공사로 인근 건물에 균열 손상이 발생한 경우)이다. 학설은 부정설, 직접적용설, 간접적용설 등이 있는데, 판례는 사업지 밖에서 발생한 간접손실에 대한 별도 보상규정이 없더라도 예외적으로 그러한 손실이 발생하리라는 것을 쉽게 예견할 수 있고, 그 손실의 범위도 구체적으로 특정할 수 있는 경우 관련 규정을 유추 적용하여 간접손실로 보상 가능하다고 한다.

2-2. 침해의 수용 유사적 보상

공공필요에 의한 행정작용이 위법한데, 결과가 수용과 유사한 특별한 희생을 발생시킨 경우 적법한 수용보상과 동일한 보상을 한다는 이론이다. 학설은 도입 긍정설, 도입부정설(국가배상 책임을 무과실책임으로 인정하는 방향)이 있고, 판례는 설시했으나 판단 유보하고 있다. "수용 유사적 침해의 이론은 국가 기타 공권력의 주체가 위법하게 공권력을 행사하여 국민의 재산권을 침해하였고 그 효과가 실제에 있어서 수용과 다름없을 때는 적법한 수용이 있는 것과 마찬가지로 국민이 그로 인한 손실의 보상을 청구할 수 있다는 것인데, 1980.6. 말경의 비상계엄 당시 국군 보안사령부 정보처장이 언론 통폐합 조치의 일환으로 사인 소유의 방송사 주식을 강압적으로 국가에 증여하게 한 것이 위 수용 유사행위에 해당하지 않는다고 한다(대법원 1993. 10. 26., 선고, 93다6409, 판결 [주주확인], 언론 통폐합 조치로 인한 문화방송주식 15만 주 강제 증여계약 사례). 공용침해의 근거 규정은 있으나 보상규정이 없는 경우에도 적용하면 유용할 수 있다.

2-3. 희생보상

공공필요에 의한 적법한 행정작용이 사인의 인격적 법익(생명, 신체, 건강, 명예, 자유)에 희생을 초래하는 경우 보상하자는 이론(예 전염병 예방 조치에서 예방접종의 부작용으로 감염, 장애, 사망의 손해를 입은 경우)이다. 학설로는 도입긍정설, 보상 입법 필요설, 헌법 확대적용설 등이 있고, 판례로는 전염병예방법상의 국가보상 규정의 해석상 인과관계의 입증을 완화하고 있고 특별한 희생을 보상한다고 설시하며,[1] 소방기본법상의 소방활동으로 인한 사망·부상 보상, 산림보호법상의 산불방지작업 또는 구조작업으로 인한 사망·부상에 대한 보상의 의미와 연결된다.

2-4. 결과 제거청구권

위법한 행정작용의 결과인 위법상태가 계속 남아 있는 경우 결과 제거 즉 원상회복(침해가 있기 전 또는 그와 동등한 정도의 상태로의 회복)을 요구하는 구제수단이다. 경찰관직무집행법상 피구호자가 휴대한 무기, 흉기 등 위험한 물건의 임시 영치 기간은 10일을 초과할 수 없는데, 이의 반환을 구하는 경우. 대지의 불법 점유자인 시에 대하여 그 지하에 매설된 상수도관의 철거를 요구하는 경우 ― 민사소송으로 보는 판례 85다카1383), 도로편입으로 1년생 과실수가 제거되었는데 1년 후 위법한 행정작용으로 판단되는 경우 2년생 과실수가 아니라 1년생 과실수로 식재한 경우 등이다. 근거는 법치 행정원리, 기본권 규정, 민법상 방해배제청구권 관련 규정의 유추 적용 등에서 찾고 있다.

1) ♣ **대법원 2014. 5. 16. 선고 2014두274 판결 [예방접종으로 인한 장애 인정거부처분 취소]**
전염병예방법(2009. 12. 29. 법률 제9847호 감염병의 예방 및 관리에 관한 법률로 전부
개정되기 전의 것) 제54조의 2의 규정에 의한 국가의 보상책임은 무과실책임이기는 하
지만, 책임이 있다고 하기 위해서는 질병, 장애 또는 사망(이하 '장애 등'이라 한다)이 당
해 예방접종으로 인한 것임을 인정할 수 있어야 한다. 그러나 위와 같은 국가의 보상책
임은 예방접종의 실시 과정에서 드물기는 하지만 불가피하게 발생하는 부작용에 대해
서, 예방접종의 사회적 유용성과 이에 따른 국가적 차원의 권장 필요성, 예방접종으로
인한 부작용이라는 사회적으로 특별한 의미가 있는 손해에 대한 상호부조와 손해분담의
공평, 사회보장적 이념 등에 터 잡아 구 전염병예방법이 특별히 인정한 독자적인 피해
보상제도인 점, 구 전염병예방법 시행령 제19조의 2에 예방접종으로 인한 피해에 대한
보상기준이 항목별로 구체적으로 정해져 있는데 액수가 그리 크지 않은 점, 예방접종으
로 인한 부작용으로 사망이라는 중대한 결과까지 초래될 가능성이 있는 반면, 장애 등
의 발생 기전은 명확히 밝혀져 있지 않고 현재의 의학 수준에 의하더라도 부작용을 완
전히 방지할 수는 없는 점 등에 비추어, <u>구 전염병예방법 제54조의 2의 규정에 의한 보
상을 받기 위한 전제로서 요구되는 인과관계는 반드시 의학적·자연 과학적으로 명백히
증명되어야 하는 것은 아니고, 간접적 사실관계 등 제반 사정을 고려할 때 인과관계가
있다고 추단되는 경우에는 증명이 있다고 보아야 한다.</u> 인과관계를 추단하기 위해서는
특별한 사정이 없다면 예방접종과 장애 등의 발생 사이에 시간적·공간적 밀접성이 있고,
피해자가 입은 장애 등이 당해 예방접종으로부터 발생하였다고 추론하는 것이 의학 이
론이나 경험칙상 불가능하지 않으며, 장애 등이 원인불명이거나 당해 예방접종이 아닌
다른 원인에 의해 발생한 것이 아니라는 정도의 증명이 있으면 족하다.

3. 손해배상

국가 또는 공공단체의 위법한 행정작용으로 인해 개인에게 생긴 손해를 배상하는 것으로 국가배상, 공공단체 배상으로 부르며, 위법성과 과실을 요건으로 한다. 법적 근거는 헌법 제29조 제1항(공무원의 직무상 불법행위로 손해를 받은 국민은 법률이 정하는 바에 의하여 국가 또는 공공단체에 정당한 배상을 청구할 수 있다. 이 경우 공무원 자신의 책임은 면제되지 아니한다.)과 국가배상법 제2조(① 국가나 지방자치단체는 공무원 또는 공무를 위탁받은 사인이 직무를 집행하면서 고의 또는 과실로 법령을 위반하여 타인에게 손해를 입히거나, 자동차손해배상 보장법에 따라 손해배상의 책임이 있을 때는 이 법에 따라 그 손해를 배상하여야 한다. 다만, 군인·군무원·경찰공무원 또는 예비군대원이 전투·훈련 등 직무 집행과 관련하여 전사(戰死)·순직(殉職)하거나 공상(公傷)을 입은 경우에 본인이나 그 유족이 다른 법령에 따라 재해보상금·유족연금·상이연금 등의 보상을 지급받을 수 있을 때는 이 법 및 민법에 따른 손해배상을 청구할 수 없다. ② 제1항 본문의 경우에 공무원에게 고의 또는 중대한 과실이 있으면 국가나 지방자치단체는 그 공무원에게 구상(求償)할 수 있다.)이다. 판례는 민법의 특별법으로서 사권(私權)으로 보고 있다.

3-1. 공무원의 위법한 직무 행위로 인한 손해배상

3-1-1. 요건은 공무원, 직무 행위, 직무의 집행, 고의·과실, 위법성, 손해 발생(인과관계)이다.

공무원에는 행정부 및 지방자치단체 소속 공무원, 입법부, 사법부 모두 해당하며, 일시적 공무수탁 사인(소집 중인 향토예비군 70다471)도 포함된다. 의용소방대원은 판례가 부인하고 있으나 의문(78다584)이며, 지방자치단체와 계약에 의한 불법주차 차량의 견인 업무자도 해당한다고 본다.

직무 행위의 개념에는 협의설(권력작용만), 광의설(비권력작용 포함), 최광의설(사경제 작용 포함)이 있는데, 판례는 광의설(사경제 주체로서의 작용 제외) 입장에 있다.[1] 공무원의 직무상 의무의 내용이 전적으로 또는 부수적으로 사회구성원 개개인의 개별적인 안전과 이익을 보호하기 위해 설정되고 집행하는 과정이어야 하고, 단순히 공공 일반의 이익만을 위하거나 내부 질서를 규율하기 위한 것이라면 배상 책임을 지지 않는다(직무의 사익보호성). 군산시 윤락가 화재 사망 사건에서 유흥주점의 용도변경, 위법 개축, 무허가영업에 대하여 관련 공무원의 식품위생법상 직무 의무는 부정하였으나, 소방법상 방염규정 위반 시정조치, 화재 발생 시 대피 장애 잠금장치 제거 등 소방공무원의 시정조치 의무위반은 인정하였다.[2][3]

부작위(권한 불행사, 권한 해태, 직무소홀)가 위법한 직무 행위로 연결되려면 그 부작위가 현저하게 합리성을 잃어 사회적 타당성이 없거나, 객관적 정당성을 상실하여, 위법하다고 할 수 있을 정도이어야 한다.[4][5]

3-1-2. 국회의원의 입법행위와 관련하여 원칙적으로 국민 전체에 대한 관계에서 정치적 책임을 질 뿐 국민 개개인의 권리에 대응하여 법적 의무를 지는 것은 아니므로, 국회의원의 입법행위는 그 입법 내용이 헌법의 문언에 명백히 위배됨에도 불구하고 국회가 굳이 당해 입법을 한 경우나, 국가가 일정한 사항에 관하여 헌법에 따라 부과되는 구체적인 입법 의무를 부담하고 있음에도 불구하고 그 입법에 필요한 상당한 기간이 경과하도록 고의 또는 과실로 이러한 입법 의무를 이행하지 아니하는 경우 등이라면 국가배상법 소정의 배상 책임이 인정

될 수 있다고 한다. 이러한 예외적 사정에서 구체적 입법 의무 자체가 인정되며, 그렇지 않은 경우는 애당초 부작위로 인한 불법행위가 성립할 여지가 없다고 한다.[6)]

사법부의 재판작용에 관해서는 법관의 재판에 법령의 규정을 따르지 아니한 잘못이 있다 하더라도 이로써 바로 그 재판상 직무 행위가 국가배상법 제2조 제1항에서 말하는 위법한 행위로 되어 국가의 손해배상책임이 발생하는 것은 아니고, 당해 법관이 위법 또는 부당한 목적을 가지고 재판을 하거나, 법이 법관의 직무 수행상 준수할 것을 요구하고 있는 기준을 현저하게 위반하는 등 법관이 그에게 부여된 권한의 취지에 명백히 어긋나게 이를 행사하였다고 인정할 만한 특별한 사정이 있어야 위법한 행위가 되어 국가배상 책임이 인정된다고 한다.[7)]

3-1-3. 직무의 집행 개념은 외형설(직무 집행 및 외형상 직무 집행과 관련 있는 행위 포함)에 의한다. 행위 자체의 외관을 객관적으로 관찰하여 직무 행위로 보이면 실질적으로 직무 행위가 아니거나 행위자가 주관적으로 공무집행 의사가 없었다 하더라도 해당한다.[8)] 퇴근 중 사고, 출장 후 귀대 중 사고, 상관의 명령에 따른 이삿짐 운반, 훈련 중인 군인의 휴식 중 총기사고 등이 이에 해당한다. 그러나 결혼식 참석을 위한 군용차 운행, 개인감정에 의한 총기사고, 휴식 중인 군인의 총기사고 등은 직무 집행이 아니라고 본다.

3-1-4. 고의·과실은 결과 발생의 인식과 부주의로 인한 불인식이다. 부주의에서의 주의의무는 해당 직무를 담당하는 평균적 공무원을 기준으로 한다. 실제 행위한 공무원의 특정한 상황은 필요치 않다.

공무원의 법령해석과 관련하여 공무원은 자신의 사무영역에서 표준적인 법령에 대한 지식과 학설, 판례의 내용을 숙지하고 있어야 할 의무가 있으므로. 관계 법규를 알지 못하거나 필요한 지식을 갖추지 못하여 법규의 해석을 그르쳐 행정처분을 한 경우는 과실이 있다고 본다. 상급 행정기관 또는 유관 행정부서의 업무지침이나 업무 연락 등으로 충분히 인식할 수 있는 상태에서 확립된 법령의 해석에 어긋나는 견해를 고집하여 계속하여 위법한 행정처분을 하거나 이에 준하는 행위로 평가될 수 있는 불이익을 주는 경우는 고의 과실이 인정된다.[9] 그러나 법령에 대한 해석이 그 문언 자체만으로는 명백하지 아니하여 여러 견해가 있을 수 있는 데다가 이에 대한 선례나 학설, 판례 등도 귀일된 바 없어 의의(疑義)가 없을 수 없는 경우에 관계 공무원이 그 나름대로 신중을 다하여 합리적인 근거를 찾아 그 중 어느 한 견해를 따라 내린 해석이 후에 대법원이 내린 입장과 같지 않아 결과적으로 잘못된 해석에 돌아가고, 이에 따른 처리가 역시 결과적으로 위법하게 되어 그 법령의 부당집행이라는 결과를 가져오게 되었다고 하더라도 그와 같은 처리방법 이상의 것을 성실한 평균적 공무원에게 기대하기는 어려운 일이고, 따라서 이러한 경우에까지 공무원의 과실을 인정할 수는 없다.[10]

항고소송에서 패소하여 처분이 취소되었다 하더라도 고의, 과실로 단정할 수 없으며, 행정규칙에 따른 처분 후에 처분이 재량권을 일탈한 위법한 것이라고 판명되어도 과실이 있다고 할 수 없다. 처분 후 근거 법률이 위헌으로 결정되어도 과실이 있다고 할 수 없다.

3-1-5. 위법성은 법령을 위반한 것으로, 공무원의 가해행위 시점으로 판단하며, 입증책임은 피해자에게 있다. 학설로는 행위 위법설(엄격한 의미의 법령위반(협의설), 신의성실원칙 위반 공서양속 위반 인권존중위반 권력 남용 금지 위반 등 객관적 정당성도 포함(광의설)), 결과 불법설(국민의 수인한도 기준), 상대적 위법성설(법령위반 + 피침해이익의 성격과 침해의 정도, 가해행위의 태양 등 정황적 요소) 등이 있는데, 판례는 행위 위법설 중 광의설(법령위반과 정당성 위배)을 취하고 있다.

즉 법령위반에 관하여는 형식적 의미의 법령에 근거가 없더라도, 부작위로 침해된 국민의 법익 또는 손해의 심각성과 절박성, 관련 공무원의 예견 가능성과 결과회피 조치 가능성 등을 고려하고 공서양속, 조리, 건전한 사회통념 등을 근거로 작위의무를 인정하여 위반으로 인정하는 것이 가능하며, 객관적 정당성의 판단 기준으로 상대적 위법성설을 취하고 있다.[11]

취소소송의 기판력이 후소인 국가배상소송에 미치는지 즉 취소소송에서 인정된 위법성 판단이 후소인 국가배상소송에서 처분이 위법한 것으로 보는지에 대하여 학설은 부정설, 긍정설, 제한적 긍정설(인용판결은 미치나 기각판결은 무 영향), 소송물 근거로 한 제한적 긍정설(취소소송의 소송물은 당사자의 법적 주장이므로 인용판결은 미치나 기각판결은 무 영향) 등이 있는데, 판례는 부정설 입장에 있다.

3-1-6. 타인에 대한 손해 발생과 가해행위와의 사이에 상당인과관계(경험법칙상 일반적인 결과 발생의 개연성)가 있고, 그러한 모든 생명, 신체, 재산, 정신적 손해를 포함한다.

3-1-7. 배상 책임

배상 책임의 성질에 관해 학설은 대위책임설(피해자 보호를 위해 국가가 대신하여 부담), 자기책임설(법적 효과는 국가에 귀속된다. 공무원의 고의 과실 불요 --- 국가 경영상의 과실, 조작과실의 개념), 중간설(경과실은 국가 자기 책임이나, 고의 중과실은 대위책임), 절충설(경과실은 국가 자기 책임이며, 고의 중과실은 개인 책임인데 직무 외형을 갖춘 경우만 국가 자기 책임) 등이 있는데, 판례는 제한적 긍정설(학설의 절충설)의 입장에 있다.[12]

헌법 제29조 제1항 단서 "공무원 자신의 책임은 면제되지 않는다"의 의미에 대하여, 판례는 공무원이 직무수행 중 불법행위로 타인에게 손해를 입힌 경우에 국가 등이 국가배상 책임을 부담하는 외에 공무원 개인도 고의 또는 중과실이 있는 경우에는 불법행위로 인한 손해배상책임을 진다고 할 것이지만, 공무원에게 경과실뿐인 경우에는 공무원 개인은 손해배상책임을 부담하지 아니한다고 해석하는 것이 헌법 제29조 제1항 본문과 단서 및 국가배상법 제2조의 입법 취지에 조화되는 올바른 해석이라고 한다.

배상 기준에 관해서 국가배상법 제3조, 제3조의 2의 규정은 하나의 기준일 뿐이고 이 기준으로서 배상액의 상한을 제한할 수 없다.

경과실 공무원이 피해자에게 배상한 경우 이는 제 3자의 변제(민법 제469조)나 도의관념에 적합한 비채변제(민법 제744조)에 해당하여 피해자는 공무원에게 이를 반환할 의무가 없고, 피해자는 국가배상청구권이 소멸하였으며, 그 공무원은 국가에 대하여 구상권을 가진다.[13]

배상청구권자는 공무원의 위법한 직무 집행으로 손해를 입은 자 누구나 될 수 있다. 그러나 군인 등(군무원, 경찰공무원, 향토예비군 대원)은 이중배상의 제한을 받는다(헌법 제29조 제2항, 국가배상법 제2조 제1항 단서, 국가배상법 제5조 제1항 단서). 판례는 전투경찰대원은 해당하나 공익근무요원은 포함되지 않는다고 보며, 전투, 훈련 등 직무 집행과 관련한 전사, 순직, 공상이나 일반 직무 집행도 해당한다고 보며, 본인 또는 유족이 다른 법령의 규정에 따라 보상을 받은 경우에만 제한된다고 본다. 이 경우 다른 법률에 따른 보상금청구권이 시효 소멸하여도 적용된다.

국가와 일반사인의 공동불법행위로 다른 군인 등에게 손해를 입히고 그 사인이 피해자인 군인에게 배상한 경우 사인은 국가에 대하여 구상권을 행사할 수 없다고 한다(직무 집행 공무원 갑이 사인 을과 공동으로 불법행위를 하여 전투 훈련 등 직무 집행하는 군인 병에게 1000만 원의 손해를 입혔고 갑과 을의 과실 비율이 50%라고 하는 경우, 사인 을이 1000만 원 전액을 배상하고 갑이 속한 국가에 대하여 부담부분인 500만 원의 구상권을 인정하게 되면, 결과적으로 군인 병은 사인 을로부터 500만 원, 국가로부터 500만 원을 배상받게 되므로 국가로부터 받은 500만 원은 이중배상 제한에 위반되는 것이다).[14]

3-1-8. 배상청구권은 손해 및 가해자를 안 날로부터 3년(민법 제766조) 혹은 가해행위가 있은 날로부터 5년(국가재정법 제96조)의 시효에 걸린다. 배상청구권 양도, 압류가 금지된다(제4조).

3-1-9. 공무원의 구상책임

손해를 배상한 국가의 해당 공무원에 대한 구상청구인데, 앞서 본 바와 같이 배상 책임의 성질에 따라 견해가 달라지나, 판례는 경과실의 경우 구상책임이 면제되고. 고의·중과실 경우만 구상책임이 있다고 한다.

구상권의 범위는 당해 공무원의 직무 내용, 당해 불법행위의 상황, 손해 발생에 대한 당해 공무원의 기여 정도, 당해 공무원의 평소 근무 태도, 불법행위의 예방이나 손실분산에 관한 국가 또는 지방자치단체의 배려 정도 등 제반 사정을 참작하여 손해의 공평한 분담이라는 견지에서 신의칙상 상당하다고 인정되는 한도 내이다.[15]

피해자의 국가배상청구권이 시효 소멸하였으나 국가의 소멸시효 완성 주장이 신의성실의 원칙에 반하는 권리남용으로 인정되어 배상 책임을 이행한 경우에도 해당 공무원에게 구상권 행사가 가능한가에 관하여 그 소멸시효 완성 주장이 권리남용에 해당하게 된 원인 행위를 해당 공무원이 적극적으로 주도하였다는 등의 특별한 사정이 없다면, 국가가 해당 공무원에게 구상권을 행사하는 것은 신의칙상 허용되지 않는다고 본다.[16]

주석 [공무원 위법 직무행위 손해배상]

1) ♠ **대법원 2004. 4. 9. 선고 2002다10691 판결 [손해배상금]**

국가배상법이 정한 손해배상청구의 요건인 '공무원의 직무'에는 국가나 지방자치단체의 권력적 작용뿐만 아니라 비권력적 작용도 포함되지만 단순한 사경제의 주체로서 하는 작용은 포함되지 않는다. 피고가 소외 회사에 토지를 대부하여 주고 소외 회사가 그 지상에 호텔을 건축하여 이를 피고에게 기부채납하되, 일정 기간동안 소외 회사가 위 호텔을 유상 또는 무상으로 사용·수익할 수 있도록 하는 대부계약을 체결하였다가 위 대부계약을 해지하고, 소외 회사와 기성 공사비를 정산하여 그 정산금을 소외 회사에 지급하여야 할 채무를 부담하였다면, 그 정산금 지급과 관련된 피고의 업무는 사경제 주체로서의 작용에 해당한다 할 것이므로, 피고의 소속 공무원이 정산금 지급과 관련된 공탁업무를 처리하던 중 고의 또는 과실로 인한 위법행위로 타인에게 손해를 입혔다면 이에 대하여는 국가배상법을 적용할 수는 없고 일반 민법의 규정을 적용할 수밖에 없다. 따라서 위 공탁과 관련된 고진곤의 행위는 제3 채무자인 피고가 단순한 사경제의 주체로서 한 행위이므로 이를 국가배상법이 정한 손해배상청구의 요건인 '공무원의 직무'에 포함된다고 보기 어렵다고 한 원심의 판단은 정당하다. 구 민사소송법 제581조 제1항(현 민사집행법 제248조 제1항)에 의하면, 금전채권에 관하여 배당요구의 송달을 받은 제3 채무자는 채무액을 공탁할 권리가 있는바, 이와 같이 제3 채무자에게 집행 공탁을 할 수 있는 권리를 인정한 이유가, 채권에 대한 강제집행절차에서 피압류채권에 대하여 권리를 주장하는 자가 다수 있고 위 채권액이 모든 자에게 만족을 줄 수 없는 경우에 제3 채무자에게 배당요구 또는 중복압류의 여부 및 각 압류의 적부를 심사하게 하고 그 진실한 권리자 또는 우선권자에게 적정한 배당을 하게 하는 것이 제3 채무자에게 부담을 주고 강제집행절차의 적정을 해할 우려가 있기 때문인 점에 비추어 볼 때, 특별한 사정이 없다면 제3 채무자가 집행 공탁을 하면서 그 채무에 관련된 채권자들에게 배당요구의 방법 등을 알려 줄 의무를 부담한다고 보기는 어렵다.

2) ♣ **대법원 2008. 4. 10. 선고 2005다48994 판결 [손해배상(기)] <군산시 윤락가 화재사건>**

공무원에게 부과된 직무상 의무의 내용이 단순히 공공 일반의 이익을 위한 것이거나 행정기관 내부의 질서를 규율하기 위한 것이 아니고 전적으로 또는 부수적으로 사회구성원 개인의 안전과 이익을 보호하기 위하여 설정된 것이라면, 공무원이 그와 같은 직무상 의무를 위반함으로 인하여 피해자가 입은 손해에 대하여는 상당인과관계가 인정되는 범위 내에서 국가가 배상 책임을 지는 것이고, 이때 상당인과관계의 유무를 판단함에서는 일반적인 결과 발생의 개연성은 물론 직무상 의무를 부과하는 법령 기타 행동 규범의 목적이나 가해행위의 태양 및 피해의 정도 등을 종합적으로 고려하여야 하며, 이는 지방자치단체와 그 소속 공무원에 대하여도 마찬가지이다.

유흥주점에 감금된 채 윤락을 강요받으며 생활하던 여종업원들이 유흥주점에 불이 났을 때 미처 피신하지 못하고 유독가스에 질식해 사망한 사안에서, 지방자치단체의 담당 공무원이 위 유흥주점의 용도변경, 무허가 영업 및 시설기준에 위배된 개축에 대하여 시정명령 등 식품위생법상 취하여야 할 조치를 게을리 한 직무상 의무위반행위와 위 종업원들의 사망 사이에 상당인과관계가 존재하지 않는다.

소방법은 화재를 예방·경계·진압하고 재난·재해 및 그 밖의 위급한 상황에서의 구조·구급

활동을 통하여 국민의 생명·신체 및 재산을 보호함으로써 공공의 안녕질서 유지와 복리 증진에 이바지함을 목적으로 하여 제정된 법으로서, 소방법의 규정들은 단순히 전체로서의 공공 일반의 안전을 도모하기 위한 것에서 더 나아가 국민 개개인의 인명과 재화의 안전보장을 목적으로 하여 둔 것이므로, 소방공무원이 소방법 규정에서 정하여진 직무상의 의무를 게을리 한 경우 그 의무위반이 직무에 충실한 보통 일반의 공무원을 표준으로 할 때 객관적 정당성을 상실하였다고 인정될 정도에 이른 경우에는 국가배상법 제2조에서 말하는 위법의 요건을 충족하게 된다. 그리고 소방공무원의 행정 권한 행사가 관계 법률의 규정 형식상 소방공무원의 재량에 맡겨져 있다고 하더라도 소방공무원에게 그러한 권한을 부여한 취지와 목적에 비추어 볼 때 구체적인 상황에서 소방공무원이 그 권한을 행사하지 않은 것이 현저하게 합리성을 잃어 사회적 타당성이 없는 경우에는 소방공무원의 직무상 의무를 위반한 것으로서 위법하게 된다.

유흥주점에 감금된 채 윤락을 강요받으며 생활하던 여종업원들이 유흥주점에 불이 났을 때 미처 피신하지 못하고 유독가스에 질식해 사망한 사안에서, 소방공무원이 위 유흥주점에 대하여 화재 발생 전 실시한 소방점검 등에서 구 소방법상 방염규정 위반에 대한 시정조치 및 화재 발생 시 대피에 장애가 되는 잠금장치의 제거 등 시정조치를 명하지 않은 직무상 의무위반은 현저히 불합리한 경우에 해당하여 위법하고, 이러한 직무상 의무위반과 위 사망의 결과 사이에 상당인과관계가 존재한다.

♣ 대법원 2016. 8. 25. 선고 2014다225083 판결 [손해배상(기)]

소방시설설치유지 및 안전관리에 관한 법률, 다중이용업소의 안전관리에 관한 특별법 조항은 전체로서의 공공 일반의 안전과 이익을 도모하기 위한 것일 뿐만 아니라 나아가 국민 개개인의 안전과 이익을 보장하기 위하여 둔 것이므로, 소방공무원이 구 소방시설법과 다중이용업소법 규정에 정하여진 직무상 의무를 게을리한 경우 의무위반이 직무에 충실한 보통 일반의 공무원을 표준으로 객관적 정당성을 상실하였다고 인정될 정도에 이른 때는 국가배상법 제2조 제1항에 정한 위법의 요건을 충족하게 된다. 그리고 소방공무원의 행정 권한 행사가 관계 법률의 규정 형식상 소방공무원의 재량에 맡겨져 있더라도 소방공무원에게 그러한 권한을 부여한 취지와 목적에 비추어 볼 때 구체적인 상황에서 소방공무원이 권한을 행사하지 아니한 것이 현저하게 합리성을 잃어 사회적 타당성이 없는 경우에는 소방공무원의 직무상 의무를 위반한 것으로서 위법하게 된다.

공무원의 직무상 의무위반으로 국가배상 책임이 인정되기 위하여는 공무원의 직무상 의무위반과 피해자가 입은 손해 사이에 상당인과관계가 인정되어야 한다. 이러한 상당인과관계가 인정되는지를 판단할 때는 일반적인 결과 발생의 개연성은 물론 직무상 의무를 부과하는 법령을 비롯한 행동 규범의 목적이나 가해행위의 태양 및 피해의 정도 등을 종합적으로 고려하여야 한다.

주점에서 발생한 화재로 사망한 갑 등의 유족들이 을 광역시를 상대로 손해배상을 구한 사안에서, 소방공무원들이 소방검사에서 비상구 중 1개가 폐쇄되고 그곳으로 대피하도록 유도하는 피난구 유도등, 피난안내도 등과 일치하지 아니하게 됨으로써 화재 시 피난에 혼란과 장애를 유발할 수 있는 상태임을 발견하지 못하여 업주들에 대한 시정명령이나 행정지도, 소방안전교육 등 적절한 지도 감독을 하지 아니한 것은 구체적인 소방검사 방법 등이 소방공무원의 재량에 맡겨져 있음을 고려하더라도 현저하게 합리성을 잃어 사회적 타당성이 없는 경우에 해당하고, 다른 비상구 중 1개와 그곳으로 연결된 통로가 사실상 폐쇄된 사실을 발견하지 못한 것도 주점에 설치된 피난 통로 등에 대한 전반적인 점검을 소홀히 한 직무상 의무위반의 연장선에 있어 위법성을 인정할 수 있고, 소방공무원들이 업주들에 대하여 필요한 지도·감독을 제대로 수행하였더라면 화재 당시 손님들에 대한 대피 조치가 더욱 신속히 이루어지고 피난 통로 안내가 적절히 이루어지는 등으로 갑 등이 대피할 수 있었을 것이고, 갑 등이 대피 방향을 찾지 못하다가 복도를 따라 급속히 퍼진 유독가스와 연기로 인하여 단시간에 사망하게 되는 결과는 피할 수 있었을 것인 점 등 화재 당시의 구체적 상황과 갑 등의 사망 경위 등에 비추어 소방공무원들의 직무상 의무위반과 갑 등의 사망 사이에 상당인과관계가 인정된다.

♣ 대법원 2010. 4. 22. 선고 2008다38288 전원합의체 판결 [손해배상(기)] <종립 사립 고교 종교교육 사건>

[다수의견] 초·중등교육법은 제6조에서 사립학교는 교육감의 지도·감독을 받는다고 규정하고, 제7조에서 교육감은 학교에 대하여 교육과정 운영 및 교수·학습방법에 대한 장학지도를 실시할 수 있도록 규정하고 있다. 또한, 제63조 제1항에서 "관할청은 학교가 시설·설비·수업·학사 및 기타 사항에 관하여 교육 관계 법령 또는 이에 의한 명령이나 학칙을 위반한 경우에는 학교의 설립·경영자 또는 학교의 장에게 기간을 정하여 그 시정 또는 변경을 명할 수 있다."라고 규정하고 있다. 이러한 규정은 교육의 공공성을 고려하여 사립학교 교육에서도 국가 교육이념을 실현하고 그 운영의 적정성을 확보하기 위한 것일 뿐아니라 나아가 그러한 학교 운영을 통하여 학생 개개인의 균형 있는 정신적·육체적 발달을 도모하려는 취지라고 봄이 상당하다. 그러나 교육감이 위 법률의 규정에서 정하여진 직무상의 의무를 게을리하여 그 의무를 위반한 것으로 위법하다고 하기 위해서는 그 의무위반이 직무에 충실한 보통 일반의 공무원을 표준으로 할 때 객관적 정당성을 상실하였다고 인정될 정도에 이르러야 한다. 또한, 교육감의 장학지도나 시정·변경 명령 권한의 행사 등이 교육감의 재량에 맡겨져 있는 위 법률의 규정 형식과 교육감에게 그러한 권한을 부여한 취지와 목적에 비추어 볼 때 구체적인 상황에서 교육감이 그 권한을 행사하지 않은 것이 현저하게 합리성을 잃어 사회적 타당성이 없는 경우에 해당하여야만 교육감의 직무상 의무를 위반한 것으로서 위법하게 된다.

[3인 반대의견] 대법원은 종래 공무원의 부작위의 경우에도 공무원의 작위로 인한 국가배상 책임을 인정하는 경우와 마찬가지로 '공무원이 직무를 집행하면서 고의 또는 과실로 법령을 위반하여 타인에게 손해를 입힌 때'라고 하는 국가배상법 제2조 제1항의 요건을 충족하면 국가배상 책임이 인정됨을 밝혀 왔다. 여기서 '법령을 위반하여'라고 하는 것이 엄격하게 형식적 의미의 법령에 명시적으로 공무원의 작위의무가 규정되어 있는데도 이를 위반하는 경우만을 의미하는 것은 아니고, 국민의 생명, 신체, 재산 등에 대하여 절박하고 중대한 위험상태가 발생하였거나 발생할 우려가 있어서 국민의 생명, 신체, 재산 등을 보호하는 것을 본래의 사명으로 하는 국가가 초법규적, 일차적으로 그 위험 배제에 나서지 아니하면 국민의 생명, 신체, 재산 등을 보호할 수 없는 경우에는 형식적 의미의 법령에 근거가 없더라도 국가나 관련 공무원에 대하여 그러한 위험을 배제할 작위의무를 인정할 수 있는 것이며, 이를 위반하는 경우도 포함하는 것이다. 이러한 경우 위법성 판단의 전제가 되는 작위의무는 공무원의 부작위로 인하여 침해된 국민의 법익 또는 국민에게 발생한 손해가 어느 정도 심각하고 절박한 것인지, 관련 공무원이 그와 같은 결과를 예견하여 그 결과를 회피하기 위한 조치를 취할 가능성이 있는지 등을 종합적으로 고려하여 판단하여야 한다. 이처럼 국가배상법에서의 위법이라는 개념은 법령에 명문으로 정해진 작위의무의 위반뿐만 아니라 관련 법규 및 조리를 종합적으로 고려할 때 인정되는 공무원의 직무상 손해방지의무에 대한 위반을 포함하는 것이다.

또한, 위와 같은 사정 아래에서 작위의무를 인정하는 결과, 그 작위의무의 판단 자체에 공무원의 예견 가능성이나 회피 가능성이라는 과실 요소에 관한 판단이 포함되게 되므로 위와 같이 인정되는 작위의무를 위반한 경우에는 특별한 사정이 없다면 과실은 당연히 인정된다고 보아야 한다.

서울특별시 교육감과 담당 공무원이 취한 일부 시정조치들만으로는 종립학교의 위법한 종교교육이나 퇴학처분을 막기에는 부족하여 결과적으로 학생의 인격적 법익에 대한 침해가 발생하였다고 하더라도, 교육감이 더 이상의 시정·변경 명령 권한 등을 행사하지 아니한 것이 객관적 정당성을 상실하였다거나 현저하게 합리성을 잃어 사회적 타당성이 없다고 볼 수 있는 정도에까지 이르렀다고 하기는 어렵다.

3) ♣ **대법원 2010. 7. 22. 선고 2010다13527 판결 [손해배상(기)]**
개별공시지가는 개발부담금의 부과, 토지 관련 조세 부과 등 다른 법령이 정하는 목적을 위해 지가를 산정하는 경우에 그 산정 기준이 되는 관계로 납세자인 국민 등의 재산상 권리·의무에 직접적인 영향을 미치게 되므로, 개별공시지가 산정업무를 담당하는 공무원으로서는 당해 토지의 실제 이용 상황 등 토지특성을 정확하게 조사하고 당해 토지와 토지이용상황이 유사한 비교표준지를 선정하여 그 특성을 비교하는 등 법령 및 '개별공시지가의 조사·산정 지침'에서 정한 기준과 방법에 따라 개별공시지가를 산정하고, 산정지가의 검증을 의뢰받은 감정평가업자나 시·군·구 부동산평가위원회로서는 위 산정지가 또는 검증 지가가 위와 같은 기준과 방법에 따라 제대로 산정된 것인지를 검증, 심의함으로써 적정한 개별공시지가가 결정·공시되도록 조치할 직무상의 의무가 있고, <u>이러한 직무상 의무는 단순히 공공 일반의 이익을 위한 것이거나 행정기관 내부의 질서를 규율하기 위한 것이 아니고 전적으로 또는 부수적으로 국민 개개인의 재산권 보장을 목적으로 하여 규정된 것이라고 봄이 상당하다.</u> 따라서 개별공시지가 산정업무 담당 공무원 등이 그 직무상 의무에 위반하여 현저하게 불합리한 개별공시지가가 결정되도록 함으로써 국민 개개인의 재산권을 침해한 경우에는 그 손해에 대하여 상당인과관계가 있는 범위 내에서 그 담당 공무원 등이 소속된 지방자치단체가 배상 책임을 지게 된다.
시장이 토지의 이용 상황을 실제 이용되고 있는 '자연림'으로 하여 개별공시지가를 산정한 다음 감정평가법인에 검증을 의뢰하였는데, 감정평가법인이 그 토지의 이용 상황을 '공업용'으로 잘못 정정하여 검증 지가를 산정하고, 시 부동산평가위원회가 검증 지가를 심의하면서 그 잘못을 발견하지 못함에 따라, 그 토지의 개별공시지가가 적정가격보다 훨씬 높은 가격으로 결정·공시된 사안에서, 이는 개별공시지가 산정업무 담당 공무원 등이 개별공시지가의 산정 및 검증, 심의에 관한 직무상 의무를 위반한 것으로 불법행위에 해당한다.

<u>개별공시지가는</u> 그 산정 목적인 개발부담금의 부과, 토지 관련 조세 부과 등 다른 법령이 정하는 목적을 위해 지가를 산정하는 경우에 그 산정 기준이 되는 범위 내에서는 납세자인 국민 등의 재산상 권리·의무에 직접적인 영향을 미칠 수 있지만, <u>이에 더 나아가 개별공시지가가 당해 토지의 거래 또는 담보제공을 받음에 있어 그 실제 거래 가액 또는 담보 가치를 보장한다거나 어떠한 구속력을 미친다고 할 수는 없다.</u> 그런데도 개개 토지에 관한 개별공시지가를 기준으로 거래하거나 담보제공을 받았다가 당해 토지의 실제 거래 가액 또는 담보 가치가 개별공시지가에 미치지 못함으로 인해 발생할 수 있는 손해에 대해서까지 그 개별공시지가를 결정·공시하는 지방자치단체에 손해배상책임을 부담시키게 된다면, 개개 거래당사자들 사이에 이루어지는 다양한 거래 관계와 관련하

여 발생한 손해에 대하여 무차별적으로 책임을 추궁당하게 되고, 그 거래 관계를 둘러 싼 분쟁에 끌려 들어가 많은 노력과 비용을 지출하는 결과가 초래되게 된다. 이는 결과 발생에 대한 예견 가능성의 범위를 넘어서는 것임은 물론이고, 행정기관이 사용하는 지 가를 일원화하여 일정한 행정 목적을 위한 기준으로 삼음으로써 국토의 효율적인 이용 과 국민경제의 발전에 기여하려는 구 부동산 가격공시 및 감정평가에 관한 법률(2008. 2. 29. 법률 제8852호로 개정되기 전의 것)의 목적과 기능, 그 보호법익의 보호 범위를 넘어서는 것이다.

개별공시지가 산정업무 담당 공무원 등이 잘못 산정·공시한 개별공시지가를 신뢰한 나 머지 토지의 담보 가치가 충분하다고 믿고 그 토지에 관하여 근저당권설정등기를 경료 한 후 물품을 추가로 공급함으로써 손해를 입었음을 이유로 그 담당 공무원이 속한 지 방자치단체에 손해배상을 구한 사안에서, 그 담당 공무원 등의 개별공시지가 산정에 관 한 직무상 위반행위와 위 손해 사이에 상당인과관계가 있다고 보기 어렵다.

♣ 대법원 2011. 9. 8. 선고 2011다34521 판결 [손해배상(기)]
공무원이 직무 수행 중 불법행위로 타인에게 손해를 입힌 경우에 국가나 지방자치단체 가 국가배상 책임을 부담하는 외에 공무원 개인도 고의 또는 중과실이 있는 경우에는 불법행위로 인한 손해배상책임을 지고, 공무원에게 경과실이 있을 뿐인 경우에는 공무 원 개인은 불법행위로 인한 손해배상책임을 부담하지 아니하는데, 여기서 공무원의 중 과실이란 공무원에게 통상 요구되는 정도의 상당한 주의를 하지 않더라도 약간의 주의 를 한다면 손쉽게 위법·유해한 결과를 예견할 수 있는 경우임에도 만연히 이를 간과함 과 같은 거의 고의에 가까운 현저한 주의를 결여한 상태를 의미한다.

공무원이 고의 또는 과실로 그에게 부과된 직무상 의무를 위반하였을 경우라고 하더라 도 국가는 그러한 직무상의 의무위반과 피해자가 입은 손해 사이에 상당인과관계가 인 정되는 범위 내에서만 배상 책임을 지는 것이고, 이 경우 상당인과관계가 인정되기 위 하여는 공무원에게 부과된 직무상 의무의 내용이 단순히 공공 일반의 이익을 위한 것이 거나 행정기관 내부의 질서를 규율하기 위한 것이 아니고 전적으로 또는 부수적으로 사 회구성원 개인의 안전과 이익을 보호하기 위하여 설정된 것이어야 한다.

공직선거법 제49조 제10항에 의하면, 후보자가 되고자 하는 자 또는 정당은 본인 또는 후보자가 되고자 하는 소속 당원의 전과 기록을 관할 국가경찰관서의 장에게 조회할 수 있고, 당해 국가경찰관서의 장은 지체 없이 전과 기록을 회보하여야 하며, 관할 선거구 선거관리위원회는 확인이 필요하다고 인정되는 후보자에 대하여 후보자등록 마감 후 지 체 없이 당해 선거구를 관할하는 검찰청의 장에게 후보자의 전과 기록을 조회할 수 있 고, 당해 검찰청의 장은 전과 기록의 진위를 지체 없이 회보하여야 한다. 그리고 같은 조 제11항, 제12항은 위 전과 기록을 누구든지 열람할 수 있고, 이를 선거구민에게 공 개하도록 하고 있다. 공직선거법이 위와 같이 후보자가 되고자 하는 자와 그 소속 정당 에 전과 기록을 조회할 권리를 부여하고 수사기관에 회보 의무를 부과한 것은 단순히 유권자의 알 권리 보호 등 공공 일반의 이익만을 위한 것이 아니라, 그와 함께 후보자 가 되고자 하는 자가 자신의 피선거권 유무를 정확하게 확인할 수 있게 하고, 정당이 후보자가 되고자 하는 자의 범죄경력을 파악함으로써 부적격자를 공천함으로 인하여 생 길 수 있는 정당의 신뢰도 하락을 방지할 수 있게 하는 등 개별적인 이익도 보호하기 위한 것이다.

공무원 갑이 내부전산망을 통해 을에 대한 범죄경력자료를 조회하여 공직선거 및 선거부정방지법 위반죄로 실형을 선고받는 등 실효된 4건의 금고형 이상의 전과가 있음을 확인하고도 을의 공직선거 후보자용 범죄경력조회 회보서에 이를 기재하지 않은 사안에서, 갑의 중과실을 인정하여 국가배상 책임 외에 공무원 개인의 배상 책임까지 인정된다.

원심은, 원고가 범죄경력이 있는 자를 후보자로 추천하여 정치적 이미지가 실추된 것이 아니라 소외 2가 학력, 경력 등도 위조하여 처벌을 받고 원고의 대표인 소외 3이 소외 2의 공천 대가로 재산상 이익을 제공하게 하는 등 불법행위를 하였기 때문이므로 피고 2의 과실과 원고의 손해 발생 사이에 인과관계가 없다는 피고들의 주장에 대하여, 그 판시와 같은 이유를 들어 이를 배척하고, 소외 2가 피고 2가 발급한 범죄경력조회 회보서가 잘못되었음을 알고도 이를 원고에게 제출하였다고 하더라도 그로 인하여 인과관계가 단절될 수 없다고 판단한 후, 소외 2에 대한 후보자 추천 과정, 경위, 사건의 경과, 원고 정당의 규모, 인지도, 활동 범위, 득표율 등 변론에 나타난 여러 사정을 참작하여 원고의 무형적 손해에 대한 배상액을 1억 원으로 정하였다.

♣ 대법원 2006. 4. 14. 선고 2003다41746 판결 [손해배상(기)]

하천법의 관련 규정에 비추어 볼 때, 하천의 유지·관리 및 점용허가 관련 업무를 맡은 지방자치단체 담당 공무원의 직무상 의무는 부수적으로라도 사회구성원 개개인의 안전과 이익을 보호하기 위하여 설정된 것이라고 본 사례. 하천의 유지·관리 및 법령 위반자 등에 대한 처분에 관한 하천법 제15조 제1항, 제28조 제1항, 제64조 제1항, 제68조 제1항 등 관련 규정을 종합해 보면, 이 사건 안양천의 유지·관리 및 점용허가 관련 업무를 맡은 피고 서울특별시 양천구의 담당 공무원은 안양천의 적정한 유지·관리를 도모하고, 점용허가로 인한 공공의 피해가 발생하지 아니하도록 점용허가를 받은 자가 허가조건을 준수하도록 하여야 하며, 정기적으로 하천점용상황에 대한 점검을 실시하여 불법적인 점용실태가 적발될 경우에는 그 시정을 위해 필요한 조치를 취하여야 할 직무상 의무가 있다고 할 것이고, 이러한 의무는 단순히 공공 일반의 이익을 위한 것만이 아니라 부수적으로라도 사회구성원 개개인의 안전과 이익을 보호하기 위하여 설정된 것으로 보아야 할 것이다. 원심이 같은 취지에서, 피고 서울특별시 양천구 담당 공무원의 직무상 의무가 오로지 공공 일반의 이익을 도모하기 위한 것이라는 취지의 주장을 배척한 것은 정당하다.

피고 서울특별시 양천구의 담당 공무원들은 직무상 의무를 위반하여, 피고 3 주식회사 및 피고 4가 점용허가조건을 제대로 준수하고 있는지에 대한 감시 및 점검 활동을 소홀히 하여 이들이 월정액을 받고 점용허가부지를 상설주차장으로 이용하는 행위가 방치되도록 하였고, 특히 이 사건 토지가 해마다 우기가 되면 침수 가능성이 상존하는 곳임을 알면서도 피고 회사와 피고 4가 수방 대책을 확실히 세워 놓았는지를 제대로 확인하지 아니하여 이들의 허술한 수방 대책이 시정되지 아니하게 하였으므로, 피고 서울특별시는 안양천 유지·관리의 사무귀속 주체로서, 피고 서울특별시 양천구는 대외적으로 위 사무와 관련된 비용부담자로서, 각자 원고들의 손해를 배상할 책임이 있다. 피고 서울특별시 양천구의 담당 공무원들이 피고 회사와 피고 4의 허가조건 등 위반행위를 적발하여 적절한 조치를 취하였다면 원고들의 피해를 막을 수 있었을 것으로 보이고, 담당 공무원들의 직무상 의무의 성질이 부수적으로라도 사회구성원 개개인의 안전과 이익을 보호하기 위하여 설정된 것으로 보아야 할 것이며, 특히 담당 공무원들은 수방 대책이 허술할 경우 이 사건 토지 위에 주차된 차량이 침수될 위험성이 크다는 사실을 잘 알고 있없을 것으로 보이는 점, 피고 회사와 피고 4를 제외한 다른 수허가업체의 경우 차량 침수피해가 거의 없었던 점 등을 알 수 있는바, 이러한 사정을 종합해 보면, 피고 서울특별시 양천구 담당 공무원들의 과실과 원고들의 차량 침수피해 사이에는 상당인과관계가 있다고 보아야 할 것이다.

기록에 의하면, 2001. 7. 14.부터 2001. 7. 15. 사이에 내린 비의 양이 일기예보를 훨씬 초과하였던 사실을 알 수 있기는 하나, 이 사건 토지를 일시주차장 부지로 점용하고 있는 업체 중 피고 회사와 피고 4를 제외한 다른 업체들의 경우 차량 침수피해가 거의 없었다는 점에 비추어 보면, 피고 서울특별시 양천구의 담당 공무원들이 적절한 조치를 취하여 피고 회사와 피고 4가 수방 대책을 제대로 마련하도록 하였다면 원고들의 피해를 충분히 막을 수 있었을 것으로 보이므로, 위와 같은 정도의 강우량만으로 이 사건 차량 침수피해가 천재지변에 의한 불가항력적인 것이라고 보기 어렵다고 보아야 할 것이다.

피고 회사와 피고 4는 비상연락망을 제대로 갖추어 놓지 못하고 있었고, 주차된 차량의 비상키를 전부 관리하고 있지도 아니하였으며, 피고 회사의 경우 2001. 7. 14. 17:00경 피고 서울특별시 양천구 담당 공무원으로부터 차량을 대피시키라는 연락을 받았음에도 불구하고 2001. 7. 15. 00:20경이 되어서야 비로소 차량 소유자나 운전자에게 연락하였고, 피고 4의 경우에도 위와 같은 연락을 받고도 뒤늦게 원고 19 등에게 연락을 하는 등 그 의무를 다하지 못하였으며, 그로 인하여 원고들의 차량이 침수되는 결과를 초래하였다고 할 것이므로, 피고 회사와 피고 4는 차량 침수로 인하여 원고들이 입은 손해를 배상할 책임이 있다고 판단하였다.

피고 회사가 원고 1 주식회사 등에 주차권 의미로 발행·교부한 '차고회비 합의서'의 뒷면에 "차량의 파손 및 도난은 본 차고에 민·형사상의 책임이 없다."라는 문구가 부동 문자로 기재되어 있는 사실을 알 수 있기는 하나, 주차장법 제17조 제3항에서 "노외주차장관리자는 주차장에 주차하는 자동차의 보관에 관하여 선량한 관리자의 주의의무를 태만히 하지 아니하였음을 증명한 경우를 제외하고는 그 자동차의 멸실 또는 훼손으로 인한 손해배상의 책임을 면하지 못한다."라고 규정하고 있는 점 등에 비추어 볼 때, 피고 회사의 무조건적인 면책을 규정한 위 문구는 고객에 대하여 부당하게 불리한 약관이거나, 피고 회사가 고의 또는 중대한 과실로 선량한 관리자의 주의의무를 다하지 않음으로써 발생한 손해에 대한 배상까지도 정당한 이유 없이 배제하는 약관으로서, 약관의 규제에 관한 법률 제6조 제2항 제1호 또는 제7조 제1호에 해당하여 무효라고 보아야 할 것이다.

♣ 대법원 2003. 4. 25. 선고 2001다59842 판결 [손해배상(기)]

주민등록법 관계 법령이 본적지와 다른 주민등록지에서 주민의 성명 등과 같은 중요한 기본적 신분 사항을 신규 등록하거나 이를 사후적으로 변경할 경우에 주민등록지의 관할관청에 본적지의 관할관청에 대한 통보의무 및 본적지의 관할관청에 그 등록사항에 관한 확인대조의무와 상이한 사항에 관한 통보의무를 각기 부과하는 한편, 그 사무처리과정에 있어서 관련 장부의 비치와 기재, 관계 공무원의 날인 등과 같은 사무처리방식을 엄격하게 규율하고 있는 취지는, 사람의 신분 사항을 기재한 기초적인 공부로서 그기재 내용이 진실에 부합되는 것으로 추정을 받는 호적부의 기재사항을 중심으로 주민등록의 신분 사항을 일치시키고 만일 그 주민등록에서의 신분 사항이 불법적으로 변조 또는 위조되는 사태가 발생하게 되면 그것을 기초로 하여 발급된 허위내용의 주민등록 등·초본, 인감증명서나 주민등록증이 부정 사용됨으로써 국민 개개인이 신분상·재산상의 권리에 관하여 회복할 수 없는 손해를 입게 될 개연성이 높을 것이기 때문에 그와 같은 사태의 발생을 예방하기 위하여 각 관할관청에 그러한 통보, 대조의무 등을 부과하고 그 사무처리 과정에서의 책임소재를 명확하게 하고자 함에 있다고 할 것이므로 주민등록사무를 담당하는 공무원으로서는 만일 개명과 같은 사유로 주민등록상의 성명을 정정한 경우에는 위에서 본 바와 같은 법령의 규정에 따라 반드시 본적지의 관할관청에 대하여 그 변경사항을 통보하여 본적지의 호적 관서가 그 정정 사항의 진위를 재확인할 수 있도록 할 직무상의 의무가 있다고 할 것이고, 이러한 직무상 의무는 단순히 공공 일반의 이익을 위한 것이거나 행정기관 내부의 질서를 규율하기 위한 것이 아니고 전적으로 또는 부수적으로 사회구성원 개인의 안전과 이익을 보호하기 위하여 설정된 것이다. 주민등록사무를 담당하는 공무원이 개명으로 인한 주민등록상 성명정정을 본적지 관할관청에 통보하지 아니한 직무상 의무위배행위와 갑과 같은 이름으로 개명허가를 받은 듯이 호적등본을 위조하여 주민등록상 성명을 위법하게 정정한 을이 갑의 부동산에 관하여 불법적으로 근저당권설정등기를 경료함으로써 갑이 입은 손해 사이에는 상당인과관계가 있다.

4) ♣ 대법원 2010. 9. 9. 선고 2008다77795 판결 [손해배상(기)]

식품위생법은 제1조에서 "이 법은 식품으로 인한 위생상의 위해를 방지하고 식품영양의 질적 향상을 도모함으로써 국민보건의 증진에 이바지함을 목적으로 한다."라고 규정하고 있고, 같은 법 제7조, 제9조, 제10조, 제16조 등에서는 식품의약품안전처장 등에게 식품 또는 식품첨가물의 제조 등의 방법과 성분, 용기와 포장의 제조 방법과 그 원재료, 표시 등에 대하여 일정한 기준 및 규격 등을 마련하도록 하고, 그와 같은 기준 및 규격 등을 준수하는지를 확인할 필요가 있거나 위생상 위해가 발생할 우려나 국민 보건상의 필요가 있을 경우 수입신고 시 식품 등을 검사하도록 규정하고 있다. 위와 같은 구 식품위생법의 관련 규정을 종합하여 보면, 같은 법 제7조, 제9조, 제10조, 제16조는 단순히 국민 전체의 보건을 증진한다고 하는 공공 일반의 이익만을 위한 것이 아니라, 그와 함께 사회구성원 개개인의 건강상의 위해를 방지하는 등의 개별적인 안전과 이익도 도모하기 위하여 설정된 것이라고 할 수 있다.

식품위생법 관련 규정이 식품의약품안전처장 및 관련 공무원에게 합리적인 재량에 따른 직무 수행 권한을 부여한 것으로 해석된다고 하더라도, 식품의약품안전처장 등에게 그러한 권한을 부여한 취지와 목적에 비추어 볼 때 구체적인 상황에서 식품의약품안전처장 등이 그 권한을 행사하지 아니한 것이 현저하게 합리성을 잃어 사회적 타당성이 없는 경우에는 직무상 의무를 위반한 것이 되어 위법하게 된다. 그리고 위와 같이 식약처장 등이 그 권한을 행사하지 아니한 것이 직무상 의무를 위반하여 위법한 것으로 되는 경우에는 특별한 사정이 없다면 과실도 인정된다.

어린이가 '미니 컵 젤리'를 먹다가 질식하여 사망한 사안에서, 그 사고 발생 전에 미니 컵 젤리에 대한 세계 각국의 규제 내용이 주로 곤약 등 미니 컵 젤리의 성분과 용기의 규격에 대한 규제에 머물러 있었고, 대한민국 정부도 그 수준에 맞추어 미니 컵 젤리의 기준과 규격, 표시 등을 규제하는 조치를 취하여 위 사고 발생 전까지 미니 컵 젤리와 관련한 질식사고가 발생하지 않았던 점 등에 비추어, 비록 당시의 과학 수준상 미니 컵 젤리의 성분에 대하여 허위신고를 하더라도 그 진위를 가려내기 어려웠고, 위 사고 발생 후 시험 등을 통하여 그러한 허위신고의 가능성이 확인되고 곤약 등을 제외한 다른 성분을 함유한 미니 컵 젤리로 인한 질식의 위험성이 드러났다고 하더라도, 위 사고 발생 무렵 식품의약품안전청장 및 관계 공무원이 그러한 위험성을 인식하거나 예견하기 어려웠던 점 등 여러 사정을 고려하여 보면, <u>식품의약품안전청장 및 관계 공무원이 위 사고 발생 시까지 구 식품위생법상의 규제 권한을 행사하여 미니 컵 젤리의 수입·유통 등을 금지하거나 그 기준과 규격, 표시 등을 강화하고 그에 필요한 검사 등을 실시하는 조치를 취하지 않은 것이 현저하게 합리성을 잃어 사회적 타당성이 없다거나 객관적 정당성을 상실하여 위법하다고 할 수 있을 정도에까지 이르렀다고 보기 어렵고, 그 권한 불행사에 과실이 있다고 할 수도 없다</u>

5) ♣ 대법원 2001. 10. 23. 선고 99다36280 판결 [손해배상(기)]

상수원수의 수질을 환경기준에 따라 유지하도록 규정하고 있는 관련 법령의 취지·목적·내용과 그 법령에 따라 국가 또는 지방자치단체가 부담하는 의무의 성질 등을 고려할 때, <u>국가 등에 일정한 기준에 따라 상수원수의 수질을 유지하여야 할 의무를 부과하고 있는 법령의 규정은 국민에게 양질의 수돗물이 공급되게 함으로써 국민 일반의 건강을 보호하여 공공 일반의 전체적인 이익을 도모하기 위한 것이지, 국민 개개인의 안전과 이익을 직접 보호하기 위한 규정이 아니므로,</u> 국민에게 공급된 수돗물의 상수원 수질이 수질 기준에 미달한 경우가 있고, 이로 말미암아 국민이 법령에 정하여진 수질 기준에 미달한 상수원수로 생산된 수돗물을 마심으로써 건강상의 '위해' 발생에 대한 염려 등에 따른 정신적 고통을 받았다고 하더라도, 이러한 사정만으로는 국가 또는 지방자치단체가 국민에게 손해배상책임을 부담하지 아니한다. 또한, 상수원수 2급에 미달하는 상수원수는 고도의 정수처리 후 사용하여야 한다는 환경정책기본법령상의 의무 역시 위에서 본 수질 기준 유지 의무와 같은 성질의 것이므로, 지방자치단체가 상수원수의 수질 기준에 미달하는 하천수를 취수하거나 상수원수 3급 이하의 하천수를 취수하여 고도의 정수처리가 아닌 일반적 정수처리 후 수돗물을 생산·공급하였다고 하더라도, 그렇게 공급된 수돗물이 음용수 기준에 적합하고 몸에 해로운 물질이 포함되어 있지 아니한 이상, 지방자치단체의 위와 같은 수돗물 생산·공급행위가 국민에 대한 불법행위가 되지 아니한다.

♣ 대법원 2015. 5. 28. 선고 2013다85448 판결 [손해배상(기)]

산업기술혁신 촉진법은 산업기술혁신을 촉진하고 산업기술혁신을 위한 기반을 조성하여 산업경쟁력을 강화하고 국가 혁신역량을 높임으로써 국민경제의 지속적인 발전과 국민의 삶의 질 향상에 이바지하는 것을 목적으로 하고(제1조), 정부는 산업기술혁신을 촉진하기 위한 종합적인 시책을 수립하여 이를 시행하고, 기업은 산업기술을 개발하고 신속한 사업화를 통하여 산업기술혁신과 산업발전을 위하여 노력하여야 하며, 대학 및 연구기관은 우수한 산업기술인력을 양성하고 산업기술을 개발·제공함으로써 산업기술 혁신을 위하여 노력할 책무가 있다고 규정하고 있다(제3조). 또한, 정부는 국내에서 최초로 개발된 기술 또는 이에 준하는 대체기술을 적용하여 실용화가 완료된 제품 중 경제적·기술적 파급효과가 크고 성능과 품질이 우수한 제품을 신제품으로 인증할 수 있고(제16조 제1항), 대통령령으로 정하는 공공기관은 구매하고자 하는 품목에 위 신제품 인증을 받은 제품(이하 '인증 신제품'이라 한다)이 있는 경우에는 당해 품목의 구매액 중 대통령령이 정하는 일정 비율 이상을 인증 신제품으로 구매하여야 한다고 규정하고 있다(제17조 제1항 본문). 그리고 구 산업기술혁신 촉진법 시행령(2011. 11. 23. 대통령령 제23313호로 개정되기 전의 것,)에서는 산업자원부 장관의 공공기관에 대한 인증 신제품 구매요청(제23조), 인증 신제품 의무구매비율(제24조), 공공기관의 산업자원부 장관에 대한 인증 신제품 구매면제 요청 및 구매면제 사유의 제한(제25조), 공공기관의 구매실적 및 구매계획의 제출(제27조) 등 인증 신제품 구매촉진에 관하여 필요한 사항을 정하고 있다. 그러면서도 구 산업기술혁신 촉진법 및 그 시행령은 신제품 인증을 받은 자가 직접 공공기관에 대하여 인증 신제품의 구매를 청구할 수 있는 절차나 공공기관이 일정 비율의 인증 신제품 구매의무를 이행하지 아니하였을 경우의 구체적인 법률효과 및 불복절차 등과 같이, 신제품 인증을 받은 자에 대한 공공기관의 직접적인 구매의무를 인정하거나 그 불이행에 관한 손해배상책임을 물을 수 있다고 해석할 만한 근거 규정을 두고 있지 아니하다. 이러한 구 산업기술혁신 촉진법 및 그 시행령의 목적과 내용 등을 종합하여 보면, 위 법령이 공공기관에 부과한 인증 신제품 구매의무는 기업에 신기술개발제품의 판로를 확보해 줌으로써 산업기술개발을 촉진하기 위한 국가적 지원책의 하나로 인정된 것으로서 국민경제의 지속적인 발전과 국민의 삶의 질 향상이라는 공공 일반의 이익을 도모하기 위한 것으로 봄이 타당하고, 공공기관이 구매의무를 이행한 결과 신제품 인증을 받은 자가 재산상 이익을 얻게 되더라도 이는 반사적 이익에 불과할 뿐 위 법령이 직접 보호하려는 이익으로 보기는 어렵다. 따라서 피고들이 위 법령에서 정한 인증 신제품 구매의무를 위반하였다 하더라도, 이를 이유로 피고들이 원고에 대하여 손해배상책임을 지지는 아니한다 할 것이다.

피고들이 구 산업기술혁신 촉진법 및 그 시행령이 정한 인증 신제품 구매의무 규정을 위반하였다 하더라도 이로써 원고에 대하여 국가배상법에 기한 손해배상책임을 부담하지 아니한다.

6) ♣ 대법원 2008. 5. 29. 선고 2004다33469 판결 [손해배상(기)]
우리 헌법이 채택하고 있는 의회민주주의하에서 국회는 다원적 의견이나 각가지 이익을 반영시킨 토론과정을 거쳐 다수결의 원리에 따라 통일적인 국가의사를 형성하는 역할을 담당하는 국가기관으로서 그 과정에 참여한 국회의원은 입법에 관하여 원칙적으로 국민 전체에 대한 관계에서 정치적 책임을 질 뿐 국민 개개인의 권리에 대응하여 법적 의무를 지는 것은 아니므로, 국회의원의 입법행위는 그 입법 내용이 헌법의 문언에 명백히 위배됨에도 불구하고 국회가 굳이 당해 입법을 한 것과 같은 특수한 경우가 아닌 한 국가배상법 제2조 제1항 소정의 위법행위에 해당한다고 볼 수 없고, 같은 맥락에서 국가가 일정한 사항에 관하여 헌법에 따라 부과되는 구체적인 입법 의무를 부담하고 있음에도 불구하고 그 입법에 필요한 상당한 기간이 경과하도록 고의 또는 과실로 이러한 입법 의무를 이행하지 아니하는 등 극히 예외적인 사정이 인정되는 사안에 한정하여 국가배상법 소정의 배상 책임이 인정될 수 있으며, 위와 같은 구체적인 입법 의무 자체가 인정되지 않는 경우에는 애당초 부작위로 인한 불법행위가 성립할 여지가 없다. 헌법 제53조에 따라서 국회가 의결한 법률안을 대통령이 공포하는 등의 절차를 거쳐서 법률이 확정되면 그 규정 내용에 따라서 국민의 권리·의무에 관한 새로운 법규가 형성될 수 있지만, 이처럼 법률이 확정되기 전에는 기존 법규를 수정·변경하는 법적 효과가 발생할 수 없고, 다원적 의견이나 각가지 이익을 반영시킨 토론과정을 거쳐 다수결의 원리에 따라 통일적인 국가의사를 형성하는 국회에서 일정한 법률안을 심의하거나 의결한 적이 있다고 하더라도, 그것이 법률로 확정되지 아니한 이상 국가가 이해관계자들에게 위 법률안에 관련된 사항을 약속하였다고 볼 수 없으며, 이러한 사정만으로 어떠한 신뢰를 부여하였다고 볼 수도 없다.

7) ♣ 대법원 2001. 10. 12. 선고 2001다47290 판결 [손해배상(기)]
법관의 재판에 법령의 규정을 따르지 아니한 잘못이 있다 하더라도 이로써 바로 그 재판상 직무 행위가 국가배상법 제2조 제1항에서 말하는 위법한 행위로 되어 국가의 손해배상책임이 발생하는 것은 아니고, 당해 법관이 위법 또는 부당한 목적을 가지고 재판을 하는 등 법관이 그에게 부여된 권한의 취지에 명백히 어긋나게 이를 행사하였다고 인정할 만한 특별한 사정이 있어야 위법한 행위가 되어 국가배상 책임이 인정된다고 할 것인바, 압수 수색할 물건의 기재가 누락된 압수수색영장을 발부한 법관이 위법·부당한 목적이 있었다거나 법이 직무 수행상 준수할 것을 요구하고 있는 기준을 현저히 위반하였다는 등의 자료를 찾아볼 수 없다면 그와 같은 압수수색영장의 발부행위는 불법행위를 구성하지 않는다고 본 사례.

♣ 대법원 2003. 7. 11. 선고 99다24218 판결 [손해배상(기)]

법관의 재판에 법령의 규정을 따르지 아니한 잘못이 있다 하더라도 이로써 바로 그 재판상 직무 행위가 국가배상법 제2조 제1항에서 말하는 위법한 행위로 되어 국가의 손해배상책임이 발생하는 것은 아니고, 그 국가배상 책임이 인정되려면 당해 법관이 위법 또는 부당한 목적을 가지고 재판을 하였다거나 법이 법관의 직무 수행상 준수할 것을 요구하고 있는 기준을 현저하게 위반하는 등 법관이 그에게 부여된 권한의 취지에 명백히 어긋나게 이를 행사하였다고 인정할 만한 특별한 사정이 있어야 한다.

재판에 대하여 따로 불복절차 또는 시정절차가 마련되어 있는 경우에는 재판의 결과로 불이익 또는 손해를 입었다고 여기는 사람은 그 절차에 따라 자신의 권리 또는 이익을 회복하도록 함이 법이 예정하는 바이므로, 불복에 의한 시정을 구할 수 없었던 것 자체가 법관이나 다른 공무원의 귀책사유로 인한 것이라거나 그와 같은 시정을 구할 수 없었던 부득이한 사정이 있었다는 등의 특별한 사정이 없다면, 스스로 그와 같은 시정을 구하지 아니한 결과 권리 또는 이익을 회복하지 못한 사람은 원칙적으로 국가배상에 의한 권리구제를 받을 수 없다고 봄이 상당하다고 하겠으나, 재판에 대하여 불복절차 또는 시정절차 자체가 없는 경우에는 부당한 재판으로 인하여 불이익 또는 손해를 입은 사람은 국가배상 이외의 방법으로는 자신의 권리 또는 이익을 회복할 방법이 없으므로, 이와 같은 경우에는 배상 책임의 요건이 충족되는 한 국가배상 책임을 인정하지 않을 수 없다.
헌법재판소 재판관이 청구 기간 내에 제기된 헌법소원심판청구 사건에서 청구 기간을 오인하여 각하결정을 한 경우, 이에 대한 불복절차 또는 시정절차가 없는 때에는 국가배상 책임(위법성)을 인정할 수 있다.

헌법소원심판을 청구한 자로서는 헌법재판소 재판관이 일자 계산을 정확하게 하여 본안판단을 할 것으로 기대하는 것이 당연하고, 따라서 헌법재판소 재판관의 위법한 직무집행의 결과 잘못된 각하결정을 함으로써 청구인에게 본안판단을 받을 기회를 상실하게한 이상, 설령 본안판단을 하였더라도 어차피 청구가 기각되었을 것이라는 사정이 있다고 하더라도 잘못된 판단으로 인하여 헌법소원심판 청구인의 위와 같은 합리적인 기대를 침해한 것이고 이러한 기대는 인격적 이익으로서 보호할 가치가 있다고 할 것이므로 그 침해로 인한 정신상 고통에 대하여는 위자료를 지급할 의무가 있다.

8) ♣ 대법원 2005. 1. 14. 선고 2004다26805 판결 [손해배상(기)]

국가배상법 제2조 제1항의 '직무를 집행함에 당하여'라 함은 직접 공무원의 직무집행행위이거나 그와 밀접한 관련이 있는 행위를 포함하고, 이를 판단함에서는 행위 자체의 외관을 객관적으로 관찰하여 공무원의 직무 행위로 보일 때는 비록 그것이 실질적으로 직무 행위가 아니거나 행위자로서는 주관적으로 공무집행의 의사가 없었다고 하더라도 그 행위는 공무원이 '직무를 집행함에 당하여' 한 것으로 보아야 한다.
인사업무담당 공무원이 다른 공무원의 공무원증 등을 위조한 행위에 대하여 실질적으로는 직무 행위에 속하지 아니한다 할지라도 외관상으로 국가배상법 제2조 제1항의 직무 집행 관련성을 인정한다.

9) ♣ **대법원 2007. 5. 10. 선고 2005다31828 판결 [부당이득금반환]**

법치국가적 원리로서의 법치 행정의 원칙이나 행정의 법률 적합성의 원칙은 행정의 자의(恣意)로부터 개인을 보호하고 아울러 행정작용의 예견 가능성을 보장하고자 하는 데 있으므로 행정은 언제나 법률의 근거하에서 법률의 기속을 받으며 행해져야 하는바, 행정청이 어느 법률에 근거하여 행정처분을 하는 데 있어서 그 법률의 해석·적용을 둘러싸고 견해가 대립하여 오다가 관련 행정쟁송에서 대법원이 그 법률에 근거한 행정처분이 위법이라는 판단을 내린 경우에는 그와 동일한 법률관계나 사실관계에 관하여는 그 법률을 적용할 수 없다는 법리가 공식적으로 그리고 최종적으로 확인된 것으로 보아야 하므로, 이러한 상황에서 행정청으로서는 특별한 사정이 없다면 법치국가적 요청에 부응하여, 대법원의 판단을 통하여 위법이 확인된 행정처분과 동일한 법률관계나 사실관계에 관하여는 그 법률을 적용하지 않음으로써 장래를 향한 위법한 행정작용을 방지 내지 회피하여야 할 책무가 있으며, 오히려 그것이 처분상대방인 국민의 신뢰를 보호하는 방편이 될 것이다. 따라서 행정청이 관계 법령의 해석이 확립되기 전에 어느 한 견해를 취하여 업무를 처리한 것이 결과적으로 위법하게 되어 그 법령의 부당집행이라는 결과를 빚었다고 하더라도 처분 당시 그와 같은 처리방법 이상의 것을 성실한 평균적 공무원에게 기대하기 어려웠던 경우라면 특별한 사정이 없다면 이를 두고 공무원의 과실로 인한 것이라고 볼 수는 없다 할 것이지만, <u>대법원의 판단으로 관계 법령의 해석이 확립되고 이어 상급 행정기관 또는 유관 행정부서로부터 시달된 업무지침이나 업무 연락 등을 통하여 이를 충분히 인식할 수 있게 된 상태에서, 확립된 법령의 해석에 어긋나는 견해를 고집하여 계속하여 위법한 행정처분을 하거나 이에 준하는 행위로 평가될 수 있는 불이익을 처분상대방에게 주게 된다면,</u> 이는 그 공무원의 고의 또는 과실로 인한 것이 되어 그 손해를 배상할 책임이 있다. 원심이 피고 소속 담당 공무원의 판시와 같은 직무상 의무의 근거 중 하나로 들고 있는 법무부 지침에 관하여, 관련 기사만에 의하여 이 사건 부담금의 주무부서도 아닌 법무부가 2004.6. 말경 각 지방자치단체에 판시와 같이 대법원판결과 유사한 사례의 부담금 부과처분을 취소하라는 지침을 보냈다고 인정한 점은 잘못이나, 결국 위 법무부 지침의 내용이, 행정소송을 지휘·관장하는 전국 검찰청에 대하여 이 사건 처분과 동일한 쟁점의 행정처분에 관하여 거듭된 대법원의 판단으로 그 처분의 위법이 확인되었으므로 행정청에 소속된 소송수행자들에게 더 이상의 불필요한 소송수행을 종결할 것을 전달하게 한 것임을 알 수 있고, 원심판결 별지 목록 기재 제15번 부담금은, 유사 사례에서 부과처분의 위법이 대법원판결에 따라 거듭 확인되고 이에 따라 위와 같은 법무부 지침이 피고 소속 담당 공무원에게도 전달된 상황에서 납부된 것이며, 이 사건 처분이 부담금의 납부를 내용으로 하는 침익적 행정처분으로서 이미 14회분의 분납금이 납부된 상황에서 마지막 1회분 분납금의 미납부로 말미암아 행정법 관계의 법적 안정성이 침해될 우려가 있다고는 볼 수 없으므로, 이러한 상황에서라면 <u>피고 소속 담당 공무원으로서는 이미 납부된 부담금의 반환문제까지 수반하는 부과처분 직권취소의 조치를 취하지 않는다 하더라도, 그때까지 납부기한이 도래하지 않은 분납금에 관해서는 이를 수납하지 않거나 징수절차에 나아가지 않는 등의 권리구제적 조치를 통하여 장래를 향한 위법한 행정작용을 중지 내지 회피하여야 할 책무가 있음에도 이를 다하지 않은 과실이 있다고 할 것이다.</u>

10) ♣ **대법원 2010. 4. 29. 선고 2009다97925 판결 [손해배상(기)]**

11) ♣ **대법원 1997. 7. 25. 선고 94다2480 판결 [손해배상(기)]**

국가배상 책임은 공무원의 직무집행이 법령에 위반한 것임을 요건으로 하는 것으로서, 공무원의 직무집행이 법령이 정한 요건과 절차에 따라 이루어진 것이라면 특별한 사정이 없다면 이는 법령에 적합한 것이고 그 과정에서 개인의 권리가 침해되는 일이 생긴다고 하여 그 법령 적합성이 곧바로 부정되는 것은 아니라고 할 것인바, 불법시위를 진압하는 경찰관들의 직무집행이 법령에 위반한 것이라고 하기 위해서는 그 시위진압이 불필요하거나 불법시위의 태양 및 시위 장소의 상황 등에서 예측되는 피해 발생의 구체적 위험성의 내용에 비추어 시위진압의 계속 수행 또는 그 방법 등이 현저히 합리성을 결하여 이를 위법하다고 평가할 수 있는 경우이어야 한다. 경찰관들의 시위진압에 대항하여 시위자들이 던진 화염병에 의하여 발생한 화재로 인하여 손해를 입은 주민의 국가배상청구를 인정한 원심판결을 법리오해를 이유로 파기한 사례. 이 사건 건물이 위치한 위 대학교 북문 주위에서 이미 화염병이 사용된 수많은 불법시위가 벌어졌고 이 사건 당일에도 위 북문 근처에 전투경찰대원들이 배치되는 등 인근 주민으로서도 쉽게 불법시위를 예상할 수 있는 상황이었다면, 경찰관들이 원고 등에게 시위 가능성을 알려 대비하게 하지 않았음만을 탓할 수 없다 할 것이고, 위 시위의 진압에 나선 경찰관들이 비록 시위진압에 전력하느라 원고의 구조요청에 바로 응하지 못하고 지체되기는 하였지만, 휴대 중이던 개인 소화기로 진화를 시도하고 소방서에 연락하여 화재를 진화하게 하는 등 그 나름의 조치를 취하였으며, 평소 위 대학교에서의 시위가 대규모였고 그 시위 장소도 광범위하고 산발적인 데다가 시위대가 한곳에 머무르지 않고 수시로 이동을 거듭하여 방호망과 같은 시설의 효용이 그다지 크다고 볼 수 없는 점 및 이 사건 발생 당시까지 위 대학교 부근에서 벌어진 학생시위로 인하여 주민의 재산에 화재가 발생한 적이 없는 점 등 원심의 인정과 기록에 나타난 사실관계 아래에서라면, 경찰 당국이 이 사건 시위의 과정에서 화염병의 사용을 예상할 수 있었는데도, 원심판시와 같이 <u>시위 장소 부근에 화염병 차단을 위한 방호망을 설치하지 않았다거나, 출동한 경찰관들의 일부에게 화염병이 어느 곳에 떨어지는지에 대하여 주의를 기울이게 하여 그 불길이 주민의 재산으로 번져나가지 않도록 막지 아니하였고, 만약의 화재에 대비하여 소방차를 주변에 대기시키지 않았다고 할지라도, 그러한 사정만으로 이 사건 시위진압을 위한 경찰관들의 직무집행이 그 시위의 태양 및 시위 장소의 상황 등에서 예측되는 피해 발생의 구체적 위험성의 내용에 비추어 시위진압의 방법 등이 현저히 합리성을 결한 것으로서 위법한 것이라고는 볼 수 없다</u> 할 것이다.

12) ♣ **대법원 1996. 2. 15. 선고 95다38677 전원합의체 판결 [손해배상(자)]**

[사실관계]

공군 방포사 제2 여단 제277대대 소속 운전병이 1991. 7. 29. 위 대대 지휘관인 중령의 지휘 아래 공군 제38전대 견학을 가기 위하여 위 대대 소속 군용버스에 그 소속 군인들을 태우고 운전하여 가던 중 그 날 11:00경 충남 서천군 마서면 송내리 소재 21번 국도상 철길건널목 부근 편도 1차선을 서천 방면에서 군산 방면으로 시속 약 50km의 속력으로 진행하게 되었는바, 그곳 전방에는 철길건널목이 설치되어 있으므로 이러한 경우 위 버스를 운전하는 피고로서는 버스의 속력을 줄이고 전방을 잘 살펴 진로의 안전함을 확인하고 진행하는 등 하여 사고를 미연에 방지하여야 할 주의의무가 있다 할 것에도 이를 게을리한 채 그대로 진행한 과실로 위 철길건널목 일단정지선 부근에서 정지하여 신호대기 중이던 위 중령이 탄 같은 부대 소속 군용지프 차를 약 6m 전방에서 뒤늦게 발견하고 급제동 조치를 취하였으나 미치지 못하여 위 버스의 앞부분으로 위 지프 차의 뒷부분을 들이받아 그 충격으로 위 지프 차가 앞으로 끼어들게 하여 서행하던 봉고 트럭 뒷부분을 들이받고 이어서 때마침 그곳을 운행 중이던 열차와 충돌하게 하여, 위 지프 차에 타고 있던 중령에게 뇌탈출 등으로 즉사하게 하였다.

이에 중령의 상속인들이 국가배상(피해자인 중령 역시 같은 부대 소속 군인으로서 직무집행 중 이 사건 사고로 사망한 것으로 인정되어 그 상속인들이 국가유공자 예우 등에 관한 법률 등에 의하여 보상을 받을 수 있는 경우에는 국가배상법 제2조 제1항 단서에 의하여 국가에 대하여 국가배상을 청구할 수 없게 된다) 이외에 운전병을 상대로 손해배상청구를 하였다. 하급심은 공무원의 직무상 불법행위로 인하여 손해를 받은 사람은 국가 또는 공공단체를 상대로 손해배상을 청구할 수 있을 뿐 공무원 개인을 상대로 직접 손해배상을 청구할 수 없다는 이유로 청구를 기각하였다.

대법원은 전원합의체 판결로 해당 운전병의 과실 정도를 파악하여 사고 차량의 운전병에게 경과실만 인정되는 경우에는 공무원 개인인 운전병에게는 불법행위로 인한 손해배상책임을 물을 수 없지만, 중과실이 있는 것으로 인정되는 경우에는 운전병 개인에게도 손해배상책임을 물을 수 있다고 하면서 이러한 해석을 변경하였다.

[1] 국가배상법 2조 입법 취지
[다수의견]
국가배상법 제2조 제1항 본문 및 제2항의 입법 취지는 공무원의 직무상 위법행위로 타인에게 손해를 끼친 경우에는 변제자력이 충분한 국가 등에 선임 감독상 과실 여부에 불구하고 손해배상책임을 부담시켜 국민의 재산권을 보장하되, 공무원이 직무를 수행하면서 경과실로 타인에게 손해를 입힌 경우에는 그 직무 수행상 통상 예기할 수 있는 흠이 있는 것에 불과하므로, 이러한 공무원의 행위는 여전히 국가 등의 기관의 행위로 보아 그로 인하여 발생한 손해에 대한 배상 책임도 전적으로 국가 등에만 귀속시키고 공무원 개인에게는 그로 인한 책임을 부담시키지 아니하여 공무원의 공무집행의 안정성을 확보하고, 반면에 공무원의 위법행위가 고의·중과실에 기한 경우에는 비록 그 행위가 그의 직무와 관련된 것이라고 하더라도 그와 같은 행위는 그 본질에 있어서 기관 행위로서의 품격을 상실하여 국가 등에 그 책임을 귀속시킬 수 없으므로 공무원 개인에게 불법행위로 인한 손해배상책임을 부담시키되, 다만 이러한 경우에도 그 행위의 외관을 객관적으로 관찰하여 공무원의 직무집행으로 보일 때는 피해자인 국민을 두텁게 보호하기 위하여 국가 등이 공무원 개인과 중첩적으로 배상 책임을 부담하되 국가 등이 배상 책임을 지는 경우에는 공무원 개인에게 구상할 수 있도록 함으로써 궁극적으로 그 책임이 공무원 개인에게 귀속되도록 하려는 것이라고 봄이 합당하다.

[별개 의견]
국가배상법 제2조 제2항의 입법 취지가 공무원 직무집행의 안정성 또는 효율성의 확보에 있음은 의문이 없는 바이나, 위 법 조항은 어디까지나 국가 등과 공무원 사이의 대내적 구상 관계만을 규정함으로써, 즉 경과실의 경우에는 공무원에 대한 구상책임을 면제하는 것만으로써 공무집행의 안정성을 확보하려는 것이고, 대외적 관계 즉 피해자(국민)와 불법행위자(공무원) 본인 사이의 책임 관계를 규율하는 취지로 볼 수는 없다. 그것은 국가배상법의 목적이 그 제1조가 밝히고 있는 바와 같이 국가 등의 손해배상책임과 그 배상절차 즉 국가 등과 피해자인 국민 간의 관계를 규정함에 있고 가해자인 공무원과 피해자인 국민 간의 관계를 규정함에 있는 것이 아닌 점에 비추어 보아도 명백하다.

헌법 제29조 제1항 및 국가배상법 제2조 제1항의 규정이 공무원의 직무상 불법행위에 대하여 자기의 행위에 대한 책임에서와같이 국가 또는 공공단체의 무조건적인 배상 책임을 규정한 것은, 오로지 변제자력이 충분한 국가 또는 공공단체에 배상하게 함으로써 피해자 구제에 만전을 기한다는 것에 그치는 것이 아니라, 더 나아가 국민 전체에 대한 봉사자인 공무원들이 더욱 적극적이고 능동적으로 공무를 수행하게 하려고 공무원 개인의 배상 책임을 면제한다는 것에 초점이 있는 것으로 보아야 한다.

[2] 직무상 경과실 위법행위와 헌법 29조 1항 해석
[다수의견]

공무원이 직무 수행 중 불법행위로 타인에게 손해를 입힌 경우에 국가 등이 국가배상책임을 부담하는 외에 공무원 개인도 고의 또는 중과실이 있는 경우에는 불법행위로 인한 손해배상책임을 진다고 할 것이지만, 공무원에게 경과실뿐인 경우에는 공무원 개인은 손해배상책임을 부담하지 아니한다고 해석하는 것이 헌법 제29조 제1항 본문과 단서 및 국가배상법 제2조의 입법 취지에 조화되는 올바른 해석이다.

[별개 의견]

공무원의 직무상 경과실로 인한 불법행위의 경우에도 공무원 개인의 피해자에 대한 손해배상책임은 면제되지 아니한다고 해석하는 것이, 우리 헌법의 관계 규정의 연혁에 비추어 그 명문에 충실한 것일 뿐만 아니라 헌법의 기본권보장 정신과 법치주의의 이념에도 부응하는 해석이다.

[반대의견]

공무원이 직무상 불법행위를 한 경우에 국가 또는 공공단체만이 피해자에 대하여 국가배상법에 따른 손해배상책임을 부담할 뿐, 공무원 개인은 고의 또는 중과실이 있는 경우에도 피해자에 대하여 손해배상책임을 부담하지 않는 것으로 보아야 한다.

[반대보충의견]

주권을 가진 국민 전체에 대한 봉사자로서 공공이익을 위하여 성실히 근무해야 할 공무원이 공무 수행 중 국민에게 손해를 끼친 경우, 국민의 봉사자인 공무원이 봉사 대상이 되는 피해자인 국민과 직접 소송으로 그 시비와 손해액을 가리도록 그 갈등 관계를 방치하는 것보다는 국가가 나서서 공무원을 대위하여 그 손해배상책임을 지고, 국가가 다시 내부적으로 공무원의 직무상 의무의 불이행 내용에 따라 고의·중과실이 있는 경우에만 구상의 형태로 그 책임을 물어 공무원의 국민과 국가에 대한 성실의무와 직무상 의무의 이행을 제도적으로 확보하겠다는 것이, 헌법 제29조 제1항 단서와 국가배상법 제2조 제2항의 취지라고 해석함이 이를 가장 조화롭게 이해하는 길이 될 것이다.

[3] 경과실 직무상 위법행위에 공무원의 개인 책임 인정하지 않는 것이 국민에 대한 기본권 제한이 아닌가?
[다수의견]

공무원의 직무상 위법행위가 경과실에 의한 경우에는, 국가배상 책임만 인정하고 공무원 개인의 손해배상책임을 인정하지 아니하는 것이 피해자인 국민의 입장에서 보면 헌법 제23조가 보장하고 있는 재산권에 대한 제한이 될 것이지만, 이는 공무 수행의 안정성이란 공공의 이익을 위한 것이라는 점과 공무원 개인 책임이 인정되지 아니하더라도 충분한 자력이 있는 국가에 의한 배상 책임이 인정되고 국가배상 책임의 인정 요건도 민법상 사용자책임보다 완화하고 있는 점 등에 비추어 볼 때, 헌법 제37조 제2항이 허용하는 기본권 제한 범위에 속하는 것이라고 할 것이다.

[별개 의견]
아무리 공무집행의 안정성이 공공의 이익에 속한다고 하더라도 그것은 어디까지나 공무집행이 적법하여야만 공공의 이익으로 되는 것이고 위법한 공무집행의 안정성이 공공의 이익에 부합할 수 없으며, 위법한 공무집행으로 손해를 입은 피해자에게 그 손해를 감수하라고 하는 것은 명분이 서지 않는다. 반대로 위법행위의 억제 기능이 느슨해져서 국가의 재정 부담이 증가하면 그것이 공공의 이익에 반하는 결과가 될 것이다. 그뿐만 아니라 공공복리를 위하여 필요한 경우에도 국민의 기본권 제한은 반드시 법률로써 하여야 할 것인데, 그러한 법률이 없는데도 해석으로 이를 제한하는 것은 경계할 일이다.

[5] '군인 공무원은 국가배상법 배상청구 못 한다'에 대한 해석
[다수의견] [3]항의 법리는 피해자가 헌법 제29조 제2항, 국가배상법 제2조 제1항 단서 소정의 공무원으로서 위 단서 조항에 따라 법률에 정해진 보상 외에는 국가배상법에 따른 배상을 청구할 수 없는 경우라고 하여 달리 볼 것은 아니다. 왜냐하면, 헌법 제29조 제2항은 군인, 군무원, 경찰공무원, 기타 법률이 정한 공무원의 경우 전투, 훈련 등 직무집행과 관련하여 받은 손해에 관하여 법률이 정하는 보상 외에 국가 등에 대하여 공무원의 직무상 불법행위로 인한 배상을 청구할 수 없도록 규정하고 있고 국가배상법 제2조 제1항 단서도 이를 이어받아 이를 구체화하고 있지만, 이는 <u>군인 등이 전투, 훈련 등과 관련하여 받는 손해에 한하여는, 국가의 손해배상을 인정하지 아니하고 법률이 정한 보상만을 인정함이 타당하다는 헌법적 결단</u>에 의한 것이기 때문이다.

[반대보충의견]
군인 등은 그 직무의 특수성으로 직무상 사고를 당할 고도의 위험성이 있으므로 그 직무집행 중의 사고에 의한 위험은 국가가 이를 인수하여 그 피해자를 국가유공자로 예우하면서 그 사고에 대하여는 배상이 아닌 보훈 차원에서 종합적으로 배려하여 보상으로 해결하겠다는 것이 헌법 제29조 제2항의 취지라 할 것이다.

13) ♣ 대법원 2014. 8. 20. 선고 2012다54478 판결 [구상금]
공무원이 직무수행 중 불법행위로 타인에게 손해를 입힌 경우에 국가 등이 국가배상 책임을 부담하는 외에 공무원 개인도 고의 또는 중과실이 있는 경우에는 불법행위로 인한 손해배상책임을 지고, 공무원에게 경과실이 있을 뿐인 경우에는 공무원 개인은 손해배상책임을 부담하지 아니한다. <u>이처럼 경과실이 있는 공무원이 피해자에 대하여 손해배상책임을 부담하지 아니함에도 피해자에게 손해를 배상하였다면 그것은 채무자 아닌 사람이 타인의 채무를 변제한 경우에 해당하고, 이는 민법 제469조의 '제3자의 변제' 또는 민법 제744조의 '도의관념에 적합한 비채변제'에 해당하여 피해자는 공무원에 대하여 이를 반환할 의무가 없고,</u> 그에 따라 피해자의 국가에 대한 손해배상청구권이 소멸하여 국가는 자신의 출연 없이 채무를 면하게 되므로, 피해자에게 손해를 직접 배상한 경과실이 있는 공무원은 특별한 사정이 없다면 <u>국가에 대하여 국가의 피해자에 대한 손해배상책임의 범위 내에서 공무원이 변제한 금액에 관하여 구상권을 취득한다</u>고 봄이 타당하다.

공중보건의인 갑에게 치료를 받던 을이 사망하자 을의 유족들이 갑 등을 상대로 손해배상청구의 소를 제기하였고, 갑의 의료과실이 인정된다는 이유로 갑 등의 손해배상책임을 인정한 판결이 확정되어 갑이 을의 유족들에게 판결금 채무를 지급한 사안에서,

갑은 공무원으로서 직무수행 중 경과실로 타인에게 손해를 입힌 것이어서 을과 유족들에 대하여 손해배상책임을 부담하지 아니함에도 을의 유족들에 대한 패소판결에 따라 그들에게 손해를 배상한 것이고, 이는 민법 제744조의 도의관념에 적합한 비채변제에 해당하여 을과 유족들의 국가에 대한 손해배상청구권은 소멸하고 국가는 자신의 출연 없이 채무를 면하였으므로, 갑은 국가에 대하여 변제금액에 관하여 구상권을 취득한다.

14) ♣ **대법원 2001. 2. 15. 선고 96다42420 전원합의체 판결 [구상금]**

부산 등록 트럭이 부산지방경찰청 부산진경찰서 부암2 파출소의 공무용으로서 위 파출소 소속 의무경찰대원 갑이 운전하던 오토바이와 충돌하여 오토바이 뒷좌석에 타고 있던 의무경찰대원 을이 상해를 입었고 트럭의 보험회사는 을에게 치료비 및 합의금으로 금 47,330,000원을 지급하였다. 그리고 국가를 상대로 갑의 과실 부담부분 상당의 상환을 구하는 구상금청구를 하였다.

하급심은 트럭 운전자와 오토바이 운전자 사이의 과실비율(3 : 1)을 기초로 보험회사의 국가에 금 11,832,500원의 구상권을 인정한 다음, 이 사건 사고의 피해자 을은 파출소 소속 의무경찰대원으로서 순찰업무를 수행하던 중 상해를 입은 것으로 국가로부터 재해보상금, 유족연금, 상이연금 등의 보상을 지급받을 수 있었기 때문에 국가배상법 제2조 제1항 단서에 따라 국가에 대하여 국가배상법 또는 민법에 의한 손해배상청구를 할 수 없으므로 보험회사의 국가에 대한 구상권도 인정될 수 없다는 국가의 주장에 대하여, 민간인이 직무집행 중인 군인이나 경찰공무원과의 공동불법행위로 직무집행 중인 다른 군인이나 경찰공무원에게 공상을 입혀 그 피해자에게 손해를 배상한 경우에도 공동불법행위자인 군인 등의 귀책 부분에 관하여 국가에 대하여 구상권을 행사할 수 있다는 이유로 이를 배척하였다.

대법원은 전원합의체판결로 공동불법행위자 등이 부진정연대채무자로서 각자 피해자의 손해 전부를 배상할 의무를 부담하는 공동불법행위의 일반적인 경우와 달리 예외적으로 민간인은 피해 군인 등에 대하여 그 손해 중 국가 등이 민간인에 대한 구상의무를 부담한다면 그 내부적인 관계에서 부담하여야 할 부분을 제외한 나머지 자신의 부담부분에 한하여 손해배상 의무를 부담하고, 한편 국가 등에 대하여는 그 귀책 부분의 구상을 청구할 수 없다고 하였다.

15) ♣ **대법원 2008. 3. 27. 선고 2006다70929, 70936 판결 [구상금 등·손해배상(기)]**

16) ♣ **대법원 2016. 6. 9. 선고 2015다200258 판결 [구상금]**

3-2. 공무상 자동차운행으로 인한 손해배상

국가나 지방자치단체는 공무원 또는 공무를 위탁받은 사인이 직무를 집행하면서 자동차손해배상 보장법에 따라 손해배상의 책임이 있을 때는 국가배상법에 따라 그 손해를 배상하여야 한다(국가배상법 제2조 제1항 본문 후단).

자동차손해배상 보장법 제3조 제1항은 자기를 위하여 자동차를 운행하는 자는 손해배상책임이 있다고 규정하고 있는데, 운행지배와 운행이익으로 운행자성을 판정한다.

요건으로는 국가 등이 운행자일 것, 인적 손해일 것, 면책 사유가 없을 것 등이며, 공무원 등이 공무를 위해 관용차를 운행한 경우에 인정되고 공무원 등이 공무를 위해 자가용을 운행한 경우에는 운행 경위와 운행경로 등을 파악하여 제한적으로 인정하고 있다.

국가 등의 운행자성이 부정되는 경우 공무원 개인은 경과실, 고의·중과실을 가리지 않고 자배법상의 책임을 진다.

3-3. 공공시설 등의 하자로 인한 손해배상

법적 근거는 국가배상법 제5조(공공시설 등의 하자로 인한 책임 ① 도로·하천, 그 밖의 공공의 영조물(營造物) 설치나 관리에 하자(瑕疵)가 있어서 타인에게 손해를 발생하게 하였을 때는 국가나 지방자치단체는 그 손해를 배상하여야 한다.)이고, 무과실책임 규정이다.

3-3-1. 요건

① 도로, 하천, 기타 공공의 영조물

영조물의 의미는 강학상 공물(公物)로 해석된다. 공공용물뿐만 아니라 공용물도 포함하며 사실상 관리를 하는 경우도 포함하는데, 공공의 영조물이란 국가 등에 의하여 특정 공공목적에 공여된 유체물 또는 물적 설비를 지칭한다고 판시하고 있다. 인공공물(도로, 상하수도, 관공서 청사, 발전설비, 철도 등), 자연공물(하천 호수 해변), 동산(자동차 항공기 선박), 동물(경찰견 군견) 등이 포함된다. 국유재산법상의 행정재산의 개념에서 보면 공공용 재산, 공용재산, 기업용 재산, 보존재산 등이 포함되나, 일반재산은 제외된다.

② 설치 또는 관리상의 하자

영조물을 설치 관리하는 데 있어서 영조물이 일반적으로 갖추어야 할 안정성을 결여한 것을 말한다. 관리자의 주의의무 위반이라는 주관적 귀책사유도 고려되어야 하는가에 관하여 학설은 객관설(안전성의 객관적 하자), 주관설(의무위반설), 절충설(물적 결함 + 관리자의 주의의무 위반), 안전의무위반설(관리 주체의 안전확보의무위반) 등이 있는데, 판례는 객관설 입장이나 안전성 구비 여부의 판단에서 사회 통념상 일반적으로 요구되는 정도의 방호조치의무를 다했는지와 손해 발생의 예견 가능성과 회피 가능성을 기준으로 삼아야 한다고 하여 주관적 사정을 고려하는 수정된 객관설을 취하고 있다.[1] 영조물의 이용 상태 및 정도가 일정한 한도를 초과하여 제3자에게 사회 통념상 참을 수 없는 피해를 주는 경우까지 포함된다고 본다(사격장, 공군비행장, 김포공항 사건 등).[2]

3-3-2. 면책 사유

홍수나 강풍, 자연 발생적 대형 화재 등 불가항력(천재지변)의 경우 용도에 따라 통상 갖추어야 할 안전성을 갖추고 있으면 면책되나, 예산 부족은 해당하지 않는다.[3)]

3-3-3. 제5조의 책임과 제2조의 책임의 경합

영조물의 설치 관리의 하자와 영조물설치 관리가 직무인 공무원의 고의 과실이 결합한 경우 어느 규정에 따라서 국가배상을 청구할 수 있는가에 대하여 학설은 경합설(법조경합설 : 제2조 청구라도 제5조로 인용 가능, 청구권경합설 : 제2조 청구인데 제5조로 인정되면 기각)과 선택적 청구설 등이 있다.

3-3-4. 배상책임자

헌법 제29조는 국가와 공공단체를 배상책임자로 규정하고 있으나, 국가배상법 제2조는 국가나 지방자치단체로 규정하고 있어서 지방자치단체가 아닌 공공단체는 민법 규정으로 배상 책임을 진다.

사무귀속 주체로서의 배상책임자(국가배상법 제2조, 제5조), 비용부담자로서의 배상책임자(국가배상법 제6조)가 있는데, 위임사무처리 과정에서 수임자의 배상 책임을 인정하는 근거가 된다(국영공비사업에서의 비용부담자인 지방자치단체의 배상 책임).[4)]

3-3-5. 내부적 구상 문제

내부관계에서 손해를 배상할 책임이 있는 자에게 구상이 가능하다(국가배상법 제6조 제2항). 구상 관계로 인한 종국적 배상책임자가 누구인가에 대하여 학설은 사무귀속자설, 비용부담자설, 기여도설(손해 발생 기여도로) 등이 있는데, 판례로는 사무귀속자설 판례와 기여도설 판례가 있다.[5)]

3-3-6. 원인책임자에 대한 구상

공공시설의 하자로 인한 손해배상책임을 지는 국가나 지방자치단체는 손해의 원인에 대하여 책임이 있는 자에 대하여 구상할 수 있다(국가배상법 제5조 제2항).[6]

3-3-7. 배상금 청구 절차

배상심의회의 배상신청은 임의적이므로 직접 법원에 국가배상청구소송을 제기할 수 있다.

주석 [공공시설 하자 손해배상]

1) ♣ **대법원 2010. 7. 22. 선고 2010다33354, 33361 판결 [손해배상(기)]**
국가배상법 제5조 제1항 소정의 '영조물의 설치 또는 관리의 하자'라 함은 영조물이 그 용도에 따라 통상 갖추어야 할 안전성을 갖추지 못한 상태에 있음을 말하는 것으로서, 영조물이 완전무결한 상태에 있지 아니하고 그 기능상 어떠한 결함이 있다는 것만으로 영조물의 설치 또는 관리에 하자가 있다고 할 수 없고, 위와 같은 안전성의 구비 여부는 당해 영조물의 용도, 그 설치장소의 현황 및 이용 상황 등 제반 사정을 종합적으로 고려하여 설치·관리자가 그 영조물의 위험성에 비례하여 사회 통념상 일반적으로 요구되는 정도의 방호조치의무를 다하였는지를 그 기준으로 삼아야 할 것이며, 객관적으로 보아 시간적·장소적으로 영조물의 기능상 결함으로 인한 손해 발생의 예견 가능성과 회피 가능성이 없는 경우, 즉 그 영조물의 결함이 영조물 설치관리자의 관리행위가 미칠 수 없는 상황에 있는 경우에는 영조물의 설치·관리상의 하자를 인정할 수 없다.

한편 자연 영조물로서의 하천 중 국토 보전상 또는 국민 경제상 중요한 하천으로서 하천법 제7조 제2항에 의하여 지정되는 국가하천의 관리에 있어서는 그 유역의 광범위성과 유수(流水)의 상황에 따른 하상의 가변성 등으로 인하여 익사 사고에 대비한 하천 자체의 위험관리에는 일정한 한계가 있을 수밖에 없겠지만, 국가하천 주변에 체육공원이 있어 다양한 이용객이 왕래하는 곳으로서 과거 동종 익사 사고가 발생하고, 또한 그 주변 공공용물로부터 사고지점인 하천으로의 접근로가 그대로 존치되어 있어서 이를 이용한 미성년자들이 하천에 들어가 물놀이를 할 수 있는 상황이라고 한다면, 특별한 사정이 없으면 그 사고지점인 하천으로의 접근을 막기 위하여 방책을 설치하는 등의 적극적 방호조치를 취하지 아니한 채 하천 진입로 주변에 익사 사고의 위험을 경고하는 표지판을 설치한 것만으로는 국가하천에서 성인보다 사리 분별력이 떨어지는 미성년자인 아이들의 익사 사고를 방지하기 위하여 그 관리 주체로서 사회 통념상 일반적으로 요구되는 정도의 방호조치의무를 다하였다고 할 수는 없다. 원심이 인용한 제1심판결 이유를 앞서 본 법리와 기록에 비추어 살펴보면, 원심이 이 사건 사고지점 부근에 일반인들이 자주 이용하는 체육공원이 설치되어 있어 일반 하천 유역보다는 더욱 높은 정도의 주의를 기울여 방호조치를 해야 했다는 점과 이 사건 사고가 발생하기 1년 전에 이 사건 사고지점과 같은 장소에서 같은 형태의 익사 사고가 발생하였다는 점 등 그 판시와 같은 이유를 들어 국가하천인 이 사건 하천의 관리상의 하자가 있었다고 판단한 것은 위 법리에 비추어 정당하다.

2) ♣ **대법원 2004. 3. 12. 선고 2002다14242 판결 [손해배상(기)]**
국가배상법 제5조 제1항에 정하여진 '영조물의 설치 또는 관리의 하자'라 함은 공공의 목적에 공여된 영조물이 그 용도에 따라 갖추어야 할 안전성을 갖추지 못한 상태에 있음을 말하고, 여기서 안전성을 갖추지 못한 상태, 즉 타인에게 위해를 끼칠 위험성이 있는 상태란 당해 영조물을 구성하는 물적 시설 그 자체에 있는 물리적·외형적 흠결이나 불비로 인하여 그 이용자에게 위해를 끼칠 위험성이 있는 경우뿐만 아니라 그 영조물이 공공의 목적에 이용됨에 있어 그 이용 상태 및 정도가 일정한 한도를 초과하여 제3자에게 사회 통념상 참을 수 없는 피해를 주는 경우까지 포함된다고 보아야 할 것이고, 사회 통념상 참을 수 있는 피해인지는 그 영조물의 공공성, 피해의 내용과 정도, 이를 방지하기 위하여 노력한 정도 등을 종합적으로 고려하여 판단하여야 한다.

매향리 사격장에서 발생하는 소음 등으로 지역 주민들이 입은 피해는 사회 통념상 참을 수 있는 정도를 넘는 것으로서 사격장의 설치 또는 관리에 하자가 있었다고 본다.

소음 등을 포함한 공해 등의 위험지역으로 이주하여 들어가서 거주하는 경우와 같이 위험의 존재를 인식하면서 그로 인한 피해를 용인하며 접근한 것으로 볼 수 있는 경우에 그 피해가 직접 생명이나 신체에 관련된 것이 아니라 정신적 고통이나 생활 방해의 정도에 그치고, 그 침해행위에 상당한 고도의 공공성이 인정되는 때에는 위험에 접근한 후 실제로 입은 피해 정도가 위험에 접근할 당시에 인식하고 있었던 위험의 정도를 초과하는 것이거나 위험에 접근한 후에 그 위험이 특별히 증대하였다는 등의 특별한 사정이 없다면 가해자의 면책을 인정하여야 하는 경우도 있을 수 있을 것이나, 일반인이 공해 등의 위험지역으로 이주하여 거주하는 경우라고 하더라도 위험에 접근할 당시에 그러한 위험이 문제가 되고 있지 아니하였고, 그러한 위험이 존재하는 사실을 정확하게 알 수 없었으며, 그 밖에 위험에 접근하게 된 경위와 동기 등의 여러 가지 사정을 종합하여 그와 같은 위험의 존재를 인식하면서 굳이 위험으로 인한 피해를 용인하였다고 볼 수 없는 경우에는 그 책임이 감면되지 아니한다고 봄이 상당하다.

3) ♣ 대법원 2003. 10. 23. 선고 2001다48057 판결 [손해배상(기)]

자연 영조물로서의 하천은 원래 이를 설치할 것인지에 대한 선택의 여지가 없고, 위험을 내포한 상태에서 자연적으로 존재하고 있으며, 간단한 방법으로 위험상태를 제거할 수 없는 경우가 많고, 유수라고 하는 자연현상을 대상으로 하면서도 그 유수의 원천인 강우의 규모, 범위, 발생 시기 등의 예측이나 홍수의 발생 작용 등의 예측이 곤란하고, 실제로 홍수가 어떤 작용을 하는지는 실험에 의한 파악이 거의 불가능하고 실제 홍수에 의하여 파악할 수밖에 없어 결국 과거의 홍수 경험을 토대로 하천관리를 할 수밖에 없는 특질이 있고, 또 국가나 하천관리청이 목표로 하는 하천의 개수작업을 완성함에서는 막대한 예산이 필요하고, 대규모 공사가 되어 이를 완공하는 데 장기간이 소요되며, 치수의 수단은 강우의 특성과 하천 유역의 특성에 의하여 정해지는 것이므로 그 특성에 맞는 방법을 찾아내는 것은 오랜 경험이 필요하고 또 기상의 변화에 따라 최신의 과학기술에 의한 방법이 효용이 없을 수도 있는 등 그 관리상의 특수성도 있으므로 이와 같은 관리상의 특질과 특수성을 고려한다면, 하천의 관리청이 관계 규정에 따라 설정한 계획홍수위를 변경시켜야 할 사정이 생기는 등 특별한 사정이 없다면, 이미 존재하는 하천의 제방이 계획홍수위를 넘은 경우 그 하천은 용도에 따라 통상 갖추어야 할 안전성을 갖추고 있다고 보아야 하고, 그와 같은 하천이 그 후 새로운 하천시설을 설치할 때 기준으로 삼기 위하여 제정한 '하천시설기준'이 정한 여유고를 확보하지 못하고 있다는 사정만으로 바로 안전성이 결여된 하자가 있다고 볼 수는 없다. 100년 발생빈도의 강우량을 기준으로 책정된 계획홍수위를 초과하여 600년 또는 1,000년 발생빈도의 강우량에 의한 하천의 범람은 예측 가능성 및 회피 가능성이 없는 불가항력적인 재해로서 그 영조물의 관리청에 책임을 물을 수 없다.

♣ 대법원 1993. 6. 8. 선고 93다11678 판결 [손해배상(자)]

원심은, 피고가 1989. 10.경 이 사건 도로(편도 1차선의 46번 국도)를 신설하였는데, 이 사건 사고가 일어난 지점의 부근은 산 중턱을 깎아 도로의 부지를 조성하였으므로, 비가 많이 올 때 등에 대비하여 깎아내린 산비탈 부분이 무너지지 않도록 배수로를 제대로 설치하고 격자 블록 등의 견고한 보호시설을 갖추어야 함에도, 이를 게을리한 잘못으로 위 산비탈 부분이 1991.7.25. 내린 약 308.5㎜의 집중호우에 견디지 못하고 위 도로 위로 무너져 내려 차량의 통행을 방해함으로써 이 사건 사고가 일어난 사실을 인정할 수 있으므로, 이 사건 사고는 피고의 위 도로의 설치 또는 관리상의 하자로 인하여 일어난 것이라고 보아야 한다고 판단한 다음, 매년 비가 많이 오는 장마철을 겪고 있는 우리나라와 같은 기후의 여건에서 위와 같은 집중호우가 내렸다고 하여 전혀 예측할 수 없는 천재지변이라고 보기는 어렵다고 판단하였는바, 사실관계가 원심이 확정한 바와 같다면, 원심판결에 소론과 같이 공공시설 등의 하자로 인한 책임에 관한 법리를 오해한 위법이 있다고 볼 수 없다.

♣ **대법원 2007. 9. 21. 선고 2005다65678 판결 [손해배상(기)]**

하천관리의 하자 유무는, 과거에 발생한 수해의 규모·발생의 빈도·발생원인·피해의 성질·강우 상황·유역의 지형, 기타 자연적 조건, 토지의 이용 상황, 기타 사회적 조건, 개수를 요구하는 긴급성의 유무 및 그 정도 등 제반 사정을 종합적으로 고려하고, 하천관리에서의 위와 같은 재정적·시간적·기술적 제약하에서 같은 종류, 같은 규모 하천에 대한 하천관리의 일반수준 및 사회통념에 비추어 시인될 수 있는 안전성을 구비하고 있다고 인정할 수 있는지를 기준으로 하여 판단해야 한다. 관리청이 하천법 등 관련 규정에 따라 책정한 하천 정비 기본계획 등에 따라 개수를 완료한 하천 또는 아직 개수 중이라 하더라도 개수를 완료한 부분에서는, 위 하천 정비 기본계획 등에서 정한 계획홍수량 및 계획홍수위를 충족하여 하천이 관리되고 있다면 <u>당초부터 계획홍수량 및 계획홍수위를 잘못 책정하였다거나 그 후 이를 시급히 변경해야 할 사정이 생겼음에도 불구하고 이를 해태하였다는 등의 특별한 사정이 없다면, 그 하천은 용도에 따라 통상 갖추어야 할 안전성을 갖추고 있다고 봄이 상당하다.</u>

1991년 안양천 수계 하천 정비 기본계획이 50년 빈도의 최대 확률강우량을 기초로 한 것인 이상 특별한 사정이 없다면 1시간 최대 확률강우량 역시 같은 빈도의 확률강우량을 기초로 한 것으로 봄이 타당하므로, 원심이 삼성천 유역의 이 사건 침수사고 직전 1시간 강우량으로 인정한 94.5㎜는 위 하천 정비 기본계획이 기초로 하는 1시간 최대 확률강우량을 초과할 뿐만 아니라, 원심은 이 사건 침수사고 직전의 1시간 강우량이 150년 빈도의 최대 확률강우량에 해당한다거나 위 하천 정비 기본계획에서 계획홍수량 산정의 기초로 삼은 1일 최대 확률강우량과 이 사건 침수사고 직전의 1시간 강우량만을 평면 비교하여 이 사건 침수사고가 불가항력적인 자연재해라고 판단한 것이 아니고, 하천관리에 따르는 재정적·시간적·기술적 제약하에서 삼성 7교 부근의 계획홍수량과 계획홍수위, 사고 전날부터 사고 직전까지 삼성천 유역에 내린 집중호우로 인한 삼성 7교 부근의 첨두 홍수량과 추정 홍수위, 과거 수해의 발생 여부, 이 사건 침수사고의 발생원인, 개수를 요구하는 긴급성의 유무 등 제반 사정을 종합적으로 고려하여 이 사건 침수사고가 예견 가능성과 회피 가능성이 없는 불가항력적인 자연재해의 경우에는 영조물의 설치 관리상의 어떤 하자가 있다고 볼 수 없다.

이 사건 침수사고가 발생한 삼성 7교 부근의 제방은 좌안 25.44m, 우안 25.50m로서 50년 발생빈도를 기준으로 책정된 계획홍수위인 25.26m보다 좌안은 18㎝, 우안은 24㎝ 정도 더 높았던 사실, 이 사건 침수사고 당시 삼성 7교 부근의 첨두 홍수량은 142㎥/sec로서 계획홍수량인 104㎥/sec를 38㎥/sec 초과하고, 추정 홍수위는 26.88m로서 계획홍수위를 1.62m나 상회하는 수위의 유수가 흘렀다고 추정되며, 침수지역의 침수고는 평균 1.2m에서 2.1m에 이르렀던 사실, 이 사건 침수사고 이전에는 위 사고지점에서 하천이 범람한 적이 없었던 사실을 알 수 있다. <u>당초부터 계획홍수량 및 계획홍수위의 책정이 잘못되었다거나 그 후 계획홍수량 및 계획홍수위를 상향 조정해야만 할 특별한 사정</u>

이 드러나지 않는 이 사건에 있어서, 위 사고지점의 제방이 그 용도에 따라 통상 갖추어야 할 안전성을 갖추지 못한 하자가 있다고 볼 수는 없다.

4) ♣ 대법원 1994. 12. 9. 선고 94다38137 판결 [손해배상(기)]
국가배상법 제6조 제1항 소정의 '공무원의 봉급·급여 기타의 비용'이란 공무원의 인건비만을 가리키는 것이 아니라 당해 사무에 필요한 일체의 경비를 의미한다고 할 것이고, 적어도 대외적으로 그러한 경비를 지출하는 자는 경비의 실질적·궁극적 부담자가 아니더라도 그러한 경비를 부담하는 자에 포함된다. 구 지방자치법 제131조(현행 제132조), 구 지방재정법 제16조 제2항(현행 제18조 제2항)의 규정상, 지방자치단체의 장이 기관 위임된 국가행정 사무를 처리하는 경우 그에 소요되는 경비의 실질적·궁극적 부담자는 국가라고 하더라도 당해 지방자치단체는 국가로부터 내부적으로 교부된 금원으로 그 사무에 필요한 경비를 대외적으로 지출하는 자이므로, 이러한 경우 지방자치단체는 국가배상법 제6조 제1항 소정의 비용부담자로서 공무원의 불법행위로 인한 같은 법에 의한 손해를 배상할 책임이 있다.

♣ 대법원 1991. 12. 24. 선고 91다34097 판결 [손해배상(기)]
자동차운전면허시험 관리업무는 국가행정 사무이고 지방자치단체의 장인 서울특별시장은 국가로부터 그 관리업무를 기관 위임받아 국가행정 기관의 지위에서 그 업무를 집행하므로, 국가는 면허시험장의 설치 및 보존의 하자로 인한 손해배상책임을 부담한다.

♣ 대법원 1995. 2. 24. 선고 94다57671 판결
여의도광장의 관리는 광장의 관리에 관한 별도의 법령이나 규정이 없으므로 서울특별시는 여의도광장을 도로법 제2조 제2항 소정의 "도로와 일체가 되어 그 효용을 다하게 하는 시설"로 보고 같은 법의 규정을 적용하여 관리하고 있으며, 그 관리사무 중 일부를 영등포구청장에게 권한 위임하고 있어, 여의도광장의 관리청이 본래 서울특별시장이라 하더라도 그 관리사무의 일부가 영등포구청장에게 위임되었다면, 그 위임된 관리사무에 관한 한 여의도광장의 관리청은 영등포구청장이 되고, 같은 법 제56조에 의하면 도로에 관한 비용은 건설부 장관이 관리하는 도로 이외의 도로에 관한 것은 관리청이 속하는 지방자치단체의 부담으로 하게 되어 있어 여의도광장의 관리비용부담자는 그 위임된 관리사무에 관한 한 관리를 위임받은 영등포구청장이 속한 영등포구가 되므로, 영등포구는 여의도광장에서 차량진입으로 일어난 인신사고에 관하여 국가배상법 제6조 소정의 비용부담자로서의 손해배상책임이 있다. 차량진입으로 인한 인신사고 당시에는 차도와의 경계선 일부에만 이동식 쇠기둥이 설치되어 있고 나머지 부분에는 별다른 차단시설물이 없었으며 경비원도 없었던 것은, 평소 시민의 휴식공간으로 이용되는 여의도광장이 통상 요구되는 안전성을 결여하고 있었다 할 것이고, 만약 사고 후에 설치된 차단시설물이 이미 설치되어 있었고 경비원이 배치되어 있었더라면 가해자가 승용차를 운전하여 광장 내로 진입하는 것을 막을 수 있었거나, 설사 차량진입을 완전히 막지는 못하더라도 최소한 진입 시에 차단시설물을 충격하면서 발생하는 소리나 경비원의 경고를 듣고 많은 사람이 대피할 수 있었다고 보이므로, 차량진입으로 인한 사고와 여의도광장의 관리상의 하자 사이에는 상당인과관계가 있다.

♣ 대법원 2014. 6. 26. 선고 2011다85413 판결 [손해배상]
구 하천법 제28조 제1항에 따라 국토해양부 장관이 하천공사를 대행하더라도 이는 국토해양부 장관이 하천관리에 관한 일부 권한을 일시적으로 행사하는 것으로 볼 수 있을 뿐 하천관리청이 국토해양부 장관으로 변경되는 것은 아니므로, 국토해양부 장관이 하

천공사를 대행하던 중 지방하천의 관리상 하자로 인하여 손해가 발생하였다면 하천관리청이 속한 지방자치단체는 국가와 함께 국가배상법 제5조 제1항에 따라 지방하천의 관리자로서 손해배상책임을 부담한다.

♣ 대법원 1999. 6. 25. 선고 99다11120 판결 [손해배상(자)]

도로교통법 제3조 제1항은 특별시장·광역시장 또는 시장·군수(광역시의 군수를 제외)는 도로에서의 위험을 방지하고 교통의 안전과 원활한 소통을 확보하는 데 필요하다고 인정하는 때에는 신호기 및 안전표지를 설치하고 이를 관리하여야 하도록 규정하고, 도로교통법 시행령 제71조의 2 제1항 제1호는 특별시장·광역시장이 위 법률규정에 따른 신호기 및 안전표지의 설치·관리에 관한 권한을 지방경찰청장에게 위임하는 것으로 규정하고 있는바, 이처럼 행정 권한이 기관 위임된 경우 권한을 위임받은 기관은 권한을 위임한 기관이 속하는 지방자치단체의 산하 행정기관의 지위에서 그 사무를 처리하는 것이므로 사무귀속의 주체가 달라진다고 할 수 없고, 따라서 권한을 위임받은 기관 소속의 공무원이 위임사무처리에 있어 고의 또는 과실로 타인에게 손해를 끼쳤거나 위임사무로 설치·관리하는 영조물의 하자로 타인에게 손해를 발생하게 한 경우에는 권한을 위임한 관청이 소속된 지방자치단체가 국가배상법 제2조 또는 제5조에 의한 배상 책임을 부담하고, 권한을 위임받은 관청이 속하는 지방자치단체 또는 국가가 국가배상법 제2조 또는 제5조에 의한 배상 책임을 부담하는 것이 아니므로, 지방자치단체장이 교통신호기를 설치하여 그 관리 권한이 도로교통법 제71조의 2 제1항의 규정에 따라 관할 지방경찰청장에게 위임되어 지방자치단체 소속 공무원과 지방경찰청 소속 공무원이 합동 근무하는 교통 종합관제센터에서 그 관리업무를 담당하던 중 위 신호기가 고장 난 채 방치되어 교통사고가 발생한 경우, 국가배상법 제2조 또는 제5조에 의한 배상 책임을 부담하는 것은 지방경찰청장이 소속된 국가가 아니라, 그 권한을 위임한 지방자치단체장이 소속된 지방자치단체라고 할 것이나, 한편 국가배상법 제6조 제1항은 같은 법 제2조, 제3조 및 제5조의 규정에 따라 국가 또는 지방자치단체가 손해를 배상할 책임이 있는 경우에 공무원의 선임·감독 또는 영조물의 설치·관리를 맡은 자와 공무원의 봉급·급여 기타의 비용 또는 영조물의 설치·관리의 비용을 부담하는 자가 동일하지 아니한 경우에는 그 비용을 부담하는 자도 손해를 배상하여야 한다고 규정하고 있으므로 <u>교통신호기를 관리하는 지방경찰청장 산하 경찰관들에 대한 봉급을 부담하는 국가도 국가배상법 제6조 제1항에 의한 배상 책임을 부담한다.</u>

5) ♣ 대법원 2001. 9. 25. 선고 2001다41865 판결 [구상금]

한○○는 1996.12.24. 18:20경 주식회사 한우포장 소유의 화물차를 운전하여 ○○시 ○○동 595 소재 횡단보도 지점을 편도 3차로 중 2차로를 따라 시속 60㎞의 속도로 진행하던 중 그 진행 방향 왼쪽에서 오른쪽으로 횡단보도를 건너오던 이○○를 화물차 앞부분으로 들이받아 뇌좌상 등의 상해를 입게 하였다. 사고장소는 삼거리 교차로에 못미처 횡단보도가 설치된 곳으로 교통신호기가 설치되어 교통정리가 행하여지던 곳인데, 사고 당시 횡단보도 위쪽에 설치되어 있던 차량 신호등은 녹색등이었고, 보행자 신호등은 고장으로 작동되지 않은 상태로 방치되어 있었다. 사고 당시 사고 화물차의 진행 방향으로 1차로 상에는 대형화물차 1대가 삼거리에서 좌회전 신호를 받기 위하여 대기 중이었는데, 이○○는 보행자 신호등이 고장 난 횡단보도를 그 대형화물차 앞을 지나 건너다가 이 사건 사고를 당한 것이었다. 횡단보도에 설치된 신호기는 원래 원고 시장이 설치·관리하여야 할 것을 도로교통법 제104조 제1항, 그 시행령 제71조의 2 제1호에 의하여 원고 시장이 그 설치·관리에 관한 권한을 피고 산하 경기도지방경찰청 소속 안산경찰서장에게 위임함에 따라 안산경찰서장이 원고의 비용부담 아래 이를 설치·관리하고 있었다. 원고 안산시는 이 사건 사고로 피해를 본 이○○와 그 부모들의 손해배상청구에 따라 손해금을 배상한 사고 화물차의 소유자인 주식회사 한우포장의 구상금청구에 따라 1억 7,000만 원을 지급하였다.

지방자치법 제9조 제2항 제4호 파목은 '주차장·교통표지 등 교통편의시설의 설치와 관리'를 지방자치단체 사무의 하나로 열거하고 있고, 도로교통법 제3조 제1항은, 특별시장·광역시장 또는 시장·군수는 도로에서의 위험을 방지하고 교통의 안전과 원활한 소통을 확보하는 데 필요하다고 인정하는 때에는 신호기 및 안전표지를 설치하고 이를 관리하여야 한다고 규정하며, 같은 법 제104조 제1항은, 특별시장·광역시장 또는 시장·군수는 이 법에 따른 권한 일부를 대통령령이 정하는 바에 의하여 지방경찰청장 또는 경찰서장에게 위임 또는 위탁할 수 있다고 규정하고, 같은 법 시행령 제71조의 2 제1항 제1호는 시장·군수가 신호기 및 안전표지의 설치·관리에 관한 권한을 경찰서장에게 위탁하는 것으로 규정하며, 지방자치법 제132조 단서는 지방자치단체의 사무를 위임한 경우 지방자치단체에서 그 경비를 부담하도록 규정하고 있다. 이처럼 행정 권한이 기관 위임된 경우 권한을 위임받은 기관은 권한을 위임한 기관이 속하는 지방자치단체의 산하 행정기관의 지위에서 그 사무를 처리하는 것으로서 사무귀속의 주체가 달라지지 아니하고, 따라서 <u>권한을 위임받은 기관 소속의 공무원이 그 위임사무처리에 관하여 고의 또는 과실로 타인에게 손해를 끼치거나, 위임사무로 설치·관리하는 영조물의 하자로 타인에게 손해를 발생하게 한 경우에는 권한을 위임한 관청이 소속된 지방자치단체가 국가배상법 제2조 또는 제5조에 의한 배상 책임을 부담하고, 권한을 위임받은 관청이 속하는 지방자치단체 또는 국가가 국가배상법 제2조 또는 제5조에 의한 배상 책임을 부담하는 것이 아니므로,</u> 지방자치단체장의 교통신호기에 관한 관리 권한이 도로교통법 시행령 제71조의 2 제1항의 규정에 따라 관할 경찰서장에게 위임되어 경찰서 소속 공무원이 그 관리 업무를 담당하던 중 교통신호기가 고장 난 채 방치되어 교통사고가 발생한 경우, 국가배상법 제2조 또는 제5조에 의한 배상 책임을 부담하는 것은 경찰서장이 소속된 국가가 아니라, 그 권한을 위임한 지방자치단체장이 소속된 지방자치단체이다.

한편, 국가배상법 제6조에서 공무원의 선임·감독자 또는 영조물의 설치·관리를 맡은 자와 비용부담자가 다를 경우 비용부담자도 배상 책임을 지도록 하고 내부관계에서 구상할 수 있도록 규정한 취지는, 배상책임자가 불분명하여 피해자가 과연 누구를 손해배상청구의 상대방으로 할 것인지를 알 수 없는 경우에 비용부담자도 배상 책임을 지는 것으로 함으로써 피해자의 상대방 선택의 부담을 완화하여 피해구제를 용이하게 하고, 그 내부관계에서는 실질적인 책임이 있는 자가 최종적으로 책임을 지게 하려는 데 있는 것으로 풀이되는바, 원심이 확정한 바와 같이 <u>이 사건 교통신호기의 관리사무는 원고가 안산경찰서장에게 그 권한을 기관 위임한 사무로서 피고 소속 경찰공무원들은 원고의 사무를 처리하는 지위에 있으므로, 원고가 그 사무에 관하여 선임·감독자에 해당하고, 그 교통신호기 시설은 지방자치법 제132조 단서의 규정에 따라 원고의 비용으로 설치·관리되고 있으므로, 그 신호기의 설치, 관리의 비용을 실질적으로 부담하는 비용부담자의 지위도 아울러 지니고 있는 반면, 피고는 단지 그 소속 경찰공무원에게 봉급만을 지급하고 있을 뿐이므로, 원고와 피고 사이에서 이 사건 손해배상의 궁극적인 책임은 전적으로 원고에게 있다고 봄이 상당하다.</u>

♣ **대법원 1998. 7. 10. 선고 96다42819 판결 [구상금]**
  [1] 도로법상 일반국도의 관리청은 원칙적으로 건설교통부 장관으로 되어 있고(제22조

제1항), 광역시 관할구역 안에 있는 일반국도의 경우에는 그 관리청이 광역시장으로 되어 있으며(제22조 제2항), 도로의 신설, 개축 및 수선에 관한 공사와 그 유지는 법률에 특별한 규정이 없는 한 당해 도로의 관리청이 이를 행하도록 되어 있고(제24조), 도로에 관한 비용도 법률에 특별한 규정이 없는 한 관리청이 속하는 지방자치단체가 부담하는 것으로 되어 있으나(제56조), 다만 상급관청은 특히 필요하다고 인정할 때에 대통령령이 정하는 바에 의하여 관계 행정청이 관리하는 도로공사를 대행할 수 있는데, 이 경우 위 공사의 대행에 의하여 도로관리청이 변경되는 것이 아니고 상급관청이 관리청의 권한 중의 일부를 대행하는 것에 불과하다.

[2] 원래 광역시가 점유·관리하던 일반국도 중 일부 구간의 포장공사를 건설교통부 국토관리청이 시행하고 이를 준공한 후 광역시에 이관하려 하였으나 서류의 미비 기타의 사유로 이관이 이루어지지 않던 중 도로의 관리상의 하자로 인한 교통사고가 발생하였다면 광역시와 국가가 함께 그 도로의 점유자와 관리자로서 손해배상책임을 부담한다.
[3] <u>원래 광역시가 점유·관리하던 일반국도 중 일부 구간의 포장공사를 국가가 대행하여 광역시에 도로의 관리를 이관하기 전에 교통사고가 발생한 경우, 광역시는 그 도로의 점유자와 관리자, 도로법 제56조, 제55조, 도로법 시행령 제30조에 의한 도로관리비용 등의 부담자로서의 책임이 있고, 국가는 그 도로의 점유자와 관리자, 관리사무귀속자, 포장공사비용 부담자의 책임이 있다고 할 것이며, 이처럼 광역시와 국가 모두가 도로의 점유자와 관리자, 비용부담자의 책임을 중첩적으로 지는 경우에는, 광역시와 국가 모두가 국가배상법 제6조 제2항 소정의 궁극적으로 손해를 배상할 책임이 있는 자라고 할 것이고, 결국 광역시와 국가의 내부적인 부담부분은, 그 도로의 인계·인수 경위, 사고의 발생 경위, 광역시와 국가의 그 도로에 관한 분담비용 등 제반 사정을 종합하여 결정함이 상당하다.</u>

♣ 대법원 2015. 4. 23. 선고 2013다211834 판결 [구상금]

구 하천법에 따르면, 국가하천은 건설교통부 장관이 관리하고(제8조 제1항), 국가하천의 유지·보수는 시·도지사가 시행하며(제27조 제5항 단서) 이에 필요한 비용은 해당 시·도가 부담하되(제59조 단서), 건설교통부 장관은 그 비용의 일부를 시·도에 보조할 수 있다(제64조). 국가하천의 유지·보수 사무가 지방자치단체의 장에게 위임된 경우, 지방자치단체의 장은 국가기관의 지위에서 그 사무를 처리하는 것이므로, 국가는 국가배상법 제5조 제1항에 따라 영조물의 설치·관리 사무의 귀속 주체로서 국가하천의 관리상 하자로 인한 손해를 배상하여야 한다. <u>국가가 국가하천의 유지·보수비용의 일부를 해당 시·도에 보조금으로 지급하였다면, 국가와 해당 시·도는 각각 국가배상법 제6조 제1항에 규정된 영조물의 설치·관리 비용을 부담하는 자로서 손해를 배상할 책임이 있다.</u> 이처럼 국가가 사무의 귀속 주체 및 보조금 지급을 통한 실질적 비용부담자로서, 해당 시·도가 구 하천법 제59조 단서에 따른 법령상 비용부담자로서 각각 책임을 중첩적으로 지는 경우에는 국가와 해당 시·도 모두가 국가배상법 제6조 제2항 소정의 궁극적으로 손해를 배상할 책임이 있는 자에 해당한다.

원심은, 2008. 5. 12. 전북 순창읍 유등면에 있는 섬진강의 지류 하천(이하 '이 사건 하천'이라고 한다)에서 발생한 망 소외인의 사망사고와 관련하여 이 사건 하천은 국가하천으로서 전라북도지사에게 그 하천의 유지·보수 등 관리업무가 위임된 사실, 원고는 2007년부터 2008년까지 피고 전라북도에 국가하천의 유지·보수를 위하여 연평균 약 6억 원의 보조금을 지급하였고, 피고 전라북도는 2008년 국가하천에서 약 5억 2,200만

원의 수입금을 얻어 이를 국가하천의 유지·보수에 사용한 사실을 인정한 다음, 원고는 이 사건 하천의 관리 주체와 비용부담자로서, 피고 전라북도는 이 사건 하천의 관리에 대한 비용부담자로서 이 사건 하천의 관리상 하자로 인한 손해배상책임을 부담하고, 나아가 내부적 구상 관계에서 원고와 피고 전라북도는 모두 궁극적 배상 책임이 있다고 판단하였다. 원심의 위와 같은 판단은 정당하고, 거기에 하천 관리사무의 귀속 주체와 비용부담자에 관한 법리 또는 국가배상법 제6조 제2항의 내부적 배상책임자에 관한 법리를 오해하거나 필요한 심리를 다하지 아니하는 등의 잘못이 없다. 그리고 피고 전라북도가 상고이유에서 들고 있는 대법원판결들은 피고 전라북도의 주장처럼 <u>사무의 귀속 주체에 해당하여야만 내부관계에서 국가배상법 제6조 제2항에 규정된 종국적인 배상책임자가 된다는 취지가 아니다.</u>

불법행위에 경합된 당사자들의 과실 정도에 관한 사실인정이나 그 비율을 정하는 것은 그것이 형평의 원칙에 비추어 현저하게 불합리하다고 인정되지 않는 한 사실심의 전권사항에 속한다. 기록에 나타난 여러 사정을 고려하여 볼 때, 원심이 원고와 피고 전라북도의 책임 비율을 각 25%로 정한 조치가 형평의 원칙에 비추어 현저하게 불합리하다고 인정되지 않는다.

6) ♣ 대법원 2012. 3. 15. 선고 2011다52727 판결 [구상금]

이 사건 침수사고는 이 사건 도로공사의 시공자인 피고, 영남건설 주식회사, 충일건설 주식회사가 이 사건 절토공사 구간에 대하여 이 사건 도로공사에 관한 특별 시방서의 규정과 한국기술개발 주식회사의 감리내용에 따라 집중호우로 인한 침수피해를 방지하기 위한 제반 시설을 설치하거나 배수로를 확보하여야 할 주의의무가 있음에도 기존의 우수관을 제거하면서 가배수로 등 배수시설을 설치하지 않은 채 방치하는 등의 시공상 과실과 이 사건 절토공사 구간의 도로를 설치·관리하는 원고 대한민국이 집중호우로 인한 침수피해를 방지하기 위하여 이 사건 도로공사의 시공자인 피고 등을 통하여 집중호우로 인한 침수사고를 미연에 방지하여야 할 방호조치의무를 다하지 않은 영조물설치·관리상의 하자가 경합하여 발생한 것이므로 원고와 피고 등은 이 사건 사고의 피해자인 소외인에 대하여 공동불법행위 책임을 부담한다고 판단하였다. 그런 다음 원심은, 원고가 영조물설치·관리상의 하자로 인하여 손해를 배상한 경우, 손해의 원인에 대하여 책임질 자가 따로 있으면 그자에게 구상할 수 있는바(국가배상법 제5조 제2항), 만약 이 사건 침수사고 발생에 관하여 원고의 과실이 없고 피고 등이 전적으로 책임을 져야 하는 경우라면 원고의 배상액 전액을 피고 등에게 구상할 수 있을 것인데, 피해자 소외인이 원고와 피고 등을 상대로 손해배상을 청구한 사건인 서울고등법원 2005나105103호 사건에서 원고에게 손해배상책임이 인정된 근거는 원고가 '이 사건 도로공사의 시공자인 피고 등을 통하여' 집중호우로 인한 침수사고를 미연에 방지하여야 할 방호조치의무를 다하지 않은 영조물설치·관리상의 하자인바, 이는 영조물의 관리 주체로서 시공자인 피고 등의 과실로 인하여 발생한 하자에 관하여 피해자에게 배상 책임을 진다는 취지일 뿐이므로, 위 <u>영조물설치·관리상의 하자가 인정된다는 점만으로는 원고와 피고 등 사이의 내부 구상 관계에서 원고의 독자적인 과실이 인정되는 것은 아니고, 증거에 의하더라도 원고에게 이 사건 침수사고 발생에 관한 어떠한 과실이 있다고 보기 어려워, 이 사건 침수사고는 시공자인 피고 등의 과실에 의하여 발생하였다고 판단한 것은 정당하다.</u>

공동불법행위자 중 1인에 대하여 구상의무를 부담하는 다른 공동불법행위자가 수인인 경우에는 특별한 사정이 없는 이상 그들의 구상권자에 대한 채무는 각자의 부담부분에 따른 분할채무로 봄이 상당하지만, 구상권자인 공동불법행위자 측에 과실이 없는 경우, 즉 내부적인 부담부분이 전혀 없는 경우에는 이와 달리 그에 대한 수인의 구상의무 사이의 관계를 부진정연대 관계로 봄이 상당하다 할 것이다. 같은 취지에서 원심이, 원고는 피고 등과의 내부관계에서 과실이 없어 내부적인 부담부분이 없으므로 피고와 나머지 공동수급체 회사들의 원고에 대한 구상의무는 부진정연대채무의 관계에 있다는 이유로, 피고는 원고에게, 원고가 소외인에게 손해배상금으로 지급한 660,698,203원 및 이에 대한 지연손해금을 지급할 의무가 있다고 판단한 것은 위 법리에 따른 것으로서 정당하다.

조상희

서울대 법대를 졸업하면서 사법시험(26회)을 합격하고 사법연수원(17기)을 수료했고, 해군법무관을 지내고 박사과정을 이수했다. 김&장 법률사무소에서 변호사를 하다가 서울동부지법 판사를 하였다. MBC 라디오 〈조상희의 생활법률〉을 4년 반 정도 진행하였고, 개인 사무소를 하다가 건국대학교 법과대학 및 법학전문대학원 교수를 했다. 대한법률구조공단 이사장을 역임하고, 현재는 사회과학대학 융합인재학과 교수로 있다.

PRAXIS
행정법

초판인쇄 2020년 12월 1일
초판발행 2020년 12월 1일

지은이 조상희
펴낸이 채종준
펴낸곳 한국학술정보㈜
주소 경기도 파주시 회동길 230(문발동)
전화 031) 908-3181(대표)
팩스 031) 908-3189
홈페이지 http://ebook.kstudy.com
전자우편 출판사업부 publish@kstudy.com
등록 제일산-115호(2000. 6. 19)

ISBN 979-11-6603-186-1 93360